Internationale und Vergleichende Erziehungswissenschaft

New Frontiers in Comparative Education

herausgegeben von
S. Karin Amos

Band 2

Marcelo Parreira do Amaral
und S. Karin Amos (Hrsg.)

Internationale und Vergleichende Erziehungswissenschaft

Geschichte, Theorie, Methode
und Forschungsfelder

Waxmann 2015
Münster • New York

Bibliografische Informationen der Deutschen Nationalbibliothek
Die Deutsche Nationalbibliothek verzeichnet diese Publikation in
der Deutschen Nationalbibliografie; detaillierte bibliografische
Daten sind im Internet über http://dnb.d-nb.de abrufbar.

New Frontiers in Comparative Education, Band 2

ISSN 2192-5771
Print-ISBN 978-3-8309-3160-7
E-Book-ISBN 978-3-8309-8160-2

© Waxmann Verlag GmbH, Münster 2015

www.waxmann.com
info@waxmann.com

Umschlaggestaltung: Christian Averbeck, Münster
Umschlagabbildung: © visdia – Fotolia.com
Druck: Hubert & Co., Göttingen
Satz: Sven Solterbeck, Münster

Gedruckt auf alterungsbeständigem Papier,
säurefrei gemäß ISO 9706

Printed in Germany

Alle Rechte vorbehalten. Nachdruck, auch auszugsweise, verboten.
Kein Teil dieses Werkes darf ohne schriftliche Genehmigung des Verlages
in irgendeiner Form reproduziert oder unter Verwendung elektronischer
Systeme verarbeitet, vervielfältigt oder verbreitet werden.

Inhalt

Marcelo Parreira do Amaral und S. Karin Amos
Einleitung
Internationale und Vergleichende Erziehungswissenschaft.
Geschichte, Theorie, Methode und Forschungsfelder 7

Teil I – Geschichte und Gegenwart

Wolfgang Mitter
Das Verhältnis von Vergleichender Erziehungswissenschaft
und Bildungspolitik in Vergangenheit und Gegenwart 17

Gita Steiner-Khamsi
Internationaler Vergleich in der postnationalen Ära 41

Teil II – Theorie und Methode

S. Karin Amos
Theorien der Vergleichenden Erziehungswissenschaft 59

Alexander W. Wiseman und Audree M. Chase-Mayoral
Die Bedeutung der Neoinstitutionalistischen Theorie in der
Vergleichenden und Internationalen Erziehungswissenschaft 79

Marcelo Parreira do Amaral
Methodologie und Methode in der
International Vergleichenden Erziehungswissenschaft 107

TEIL III – Themen, Ressourcen und Forschungsfelder

Paul Fossum
Das Forschungsfeld der International Vergleichenden
Erziehungswissenschaft: Implikationen für die Lehrerbildung 133

Patricia K. Kubow und Bruce Collet
Themen und Ressourcen der Internationalen
und Vergleichenden Erziehungswissenschaft
Ein Beispiel aus dem universitären Kontext in den USA. 155

Roger Dale
Globalisierung in der Vergleichenden Erziehungswissenschaft
re-visited: Die Relevanz des Kontexts des Kontexts 171

Andreas Walther
Bildung und Bewältigung in unterschiedlichen Lebenslaufregimen
Ein Beitrag zu einer international vergleichenden
sozialpädagogischen Forschung 189

Alexandra Ioannidou
Steuerung im transnationalen Bildungsraum
Lebenslanges Lernen an der Schnittstelle zwischen vergleichender
Bildungsforschung und vergleichender Politikforschung 209

Silvina Gvirtz und Gustavo Dufour
Die Rolle von Governance in den Bildungsreformen
in Lateinamerika. Eine vergleichende Studie zu Argentinien,
Kolumbien, Chile und Peru 233

Maria de Fátima Costa de Paula
Hochschulbildung, soziale Inklusion und Demokratisierung
Brasilien und Argentinien in vergleichender Perspektive 263

Pablo Christian Aparicio
Bildung, kulturelle Vielfalt und soziale Ungleichheit
in Lateinamerika. Die Integration Jugendlicher jenseits
sozialer Unterschiede und Ausgrenzungen 285

Autorinnen und Autoren 301

Marcelo Parreira do Amaral und S. Karin Amos

Einleitung

Internationale und Vergleichende Erziehungswissenschaft.
Geschichte, Theorie, Methode und Forschungsfelder

Internationale und Vergleichende Erziehungswissenschaft (IVE) ist weniger als klar konturierte wissenschaftliche Disziplin denn als pluridisziplinäres Lehrgebiet und Forschungsfeld zu beschreiben. Allerdings herrscht hierüber kein letzter Konsens und auch in den hier versammelten Beiträgen ist der Sprachgebrauch entsprechend heterogen. Sehr allgemein gesprochen hat die IVE es immer mit der Frage der Kontingenz von Bildung und Erziehung zu tun, denn sie zeigt, dass Erziehung so, wie sie in Land A praktiziert und institutionalisiert ist, in Land B ganz anders aussehen mag. Auf die Frage nämlich, wie Bildung und Erziehung als Prozesse, Praktiken und Institutionen zu gestalten seien, gibt es sehr unterschiedliche Antworten. Die IVE übernimmt somit die Funktion des Quasi-Experiments unter „real life"-Bedingungen.

Die Internationale und Vergleichende Erziehungswissenschaft ist auch hinsichtlich ihres Gegenstands schwer zu fassen. David Phillips und Michele Schweisfurth zitieren in ihrer Einführung in die IVE eine Studierende, die ihre Probleme das Proprium der IVE zu benennen, folgendermaßen zum Ausdruck bringt: „das Problem mit der IVE ist, dass es um alle Aspekte von Bildung und Erziehung, in allen Ländern der Welt, und zu allen Zeiten geht" (2008, S. 11).

Der Versuch, die IVE im Sinne der Wissenschaftsforschung durch für eine wissenschaftliche Disziplin oder ein wissenschaftliches Feld konstitutiven Fragestellungen oder Problematiken zu definieren, verweist unmittelbar auf einerseits die Unschärfen der Abgrenzungen und zum anderen auf die veranschlagten Unterscheidungskriterien. So haben in der Vergangenheit viele Komparatisten „die IVE" definiert; sie beschrieben und begründeten das Feld entlang des eigenen Wissenschaftsverständnisses (vgl. Noah & Eckstein, 1969; Holmes, 1965; Berstecher, 1970) oder in programmatischer Absicht (vgl. Schneider, 1931/1932, 1932/1933).

Hilfreicher erscheinen Vorschläge, welche die Antwort auf die Frage, „Was ist Vergleichende Erziehungswissenschaft?" in der Verbindung und Verknüpfung mehrerer Zugänge sehen. So verfährt zum Beispiel Christel Adick (2008) und schlägt drei Antwortmöglichkeiten vor: a) *„Die Vergleichende Erziehungswissenschaft ist das, was ihre Erfindung zu tun beabsichtigte"* (S. 15, Herv. im Orig.). Hier lässt sich mit Blick auf sogenannte „Gründungsdokumente" oder „Klassiker" rekonstruieren, was in der Geschichte des Faches als konstitutive Aufgabe gesehen wurde. b) *„Vergleichende Erziehungswissenschaft ist das, was die scientific community, d. h. was die wissenschaftliche Gemeinde unter diesem Etikett praktiziert."* (S. 24, Herv. im Orig.) In einer weiteren Unterscheidung lässt sich auf die wissenschaftliche Produktion verweisen; diese umfassen Publikationen (Bücher, Handbücher, Zeitschriften usw.); universitäre Institutionalisierungsformen (Forschungszentren, Professuren, Studiengänge usw.); akademische/professionelle Gesellschaften oder auch großangelegte international vergleichende Studien. c) „*Vergleichende Erziehungswissenschaft ist das, was andere wissenschaftliche Zugriffe in ihren Augen nicht sind.*" (Adick, 2008, S. 29, Herv. im Orig.) Hier werden benachbarte oder überlappende Forschungsfelder genannt, die entweder ihren Gegenstand oder wissenschaftlichen Zugang mit der IVE teilen (z. B. Interkulturelle Erziehungswissenschaft, Ethnopädagogik, Bildung für Nachhaltige Entwicklung u. a. m.).

Vor diesem Hintergrund scheint die Anerkennung, dass es nicht *die*, sondern *mehrere* IVEs gibt, angezeigt (vgl. Cowen & Kazamias, 2009). Dies stellt diejenigen, die sich gerade in dieses Forschungsfeld einarbeiten wollen – Studierende und Kolleginnen und Kollegen anderer erziehungswissenschaftlicher Felder – vor die Herausforderung, einen Überblick und ein Verständnis dieses vielfältigen und komplexen Forschungsfeldes zu gewinnen und Parameter für die eigene Forschung zu definieren.

Ohne Anspruch auf Vollständigkeit beschäftigt sich die IVE mit den folgenden Themenfeldern:

- Vergleich von Institutionen, Theorien, Praktiken und Wirkungen von Bildung und Erziehung auf verschiedenen Ebenen;
- Entstehung und Entwicklung nationaler Bildungssysteme;
- Internationalisierung von Bildungsinstitutionen;
- Bildungspolitische Entwicklungen im nationalen und internationalen Kontext;
- (inter)nationale Entwicklungen im Bereich von Bildung und Erziehung vor dem Hintergrund gesellschaftlicher Transformationsprozesse (z. B. „Globalisierung", „Internationalisierung"); sowie
- das Verhältnis von Bildungsinstitutionen zu anderen gesellschaftlichen Teilbereichen in (international) vergleichender Perspektive;

Viele dieser Themen sind in diesem Sammelband vertreten. Er illustriert auch die disziplinäre Vielfalt der Zugänge, Identitäten, unterschiedliche Verständnisse von IVE und ihren Projekten und verdeutlicht, dass sich das Feld aus verschiedenen disziplinären, theoretischen und methodologischen Traditionen speist und Spannungen zwischen Forschung/Theorie, Praxis und Politik im pädagogischen Bereich auf je eigene Weise bearbeitet.

Diese Vielfalt und Offenheit scheint uns jedoch ebenfalls eine der Attraktivitäten der IVE zu sein, denn die IVE ist gegenwärtig ein höchst produktives und intellektuell anregendes Terrain. Komplexität und Pluralität sind nachgerade konstitutive Merkmale der IVE: Die IVE konstruiert ihre Gegenstände durch eine inhärente und spezifische Form der Perspektivierung und Konzeptualisierung *durch* den – ungeachtet der jeweiligen Spezifizierung – vergleichenden und internationalen Zugang.

Die Beiträge dieses Sammelbandes führen in ausgewählte Fragen der Geschichte und Gegenwart der IVE ein (Teil I); sie diskutieren grundlegende Aspekte von Theorie und Methode des Vergleichs (Teil II) und geben einen Überblick über ausgewählte Forschungsfelder und -themen aktueller international vergleichender Forschung (Teil III). Der Band kombiniert die Perspektiven von einschlägigen und erfahrenen Komparatisten mit Beiträgen von Kolleginnen und Kollegen, die gerade dabei sind sich im Feld zu etablieren. Der Band präsentiert mithin Beiträge von Forscherinnen und Forschern aus verschiedenen Perspektiven und Forschungstraditionen sowie aus unterschiedlichen Kontinenten. Wir freuen uns besonders beide „Amerikas" vertreten zu sehen, das heißt sowohl Beispiele aus dem nord- als auch aus dem süd- und lateinamerikanischen Kontext präsentieren zu können. Es handelt sich in beiden Fällen um in der IVE sehr aktive Weltregionen, die das Feld, neben dem europäischen Wissenschaftsraum, nachhaltig beeinflusst haben.

Die Beiträge des Sammelbandes

Der Beitrag von Wolfgang Mitter – *„Das Verhältnis von Vergleichender Erziehungswissenschaft und Bildungspolitik in Vergangenheit und Gegenwart"* – eröffnet *Teil I*. In seinem Kapitel setzt sich Mitter mit der Frage nach dem Verhältnis von Vergleichender Erziehungswissenschaft und Bildungspolitik auseinander. Mitter nimmt die grundsätzlich melioristische Funktion sowie die Vorläufer der Vergleichenden Erziehungswissenschaft in den Blick und veranschaulicht über historische Darstellungen die Bildungsgeschichte des Feldes, bevor er auf aktuelle Herausforderungen im Horizont der internationalen Vergleichsstudien PISA und TIMSS eingeht und den Themenbereich einer kritischen Reflexion unterzieht.

In ihrem Beitrag *„Internationaler Vergleich in der postnationalen Ära"* zeichnet Gita Steiner-Khamsi den Ausgangspunkt der Vergleichenden Erziehungswissenschaft als auch den Aufstieg von Einzelfallstudien nach. Dabei werden die Genese der US-amerikanischen Vergleichenden Erziehungswissenschaft und ihre Paradigmata ebenso berücksichtigt wie die methodologischen Entwicklungen. Im Fokus des Beitrags steht die Beleuchtung der Relevanz der „Einzelfallstudie" als spezifischen methodischen Zugriff. Steiner-Khamsi geht zum einen auf Besonderheiten des „development and area studies turn" ein und verortet diesen im Kontext des Kalten Krieges. Zum anderen veranschaulicht sie die Bedeutung kontrastiver Analysen und betont die Herausforderungen eines kontextualisierten Vergleichs – Themen also, die die Gegenwart der IVE weiterhin bestimmen.

Im *zweiten Teil* des Bandes sind Beiträge versammelt, die sich mit theoretischen und methodologischen Fragen beschäftigen. Teil II wird von S. Karin Amos mit ihrem Beitrag *„Theorie in der Vergleichenden Erziehungswissenschaft"* eröffnet. Darin unterscheidet sie zwischen der Theoretisierung des Feldes und Theorien im Feld. Für die Darstellung der Metaperspektive bezieht sie sich auf Maria Manzons

Buch „*Comparative Education. The Construction of a Field*" (2011) und in einem zweiten Zugriff gibt sie einen Überblick über einschlägige Theorien, welche die Entwicklung des Feldes seit der Nachkriegszeit geprägt haben. Besonders diskutiert werden die sozialwissenschaftlichen Theorien der „take off"-Phase der IVE in den 1960er und 1970er Jahren, zunächst der Strukturfunktionalismus als vorherrschendes Paradigma, dann die einsetzende Pluralisierung durch marxistische Theorien, die post-paradigmatische Ära, die mit dem Stichwort Postmoderne verbunden ist, und die Varianten der Weltsystemtheorien, die bei allen Unterschieden (neomarxistische, neo-institutionalistische und differenzierungstheoretischer Zugriffe), die Bezugseinheiten der IVE in globalem Kontext situieren.

In „*Die Bedeutung der Neoinstitutionalistischen Theorie in der Vergleichenden und Internationalen Erziehungswissenschaft*" gehen Alexander W. Wiseman und Audree M. Chase-Mayoral auf die Potenziale und Herausforderungen der Neo-institutionalistischen Theorie für Kontexte der Internationalen und Vergleichenden Erziehungswissenschaft (IVE) sowohl auf der Makro- wie auch der Mikroebene ein — wobei die vorherrschende Kritik an dieser Theorie von den Autoren nicht ausgeblendet wird. Wiseman und Chase-Mayoral gehen in ihrem Ausführungen auf das Beispiel der globalen Ausbreitung von Informations- und Kommunikationstechnologien (IKT) ein und heben darauf ab, dass die Expansion der IKT als Brücke zwischen den beiden Ebenen verstanden werden kann. Sie plädieren für eine intensivierte Erforschung der Verbindung zwischen Makro- und Mikroebene und dafür, den Neoinstitutionalistischen Ansatz für Phänomene auf der Mikroebene weitergehend fruchtbar zu machen.

Marcelo Parreira do Amaral diskutiert in seinem Beitrag „*Methodologie und Methode in der International Vergleichenden Erziehungswissenschaft*" methodologische und methodische Aspekte des Vergleichs. Das Kapitel bietet eine knappe Einführung in method(olog)ische Fragen in historischer und systematischer Perspektive an, mit der auf zwei idealtypische Grundpositionen kurz eingegangen wird: zum einen auf die idiographische Position, zum anderen auf die nomothetische Tradition. Zweitens werden verschiedene Typen und Funktionen vergleichender Forschung sowie einschlägige Forschungsstrategien und -modelle präsentiert und erläutert. Ausgehend von einer „konstitutiven Vielfalt der IVE" stellt Parreira do Amaral einige Überlegungen zu „methodologischen Kriterien" vergleichender Forschung an, die das Ziel haben, den vergleichenden Forschungsprozess möglichst reflexiv und selbstkritisch zu gestalten. Dies betrifft vor allem einige Kategorien für die zentralen Entscheidungen der Forschungsstrategie und des Forschungsdesigns des Vergleichs; zum anderen betrifft dies auch die Reflexion der eigenen Rolle der Forschenden.

Im *dritten Teil* des Sammelbandes werden „Themen, Ressourcen und Forschungsfelder" präsentiert und diskutiert. Teil III wird mit dem Beitrag von Paul Fossum „*Das Forschungsfeld der International Vergleichenden Erziehungswissenschaft: Implikationen für die Lehrerbildung*" eröffnet. Fossum diskutiert Implikationen und Konsequenzen der vergleichenden Forschung und der Vergleichenden

Erziehungswissenschaft für die Lehrerbildung. Seine Argumentation gründet Fossum dabei vornehmlich auf US-amerikanische Forschungsergebnisse und Quellen, wobei auch globale Trends mit ihren Einflüssen und Wirkungen auf die Lehramtsausbildung berücksichtigt werden. In diesem Beitrag kommt Paul Fossum zu dem Schluss, dass Lehrerrolle, Professionsverständnis und die Lehrerbildung in der Vergleichenden Erziehungswissenschaft bisweilen wenig erforscht sind und ihnen lediglich ein nachrangiger Stellenwert zugedacht wird, was es zu überdenken gilt.

Der Beitrag „*Themen und Ressourcen der International Vergleichenden Erziehungswissenschaft: Ein Beispiel aus dem universitären Kontext in den USA*" von Patricia K. Kubow und Bruce Collet präsentiert und diskutiert Themen und Ressourcen der universitären IVE. Anhand vorhandener Daten in den Archiven des Comparative and International Education Course Archive Project (CIECAP) und des Comparative Education Instructional Materials Archive (CEIMA) wird beispielhaft für die Bowling Green State University im Bundesstaat Ohio, USA untersucht, mit welchen Konzepten sich Studierende der Vergleichenden Erziehungswissenschaft an der Universität auseinandersetzen müssen und welche Bildungsprozesse sie vollziehen. Kubow und Collet reflektieren die vermittelten Lehrinhalte und Vermittlungspraxen, um weiterführende Erkenntnisse für den hochschulischen Kontext und die akademische Professionalisierung des Feldes ableiten zu können.

In den vergangenen Jahren zog das Thema „Globalisierung" wie kein anderes große Aufmerksamkeit der Komparatisten auf sich. In seinem Beitrag „*Globalisierung in der Vergleichenden Erziehungswissenschaft re-visited: Die Relevanz des Kontexts des Kontexts*" argumentiert Roger Dale, dass Prozesse, die allgemeinhin mit dem Schlagwort „Globalisierung" beschrieben werden, den Gegenstandsbereich der Vergleichenden Erziehungswissenschaft elementar verändert haben. Um zu erfassen, welche Formen diese Veränderungen annehmen, legt der Autor den Fokus auf das, was er als „Kontext des Kontextes" bezeichnet und fordert eine Anpassung der theoretischen und methodischen Instrumentarien. Dale erörtert das Verhältnis von Bildung und Globalisierung anhand der Theorien Common World Education Culture (CWEC) und Globally Structured Agenda for Education (GSAE) und verdeutlicht die Anschlussfähigkeit des „Kontext des Kontexts" mit seinem Argument der methodologischen „-isms". Er zeigt, dass Globalisierung nicht nur die Kontexte an sich verändert, sondern auch deren Status, weshalb gängige Grundannahmen der Vergleichenden Erziehungswissenschaft überdacht werden sollten.

In „*Bildung und Bewältigung in unterschiedlichen Lebenslaufregimen. Ein Beitrag zu einer international vergleichenden sozialpädagogischen Forschung*" entfaltet Andreas Walther Gedanken zu drei Problemkomplexen der deutschen, international vergleichenden Sozialpädagogik. Diese betreffen Funktion, Gegenstand und Methode des Vergleichs. Als Vorschlag zur Systematisierung und als heuristischen Bezugspunkt eines sozialpädagogischen Vergleichs führt Walther das Modell des Lebenslaufregimes ein und diskutiert die Erklärungskraft, Vorzüge und Dimensionen dieses Ansatzes für die international vergleichende Sozialarbeit.

Marcelo Parreira do Amaral und S. Karin Amos

In „*Steuerung im transnationalen Bildungsraum. Lebenslanges Lernen an der Schnittstelle zwischen vergleichender Bildungsforschung und vergleichender Politikforschung*" wird von Alexandra Ioannidou ein international-vergleichendes Forschungsprojekt mit den Ländern Deutschland, Finnland und Griechenland und den supra- bzw. internationalen Organisationen EU und OECD präsentiert. Das Projekt zielt darauf, das Konzept des Lebenslangen Lernens in bildungspolitischer als auch in empirischer Hinsicht zu rekonstruieren. Ioannidou expliziert zunächst das angelegte theoretische Erklärungsmodell, bevor Forschungsdesign und ausgewählte empirische Ergebnisse dargelegt werden. Sie beschreibt die Diffusion der Leitidee „Lebenslanges Lernen" und verweist auf die Emergenz eines transnationalen Bildungsraums und das Entstehen neuer Strukturen der Bildungsgovernance, die im Rahmen der Untersuchungen ausgemacht werden konnten.

In dem Beitrag „*Die Rolle von Governance in den Bildungsreformen in Lateinamerika. Eine vergleichende Studie zu Argentinien, Kolumbien, Chile und Peru*" werden von Silvina Gvirtz und Gustavo Dufour zentrale Befunde einer Untersuchung von Fallstudien in den genannten Ländern vorgestellt. Dabei wird die Rolle von Akteuren der intermediären Ebene in den analysierten Bildungssystemen Argentiniens, Kolumbiens, Chiles und Perus betrachtet und hinsichtlich der Implementation von Bildungspolitiken ergründet. Der Beitrag verdeutlicht die Komplexität der analysierten Entscheidungsprozesse und arbeitet die Schwierigkeiten heraus, die Rollen von Akteuren auf der intermediären Ebene klar zu bestimmen, da diese gar nicht oder lediglich schwach in institutionalisierte Governance-Strukturen eingebettet sind.

Hintergründe und Faktoren bestehender sozialen Ungleichheit hinsichtlich des Zugangs zu Hochschulbildung und dem Verbleib von Studierenden in zwei ausgewählten Ländern Lateinamerikas, ergründet Maria de Fátima Costa de Paula in ihrem Beitrag „*Hochschulbildung, soziale Inklusion und Demokratisierung: Brasilien und Argentinien in vergleichender Perspektive*". Dafür zeichnet die Autorin Trends der Hochschulbildung in Brasilien und Argentinien nach und problematisiert die Frage nach sozialer Gerechtigkeit. Unter Berücksichtigung der Diversifizierung des Hochschulsektors werden sowohl bestehende Unterschiede als auch Gemeinsamkeiten der Hochschulbildung in Argentinien und Brasilien identifiziert sowie Anhaltspunkte für eine notwendige Demokratisierung der Hochschulbildung zur Überwindung vorherrschender Ungerechtigkeiten herausgestellt.

Teil III schließt mit dem Beitrag von Pablo Aparicio „*Bildung, kulturelle Vielfalt und soziale Ungleichheit in Lateinamerika. Die Integration Jugendlicher jenseits sozialer Unterschiede und Ausgrenzungen.*" Aparicios Beitrag versteht sich als Reflexion des Problems der Inklusion von Jugendlichen in Lateinamerika. Er nimmt die Perspektive einer „Area-Studie" ein und umreißt erstens knapp die Rolle von Bildung in den gegenwärtigen gesellschaftlichen Transformationsprozessen in Lateinamerika und thematisiert zweitens in international vergleichender Perspektive die gemeinsamen lateinamerikanischen Herausforderungen als soziale Ungleichheit und Integrationsprobleme, die besonders Jugendliche betreffen. Von Bildung und Bildungspolitik wird, dies entspricht der modernen Semantik, ein entscheidender Lösungsbeitrag erwartet. Dabei, so die Forderung Aparicios, solle die Situation Jugendlicher und deren Zugang zu Teilhabemöglichkeiten in der Gesellschaft stärker berücksichtigt werden. Der Beitrag endet mit Vorschlägen für die Formulierung effektiver Bildungspolitiken in der Region.

Dieses Buch ist Ergebnis einer längeren Phase der Zusammenarbeit der Herausgeberin und des Herausgebers mit den Autorinnen und Autoren. Wir danken allen Autorinnen und Autoren für ihr Vertrauen und ihre Geduld bei der Realisierung dieses Sammelbandes. Besonders danken wir ihnen für die facetten- und perspektivenreichen Beiträge, die einen wertvollen Einblick in die Dynamik und Vielfalt der IVE bieten. Alle anderssprachigen Beiträge wurden aus dem Englischen, Portugiesischen und Spanischen ins Deutsche übersetzt; dies wäre ohne die großzügige und kompetente Hilfe zahlreicher engagierter und kompetenter unterstützender Personen nicht möglich gewesen. Namentlich danken möchten wir hier stellvertretend Ulrich Theobald, der sich eingehend mit den Übersetzungen beschäftigt hat, sowie Laura Böckmann und Jochen Schwarz, die uns tatkräftig bei der Erstellung des Manuskripts unterstützt haben.

Wir hoffen, dass das Buch Aufmerksamkeit und Interesse findet und die Diskussion im Feld der Internationalen und Vergleichenden Erziehungswissenschaft weiter anregt.

Marcelo Parreira do Amaral (Münster) und S. Karin Amos (Tübingen)
Dezember 2014

Literatur

Adick, C. (2008): *Vergleichende Erziehungswissenschaft. Eine Einführung.* Stuttgart: Kohlhammer.
Berstecher, D. (1970). *Zur Theorie und Technik des internationalen Vergleichs: das Beispiel der Bildungsforschung.* Stuttgart: Klett.
Cowen, R. & Kazamias, A. (Hrsg.) (2009): *International handbook of comparative education.* 2 Bde. Dordrecht u.a: Springer.
Holmes, B. (1965). *Problems in education: a comparative approach.* London: Routledge & Kegan Paul.
Noah, H. J. & Eckstein, M. A. (1969): *Toward a Science of Comparative Education.* London: Macmillan.
Phillips, D., & Schweisfurth, M. (2008): *Comparative and international education: An introduction to theory, method, and practice. London*: Continuum.
Schneider, F. (1931/32; 1932/33): Internationale Pädagogik, Auslandpädagogik, Vergleichende Erziehungswissenschaft. Geschichte, Wesen, Methoden, Aufgaben und Ergebnisse. *Internationale Zeitschrift für Erziehungswissenschaft*, Vol. 1, 15–39, 243–257, 392–407; Vol. 2, 79–89.

Teil I

Geschichte und Gegenwart

Wolfgang Mitter (†)

Das Verhältnis von Vergleichender Erziehungswissenschaft und Bildungspolitik in Vergangenheit und Gegenwart

1. Einführende Überlegungen

Die Frage nach dem Verhältnis von Vergleichender Erziehungswissenschaft und Bildungspolitik ist in den größeren Zusammenhang gesellschaftlicher Subsysteme einzuordnen:

- von der Vergleichenden Erziehungswissenschaft zur multidisziplinären Vergleichenden Bildungsforschung und den Sozialwissenschaften sowie zum Wissenschaftssystem als Ganzem;
- von der Bildungspolitik zum Politischen System, welches das institutionell geordnete Verhältnis zwischen dem Staat und seinen Bewohnern bestimmt, wobei im demokratischen Staat dieses Verhältnis als höchstentwickelte Form gilt, nämlich zwischen den Bürgern und den von ihnen gewählten Institutionen.

Übersetzt in die Frage nach dem Verhältnis von Politik und Pädagogik führt das Problem in Europa, auf das dieser Beitrag begrenzt ist,[1] auf die Beziehungen zwischen Monarchen und Philosophen in der Antike zurück. Klassisches Beispiel hierfür sind die kontroversen Sichtweisen von *Platon* und *Aristoteles*. Zunächst *Platon* in seiner *Politeia* (Platon, Buch 4, S. 179):

> „Wenn nicht entweder die Philosophen Könige werden in den Städten, sagte ich, oder die, die man heute Könige und Machthaber nennt, echte und gründliche Philosophen werden, und wenn dies nicht in eines zusammenfällt: die Macht in der Stadt und die Philosophie, und all die vielen Naturen, die heute ausschließlich nach dem einen oder anderen streben, gewaltsam davon ausgeschlossen werden, so wird es, lieber Glaukon, mit dem Elend kein Ende haben, nicht für die Städte und auch nicht, meine ich, für das menschliche Geschlecht …"

Aristoteles nimmt zum Verhältnis von politischer Herrschaft und Philosophie eine zu Platons Ansicht diametrale Stellung ein. Zwar ist von ihm keine unmittelbare

---

1 Diese Einschränkung gilt insbesondere für die historische Dimension dieses Beitrags. Die theoretische Grundlegung sowie die Diskussion der aktuellen Problemlage schließt dagegen globale Fragestellungen ein, wie sie auch in der jüngsten Entwicklung der Vergleichenden Erziehungswissenschaft zum Ausdruck kommen – Die „europäische Dimension" betrifft ihrerseits die dominierende Referenz auf deutsche Autoren, was die wörtliche Zitierung betrifft.

Äußerung auffindbar, doch können wir uns auf die Studie des US-amerikanischen Historikers *Anton-Hermann Chroust* beziehen, welche folgendes Zitat einer treffenden Aussage enthält, die dem spätantiken Philosophen *Themistius* (317 bis ca. 390 n. Chr.) zugeschrieben wird (Chroust, o. J., S. 16):

„Wir sollten Aristoteles ehren, der Platons Aussage leicht verändert und seinen Rat wertvoller gemacht hat. Aristoteles sagte, dass es für einen König nicht nur unnötig sei, ein Philosoph zu sein, sondern sogar ein klarer Nachteil. Ein König sollte auf wahre Philosophen hören und ihren Rat annehmen. Wenn er dies täte, würde er seine Regierung mit guten Taten und nicht nur lediglich mit feinen Worten bereichern (Oratio VIII, S. 107 D)."

In *Immanuel Kants* Schrift *Zum ewigen Frieden* finden wir eine Wiederkehr von *Aristoteles'* Sichtweise (Kant, 1984; Eisler, 1930):

„Dass Könige philosophieren oder Philosophen Könige würden, ist nicht zu erwarten, aber auch nicht zu wünschen, weil der Besitz der Gewalt das freie Urteil der Vernunft unvermeidlich verdirbt. Dass aber Könige oder königliche (sich selbst nach Gleichheitsgesetzen beherrschende) Völker die Klasse der Philosophen nicht schwinden oder verstummen, sondern öffentlich sprechen lassen, ist beiden zur Beleuchtung ihres Geschäfts unentbehrlich …"

Dass gerade *Kant* die Frage nach dem Verhältnis von Philosophie und Herrschaft aufgegriffen hat, überrascht nicht, weil sie durch die Aufklärung insofern neu gestellt worden ist, als zum einen die Philosophie ihre vom Humanismus eingeleitete Lösung vom Primat der Theologie vollzog und zum anderen den theoretischen Rahmen für die sich entfaltenden Geistes- und Naturwissenschaften schuf. Die in der Gegenwart höchst aktuelle Frage nach der Beziehung von Politik und Wissenschaft orientiert sich somit an einem in der europäischen Kultur verankerten Grundgedanken. Als exemplarische Aussage zur gegenwärtigen Diskussion sei *Günter Stock*, Präsident der Berlin-Brandenburgischen Akademie der Wissenschaften, zitiert. Er betont den wachsenden Bedarf der Politik (und Gesellschaft) an wissenschaftlicher Beratung und zugleich die Aufgabe der Wissenschaft, „bei auftauchenden, schwerwiegenden Fragen Mechanismen und Prinzipien [zu] etablieren, die es erlauben, einen möglichen spezifischen Rat zeitnah erteilen zu können". Die diesem Postulat in Klammern beigefügten Bemerkungen sind über die zitierte Äußerung hinaus für alle Beiträge der von ihm eingeleiteten Akademiestudie symptomatisch, denn sie enthalten den Zusatz, dass diese „unter Umständen jedoch auch ein etwaiges Unvermögen konzedieren muss" (Stock, 2008, S. 7). „Wissenschaftliche Politikberatung kann und soll politische Entscheidungen und den allgemeinen gesellschaftlichen Diskurs nicht ersetzen, aber sie kann diesen vorbereiten, ermöglichen und kritisch begleiten" (ebd, S. 8; vgl. Bellenberg, Böttcher & Weegen, 2002; Falk, Rehfeld, Römmele & Thunert, 2010; Schützeichel, 2008). Die Bedeutung dieser stimulierenden

Zusatzbemerkung für unseren gesamten Beitrag wird uns an späterer Stelle noch eingehend beschäftigen.

Die sich im 19. Jahrhundert entwickelnde Pädagogik und die spätere Erziehungswissenschaft und Bildungsforschung (vgl. Roth, 1963) ist in das Beziehungsgefüge von Wissenschaft und Politik eingebunden. Der moderne Staat in seiner Variante des Aufgeklärten Absolutismus maß der Unterrichtung seiner Untertanen in den „notwendigen Kulturfähigkeiten" hohe Bedeutung bei und legte mit diesem Anspruch und dessen Umsetzung den Grund zu den heute in ganz Europa bestehenden staatlichen Bildungssystemen (vgl. Heckel & Avenarius, 1986, S. 3). Seine Nachfolger in den liberal-konstitutionellen und demokratischen Varianten des modernen Staates übernahmen dieses Erbe und haben es ständig erweitert.

Dass Politikberatung, wenn auch zunächst nur in Ansätzen, bereits in der frühen Entwicklung des modernen Bildungswesens eine Rolle spielte, bezeugen *Johann Ignaz Felbigers* (1724–1788) pädagogische Leitlinien zu den weitreichenden Schulreformen in der preußischen Provinz Schlesien und danach in der Habsburgermonarchie (vg. Kotásek, 1997, S. 48 f.) sowie die Anregungen, welche die preußische Regierung bei ihren Schulreformen von *Johann Heinrich Pestalozzis* (1745–1827) Schweizer Erfahrungen gewann, nachdem sie eine Lehrergruppe nach Yverdon (Iferten) zur Beobachtung an Ort und Stelle delegiert hatte. Das dritte Beispiel bezieht sich auf *Johann Friedrich Herbart* (1778–1841), dessen psychologisch fundierte Konzeption der „Erziehenden Schule" großen Einfluss auf die Bildungspolitik im 19. und 20. Jahrhundert ausübte, und zwar nicht nur in Deutschland und Österreich, sondern auch in der gesamten mittel- und osteuropäischen Region (vgl. Mitter, 2008, S. 9). In diesem bildungsgeschichtlichen Erbe liegen die Wurzeln der „evidenzbasierten Bildungsforschung", die in unseren Tagen zur Unterstützung bildungspolitischer Entscheidungen initiiert worden ist (vgl. Deutscher Bildungsserver, 2007; Coe, 1999; Criblez & Eder, 2006). Für die Entwicklung in Deutschland kommen *Eugen Lembergs* wegweisenden Untersuchungen zum Wirkungszusammenhang von Bildungsforschung und Bildungspolitik grundlegende Bedeutung zu (Lemberg, 1963).

2. Die Position der Vergleichenden Erziehungswissenschaft

Die große Relevanz, welche dem Verhältnis von Vergleichender Erziehungswissenschaft und Bildungspolitik zukommt, ist im Selbstverständnis der Disziplin begründet, in dem die „melioristische Funktion" – neben der selbstbestimmten, erkenntnistheoretischen Funktion – eine zentrale Stellung einnimmt (vgl. Hörner & Döbert, 2007, S. 4; Wunder, 2007, S. 231). Folgende Faktoren dienen der Erklärung:

- Die „evidenzbasierte" Bildungsforschung lenkt im Zuge der wachsenden Erweiterung und Verfeinerung der methodischen und instrumentellen Komponenten empirischer Untersuchungen und der zunehmenden Bedeutung internationaler und interkultureller Prozesse in der Bildungspolitik die Aufmerksamkeit auf die Notwendigkeit *internationaler Bildungsvergleiche*. Dies erhöht das Interesse von Politikern (und Öffentlichkeit) für die Vergleichende Erziehungswissenschaft, zugleich für deren Ausweitung auf eine multidisziplinäre Vergleichende Bildungsforschung. Diese umfasst nicht nur die Erziehungswissenschaft als Ganzes, sondern bezieht darüber hinaus auch alle sozialwissenschaftlichen Disziplinen in ihre Fragestellungen ein (vgl. Bray, Adamson & Mason, 2007). Auf diesen Trend hat beispielhaft im Jahre 1997, also noch vor der Veröffentlichung der ersten PISA-Untersuchung, *Stephen Heyneman*, damals Experte der Weltbank und ehemaliger Präsident der nordamerikanischen *Comparative and International Education Society*, in einem Vortrag hingewiesen, indem er auf die „Befindlichkeit" (health) der Vergleichenden Erziehungswissenschaft einging (Heynemann, 1997, S. 33):

„Kurz zur Vergleichenden Erziehungswissenschaft, wie die Amerikaner zu sagen pflegen, *business is booming*. Das Feld ist niemals in einem besseren Zustand gewesen. Es besteht größere Nachfrage nach Bildungsreformen als je zuvor. Es gibt mehr intellektuelle Wissbegierde über die Einflüsse auf das Lernen durch eine größere Vielfalt an Quellen als je zuvor – durch politische Parteien, Wirtschaftsverbände, Stiftungen, Medien und Forscher über viele sozialwissenschaftliche Disziplinen hinweg. Bildung ist auf der politischen Agenda sichtbarer, und es sind größere Mittel für Forschung und Entwicklung verfügbar. Es gibt auch mehr analytische Innovationen, die heutzutage entstehen, in größerer Zahl als jemals zuvor in meiner eigenen Erfahrung, vielleicht sogar als jemals zuvor in der Geschichte unseres Feldes […]."

- Der ökonomische Aspekt der Beziehung zwischen Bildungsforschung und Bildungspolitik im Allgemeinen erlangt unter der Frage nach den „Produzenten" und „Konsumenten" wachsende Aufmerksamkeit. In dieser Konfiguration geht es insbesondere um Kosten-Nutzen-Relationen und „Qualitätsverbesserung" im Bildungswesen.
- Die Internationalisierung und Globalisierung dieses Trends erhöht den Bedarf an internationalen Bildungsvergleichen. Beispielhaft wird dieser Trend in einer Studie demonstriert, in der *Fazal Rizvi* und *Bob Lingard* die Wandlungen untersucht haben, welche die OECD seit ihrer Gründung im Hinblick auf die Prioritätensetzungen unter den Perspektiven der Globalisierung durchlaufen hat. Sie berufen sich auf den langjährigen OECD-Experten *George Papadopoulos*, der bereits 1994 darauf hingewiesen habe, dass sich das primäre Erkenntnisinteresse seiner Organisation von einer sowohl auf die ökonomische als auch auf die soziale und kulturelle Entwicklung gerichteten zu einer konzentrierten, auf ökonomische Effizienz und Wirtschaftswachstum verengten Sichtweise gewendet habe (Rizvi & Lingard, 2009, S. 437). Am „rise and rise of PISA" lasse sich dieser Wandel beispielhaft ablesen (ebd., S. 446 ff.).

- Schließlich beruht die Möglichkeit, internationale und interkulturelle Dimensionen im Bildungswesen zu erforschen, auf der Anwendung der *vergleichenden Methode* (mit ihren quantitativen und qualitativen Varianten). Diese ist in allen erziehungswissenschaftlichen Disziplinen auffindbar, beispielsweise in Vergleichen einzelner Schulen oder Schulformen innerhalb eines nationalen Bildungssystems, und belegt damit, dass der Vergleich einer der grundlegenden Wege zur Gewinnung und Erweiterung von Erkenntnissen ist. Die Vergleichende Erziehungswissenschaft aber ist, vergleichbar ihren gleichgerichteten Disziplinen in den Sozial- und Naturwissenschaften, die Disziplin, welche durch die in ihr dominierende Methode Namen und Forschungsrichtung erhalten hat.

In diesem Zusammenhang seien die bereits geäußerten Bemerkungen zur melioristischen Funktion der Vergleichenden Erziehungswissenschaft einer generalisierenden Betrachtung unterzogen. Beim Versuch, ihre Ziele, Inhalte und Methoden zu bestimmen, müssen wir unseren Blick auf die für das ganze Wissenschaftssystem geltende Differenzierung zwischen normativen (philosophisch oder theologisch begründeten) Festlegungen, historischen und hermeneutischen Interpretationen sowie empirischen Analysen richten. Diese Differenzierung äußert sich über ihre methodologische Substanz hinaus in ihren Auswirkungen auf die Wahl und Bestimmung von Forschungsinhalten und deren Anwendungsbereiche im Kreis der „Abnehmer". Im Bildungswesen der Gegenwart zeigen sich diese Auswirkungen in ihrer Verknüpfung beispielsweise in der starken Position des empirischen Forschungsansatzes, der Wahl „praxisbezogener" Forschungsthemen und dem steigenden Bedarf an „brauchbaren", evidenzbasierten Ergebnissen.

Während der normative Ansatz zum Erkennen von *wahren* und *unbestreitbaren*, wenn nicht sogar dogmatischen Aussagen tendiert, zielen historische und hermeneutische Interpretationen auf die Identifizierung von Bildungsfragen im historischen und kulturellen Kontext und auf das *Verstehen* von Wesensmerkmalen der Forschungsobjekte im Bezug zu ihrer individuellen Einzigartigkeit. Im Unterschied zu seinen beiden Rivalen ist der empirische Forschungsansatz insofern „genauer" und „objektiver", als seine Ergebnisse Daten und Fakten produzieren. Er scheint hiermit am deutlichsten der heute von Politik und Öffentlichkeit geforderten „Evidenz" zu entsprechen, wie sie statistische Erhebungen und Trendanalysen sowie informationstechnologische Instrumentarien bereithalten. Diese Beobachtung gilt für die nationale und regionale Dimension ebenso wie für die Globalität. Dass die Beobachtung dieser Dominanz zugleich die Warnung vor einem Verzicht auf die beiden „traditionellen" Rivalen artikuliert, wird Gegenstand späterer Überlegungen sein (vgl. Mitter, 2008, S. 8).

3. Rückblick in die Bildungsgeschichte

Zunächst sei in diesem Rückblick an die die allgemein-bildungsgeschichtlich bedeutsamen Beiträge von *Felbiger, Pestalozzi* und *Herbart* erinnert. In unmittelbarem Zugang zur „Vorgeschichte" der Vergleichenden Erziehungswissenschaft konzentrieren wir uns danach auf die Berichte, welche die „reisenden Pädagogen" im zweiten Viertel und in der zweiten Hälfte des 19. Jahrhunderts verfassten: *Victor Cousin, Friedrich Thiersch, Matthew Arnold, Horace Mann* und *Thomas Darlington*, um nur einige der bedeutendsten Vertreter dieser Gruppe zu nennen (vgl. Hilker, 1962, S. 22–39). Ihre Namen erscheinen in den historischen Darstellungen der Vergleichenden Erziehungswissenschaft als „Vorläufer" der Disziplin, weil sie wegen ihrer deskriptiven und analytischen Qualität spätere „Länderstudien" vorweggenommen haben. Diese Reisenden waren von ihren Regierungen in das zu bereisende Ausland entsandt worden, um dort Bildungseinrichtungen zu besuchen und Gespräche mit Vertretern der Bildungspolitik und Bildungsverwaltungen sowie mit Wissenschaftlern und Schulpraktikern, hauptsächlich Schulleitern, zu führen.

Das Interesse der delegierenden Regierungen war auf das Lernen von „Vorbildern" und deren Vergleich mit entsprechenden Erscheinungen im eigenen Land gerichtet, also melioristisch bestimmt, oder aber es zielte auf das Sammeln von Informationen über das Bildungswesen politischer Rivalen und potentieller Kriegsgegner, wovon *Thomas Darlingtons* präzise und umfangreiche Berichte über seine Russlandreisen zeugen (Tomiak, 1987). Zur letztgenannten Kategorie zählen auch die Berichte, die in den drei Jahrzehnten nach dem deutsch-französischen Krieg (1870/71) Vertreter der Bildungsverwaltung und Schulpraktiker über ihre Reisen verfassten, die sie von ihrem Vaterland Frankreich aus nach Deutschland unternommen hatten. Die Vorstellung, der „preußische Schulmeister" habe die Niederlage von Sedan bewirkt, war in Frankreich weit verbreitet. *Bernard Trouillet* berichtet darüber in seiner anschaulichen und scharfsinnigen Studie *„Der Sieg des preußischen Schulmeisters" und seine Folgen für Frankreich* (1991). Im Unterschied zu den Berichten der „reisenden Pädagogen" können die analytischen Studien, die *Michael Sadler* zu Beginn des 20. Jahrhunderts über ausländische Bildungssysteme, insbesondere die als vorbildlich angesehenen deutschen Schulen, durchführte und an die Bildungsbehörden seines Landes adressierte, als Pionierleistung einer akademischen und systematischen Vergleichenden Erziehungs*wissenschaft* bezeichnet werden. (vgl. Hilker, 1962, S. 48).

Bevor wir auf die weitere Entwicklung näher eingehen, verfolgen wir noch einen zweiten bildungsgeschichtlichen Strang. Er beginnt mit *Marc Antoine Jullien de Paris* und seiner Studie *Esquisses et vue préliminaires d„un ouvrage sur l'éducation comparée*, die allen Komparatisten – zumindest von ihrem Titel her – geläufig ist (Jullien de Paris, 1962). *Jullien* verfasste seine Studie, um einen Vergleichsraster für eine systematische Sammlung von Daten über Bildungsinstitutionen mehrerer europäischer Staaten zu erstellen. Die darauf aufzubauende vergleichende Analyse, die nicht zustande kam, war eindeutig melioristisch bestimmt. Sie sollte den Weg zu einer Initiierung von Schulreformen bereiten und dadurch als Beitrag zu einem friedlichen Zusammenleben aufgeklärter Nationen dienen. Die Adressaten seines Projekts sollten die – das Europa jener Epoche dominierenden – Herrscher der *Heiligen Allianz* sein. Hätte *Jullien* in unserem Zeitalter gelebt, würde er möglicherweise von einer internationalen Institution, wie beispielsweise der OECD oder der Weltbank, als Experte zur Erarbeitung von Modellen angeheuert, die zur Analyse und Vorhersage globaler oder zumindest regionaler und übernationaler Trends in verschiedenen Sektoren der Bildungssysteme verwendbar wären. *Jullien* erreichte seine erwünschten Adressaten freilich nicht und konnte sein für die damalige Epoche ehrgeiziges Ziel nicht verwirklichen. Dies schmälert allerdings keineswegs seine bildungshistorische Bedeutung, nicht nur als repräsentativer „Vater" der Vergleichenden Erziehungswissenschaft, sondern auch als vorzeitiger potentieller Berater in Fragen internationaler Bildungspolitik, ganz abgesehen davon, dass er sowohl bildungssoziologische Gedanken entwickelte als auch empirische Methoden anregte – und dies weit mehr als einhundert Jahre vor deren Einführung in komparative Studien.

Auf dem europäischen Kontinent erfuhr die Vergleichende Erziehungswissenschaft in der Periode zwischen den beiden Weltkriegen einen Einbruch, weil dem Interesse an „melioristisch" orientierten und an internationalen Bildungsvergleichen überhaupt der auf dem europäischen Kontinent expandierende Nationalismus entgegenstand. Diese Einschätzung fand im Faschismus und Nationalsozialismus ihre radikalste Prägung. Ihre Führer waren an international-vergleichenden Forschungen allein schon deswegen nicht interessiert, weil sie von der ihrer Meinung nach unbestreitbaren Überlegenheit ihrer eigenen Bildungssysteme überzeugt waren. Von vergleichbaren Tendenzen wurde auch die Sowjetunion während ihrer stalinistischen Phase erfasst.

Politikorientierte Forschungen haben demgegenüber die Vergleichende Erziehungswissenschaft die ganze zweite Hälfte des 20. Jahrhundert über entscheidend mitgeprägt. Jenseits von Arbeiten, die sich – wie bereits erwähnt, als „Länderstudien" – mit jeweils einem ausländischen Bildungssystem beschäftigten oder dem Vergleich zweier nationalstaatlicher Bildungssysteme zuwandten, wurde dieser Trend durch die regionenbezogene Erweiterung der Vergleichsdimension vorangetrieben (vgl. Steiner-Khamsi in diesem Band). Mit dieser Entwicklung ist die *moderne* Periode im Verhältnis von Vergleichender Erziehungswissenschaft und Bildungspolitik eingeleitet worden.

Erstens: Als Folge des kolonialen Imperialismus wurden Strukturen und Inhalte von Bildungssystemen der Kolonialmächte in Kolonien und andere abhängige Territorien exportiert, wodurch in den Machtzentren vergleichende Studien angeregt wurden. Dies gilt vor allem für Großbritannien und Frankreich, wo sich insbesondere ehemalige Schulinspektoren und Lehrer motiviert fühlten, ihre praktischen Erfahrungen systematisch auszuwerten. Dieser Trend hat das Ende des

Kolonialismus insofern überdauert, als sich das Interesse von Komparatisten auf das Bildungswesen der auf den einstigen Territorien „ihrer" Kolonien unabhängig gewordenen Staaten übertragen hat, zumal diese vielfach die „ererbten" Strukturen und Curricula beibehalten haben und für Beratungen durch Komparatisten aus den einstigen Machtzentren aufgeschlossen sind. Die vergleichsweise Minimierung sprachlicher Kommunikationsprobleme untermauert diesen Trend bis heute.

Zweitens: Von den fünfziger bis zum Ende der achtziger Jahre setzten sich westdeutsche Komparatisten unter dem Druck des Eisernen Vorhangs und der deutschen (und europäischen) Teilung dezidiert mit den Wirkungen des Ost-West-Konflikts auf das Bildungswesen in den sozialistischen Staaten auseinander. Sie waren in dieser Orientierung freilich nicht isoliert; unter ihren westeuropäischen Kollegen verdient der aus Polen stammende britische Komparatist *Janusz Tomiak* (London) besondere Erwähnung. Alle diese Länder- und Vergleichsstudien vollzogen sich im Kontext der ideologischen, soziopolitischen und administrativen Bedingungen, unter denen sich die untersuchten Bildungssysteme entwickelten. Spektakulär ist in diesem Zusammenhang der unter Leitung von *Oskar Anweiler* im Auftrage des damaligen Bundesministeriums für innerdeutsche Beziehungen durchgeführte umfassende *Vergleich von Bildung und Erziehung in der Bundesrepublik Deutschland und in der Deutschen Demokratischen Republik* zu nennen, und zwar vor allem deshalb, weil er *unmittelbar* vor dem Fall der Berliner Mauer abgeschlossen wurde (Anweiler, 1990).

Drittens: Neben diesen Studien, welche dem Ost-West-Vergleich gewidmet waren, wurden zur gleichen Zeit auch „intersystemare", nämlich ost- und westeuropäische Bildungssysteme übergreifende Vergleichsprojekte bearbeitet. Hervorzuheben in dieser Kategorie ist das von *Saul B. Robinsohn* bis zu seinem Tode (1973) geleitete Projekt *Schulreform im gesellschaftlichen Prozess. Ein interkultureller Vergleich* (Robinsohn et al., 1970/75). In den siebziger Jahren führte auch *Edmund King* mit seinen Mitarbeiterinnen das Vergleichsprojekt *Post-Compulsory Education* in fünf westeuropäischen Ländern durch, das die Wirkungen neuerer Entwicklungen in der Berufsbildung auf „young adults", wie er sie nannte, untersuchte (King et al., 1974). Schließlich sei auf *Max Ecksteins* Vergleichsanalysen im Auftrage der US-amerikanischen Bildungsadministration während der zweiten Hälfte des 20. Jahrhunderts verwiesen (z. B. Eckstein, 1987).

Das erste Jahrzehnt des 21. Jahrhunderts hat diesen Trend insofern „globalisiert", als durch die Öffnung zuvor blockierter Grenzen und die stürmische Entwicklung der modernen Informations- und Kommunikationstechnologien die Dimension politikbezogener komparativer Forschungen eine neue Qualität gewonnen hat. Diese Entwicklung war bereits durch die ersten *large-scale assessments* der IEA (*International Association for the Evaluation of Achievement*) in den sechziger Jahren eingeleitet und ist in jüngster Zeit durch die von der OECD initiierten und gesteuerten PISA-Studien wesentlich verstärkt worden. Sie hat sich mit der wachsenden Einbindung der Bildungspolitik in die wirtschafts- und sozialpolitischen Entscheidungsprozesse getroffen und dazu geführt, dass der Zugriff auf empirisch fundierte Daten und Instrumentarien immer wichtiger geworden ist. In den erwähnten internationalen Vergleichsuntersuchungen des 20. Jahrhunderts hatten größerenteils noch geisteswissenschaftliche Ansätze sowie historische und hermeneutische Methoden dominiert, auch wenn empirische Elemente in Form sekundärstatistischer und textkritischer Analysen Eingang in sie gefunden hatten. Die erwähnten internationalen Vergleichsuntersuchungen, die an der Schwelle vom 20. zum 21. Jahrhundert eingeleitet worden sind, haben dagegen die Prioritäten zugunsten des empirischen Forschungsansatzes verändert.

Mit der Identifizierung der „melioristischen Funktion" in der Vergleichenden Erziehungswissenschaft ist die bereits von den „reisenden Pädagogen" des 19. Jahrhunderts aufgeworfene Frage verbunden, ob und wie weit sich Bildungsreformer Strukturen und Inhalte aus den Bildungssystemen anderer Staaten und Regionen „borgen" könnten (vgl. Mitter, 1977, S. 96 f.). Zu diesem Fragenkomplex sind in jüngster Zeit anregende Studien veröffentlicht worden. Besondere Erwähnung verdienen die im Jahre 2004 vorgelegten beiden Sammelbände, die von *Gita Steiner-Khamsi* (2004) sowie von *David Phillips* und *Kimberley Ochs* (2004) herausgegeben worden sind. Sie enthalten reichhaltige historische und gegenwartsbezogene Beiträge zu diesem Thema und befassen sich mit dem „borrowing und lending" zwischen jeweils zwei Staaten sowie mit theoretischen Ansätzen in deren Bezug zur Globalisierung und Internationalisierung der Bildungspolitik; hervorzuheben ist in diesem Kontext der Beitrag von *Jürgen Schriewer* und *Carlos Martinez* „zum Grad und zu den Dimensionen der Internationalisierung des Bildungswesens". Beide Sammelbände bereichern zweifelsohne die theoretische und politikbezogene Dimension der Vergleichenden Erziehungswissenschaft um ein wesentliches Untersuchungsfeld, thematisieren aber nicht unmittelbar ihre politikorientierte Funktion im Prozess des „Borgens und Leihens". Das Interesse der Autoren gilt vielmehr primär den Motiven, Entscheidungen und Handlungen nationalstaatlich oder regional begrenzter Bildungspolitik sowie den durch sie ausgelösten Prozessen, richten sich aber weder explizit noch erst systematisch auf die Mitwirkung komparativer sozial- und erziehungswissenschaftlicher Forschung.

4. Die gegenwärtige Problemlage

In die Gegenwart der Beziehung zwischen Vergleichender Erziehungswissenschaft und Bildungspolitik führt uns die Veröffentlichung der *Third International Mathematics and Science Study* (TIMSS). Sie wurde von der IEA in den Jahren 1994/95 durchgeführt. Noch weit größere Resonanz erfuhren die Ergebnisse der ersten PISA-Untersuchung (*Programme for International Student Assessment*) im Jahre 2000. In der Zwischenzeit sind beide Projekte in Form von *follow-up studies* weitergeführt worden. Wenn man bedenkt, dass die IEA ihre Evaluierungsprojekte bereits

1964 begann, muss die Beachtung, welche die jüngsten PISA-Untersuchungen gefunden haben, besonders überraschen. Die Wahrnehmung der folgenden globalen Trends bietet sich zur Erklärung an:

- Zum ersten wird durch die *Globalisierung* der Weltmarkt mit seinen Anforderungen an ökonomisches Wachstum nicht nur das Wirtschaftssystem, sondern auch die Politik zunehmend „entnationalisiert", wovon der Wettbewerb mit allen seinen Konsequenzen für die Sozialordnung unmittelbar betroffen ist (vgl. Carney, 2009).
- Zum zweiten wird diese Entwicklung auf der „niedrigeren" Ebene der *Europäisierung* verstärkt, wofür die Öffnung des Produktions- *und* Arbeitsmarktes das deutlichste Indiz liefert. Politisch wird dieser Prozess durch die von den Mitgliedstaaten der Europäischen Union auf dem Gipfel in Lissabon im Jahre 2000 eingeleiteten Maßnahmen gestützt, die auf das Ziel, bis 2010 stärkste Wirtschaftsmacht der Welt zu werden, orientiert wurden. Auch wenn dieses von vornherein überambitionierte Ziel inzwischen obsolet geworden ist, bleibt die ökonomische Akzentuierung der Ziel*richtung* auf der Tagesordnung der Entscheidungen. Für den Bildungssektor ist diese Linie durch die beschlossene „Offene Methode der Koordinierung" (*Open Method of Coordination*) als ein Werkzeug der Entwicklung von Qualitätsindikatoren und *Benchmarks* konkretisiert.
- Die dritte Konfrontationsebene ist vermutlich die wichtigste. Globalisierung, Internationalisierung und Europäisierung der ökonomischen Entwicklung haben unmittelbare Auswirkungen auf die Leistungsfähigkeit der Produzenten (im weitesten Sinn dieses Wortes) und damit auf die *Qualität der ihnen als Individuen vermittelten Bildung*. Dazu kommt, dass der technische Fortschritt und die Öffnung der Arbeitsmärkte und mit ihnen der Beschäftigungssysteme große Teile der erwerbsfähigen Bevölkerung „entbehrlich" gemacht haben (und weiterhin entbehrlich machen), so dass Bildung für das Individuum zur dominierenden, wenn nicht sogar zur einzigen Chance wird, in den Arbeitsmarkt „aufgenommen" zu werden oder in ihm verbleiben „zu dürfen". Vorhersagen, dass sich dieser in den meisten europäischen Staaten zu beobachtende Trend in künftigen Jahrzehnten auf Grund der sinkenden Geburtenraten umkehren werde, helfen in der Gegenwart dem einzelnen Jugendlichen (und Erwachsenen) nicht, mit der Unsicherheit seiner Lebensperspektiven fertig zu werden. Bildung eröffnet in dieser individuellen Krise den einzigen Weg aus der Falle der Arbeitslosigkeit.

Während die jüngste Entwicklung der empirischen Erziehungswissenschaft und der Bedarf der Bildungspolitik an vergleichenden Untersuchungen die Interdependenz der beiden Beziehungsgrößen verstärken, wachsen zugleich die Missverständnisse, denen sie ausgesetzt ist. Die Suche nach deren Wurzeln führen in die zweite Hälfte des 20. Jahrhunderts zurück und lassen sich an den folgenden exemplarischen Aussagen zweier prominenter europäischer Komparatisten verdeutlichen. Als erster kommt *Joseph Albert Lauwerys*, der langjährige Direktor des *Department of Comparative Education* an der *University of* London zu Wort (Lauwerys, 1958, S. 65):

> „Vergleichende Pädagogik ist […] keine normative Wissenschaft. Sie stellt nicht den Anspruch zu untersuchen, welche erzieherischen Inhalte tatsächlich erstrebt werden sollen, noch prüft sie die Kriterien, nach denen das, was geschieht, ausgewertet werden soll. Sie ist vielmehr ein wissenschaftliches Studium der Kräfte – ideologischer und materieller Art –, die gegenwärtig und tatsächlich die Politik bestimmen […].
> Wenn ich eine Metapher gebrauchen darf, so möchte ich die Vergleichende Pädagogik als eine Wissenschaft bezeichnen, die der Navigation ähnelt. Der Navigator sagt dem Kapitän des Schiffes oder des Aeroplans nicht, wohin er steuern soll. Er sagt ihm einiges über die Windrichtungen, die Strömungen, die Felsen und die Untiefen – was er in Erwägung ziehen muss, wenn er glücklich den Hafen erreichen will."

Diesem Zitat gegenüber steht die ebenso aussagekräftige Aussage aus *Saul B. Robinsohns* Schrift *Bildungsreform als Revision des Curriculum* aus dem Jahre 1967 (Robinsohn, 1981, S. 10):

> „Es verhält sich eben so, dass Umfang und Komplexität dessen, was durch ‚Bildung' umschrieben wird, dass die gesellschaftspolitische Tragweite curricularer Entscheidungen und die Pluralität der Entscheidungskriterien Institutionen der ständigen Rationalisierung und Objektivierung von Curriculumplanung notwendig machen. Erst eine derart systematisch betriebene Revision und Weiterentwicklung des Curriculum mit den Methoden der hierfür zuständigen Disziplinen und auf Grund einer neu durchdachten Bildungs- und Lehrplantheorie wird, unpräjudiziert durch die bestehenden Strukturen, Bildungsbedürfnisse überprüfen und die ihnen entsprechenden Funktionen des Bildungswesens definieren können […].
>
> Statt behördlicher Ad-hoc-Arrangements bedarf es also wissenschaftlich fundierter und systematisch konstruierter Prozeduren. Nur solche sind geeignet, die notwendigen Innovationen in einer verhältnismäßig kurzen Zeitspanne vorzunehmen und schließlich auch den verschiedenen Bildungsinstitutionen eine adäquate Wirksamkeit wiederzugewinnen."

Zwischen der vorsichtigen Empfehlung des britischen Komparatisten, der an die Bildungspolitik in „aufklärender Absicht" herantritt, und *Robinsohns* Wunsch nach direkter Beeinflussung der Bildungspolitik durch Forschungsergebnisse *und* institutionsgestützte Empfehlungen, bewegt sich das Pendel, dessen Schwingungen in der Bildungsgeschichte der vergangenen Jahrzehnte mehrere variierende Positionen erkennen lassen. Die institutionelle Verankerung der Forschung in einem „Staatsinstitut", das in vielen Ländern dem zuständigen Bildungsministerium direkt untergeordnet ist, und einem (relativ) staatsunabhängigen oder erst recht einem universitären Institut erweist sich im konkreten Fall gewiss als wichtiger

Differenzierungsfaktor (vgl. Mitter, 1985). In die erstgenannte Kategorie fallen vor allem Auftragsforschungen mit klar umrissener, politikbezogener Zielbestimmung, zum Beispiel zum Nachweis des Vorzugs einer bestimmten Schulform oder eines neuen Curriculums. Heutzutage scheint diese Unterscheidung allerdings insofern nicht mehr so deutlich nachvollziehbar, als die Bildungspolitik ihre Erwartungen in *allen* institutionellen Sektoren eher durchzusetzen scheint. Dieser Wandel, der globale Reichweite hat, ist in allen europäischen Bildungssystemen beobachtbar. Die direkte Finanzierung von Forschungen durch nationale und europäische Agenturen trägt zur Verstärkung dieses Trends wesentlich bei.

Dieser Trend hat zugleich die in dem Verhältnis zwischen Vergleichender Erziehungswissenschaft (und Erziehungswissenschaft als Ganzem) und Bildungspolitik ohnehin angelegte Missverständnisse nicht unberührt gelassen. Zunächst geht es um solche, die unter Bildungspolitikern verbreitet sind. Diese erwarten in der Regel lineare und direkt umsetzbare Handreichungen, wenn nicht sogar rezeptartige Empfehlungen, die der Forscher nicht liefern kann. Enttäuschungen bleiben nicht aus, wenn die Erwartungen nicht erfüllt werden. Wenn Erziehungswissenschaftler eine komparative Studie konzipieren, sind ihre Zielsetzungen auf die Gewinnung neuen Wissens, die Überprüfung vorhandenen Wissens, die Vorhersage von Trends und schließlich die Konstruktion konkurrierender Modelle gerichtet. Hier kann sich die melioristische Funktion der Disziplin bewähren, doch liegen hier auch ihre Grenzen. Mehr als die Erreichung dieser Ziele sollte der Bildungspolitiker vom Erziehungswissenschaftler grundsätzlich nicht erwarten. Illusionär wäre freilich die Annahme, dass sich in der Praxis der Beziehung die Grenze in jedem Fall geradlinig und starr ziehen ließe, zumal institutionelle, personale und finanzielle Faktoren eine Rolle spielen. Zumindest galt in der Vergangenheit, dass universitäre Forscher sich eher den Erwartungen von Bildungspolitikern, mit entscheidungsreifen Ergebnissen versorgt zu werden, erwehren konnten, als dies ihren Kollegen, die an regierungsabhängigen Instituten arbeiteten, möglich war (siehe oben). Die dagegen zunehmende Abhängigkeit universitärer Projekte von außerhalb ihres „ordentlichen" Budgets getätigter staatlicher Finanzierung wird obendrein durch Subventionierung aus der Privatwirtschaft verstärkt.

Neben diesem Grundmissverständnis unterlaufen Bildungspolitikern folgende Fehleinschätzungen:

- Überzeugende Forschungsergebnisse könnten kurzfristig vorgelegt werden (zum Vergleich: der medizinischen Forschung werden keine entsprechenden zeitlichen Vorgaben gemacht).
- Es sei leicht, zu ausländischen Experten mit komparativer Kompetenz (das heißt zu Spezialisten) solide Arbeitskontakte aufzubauen.
- Die Gewinnung reliabler Vergleichsdaten über ausländische Bildungssysteme sei kurzfristig realisierbar.

- Den Daten und Berichten ausländischer Autoren könne man ohne Prüfung vertrauen, ohne dass dabei beachtet wird, dass die Gefahr von Schönfärbung sehr häufig gegeben ist. Bei Kooperationspartnern aus Diktaturen ist diese Gefahr *per se* immanent, doch ist Gutgläubigkeit auch unter demokratischen Partnern nicht empfehlenswert, abgesehen von den im internationalen Maßstab divergierenden Erfassungs- und Berechnungsgrundlagen, etwa beim Vergleich von Schulstrukturen.

Bildungspolitiker wären überdies gut beraten, wenn sie in Bildungsvergleichen nicht nur die Zusammenfassungen, sondern auch die einzelnen Länderberichte durch international gemischte Teams vornehmen ließen. Die Verbindung von „Innenansicht" und „Außenansicht" gehört zu den bewährten Methoden des internationalen Vergleichs, scheint in der gegenwärtigen Forschungspraxis aber eher an Gewicht zu verlieren. Im Allgemeinen werden vom Missverständnisproblem international- und interkulturell-vergleichende Erziehungswissenschaftler im Vergleich zu ihren Kollegen, die sich mit intranationalen Sachverhalten befassen, stärker belastet. Der Umgang sowohl mit fremden Staaten und Kulturen als auch mit transnationalen Forschungstraditionen verlangt „komparative Kompetenz", die erfahrungsgestützt sein muss und nur in intensiven theoretischen Studien und praktischen Untersuchungen erworben werden kann. Das spezifische Verhältnis von Bildungspolitik und *Vergleichender* Erziehungswissenschaft ist daher insofern durch besondere Subtilität gekennzeichnet, als in ihm das Interpretieren und Verstehen fremder Kulturen in die Diskussion und auf den Prüfstand gerät. Im Vergleich zur intranationalen und intrakulturellen Ebene der Beziehung von Erziehungswissenschaft und Bildungspolitik sind hier Fehlurteile nicht nur eher möglich, sondern auch besonders gefährlich. Sie können sowohl übersteigerte Erwartungen an „Vorbilder" als aber auch abwertende Einschätzungen der „anderen Seite" enthalten. Missverständnisse drängen sich vor allem dann auf, wenn die *Komplexität des Vergleichs* als Methode des Forschens und Erkennens bei der Vermittlung von Forschungsergebnissen nicht gewichtet wird. Die Kompetenz in der Realisierung des Vergleichs lässt sich nämlich nicht durch eine Juxtaposition von Länderstudien – mit einleitenden Hinweisen und abschließenden „Vergleichsskizzen" oder „vergleichenden Kommentaren" – ersetzen.

Ein noch größeres Forschungsdefizit erwächst aus mangelnder Kontextualisierung sowohl der Vergleichsobjekte als auch des *tertium comparationis*. Die Beseitigung dieses Defizits erfordert mehrdimensionale Forschungskonzepte: historischer (zum Beispiel zur Rolle des Nationalbewusstseins und des Bildungsverständnisses), sozioökonomischer (zum Beispiel zum Vergleich von Industrie- mit Schwellen- und Entwicklungsländern), politischer (zum Beispiel zu zentralstaatlichen versus dezentralen Systemstrukturen) und soziokultureller Natur (zum Beispiel zur Wirkung transkultureller Migration auf Bildungsentwicklungen). Neben den eingangs umrissenen Störfaktoren dürfte die Vernachlässigung des *expliziten* Vergleichs und seiner *Kontextualisierung* die Annahme des von *Stephen Heyneman* konstatierten „*boom*" im Befinden der Vergleichenden Erziehungswissenschaft deutlich relativieren (vgl. Heyneman, 1997, S. 32).

Alle die genannten Missverständnisse von Bildungspolitikern sind unter der Voraussetzung genannt, dass auch überzogene Erwartungen auf die Gewinnung wissenschaftlicher Beratung und Hilfe gerichtet sind. Fatal entwickelt sich das Verhältnis von Bildungspolitikern und Bildungsforschern jedoch dann, wenn von diesen gar keine verwertbaren Ergebnisse erwartet werden, sondern die Ergebnisse nur der Legitimierung politischer Absichten dienen sollen. Davon zeugen in der internationalen Politik und Öffentlichkeit zu beobachtende – fahrlässig oder auch absichtlich vorgenomme – Fehlinterpretationen und Bewertungen von PISA-Daten. Beispielsweise waren nach der Veröffentlichung der ersten PISA-Untersuchungen in Deutschland wegen des ungünstigen Abschneidens der getesteten Schüler „vergleichende" Hinweise auf das „finnische Vorbild" beliebt. Finnland wurde „zu so etwas wie ein Laboratorium für Pädagogen gemacht, welche Ausschau nach Verbesserung ihrer Bildungssysteme halten" (Rizvi & Lingard, 2009, S. 447). Zu Recht wurden dabei zwar die überragenden Leistungen finnischer Schüler gelobt, doch blieben deren Ursachen, wie die gediegene Qualität der Lehrerausbildung, die vergleichsweise großzügige Finanzierung des Bildungswesens und das grundlegende Bildungsverständnis der finnischen Gesellschaft ausgeblendet, ebenso auch die vergleichsweise niedrige Bevölkerungsdichte und der ebenfalls relativ geringere Anteil an Schülern mit Migrationshintergrund (vgl. Mitter, 2009, S. 29). In einem solchen Fall stellt sich die Frage, ob Bildungspolitiker an genuinen Vergleichsuntersuchungen überhaupt interessiert sind.

Das Missverständnisproblem in seinem Bezug zur Bildungspolitik ist demnach komplex. Aber auch *Erziehungswissenschaftler* können grundlegenden Missverständnissen unterliegen, unter denen die beiden folgenden besonderer Beachtung wert sind:

- Erziehungswissenschaftler rechnen damit, dass ihre Forschungsergebnisse tatsächlich als Grundlagen politischer Entscheidungsfindung respektiert werden, und sind enttäuscht, wenn dies Bildungspolitiker nicht so sehen.
- Sie erwarten von Bildungspolitikern, dass Teilergebnisse ihrer Forschungen nicht aus dem Kontext gerissen und demnach falsch interpretiert werden, von der erwähnten Legitimierungsfunktion ganz abgesehen.

Auf Seiten der Erziehungswissenschaft und Bildungsforschung spitzt sich das Missverständnisproblem zu, wenn Wissenschaftler meinen, sie könnten direkt Einfluss auf bildungspolitische Entscheidungen nehmen, und dabei verkennen, dass der Politiker, selbst wenn er nur Teilergebnisse benutzt, mannigfache Rücksichten auf Parteien, Verbände, Lobbyagenturen und nicht zuletzt auf die öffentliche Meinung und deren Vertretung in den Medien Rücksicht nehmen muss und von seiner Funktion her gar nicht in der Lage ist, Forschungsergebnisse und deren Begründungen linear zu übernehmen. In diesem Dilemma liegt eine Erklärung dafür, dass beispielsweise in Deutschland die Zusammenarbeit zwischen Bildungspolitik und Erziehungswissenschaft in der Periode der „großen" Reformansätze in den sechziger und siebziger Jahren des 20. Jahrhunderts letztlich scheiterte. Dies gilt auch für *Robinsohns* unrealistische Erwartungen an die Wirkung seiner vergleichenden Forschungen.

5. Chancen einer Kooperation

Die Artikulation der „Ernüchterung", welche – unter verschiedenen politischen Konstellationen und Argumentationen – das „Bildungsklima" in West- (und auch in Mittel- und Ost-)Europa in den siebziger und achtziger Jahren weithin kennzeichnete, weckte aber neben der Wahrnehmung der „Missverständnisse" zugleich auch Diskussionen, welche auf die Auslotung von Chancen nach einer Kooperation zwischen Erziehungswissenschaft und Bildungspolitik gerichtet waren.

Als herausragendes Beispiel für dieses Interesse sei der Workshop zitiert, der in Den Haag vom niederländischen Bildungsministerium zum Thema *Educational Research and Public Policy Making* vom 20. bis 22. Mai 1981 veranstaltet wurde. Den Kernvortrag hielt die US-amerikanische Politikwissenschaftlerin *Carol Weiss* (*Policy Research in the Context of Diffuse Decision Making*). Ihre Grundthesen sind auch heute aktuell und seien daher selektiv zitiert (Weiss, 1981,55–61; vgl. Husén & Kogan, 1984, S. 19).[2]

> (1) „Die erste These […] besagt, dass Politik von demokratischen Regierungen zu allererst ein Prozess ist, der auf das Erreichen von Vereinbarungen unter den Interessengruppen und ideologischen Fraktionen gerichtet ist. Sie ist ein Prozess des Feilschens und Verhandelns sowie von Vereinbarungen, Dieser ist darauf angelegt, tiefere Brüche in der Gesellschaft zu vermeiden. Er soll das Überleben der Regierung sichern, und dies ist die grundlegende Prämisse politischer Entscheidungen" (ebd., S. 55).

> (2) „Die zweite These, die ich aufstelle, besteht darin, dass die Sozialwissenschaften kein wirkliches Monopol auf Wissen und Einsicht haben", weil „die Politiker und Praktiker vieles wissen und Dinge aus ihren Erfahrungen kennen, von denen Sozialwissenschaftler nichts verstehen […]" Darüber hinaus sind „viele Forschungen nicht gut. Manche sind methodisch schwach und konzeptionell beschränkt. Viele sind parteilich […]"(ebd., S. 56).

> (3) „Der dritte Punkt bezieht sich darauf, dass Forschungen in Wertannahmen eingebettet sind. Sogar die objektivste empirische Forschung enthält latente Annahmen über wünschenswerte und nicht wünschenswerte Zustände der Welt […]" (ebd., S. 57).

---

2   Der Verfasser nahm an diesem Workshop teil.

(4) Der Einfluss der Forschung scheint eher in der Beeinflussung von Gestalt und Inhalt des politischen Diskurses als in der Bestimmung konkreter Auswahl [von Forschungsergebnissen] zu liegen [...]" (ebd.).

Dieser vierten These widmete die Vortragende die intensivste Aufmerksamkeit und erregte mit ihr auch das größte Interesse unter den Teilnehmern. Sie identifizierte diese indirekte Ebene in der Beziehung von Forschung und Politik als „aufklärende Funktion" (*enlightening function*) der Forschung. An dieser Stelle sei antizipierend auf eine Äußerung des schwedischen Bildungsforschers *Torsten Husén* verwiesen, der drei Jahre später zu ähnlichen Schlussfolgerungen gelangte (siehe unten). Weiss sah diese Funktion darin, dass Forscher mit der Präsentation ihrer Ergebnisse zwar Entscheidungen nicht unmittelbar beeinflussen, wohl aber das Problembewusstsein von Bildungspolitikern schärfen können. Sie maß dabei neben der förmlichen Präsentation von Forschungsberichten und Vortragsinhalten informellen Gesprächen, die auf Konferenzen und bei anderen Gelegenheiten geführt werden, größere Bedeutung bei. Diese Art indirekter Einflussnahme werde, wie *Carol Weiss* betonte, häufig unterschätzt, zumal sie in der Regel nicht dokumentiert werde.

In der darauffolgenden Diskussion gab es große Zustimmung zu den plausiblen Ausführungen der Politikwissenschaftlerin. Ebenso plausible Einwände gründeten jedoch darin, dass man bei der Gegenüberstellung der direkten und indirekten Funktion der Einflussnahme den unterschiedlichen Status der Bildungsforscher in politik-unabhängigen und politik-abhängigen Institutionen berücksichtigen müsse, ebenso den Unterschied zwischen Auftrags- und „freier" Forschung. Dass, dies sei hier hinzugefügt, auch „freie" Forschung, zumindest im sozialwissenschaftlichen Bereich, häufig – und dies mit wachsender Tendenz (siehe oben) – nicht bedingungslos arbeiten kann, wurde bei der Erwähnung der institutionellen, personalen und finanziellen Faktoren bereits angedeutet.

6. Schlussbetrachtungen eines Komparatisten

Dank der enormen Fortschritte der empirischen Sozialwissenschaften stehen heute der Politik weit größere Anregungspotentiale einer wissenschaftlichen Beratung für ihre Entscheidungen zur Verfügung. Die Bildungspolitik ist in diese Entwicklung voll eingeschlossen, worauf die zitierte Aussage von *Stephen Heyneman* ebenso hinweist wie *Jürgen Baumerts* Kommentar, dass „mit den Anregungen, die in den letzten Jahren aus der Bildungsforschung gekommen sind und Gehör gefunden haben", die Bildungsforscher „ganz schön zufrieden sein" können (Baumert, 2010, S. 44; vgl. von Kopp, 2009, S. 91). Auch dieser Kommentar reicht weit über den angesprochenen Geltungsbereich, in diesem Fall Deutschland, hinaus (vgl. Oelkers, 2007; Popp & Reh, 2004, Wunder, 2004). Zugleich jedoch vermehren sich aber die Äußerungen, welche die Missverständnisse im Verhältnis von Bildungsforschung und

Bildungspolitik artikulieren. Sie richten sich nicht gegen die durchweg respektierten Ergebnisse der internationalen Vergleichsuntersuchungen selbst, wohl aber gegen die Rezeption, die sich bei Politik und Gesellschaft, insbesondere in den Medien, gefunden haben. *Frank-Olaf Radtke* verwendete die Formulierung „PISA-Event" (2003, S. 109), während *Joseph Kraus* seinen Kommentar zur PISA-Rezeption sogar mit der Überschrift „Bildungspolitik als Religionsersatz" versah (2009, S. 865 ff.).

Noch größere Beachtung verdienen die kritischen Äußerungen, die aus dem Kreis der PISA-Forscher selbst kommen. *Jürgen Baumert*, der führende deutsche Vertreter der ersten PISA-Studie, bemerkte bereits nach deren Veröffentlichung, dass die PISA-Konzeption durchaus wertende Annahmen voraussetze, zumal „über die zu berücksichtigenden Arten von Verwendungs- und Lebenssituationen und deren Gewichtung ... relativ pragmatisch entschieden" werde (Deutsches PISA-Konsortium, 2001, S. 16). Von dieser beachtenswerten Aussage führt eine direkte Linie zu folgendem Kommentar, in dem die führenden PISA-Experten *Jürgen Baumert, Eckhard Klieme und Manfred Prenzel* zu den Grenzen Stellung nehmen, welche den Aussagewert der PISA-Daten einschränken (Prenzel, Baumert & Klieme 2008, S. 2):

„Neben dem Schulsystem selbst spielen kulturelle Normen und Werte, soziale oder ökonomische Faktoren, der politische Umgang mit Migranten, aber auch die Unterrichtstradition oder die Qualität der Lehrerausbildung eine Rolle. Auch in den PISA-Daten findet man häufig keine klare Beziehung zwischen Schulsystemmerkmalen und dem erreichten Kompetenzniveau. Und wenn man Beziehungen findet, kann man sie nicht als Ursache-Wirkungs-Zusammenhänge interpretieren, denn PISA ist eine nichtexperimentelle Querschnittsstudie. Aus den dort beschriebenen einfachen oder multiplen Korrelationen sind in der Regel keine Kausalaussagen ableitbar."

Diese selbstkritischen Äußerungen können zugleich als ermutigendes Beispiel dafür gewertet werden, dass die als Folge eines „normativen" Anspruchs von PISA und einer entsprechenden Bildungspolitik, die sich nur auf „evidenzbasierte" Forschung stützt, zu befürchtende „Verengung der vergleichenden Forschung" nicht eintreten möge. Durch sie könnte „vergleichende Bildungsforschung (VE) im klassischen Sinne obsolet" werden, worauf *Botho von Kopp* in seinem anregenden Beitrag zu den aktuellen Wandlungen in der Steuerung bildungspolitischer Entscheidungen nachdrücklich hingewiesen hat (von Kopp, 2009, S. 85).

Während in den drei letztgenannten Kommentaren das Verhältnis von Bildungsforschung und Bildungspolitik aus der Sicht der Forschung beleuchtet wird,[3]

---

3 Die Problemlage im Verhältnis von Bildungspolitik und Bildungsforschung spiegelt die Diskussion wider, die gegenwärtig die Gesamtbeziehung von Politik und Wissenschaft kennzeichnet. Der beispielhaften Erläuterung dient folgender Kommentar von *Peter Weingart* (2008, S. 12): „Wissenschaft und Politik sind zwei unterschiedliche Systeme mit je eigenen Operationslogiken, die deshalb in einem spezifischen Spannungs-

gibt *Heinz-Elmar Tenorth* in seinem, mit dem provokativen Titel „Wissenschaftliche Politikberatung – Grundlagen eines an sich unmöglichen Geschäfts" Politikern zu bedenken, sich nicht den „Vorgaben der Wissenschaft" anzuschließen (2007, S. 75), und zwar

> „vielleicht deswegen, weil ‚Verwissenschaftlichung' von normativen Problemen den Schein der Sachgesetzlichkeit gewinnt, der vermeintlich mit unbezweifelbaren Forschungsergebnissen verbunden ist. Verwissenschaftlichung würde dann aber Entpolitisierung bedeuten, kurzfristige Entspannung, die langfristige Probleme erzeugt, weil sich beide Seiten um den Ertrag der Kommunikation unter unterschiedlichen Funktionsprämissen bringen. Politik muss aber als Politik erkennbar bleiben – deshalb als erste Empfehlung: Politiker, bleibt Politiker, der politischen Hygiene wegen, und verschont uns mit dem wissenschaftlichen Sachzwang!"

Dieser Warnung entspricht *Baumerts* Argumentation, dass „auf jeden empirischen Befund ... es mindestens zwei unterschiedliche politische Antworten" gebe und man „politische und wissenschaftliche Rollen ... nicht klar genug trennen" könne (Baumert, 2010, S. 44). Auf der gleichen Argumentationsebene warnt *Tenorth* Wissenschaftler davor, „eindeutigen Rat" zu geben (S. 76), denn sie würden dann „*selbst* zu einer der wesentlichen Schwierigkeiten, wenn sie mehr versprechen, als man wissen kann, etwa richtige oder im Wesentlichen in den Folgen unbelastete oder gar alternativlose Lösungen".

„Dann besser Forscher bleiben, Distanz nicht aufgeben, Kredit bewahren, Glaubwürdigkeit sichern. Daneben gibt es ja immer noch die Bürgerrolle: Konfusionen der Politik als Konfusion zu benennen oder Zielkonflikte als Zielkonflikte, dazu reicht der Alltagsverstand. Politiker wiederum sollten fähig sein, Wissenschaft als Wissenschaft zu tolerieren, nicht aber sie als Erfüllungsgehilfen zu suchen. Vor allem sollten sie [...] den notwendigen politischen Konflikt unter Berufung auf scheinbar sichere Befunde der Wissenschaft" vermeiden.

Vergleichende Erziehungswissenschaft und Bildungspolitik können gewiss viel voneinander lernen, wenn im konkreten Fall die Dignität des Partners beachtet wird (vgl. Mitter, 1973 und 1977). Diese Respektierung gründet in der substantiellen Spannung, welche das Verhältnis von Politik und Wissenschaft im Allgemeinen beherrscht, soweit es sich bei dieser nicht um reine, gezielte Auftragsforschung handelt. In diesem Zusammenhang ist *Torsten Huséns* Definition von den „zwei Kulturen" (Husén,

---

> verhältnis zueinander stehen. Politik ist an Machterhalt orientiert und beurteilt Wissen unter politisch-strategischen Gesichtspunkten. Die Wissenschaft ist an der ‚Richtigkeit' des Wissens orientiert. Zwischen Beratern und Beratenen besteht infolgedessen eine spezifische Asymmetrie: 1) nur die Politiker haben das durch demokratische Wahl verliehene Mandat, Entscheidungen zu treffen, 2) nur die Wissenschaftler verfügen über wissenschaftliches Wissen, die Methoden zu seiner Generierung und die Kompetenz zu seiner Deutung [...]".

1984)⁴ ebenso relevant wie *Hans Merkens* Aussage, dass „Erziehungswissenschaft und Bildungspolitik jeweils Domänen sind, die *einer eigenen Rationalität* folgen" (Merkens, 2007, S. 238, Herv. WM). Dieser Gedankengang soll in ein wörtliches Zitat aus der Feder des bedeutenden schwedischen Bildungsforschers und Erziehungswissenschaftlers *Torsten Husén* münden; es wurde bereits in unserer Interpretation von *Carol Weiss'* Thesen angekündigt. Dieses Zitat ist umso bedenkenswerter, als *Husén* selbst zu den Wegbereitern der internationalen empirischen Bildungsforschung gehört, deren Bedeutung für bildungspolitische Entscheidungshilfen er wiederholt reflektiert hat. Er äußerte sich 1984 zum Scheitern vieler wissenschaftlicher Beratungen für die Bildungspolitik mit folgenden Bemerkungen (Husén, 1984, S. 9):

> „Sie alle scheiterten hinsichtlich der Erfüllung ihrer Versprechen. Der Hauptgrund ihres Scheiterns liegt natürlich darin, dass das Bildungswesen keine produzierende Industrie (*manufacturing industry*) darstellt. In der Produktion plant man einen Prozess, wobei man genau weiß, wie das Endprodukt aussehen wird. Im Bildungswesen aber gibt es einen weiten Rahmen der Unsicherheit, weil ihr ‚Rohmaterial' eine ausgedehnte und weithin unbekannte Dimension an Potenzialen enthält. Die Natur der Bildungs- und Erziehungsprozesse besteht darin, dass der Fortschritt stets innerhalb einer großen Reichweite von Optionen vor sich geht. Technologien können in diesen Prozessen Lehrer nur in einem beschränkten Maße ersetzen […]".

An dieser Stelle sei hinzugefügt: *Huséns* letzter Satz lässt für die Schulpraxis den Schluss zu, dass der Lehrer wohl Forschungsergebnisse als Anregungspotentiale berücksichtigen und verwenden kann und soll, diese aber seine Entscheidungsfindungen und die mit ihnen verbundenen Verantwortung nicht ersetzen können. Dies gilt analog auch für mit Entscheidungen konfrontierte Bildungspolitiker und Bildungsadministratoren, auch wenn taktische Überlegungen sie verführen mögen, Forschungsergebnisse als Legitimierungsobjekte zu gebrauchen oder, korrekter gesagt, zu missbrauchen.

Anders stellt sich die Frage nach dem Verhältnis von Vergleichender Erziehungswissenschaft und Bildungspolitik, wenn es nicht um die *Disziplin* „Vergleichende Erziehungswissenschaft", sondern um den Wissenschaftler *als Person* geht (vgl. Mitter, 1977, S. 99 f.). Komparatisten haben sich in der Vergangenheit häufig in bildungspolitische Diskussionen „eingemischt" und sich nicht gescheut, ihre Gedanken und Empfehlungen zu konkreten Fragen vor allem in Prozessen von Bildungsreformen zu äußern und, zumindest für kurze Zeit, bildungspolitische Funktionen zu übernehmen. *Rita Süßmuth* steht hier als herausragendes Beispiel für Komparatisten in der ganzen Welt (Süßmuth, 1997). Diese Ebene der „Einmischung" ist im Unterschied zu der zuvor untersuchten Grenzziehung zwischen Bildungspolitik und Ver-

---

4   Dieser Hinweis bezieht sich auf die von *Charles Percy Snow* (1905–1972) konzipierte Theorie von den „zwei Kulturen" die das Verhältnis von Natur- und Geisteswissenschaften in diesem Sinne auffasst.

gleichender Erziehungswissenschaft als Disziplin positiv zu bewerten und verdient sogar Respekt, sofern der Wissenschaftler nicht den Eindruck erweckt, seine Empfehlung aus der vermeintlichen Stringenz *eigener* Forschungsergebnisse ableiten zu können. Er sollte in diesem Fall artikulieren, dass er den *Rubicon* vom Forscher zum aktiven Staatsbürger überschritten hat. Diese Grenzüberschreitung kann durchaus mit seinem persönlichen Anspruch kongruieren, seine Fachkenntnisse und besonderen Erfahrungen in die Begründung seiner Argumentation einzubringen, wozu sich auch *Heinz-Elmar Tenorth* in dem bereits zitierten Verweis auf die „Bürgerrolle" des Wissenschaftlers geäußert hat (Tenorth, 2007, S. 76).

Bestätigt wird diese Sichtweise von Dietrich Benner, der auf die Möglichkeiten und Grenzen erziehungswissenschaftlicher Politikberatung in seiner Antrittsvorlesung an der Humboldt-Universität zu Berlin mit folgenden Worten einging (Benner, 1994):

> „Wissenschaftliche Pädagogik kann ihren Beitrag zu einer in diesem Sinne kritischen pädagogischen Praxis nur leisten, wenn sie deren Akteure und die Öffentlichkeit über die empirischen, theoretischen und praktischen Bedingungen reflexiver und freisetzender Erziehungs- und Bildungsprozesse aufklärt. Wissenschaftliche Pädagogik kann hierbei die Erfolgsaussichten pädagogischen Handelns niemals schon dadurch verbessern, dass sie Erfolgsgewissheiten simuliert oder postuliert, sondern nur dadurch, dass sie dazu beiträgt, Misserfolgswahrscheinlichkeiten zu minimieren. Stellvertretend für das ganze Staatsbürgerpublikum und das individuelle Gewissen der Handelnden erklären und festlegen zu wollen, wie die Welt inhaltlich beschaffen sein müsse, damit Heranwachsende und Erwachsene in ihr vernünftig leben und handeln können, überstiege dagegen den Erkenntnishorizont und die Handlungsmöglichkeiten dessen, was wir in pädagogischen und anderen Handlungsfeldern begründet wissen und beurteilen können."

In den Kontext der übergeordneten Frage, in der die „politikberatende" Handlungsebene durch die Erziehungswissenschaft als Ganzes repräsentiert wird, lässt sich die Problemlage des jahrhundertealten, komplexen und „schwierigen" Verhältnisses zwischen Vergleichender Erziehungswissenschaft (und Bildungsforschung) und Bildungspolitik uneingeschränkt einordnen. Die von *Benner* postulierte Bedingung für sinnvolle wissenschaftliche Politikberatung ist obendrein ein überzeugendes Argument gegen einen drohenden Verzicht auf „vergleichende Bildungsforschung (VE) im klassischen Sinne" (siehe oben S. 17: von Kopp, 2009, S. 85).

Literatur

Anweiler, O. (1990). *Vergleich von Bildung und Erziehung in der Bundesrepublik Deutschland und in der Deutschen Demokratischen Republik.* Wissenschaftliche Kommission: Anweiler, O. (Leitung)/Mitter, W./Peisert, H./Schäfer, F.-P./Stratenwerth, W. Köln: Verlag Wissenschaft und Politik Berend von Nottbeck.

Baumert, J. (2010). Spiegel-Gespräch. Schlichte Utopien. *Der Spiegel*, 24/2010, 39–44.

Bellenberg, G., Böttcher, W. & Weegen, M. (2002). *Bildungsforschung und Politikberatung.* Weinheim und München: Juventa.

Benner, D. (1994). Über die Aufgaben der Pädagogik nach dem Ende der DDR. Antrittsvorlesung, 23. November 1992. Öffentliche Vorlesungen, 32. Berlin: Humboldt-Universität zu Berlin.

Bray, M., Adamson, B. & Mason, M. (Hrsg.) (2007). *Comparative Educational Research. Approaches and Methods.* Hong Kong: Comparative Education Research Centre, The University of Hong Kong (Springer).

Carney, S. (2009). Negotiating in an Age of Globalization: Exploring Educational „Policyscapes" in Denmark, Nepal, and China. *Comparative Education Review, 53,* 63–88.

Chroust, A.-H. (o.J.). *Aristotle's Criticism of Plato's „Philosopher King".* Online unter: http://www.rhm.uni-koeln.de/111/Chroust.pdf [zuletzt September 2014].

Coe, R. (1999). *A Manifesto for Evidence-Based Education.* Durham University: Centre for Evaluation and Monitoring (CEM). Online unter: http://www.cemcentre.org/renderpage.asp?linkID=303117000 [zuletzt September 2014].

Criblez, L. & Eder, F. (2006). Erziehungswissenschaft und Politikberatung. In Fakte, R. & Merkens, H. (Hrsg.), *Bildung über die Lebenszeit* (S. 143–151). Wiesbaden: VS Verlag.

Deutscher Bildungsserver (2007). *Forschung für eine evidenzbasierte Bildungspolitik (ausserhalb Deutschlands).* Online unter: http://bildungsserver.de/zeigen.html?seite=5109 [zuletzt September 2014].

Deutsches PISA-Konsortium (Hrsg) (2001). *PISA 2000. Basiskompetenzen von Schülerinnen und Schülern im internationalen Vergleich.* Opladen: Leske + Budrich.

Eckstein, M. (1987). A Comparative Study of the Humanities in Five Nations: Synopsis of a Preliminary Report on Secondary Schooling Abroad. Implication for the United States. *Zeitschrift für erziehungs- und sozialwissenschaftliche Forschung, Sonderheft,* 57–71.

Eisler, R. (1930). *Kant-Lexikon. Nachschlagewerk zu Immanuel Kant.* Online unter: http://www.textlog.de/32802.html [zuletzt September 2014].

Falk, S., Rehfeld, D., Römmele, A. & Thunert, M. (Hrsg.) (2010). *Handbuch Politikberatung.* 3. Aufl. Wiesbaden: VS Verlag.

Heckel, H. & Avenarius, H. (1986). *Schulrechtskunde. Ein Handbuch für die Praxis, Rechtsprechung und Wissenschaft.* 6. völlig neu bearbeitete Auflage von H. Avenarius unter Mitarbeit von H. Fetzer. Neuwied/Darmstadt: Luchterhand.

Heyneman, S. (1997). *Rede. Akademische Feier für Wolfgang Mitter zum 70. Geburtstag. Reden und Grußworte.* Frankfurt am Main: Deutsches Institut für Internationale Pädagogische Forschung, 32–37.

Hilker, F. (1962). *Vergleichende Pädagogik. Eine Einführung in ihre Geschichte, Theorie und Praxis.* München: Max Hueber.

Hörner, W. & Döbert, H. (2007). The Education Systems of Europe – Introductory Methodological Remarks. In Hörner, W., Döbert, H., von Kopp, B. & Mitter, W. (Hrsg), *The Education Systems of Europe* (S. 1–10). Dordrecht: Springer.

Husén, T. (1984). Research and Policymaking in Education. An International Perspective. *Educational Researcher, 13*(5), 5–11.

Husén, T. & Kogan, M. (Hrsg.) (1984). *Educational Research and Policy. How do they relate?* Oxford: Pergamon Press.

Jullien de Paris, M.-A. (1962). *Esquisse d'un ouvrage sur l'éducation comparée.* Genève: Bureau international d'Éducation.

Kant, I. (1984). *Zum ewigen Frieden*. Harald Fischer Verlag (Reprint of the Edition of 1795). Online unter: http://www.sgipt.org/politpsy/vorbild/kant_zef.htm [zuletzt September 2014].

King, E. J., Moor, Ch. H. & Mundy, J. (1974). *Post-Compulsory Education. A New Analysis in Western Europe*. London/Beverly Hills: Sage Publications.

Kotásek, J. (1997). *Vortrag. Akademische Feier für Wolfgang Mitter zum 70. Geburtstag. Reden und Grußworte*. Frankfurt am Main: Deutsches Institut für Internationale Pädagogische Forschung, 46–54.

Kraus, J. (2009): Bildungspolitik als Religionsersatz. *Forschung und Lehre*, 16, 865–867.

Lauwerys, J. A. (1958). Methoden der Vergleichenden Erziehungswissenschaft. *Bildung und Erziehung*, 11, 65–77.

Lemberg, E. (1963). Von der Erziehungswissenschaft zur Bildungsforschung: Das Bildungswesen als gesellschaftliche Institution. In Lemberg, E. (Hrsg.), *Das Bildungswesen als Gegenstand der Forschung* (S. 21–100). Heidelberg: Quelle & Meyer.

Merkens, H. (2007). Zum Verhältnis von Erziehungswissenschaft und Bildungspolitik. Zwischen wissenschaftlichen Standards und politischen Erwartungen. *Die Deutsche Schule*, 99(Beiheft 9), 235–239.

Mitter, W. (1973). *Report on Visits to Research Centres in Belgium, France and the Netherlands*. Strasbourg: Council of Europe/Conseil de l'Europe, Council for Cultural Co-Operation. DECS/Rech (73) 43.

Mitter, W. (1977). The Policy-oriented Task of Comparative Education. *Comparative Education*, 13(2), 95–100.

Mitter, W. (1985). *Education and the diversity of cultures: the contribution of comparative education*. Köln u. a.: Böhlau.

Mitter, W. (2008). The impact of educational research on educational policy in Europe: Considerations on a complex and ambivalent relation. *Revista de pedagogie/Romanian Journal of Pedagogy*, 7(12), 7–20.

Mitter, W. (2009). Vergleichende Erziehungswissenschaft und Bildungspolitik: Missverständnisse, Möglichkeiten, Perspektiven. In Hornberg, S., Dirim, I., Lang-Wojtasik, G. & Mecheril, P. (Hrsg.), *Beschreiben – Verstehen – Interpretieren. Stand und Perspektiven International und Interkulturell Vergleichender Erziehungswissenschaft in Deutschland* (S. 19–37). Münster: Waxmann.

Oelkers, J. (2007). Einige Bemerkungen zum Verhältnis von Erziehungswissenschaft und Bildungspolitik. In Herrmann, U. (Hrsg.), *In der Pädagogik etwas bewegen. Impulse für Bildungspolitik und Schulentwicklung* (S. 62–69). Weinheim und Basel: Beltz.

Phillips, D. & Ochs, K. (Hrsg.) (2004). *Educational Policy Borrowing: Historical Perspectives*. Oxford: Symposium Books.

Platon (1991). *Der Staat*, Buch IV, übersetzt von R. Rufener. München: Deutscher Taschenbuchverlag.

Popp, U. & Reh, S. (Hrsg.) (2004). *Schule forschend entwickeln. Schul- und Unterrichtsentwicklung zwischen Systemzwang und Reformansprüchen*. Weinheim und München: Juventa.

Prenzel, M., Baumert, J. & Klieme, E. (2008). *Steuerungswissen, Erkenntnisse und Wahlkampfmunition: Was liefert die empirische Bildungsforschung? – Eine Antwort auf Klaus Klemm*. Online unter: http://www.pedocs.de/volltexte/2008/88 [zuletzt September 2014].

Radtke, F.-O. (2003). Die Erziehungswissenschaft der OECD – Aussichten auf die neue Performanz-Kultur. *Erziehungswissenschaft, 14,* 109–136.

Rizvi, F. & Lingard, B. (2009). The OECD and Global Shifts in Educational Policy. In Cowen, R. & Kazamias, A. (Hrsg.), *International Handbook of Comparative Education,* Part One (S. 437–453). Dordrecht: Springer.

Robinsohn, S. B. (1981). *Bildungsreform als Revision des Curriculum.* 5. Aufl. Neuwied/Darmstadt: Luchterhand.

Robinsohn, S. B. et al. (1970/1975, 2 Bände). *Schulreform im gesellschaftlichen Prozess.* Stuttgart: Klett.

Roth, H. (1963). Die realistische Wandlung in der pädagogischen Forschung. *Die Deutsche Schule, 55,* 109–119.

Schützeichel, R. (2008). Beratung, Politikberatung, wissenschaftliche Politikberatung. In Bröcher, S. & Schützeichel, R. (Hg.), *Politikberatung* (S. 5–32). Stuttgart: Lucius & Lucius.

Steiner-Khamsi, G. (Hrsg.) (2004). *The Global Politics of Educational Borrowing and Lending.* New York: Teachers College Press.

Stock, G. (Hrsg.) (2008). *Leitlinien Politikberatung* (S. 9–10). Berlin: Berlin-Brandenburgische Akademie der Wissenschaften.

Süßmuth, R. (1997). Politik und Vergleichende Erziehungswissenschaft in gemeinsamer Verantwortung für eine humane Lerngesellschaft. In Kodron, Ch., von Kopp, B., Lauterbach, U., Schäfer, U. & Schmidt, G. (Hrsg.), *Vergleichende Erziehungswissenschaft. Herausforderung – Vermittlung – Praxis. Festschrift für Wolfgang Mitter* (S. 272–281). Köln/Wien: Böhlau.

Tenorth, H.-E. (2007). Wissenschaftliche Politikberatung – Grundlagen eines an sich unmöglichen Geschäfts. In Herrmann, U. (Hrsg.), *In der Pädagogik etwas bewegen. Impulse für Bildungspolitik und Schulentwicklung* (S. 70–76). Weinheim und Basel: Beltz.

Tomiak, J. (Hrsg.) (1987). *Thomas Darlington's Report on Education in Russia. Papers from the 77th Anniversary Conference held at the School of Slavonic and East European Studies.* London: School of Slavonic and East European Studies.

Trouillet, B. (1991). *„Der Sieg des preußischen Schulmeisters" und seine Folgen für Frankreich 1870–1914.* Köln/Wien: Böhlau.

von Kopp, B. (2009). Ist die ‚neue' Steuerung von gestern die ‚alte Steuerung' von heute? Bildungspolitik zwischen Theorie und Praxis in Zeiten der großen Krise. *Kwartalnik Pedagogiczny, 54,* 2(212), 81–95.

Weingart, P. (2008). Zur Aktualität von Leitlinien für „gute Praxis" wissenschaftlicher Politikberatung. In Stock, G. (Hrsg.), *Leitlinien Politikberatung* (S. 11–18). Berlin: Brandenburgischer Akademie der Wissenschaften.

Weiss, C. (1981). Policy Research in the Context of Diffuse Decision Making. In *SVO Workshop: Educational Research and Public Policy Making.* The Hague, 20, 21, 22 May 1981 (Transcripts), 55–61 (+ debate, 61–67).

Wunder, D. (2004). Die Ausbreitung der Ganztagsschule in Deutschland beruht auf unsicheren Grundlagen. Zum Verhältnis von Politik und Wissenschaft. In: Popp, U./Reh, S. (Hrsg.), *Schule forschend entwickeln. Schul- und Unterrichtsentwicklung zwischen Systemzwängen und Reformansprüchen* (S. 217–230). Weinheim und München: Juventa.

Wunder, D. (2007). Zum Verhältnis von Bildungspolitik und Erziehungswissenschaft. Subjektive und polemische Bemerkungen. *Die Deutsche Schule, 99,* Beiheft 9, 229–233.

Gita Steiner-Khamsi

Internationaler Vergleich in der postnationalen Ära[1]

Die Geschichte der Vergleichenden Erziehungswissenschaft in den Vereinigten Staaten wird oft im Sinne von revolutionären Paradigmenwechsel erzählt, die den disziplinären Fokus, die Methoden und die geografische Reichweite des Feldes verändert haben (z. B. Altbach, 1991). Bis in die 1960er Jahre hinein war die Vergleichende Erziehungswissenschaft in den Vereinigten Staaten fest im Griff der Geschichtswissenschaft, fasziniert von Länderstudien und auf die Bildungssysteme in Europa fixiert. Gegen Ende des Jahrzehnts wurde das Feld in International Vergleichende Erziehungswissenschaft umbenannt, und setzte sich aus Forscherinnen und Forschern, Praktikantinnen und Praktikanten mit multidisziplinären, internationalen und vergleichenden Bezügen zusammen. Der Name ihrer professionellen Gesellschaft wurde entsprechend von Comparative Education Society (CES) in Comparative and International Education Society (CIES) geändert. Den einschlägigen Darstellungen der International Vergleichenden Erziehungswissenschaft (IVE) zufolge wich die disziplinäre „Orthodoxie" in der Geschichtswissenschaft einer „Heterodoxie" der Zugänge (Paulston, 1993), welche die verschiedenen sozialwissenschaftlichen Disziplinen einschlossen. Nachdem die Geschichtswissenschaft als die einzig legitime Disziplingrundlage für die vergleichende Untersuchung von Bildungssystemen aufgegeben wurde, hielten wichtige methodologische Veränderungen Einzug. Für einige Autoren wurden die Einheiten des Vergleichs kleiner: von nationalen Bildungssystemen zu kulturgebundenen Bildungsorten oder -gemeinschaften. Für andere wurden sie breiter, da der enge Fokus auf dem internationalen Vergleich von Nordamerika und Europa abgelöst wurde und akademische Neugier und berufliche Interessen sich auf die Dritte Welt verlagert haben.

In diesem Kapitel wird der Aufstieg von Einzelfallstudien in den 1960er und den 1970er Jahren untersucht, die an die Stelle von Studien mit mehreren Fällen und anderer länderübergreifenden Vergleichsstudien getreten sind. Dabei wird die Transformation der Methode für Fallstudien in historischer Perspektive untersucht. In dem Versuch eine Reflexion über die Geschichte der Fallstudien-Methodik anzustoßen, werden in diesem Kapitel zwei treibende Kräfte dieser inzwischen verbreiteten Methode in der vergleichenden Erziehungswissenschaft identifiziert: Studien zum Thema „Entwicklung" sowie zu Weltregionen – die Wende in den sog. „development" und „area studies"– der 1960er Jahre, und die „Globalisierungsstudien" der 1990er Jahre. Berücksichtigt werden auch Studien zum transnationalen Transfer bildungspolitischer Ideen und Programme („policy borrowing" und „lending").

---

[1] Aus dem Englischen übersetzt von Marcelo Parreira do Amaral, lektoriert von Karin Amos.

1. Der „Development und Area Studies Turn"

Die Überzeugung ist fest verankert, dass die Veränderungen der 1960er Jahre, die zum „development und area studies turn" geführt haben, positiv waren. Es ist richtig, dass die ausschließliche Konzentration auf Europa aufgegeben und durch eine Orientierung an den Entwicklungsländern ersetzt wurde. Es ist auch wahr, dass die Universitäten in den Vereinigten Staaten im großen Stil begannen Sprachen- und Area-Studien zu etablieren, um die Menschen in der „Dritten Welt" zu verstehen und ihre Herzen und ihre Köpfe zu gewinnen. So markiert der „development turn" den Anfang der Area-Studien in den Sozial- und Geisteswissenschaften sowie in der erziehungswissenschaftlichen Forschung. Wie bereits in anderen Veröffentlichungen im Detail erläutert war die Entstehung von Entwicklungs- und Area-Studien untrennbar mit dem Kalten Krieg verknüpft (Steiner-Khamsi, 2006; Steiner-Khamsi & deJong-Lambert, 2006).

Die Tatsache, dass sich die Vergleichende Erziehungswissenschaft in den USA ab den späten 1950er und 1960er Jahren nunmehr als räumlich auf die ganze Welt ausgreifend verstand, und die ausschließliche Konzentration auf Europa hinter sich ließ, hatte mehr mit der globalen Dimension der US-Interventionen zu tun als mit einer größeren Sensibilität gegenüber den Menschen in den Entwicklungsländern.

Natürlich hat der „development turn" Konsequenzen für die Auswahl von Untersuchungsländern; dabei verlagerte sich die Aufmerksamkeit von Ländern mit hohem Einkommen hin zu Ländern mit niedrigem Einkommen. Wie dieses Kapitel zeigen wird, hatte diese Entwicklung darüber hinaus wiederum auch erhebliche methodologische Auswirkungen. Der Anstoß für Einzelfallstudien wurde in den späten 1950er und frühen 1960er Jahren gegeben, als mit dem Gesetz „National Defense National Education Act" (1958) und des „Title VI Foreign Language and Area Studies fellowships" Fördermöglichkeiten und andere finanzielle Anreize geschaffen wurden, um die Forschung auf ausgewählte einzelne Länder zu konzentrieren.

Die Konzentration auf ein bestimmtes geografisches Gebiet war nichts Neues für die vergleichende Forschung. Aufgrund ihrer Verwandtschaft mit den Historikern haben sich die meisten frühen vergleichenden Erziehungswissenschaftler schon immer als „Area-Spezialisten" angesehen, die sich auf die Geschichte von Bildung und Erziehung in einer bestimmten Region konzentrierten. Somit haben sie, trotz ihrer Spezialisierung auf eine Region oder einen anderen einzelnen Fall, verglichen; ihre Analysen wurden in kontextualisierte vergleichende Betrachtung eingebettet. Diese Situation änderte sich jedoch mit dem „development turn".

Im Rückblick war die Zeit der größten Expansion der Disziplin Vergleichende Erziehungswissenschaft auch die Ära der größten methodischen Verluste für länderübergreifende Vergleiche: mit den politischen Interventionen der USA in den Entwicklungsländern in den 1950er und 1960er Jahren ging eine massive Expansion der Vergleichenden Erziehungswissenschaft einher. Das Feld beschränkte sich nicht mehr nur auf Nordamerika und Europa, sondern umfasste nun alle Länder, mit denen die US-Regierung entweder freundschaftliche Beziehungen unterhielt oder plante eine Bindung einzugehen. Typischerweise hatten diese Entwicklungsländer ein niedriges Einkommen. Bei näherem Hinsehen jedoch wurde im Zuge der zunehmenden Aufmerksamkeit auf Entwicklungsländer das Projekt des Vergleich weitestgehend außer Kraft gesetzt; nicht aufgrund seiner methodischen Beschränkungen (z. B. Schwierigkeiten bei der Durchführung von soliden kontextuellen Vergleichen), sondern oftmals aus chauvinistischen Gründen: Wäre es überhaupt möglich von Ländern mit niedrigeren Entwicklungsstand zu lernen?

Bildung in den Entwicklungsländern war in den Vereinigten Staaten – so wie die „bürgerliche Bildung" für die marxistisch-leninistische Vergleichende Erziehungswissenschaft – als zu minderwertig angesehen um vergleichbar zu sein (siehe Steiner-Khamsi, 2006). Mit dem Zuwachs an Experten für „development" und „area" in den 1960er Jahren, die durch das NDEA-Gesetz VI oder andere internationale Stipendien gefördert wurden, verschob sich die International Vergleichende Erziehungswissenschaft in den Vereinigten Staaten in Richtung qualitativer Einzel-Länderstudien und verlor in gewissem Maße ihre komparative Dimension.

An dieser Stelle sollen Harold H. Noahs scharfsinnige methodische Beobachtungen herangezogen werden. Seine Beobachtungen spiegeln meine eigene Kritik an dem engen Forschungsparadigma, das während des Kalten Krieges in den 1960er Jahren entstand und sich bis in die Gegenwart hält:

„Selbstverständlich hat es im Laufe der letzten 35 Jahre seit 1970 ein enormes organisatorisches Wachstum [in der International Vergleichenden Erziehungswissenschaft] gegeben. Nun werde ich überhaupt nichts darüber sagen; ich werde nicht darüber befinden, ob es einen qualitativen Fortschritt gegeben hat. Sicherlich gibt es Unterschiede […] Es gibt immer noch, so wie zuvor auch, viele, sehr viele Einzel-Länderstudien. Und die große Frage ist immer: ist das Vergleichende Erziehungswissenschaft? Könnten diese Studien nicht ebenso gut in irgendeiner Zeitschrift einer Gesellschaft für Bildung und Erziehung in dem einen Land, in irgendeiner politikwissenschaftlichen Zeitschrift in dem anderen Land, oder in einer pädagogischen Fachzeitschrift veröffentlicht werden? Warum ist dies Vergleichende Erziehungswissenschaft? Diese Frage beunruhigt mich immer noch." (Noah, 2006, DVD excerpt 00:15:28–00:16:58)

2. Die Hinterlassenschaften des Kalten Krieges

Der „development turn" tauchte in den späten 1950er und den frühen 1960er Jahren auf. Diese Periode markiert die prägenden Jahre für die Gesellschaften für Vergleichende Erziehungswissenschaft in verschiedenen Teilen der Welt, einschließlich in den Vereinigten Staaten. Dieses Jahrzehnt fiel zusammen mit der Zeit des größten Wettbewerbs zwischen den beiden Supermächten. Das Wettrennen um Waffen, Technik und Wissenschaft war während dieser Zeit am heftigsten. Für die Forschenden im Feld der Vergleichenden Erziehungswissenschaft in den USA wurde

Bildung in der Sowjetunion zunächst zum Gegenstand von Bewunderung, und in den folgenden zwei Jahrzehnten zu einem Gegenbeispiel für alles, was Bildung und Erziehung in den USA nicht sein oder nie werden sollten. An der Gründungsversammlung der „Comparative Education Society" an der Universität New York im Jahre 1956 wurde der Vergleich zwischen den Bildungssystemen in den Vereinigten Staaten und in der Sowjetunion in den Mittelpunkt gestellt.[1] Die sowjetische Bildung und Erziehung wurden zu primären Bezugspunkten nach dem Start des Sputnik-Satelliten im Jahr 1957, und die Lage verstärkte sich noch einmal, nachdem Iurii Gagarin 1961 als erster Mensch im Weltraum war. Der sowjetische Niedergang fiel zusammen mit Berichten in den 1970er und 1980er Jahren, in denen Dissidenten sich gegen politische Unterdrückung aussprachen und über die weit verbreitete „Ökonomie der Knappheit" in den sozialistischen Ländern schrieben.

Der Einfluss des Kalten Krieges hat sich bis in die Gegenwart gehalten und wird anhand verschiedener Kennzeichen der zeitgenössischen International Vergleichenden Erziehungswissenschaft in den USA sichtbar: Erstens, die Dominanz der „development" und „area studies" in der amerikanischen International Vergleichenden Erziehungswissenschaft. Zweitens, der Fokus der Vergleichenden Erziehungswissenschaft in den USA auf kontrastiven Analysen von Bildungssystemen, die meistens als entgegengesetzt zum US-System konzipiert werden.

In den Vereinigten Staaten wurde die „Sovietology" bald durch die „Japanology" ersetzt, gefolgt von, nach mehr als einem Jahrzehnt des relativen Stillstands, einer „Islamology". Forschung zu den pädagogischen Praktiken in der Sowjetunion, Japan oder in der arabischen Welt genoss große öffentliche Aufmerksamkeit und staatliche Förderung. Diese Regionen wurden mal als wirtschaftliche, mal als politische Bedrohungen für die Vereinigten Staaten gesehen. Schließlich ist es auffällig, dass die Forschenden in der amerikanischen Vergleichenden Erziehungswissenschaft selten Bildung und Erziehung in den USA mit anderen Teilen der Welt verglichen. Das einzige Land, das in den Vereinigten Staaten als „Referenz-Gesellschaft" für Bildungsreformen zu dienen scheint (Schriewer, Henze, Wichmann et al., 1998) ist

---

1 Die Erforschung der sowjetischen Bildung und Erziehung war das einzige Thema für eine spezifische Region (area) während der Konferenz von 1956. Alle anderen Themen beschäftigten sich mit Theorien, Methoden und Konzepten der Vergleichenden Erziehungswissenschaft (siehe Campisano, 1988, S. 35; Brickman, 1966). George Z. Bereday wurde gebeten, Bildung in den Vereinigten Staaten und mit der sowjetischen Bildung und Erziehung zu vergleichen (Bereday, 1957). Die drei anderen Themen, die von den Organisatoren William Brickman und Gerald Read aufgestellt wurden, waren: (1) die theoretischen Grundlagen der Vergleichenden Erziehungswissenschaft, (2) die gegenwärtige Bedeutung des Themas als ein Bereich von Forschung und Lehre, und (3) eine Prüfung der Definitionen, Ziele und Werte der Vergleichenden Erziehungswissenschaft sowie das Konzept und die allgemeinen Grundsätze des Vergleichs. Die Teilnehmer diskutierten die praktische Anwendung der vergleichenden Erziehungswissenschaft in der zweiten Hälfte des Programms.

Großbritannien, und selbst dies ist auf marktorientierte Bildungsreformen begrenzt. Es scheint keine „cross-national policy attraction" für Analysten aus den USA zu geben, es sei denn die Reformen gehen gerade von Großbritannien aus. Dies steht in deutlichem Gegensatz zur vergleichenden Bildungsforschung in anderen Ländern, die typischerweise an der Beobachtung, Dokumentation und Veröffentlichungen zu Reformen in Ländern mit vergleichbaren Kontexten interessiert ist.

2.1   Sprachen- und Area-Studien

Im Jahr 1958 verabschiedete der Kongress in den Vereinigten Staaten das Gesetz „National Defense Education Act" (NDEA), um die Qualität der Bildung (insbesondere in den Fächern Mathematik, Naturwissenschaften und Fremdsprachen), und den Zugang zu postsekundärer Bildung und Hochschulbildung durch Studiendarlehen und Stipendien zu verbessern. Insgesamt zehn Bereiche („titles") wurden als förderungsfähig für Bundesmittel aufgeführt. Im Hochschulbereich waren diese im Titel II (Studiendarlehen), Titel IV (Stipendien, sog. „national defense fellowships") sowie Entwicklung von Sprachen- und Area-Studien (Titel VI) zusammengefasst. Diese Förderschwerpunkte wurden 1958 eingeleitet und stehen – auf einem viel niedrigeren Niveau der Finanzierung – bis heute zur Verfügung.

Eine Übersicht des NDEA-Budgets für das Jahr 1963 verdeutlicht den Stellenwert der Beschäftigung mit sozialistischen Ländern. Die Top-Ranking Fremdsprachen in den frühen 1960er Jahren waren Chinesisch und Russisch. Genauer gesagt wurden 16% des Budgets für Stipendien in modernen Fremdsprachen (Modern Foreign Language Graduate Fellowships) für Chinesisch genutzt und 13% für Russisch, gefolgt von Arabisch (11%), Japanisch (10%), Spanisch (10%) und andere Sprachen (Office of Education, 1963, Abb. 20). Die Vereinbarung zum amerikanisch-sowjetischen Kulturaustausch von 1958 machte es möglich, einen Blick hinter den Eisernen Vorhang in der Form von organisierten Studienreisen oder Touren zu werfen. Das Interesse an sowjetischen und osteuropäischen Sprachen und Studien sank drastisch in den 1970er Jahren, als die Regierung Mittel für Fremdsprachen und Landeskunde kürzte. Die Zahl der abgeschlossenen Promotionen in sowjetischen und osteuropäischen Studien an amerikanischen Universitäten war auf einem Höhepunkt in der Dekade 1970–1979 (3598 Promotionen), fiel dann aber um 60% im Zeitraum 1980–1987 (Atkinson, 1988).

Obwohl die Rhetorik für die Einrichtung des NDEA eindeutig in die Sprache des Kalten Krieges eingebettet war, profitierte eine große Zahl von Studien zu ausländischen Sprachen und Landeskunde, unabhängig davon, ob sie über einen sozialistischen Hintergrund verfügten oder nicht. Im Jahr 1958 identifizierte der US-Kommissar für Bildung 83 Sprachen als dringend erforderlich für die Entwicklungszusammenarbeit und priorisierte sechs von ihnen: Arabisch, Chinesisch, Hindi-Urdu, Japanisch, Portugiesisch und Russisch (Spanisch wurde 1996 hinzugefügt, nach der Ankündigung der „U.S.-Latin American Alliance for Progress"). Bis Ende

1962, vier Jahre nach der Umsetzung des NDEA, erhielten 56 der 83 „entscheidenden Sprachen" die Unterstützung des Bundes und 53 Zentren für Sprachen- und Area-Studien im Hochschulbereich wurden gegründet.

Der Unterstützungsschub des Bundes für das Hochschulwesen erzeugte sehr attraktive Anreize, um Area- sowie Entwicklungsstudien in den Bildungs- und Sozialwissenschaften zu etablieren. In der Tat wurden in den USA die meisten Graduierten-Studiengänge an Universitäten in International Vergleichender Erziehungswissenschaft, „Development Studies" oder Studien zur Internationalen Bildungspolitik während dieser Dekade der „Entwicklung" etabliert. Auch wenn dieses Jahrzehnt in den späten 1960er Jahren endete, hat es das Feld der International Vergleichenden Erziehungswissenschaft völlig verwandelt, indem es dieses weg von vergleichender Historiographie führte und hin zum (dekontextualisierten) länderübergreifenden Vergleich einerseits und zum hoch kontextualisierten, jedoch nichtvergleichenden, Studien zu Einzelländern andererseits lenkte.

2.2 Kontrastive Analysen

Andreas Kazamias kritisierte die „sozialwissenschaftliche Metamorphose der Vergleichenden Erziehungswissenschaft" (2001, S. 440) der 1960er Jahre, weil die Vergleichende Erziehungswissenschaft in ein ahistorisches und in gewissem Maße atheoretisches Feld der Forschung verwandelt habe. Der Bemerkung Kazamias sei hinzugefügt, dass in der Anfangszeit der sozialwissenschaftlichen Vergleichsforschung in den 1960er Jahren in Form von Sowjetologie und später Japanologie, der einfachste und am meisten dekontextualisierte Modus des Vergleichs zur Anwendung gekommen ist: kontrastive Analysen. Methodisch müssen kontrastive Analysen als eine spezifische Art von Vergleich betrachtet werden. Sie betonen Unterschiede über Gemeinsamkeiten. Eine Typologie vergleichender Fallstudien hilft kontrastive Analysen innerhalb der Vergleichsmethode zu situieren.

Tabelle 1 zeigt die Unterscheidung zwischen Systemen und Ergebnissen, die im Rahmen von vergleichenden Fallstudien getroffen wird (Berg-Schlosser, 2002, S. 2430, siehe auch Przeworski & Teune, 1970). Ich verwende die Begriffe „System" und „Fall" synonym, da methodologisch ein Fall als begrenztes System mit eigenem „kausalen Netz" („causal web") (Tilly 1997, S. 49) beschrieben wird, das die große Anzahl von Variablen in dem Fall/System verbindet. Die folgende Tabelle ist besonders nützlich, um Entscheidungen über Samplings zu treffen, da es hilft, die Auswahl der Fälle transparent zu machen.

Tabelle 1: Vergleichende Fallstudien-Analysen

	Most similar systems/cases	Most different systems/cases
Most similar outcomes	msS-msO	mdS-msO
Most different outcomes	msS-mdO	mdS-mdO

In kontrastiven Analysen wählen die Forscher Fälle/Systeme, die ihrer Ansicht nach „am unterschiedlichsten" voneinander im Hinblick auf politisches System, Bildungssystem oder andere systemischen Kriterien (mdS) sind, und von denen sie erwarten, dass sie zu den unterschiedlichsten Ergebnissen (mdO) führen. Der grau unterlegte Quadrant in Tabelle 1 stellt das Design von kontrastiver Forschung (msS-mdO) dar, in dem die unterschiedlichsten Systeme untersucht werden, mit der Erwartung ebenfalls unterschiedlichste Ergebnisse zu finden.

Während des Kalten Krieges erfüllte das Feld der Sowjetologie nicht nur die populistische Forderung zu verstehen, weshalb die USA im Waffen- und Weltraum-Wettrüsten zurückfiel, sondern machte die Beschäftigung mit kontrastiven Analysen in der erziehungswissenschaftlichen Forschung akzeptabel, das heißt, vergleichende Forschung, die in erster Linie auf die Identifizierung von Unterschieden abzielt. Als Ergebnis davon wurden beide Systeme dichotomisiert und diametral verortet. Die sowjetische Erziehung wurde als ein System dargestellt, das auf die politische Indoktrination abzielte, während das System der USA angeblich das kritische Denken der Schülerinnen und Schüler förderte. Die Liste dieser binären Konstruktionen ist lang. Es genügt, nur noch eine falsche Dichotomie zu erwähnen: Das sowjetische Schulsystem betonte angeblich den Zugang zu Bildung zu Lasten der Qualität derselben. Die Abwertung von allem was als typisch sozialistisch wahrgenommen wurde, wie z. B. der allgemeine und freie Zugang zu Bildung, hatte verheerende Auswirkungen für die späteren Reformen in der postsozialistischen Region (siehe Steiner-Khamsi & Stolpe, 2006). Das Feld der Sowjetologie wurde, so einige Kommentatoren (z. B. Foster, 1998), quasi über Nacht fallengelassen, und durch Japanologie ersetzt. Die neue Methode wurde jedoch später im neuen Bereich der „Japanologie" adaptiert und führte zu einer Vielzahl von kontrastiven Untersuchungen zum Bildungssystem der USA und Japan.

Wie bei der älteren Sowjetologie (siehe Noah, 2006) war die Japanologie populistisch, da sie mit atemberaubender Geschwindigkeit viele pauschalisierte Verallgemeinerungen und übertriebene Behauptungen über die Bildung verbreitete. Außerdem – wie William Cummings (1989) mit Verweis auf einen Ausdruck, den Joseph Tobin prägte, hervorgehoben hat – verwendeten amerikanische Forscher oftmals einen „Ja, aber …"-Ansatz. Dieser Ansatz erkennt die Erfolge des anderen Schulsystems an, zugleich „argumentiert er, dass diese Erfolge einen zu hohen Preis haben, einen Preis, den Amerikaner nicht bereit zu zahlen sind" (Cummings, 1989, S. 296). Zu den übertriebenen Behauptungen oder Mythen über das japanische Bildungssystem zählten: ein invertiertes Sozialisationsparadigma (Nachsicht in der frühen Kindheit, Disziplin in der Adoleszenz und im frühen Erwachsenenalter); Bildung für die Nation und den Staat; Kyoiku Mama (bildungsorientierten Mütter); Auswendiglernen in der Schule; Wettbewerb und Selbstmord; elitäre Hochschulbildung und soziale Ungleichheit. Aufgrund der Wirtschaftskrise in Asien verschwand das Interesse der USA für das japanische Bildungssystem so schnell wie es entstanden war. Innerhalb einer kurzen Zeitspanne verschwanden die „vorsichtig anerkannten Stärken der japanischen Erziehung" (Cummings, 1989, S. 298) aus den amerikanischen Analysen.

Das japanische Bildungssystem fiel in Ungnade und amerikanische Beobachter begannen, im großen Stil Studien aufzugreifen, die überfüllte Schulen, Selbstmord von Studenten und Lehrer-Burnout in Japan dokumentierten. Auch im japanischen Kontext meldeten sich die Kritiker. In Japan tauchte die Rede von der Krise an der Wende zum neuen Jahrtausend auf und wurde dazu verwendet, um die Notwendigkeit einer grundlegenden Reform zu rechtfertigen, wie besipielsweise die weit reichende Reform der Lehrpläne, die im Jahr 2002 umgesetzt wurde (vgl. Takayama, 2009).

Gegenwärtig gibt es, trotz der exponentiellen Zunahme von internationalen Schulleistungsstudien des Typus OECD und IEA, mit ein paar Ausnahmen (Achieve, 2007) nur wenig Interesse an Bildungsreformen in anderen Ländern seitens der US-Politiker. William Cummings ist nicht alleine mit seiner Beobachtung dieses Desinteresses:

„The American interest in foreign educational systems has never been great, and as America has prospered to a position of international pre-eminence it appears that this interest has steadily declined: after all, what could the world teach America?" (Cummings, 1989, S. 294)

Cummings äußerte diese Beobachtungen im Jahr 1989, zu Beginn einer neuen Ära, in der das andere Reich, die Sowjetunion und ihre sozialistischen Verbündeten, aufgelöst wurden. Mehr als zuvor wird Haltung der amerikanischen Politikanalysten gegenüber globalen Herausforderungen sichtbar. Die selbstbezogene Haltung („bachelor status") der U.S. vergleichenden Bildungsforschung oder ihre „Selbstreferentialität" (Luhmann, 1990; Schriewer, 1990; siehe auch Steiner-Khamsi, 2004) als der primäre Modus, mit denen politische Entscheidungen in der US-Bildungsreform getroffen werden, ist ein relativ neues Phänomen.

Historisch gesehen war die Zeit des größten amerikanischen Interesses an den Bildungssystemen anderer Länder (insbesondere Europa) die zweite Hälfte des 19. Jahrhunderts und der Anfang des 20. Jahrhunderts. Mit dieser spezifischen Phase der US-amerikanischen Vergleichenden Erziehungswissenschaft im Auge, identifizierten Harold Noah und Max Eckstein den Zeitraum als die Zeit des „educational borrowing" – „when the desire to learn useful lessons from foreign practices was the major motivation" (1969, S. 3) – als zweite Stufe in der Entwicklung der Vergleichenden Erziehungswissenschaft. In ähnlicher Weise verweist Gail P. Kelly auf eine Periode in der Geschichte der Vergleichenden Erziehungswissenschaft, als „gentlemen traveled extensively and wrote about differences between nations" (Kelly 1992, S. 14).

David Phillips prägte den Begriff der „cross-national policy attraction" (2004; vgl. Ertl, 2006) um aus einer historischen Perspektive das intensive und extensive britische Interesse an dem deutschen Bildungssystem zu bezeichnen. Dieser interpretative Rahmen ist nützlich, um das nachhaltige Interesse von bildungspolitischen Beobachtern eines bestimmten Landes an den Bildungsregulierungen, Reformstrategien und anderen institutionellen Strukturen eines anderen Systems zu erklären. Im Fall der US-amerikanischen Analysten der Bildungspolitik gilt jedoch das Umgekehrte: Gleichgültigkeit gegenüber Erfahrungen aus anderen Ländern. Es scheint, dass sie keine Lehren aus anderen Bildungssystemen ziehen können und Erfahrungen von anderswo nicht als interessant für die innenpolitische Entwicklung betrachtet werden. Ausnahmen wie die „cross-national policy attraction" zwischen Großbritannien und USA existieren, aber es gibt natürlich keine Konturen einer ausgeprägten politischen „Pilgerfahrt" seitens der US-amerikanischen Bildungspolitik-Analysten. In anderen Zusammenhängen ist „cross-national policy attraction" – wie die bildungspolitischen „Pilgerfahrten" nach Finnland und nach Singapur zeigen – die Regel und nicht die Ausnahme.

3. Die Herausforderung des kontextualisierten Vergleichs

Kontextualisierter Vergleich, oder die Abkehr von kontrastiven Analysen, wurde in der Vergleichenden Erziehungswissenschaft erst wieder mit dem „development und area studies turn" wiederentdeckt. Diesmal wurde die ausschließliche Konzentration auf nationale Bildungssysteme problematisiert und eine Gruppe vergleichender Forscherinnen und Forscher haben damit begonnen, andere Analyseeinheiten mit einzubeziehen (Klassenräume, Schulen, Gemeinden, Regionen, die Welt). Gleichzeitig forderten sie einen hermeneutischeren Ansatz zur Erforschung des Bildungswesens, welcher kulturellen und historischen Kontexten folgerichtig mehr Aufmerksamkeit schenkt. Folglich bieten sich Einzel-Länderstudien oder Fallstudien als methodisches Werkzeug an, in dem alle Analyseeinheiten – vom Klassenzimmer bis zur „Welt"– miteinander verwoben sind und mit dem die Herstellung von kausalen Zusammenhängen zwischen den verschiedenen Einheiten oder Schichten von Analysen ermöglicht wird.

Die Methoden des Vergleichs haben eine grundlegende Veränderung in den letzten zwei Jahrzehnten durchlaufen. Methodologische Modelle für die Durchführung von Studien mit Stichprobengrößen N=1 sind detaillierter und vielfältiger geworden. Inzwischen wurden Studien zu einzelnen Ländern (N=1) von ihrem Ruf als „counter-comparative" befreit. Fallstudien-Methodologie und Vergleich werden nicht länger als sich gegenseitig ausschließend betrachtet. Die Methode des Vergleichs hat ein großes Comeback in Form von kontextuellem Vergleich erlebt (siehe Steiner-Khamsi, Torney-Purta & Schwille, 2002). Im Feld der Vergleichenden Erziehungswissenschaft kann der neue Trend zu kontextuellen Vergleichen, das heißt, den Vergleich als Instrument des Verstehens – statt des Abstrahierens – eines Kontextes zu verwenden, am besten an drei grundlegenden Texten von Bray und

Thomas (1995), Vavrus und Bartlett (2006, siehe auch 2009) und Carney (2009) veranschaulicht werden. Die ersten beiden Beiträge halfen Einzel-Länderstudien aus der Vergessenheit zu retten, und werteten sie als legitime und seriöse vergleichende Forschung auf. Carney (2009) verwendete auch die vergleichende Methode um zu rekontextualisieren anstatt zu dekontextualisieren und brach aus der Tradition des methodologischen Nationalismus, der länderübergreifenden Vergleichstudien anhaftete, aus; dies öffnete das Feld für neue wichtige Wege der Forschung.

Bray und Thomas vielzitierte Veröffentlichung hat zu mehr Forschung des Formats „Mehrebenenanalysen" (Bray & Thomas, 1995) angeregt. Die Autoren verwenden das Bild eines Würfels, um drei Analyseebenen – geographische, demographische und soziale – zu unterscheiden. In jüngerer Zeit haben Vavrus und Bartlett (2006, 2009) vorgeschlagen, vertikale Fallstudien zu nutzen, um übergreifende Strukturen, Kräfte (einschließlich globale), und Politiken aufzudecken, die sich in einem bestimmten lokalen Kontext widerspiegeln. So wie Ethnographen in ihren Studien die verschiedenen Verortungen von Akteuren berücksichtigen, können vertikale Fallstudien darstellen, wie Orte und Ebenen der Analysen miteinander verknüpft sind, um die Auswirkungen der Einbettung eines Akteurs in ihnen zu erfassen. Vavrus und Bartlett (2006) erinnern daran, dass das „kausale Netz" (causal web) innerhalb eines Falls der eigentliche Schwerpunkt einer Untersuchung ist.

Unabhängig davon, wie „dicht" unsere Beschreibungen oder wie anspruchsvoll unsere Mehrebenenanalysen und vertikale Fallstudien sind, bleibt die Frage: Inwieweit ist der Fall von Bedeutung? Wofür steht der Fall? Diese Fragen führen nicht nur zu Unbehagen unter qualitativ Forschenden, sie ist auch die Achillesferse von Einzel-Länder-Studien. Carneys Arbeit trägt vielen Schwachstellen der vergleichenden Fallstudien-Methode Rechnung. Am augenfälligsten betreffen sie die zentrale Frage, wofür ein Fall steht, und das Problem von Analysen des Nationalstaats im Zeitalter der Globalisierung.

In seiner Studie über Bildungsreformen und -praktiken in Dänemark (5 Mio. Einwohner), Nepal (26 Mio. Einwohner) und China (1,3 Mrd. Einwohner) kombiniert Carney einen horizontalen und vertikalen Vergleich. Der erste umfasst verschiedene Ebenen, Standorte, Akteure innerhalb eines Landes/Falls, während der letztere an Fragen in den drei Ländern/Fällen adressiert ist.

Mehrere interpretative Modelle beeinflussen/prägen seine Methode, darunter Roger Dales Arbeiten zum Hyperliberalismus im Bildungswesen (Dale, 2000, 2005), Arjun Appadurais Vorstellung von „flows" (Appadurai, 1996), Michael Hardt und Antonio Negris Konzept von Globalisierung als Akt der Entgrenzung, welcher zu einer „interconnected multitude" führt (Hardt & Negri, 2000) sowie James Fergusons Konzept des staatlichen Raums (state spatiality), der horizontale (quer zu den Staaten) und vertikale (innerhalb von Nationalstaaten) Dimensionen umfasst (Ferguson, 2006). Carney übernimmt Elemente, um den Begriff „policyscapes" zu prägen; „policyscape" bezeichnet den transnationalen „flow" von hyperliberaler

Bildungspolitik, die jede dieser Ebene durchdringt, jeden Aspekt verwandelt und alle Akteure eines Bildungssystems beeinflusst.

Gerade weil die Globalisierung allgegenwärtig ist ermöglicht es jeder Fall, den transnationalen Charakter von Bildungspolitik und -praxis zu verstehen. Jeder Ort, jeder Akteur oder jede Analyseebene in einem bestimmten Fall (oder Fällen) kann verglichen werden. Als logische Folge vergleicht Carney drei verschiedene Länder, drei verschiedene Ebenen (Hochschulbildung, Allgemeinbildung, nichtuniversitäre Lehrerausbildung), und zwei verschiedene Bereiche der Reform (Governance/Management-Systeme und Reform der Lehrpläne). Durch den Vergleich verschiedener Fälle, Ebenen und Bereiche erweitert er die herkömmlichen Regeln des internationalen Vergleichs. Die beiden wichtigsten Fragen bei kontextualisierten Vergleichsstudien – Fallauswahl (Wofür stehen die ausgewählten Fällen?) und Vergleichbarkeit (Können sie verglichen werden?) – werden in überzeugender Weise adressiert. Das *tertium comparationis* zwischen den drei Fällen – Dänemark, Nepal und China – ist die transnationale Dimension, die „policyscape".

Methodologische Überlegungen, wie die von Bray und Thomas (1995), Vavrus und Bartlett (2006) und Carney (2009), helfen internationale Vergleiche in einer kontextualisierten Weise durchzuführen. Zu den wegweisenden Beiträgen zu kontextualisierten Vergleichsstudien zählt auch die Arbeit von Joseph Tobin und seinen Kollegen (Tobin, Wu & Davidson, 1989; Tobin, Hsueh & Karasawa 2009), und auch ich habe versucht den „methodologischen Nationalismus" (Stone, 2001, siehe auch Dale, 2005; Robertson & Dale 2008; Steiner-Khamsi, 2010) in meinen Studien über Bildungsimport in der Mongolei zu überwinden (Steiner-Khamsi & Stolpe, 2006). Meine Arbeiten tragen zur Forschung anderer Forscher der Globalisierung bei, welche die Überbetonung des Nationalstaats als Analyseeinheit des Vergleichs in Frage stellen. Die Untersuchung der Auswirkungen der Globalisierung auf Bildung ist methodisch anspruchsvoller als es scheinen mag. Die größte Herausforderung ist es, nicht in die zu Falle tappen, zunächst nationale Grenzen zu markieren, um nachher aufzeigen, dass diese Grenzen in der Tat überschritten wurden. Reformen haben keine Heimatbasis, kein Territorium und keine Nationalität, und daher „gehören" sie nicht zu einem bestimmten Bildungssystem. Personen konzeptualisieren Reformen und – je nachdem wo sie geographisch und institutionell verortet sind, und wie gut sie global vernetzt sind – gelingt es ihnen, ihre Ideen weltweit zu verbreiten. Warum politische Entscheidungsträger und Analysten auf Globalisierung verweisen, um Druck für innere Reformen zu generieren, ist eine der wichtigsten Fragen für die vergleichende Forschung.

4. Komparatisten, die verstehen

Um die methodologischen Anmerkungen abzuschließen, sollen einige der bereits erwähnten Herausforderungen für den Vergleich hervorgehoben werden. Der „development und area studies turn" der späten 1950er und frühen 1960er Jahren verstärkte eine Tendenz, die bereits in der früheren vergleichenden Erziehungswissenschaft existierte: eine große Aufmerksamkeit auf den Kontext (Kultur, Geschichte, Sprache) und eine Zurückhaltung zu vergleichen, es sei denn, es konnte ein starkes Argument für die Vergleichbarkeit der Zusammenhänge gemacht werden. Was aber bedeutet Vergleichbarkeit der Kontexte in einem Umfeld von Globalisierung? Welche Auswirkungen hat die akademische Beschäftigung mit Globalisierung für die Methodik der Fallstudie? Ich möchte behaupten, dass die Beschäftigung mit Globalisierung dazu führt, die künstlichen Grenzen zwischen Lokalem und Globalem, zwischen Inländischem und Internationalem anzubauen sowie eine Unterscheidung zu treffen zwischen internen und externen Kräften aufgrund der raschen Ausbreitung von transnationalen Reformpaketen, die entweder freiwillig übernommen oder von Kreditgebern/Gebern auferlegt werden.

Es gibt keine nationalen Grenzen in der Welt der politischen Entscheidungsträger. Ganz im Gegenteil, jeder politische Entscheidungsträger versucht – zumindest rhetorisch – die Einhaltung von (nicht näher definierten) „internationalen Standards" zu zeigen. In einem Zeitalter der transnationalen „policyscapes" (Carney 2009) wurde die Einzelfallstudie als eine Untersuchungsmethode neu entdeckt, die die Komplexität eines begrenzten Systems erfassen hilft.

Es ist nicht verwunderlich, dass in einer Zeit der „politik-fokussierten Forschungsförderung" (Carney, 2009, S. 63) die Beschäftigung mit „policy borrowing und lending" – einer der zentralen Forschungsschwerpunkte der Vergleichenden Erziehungswissenschaft – neue Impulse erhalten hat. Wie bereits angesprochen hat diese Methode, die auch in anderen vergleichenden Disziplinen Anwendung findet (Vergleichende Soziologie, Vergleichende Politikwissenschaft, Vergleichende Geschichte etc.), zunehmend den Kontext betont. In diesem Abschnitt wird untersucht, warum unsere professionelle Expertise – Lehren aus anderen Bildungssystemen zu ziehen – so populär geworden ist. In den ersten Jahren des Feldes engagierten viele Regierungen Experten, um anderswo getestete Reformen zu beobachten, zu leihen, und umzusetzen (Sobe, 2002). Gegenwärtig ist der Vergleich als politisches Instrument, um aus anderen Bildungssystemen zu lernen oder um Reformdruck zu generieren oder zu entschärfen, zum Standard geworden. Natürlich gibt es eine Vielzahl von Fragen, die beantwortet werden müssen, um vollständig zu verstehen, wie, wann, warum und von wem der Vergleich als politisches Instrument benutzt wird.

Fragen wie die folgenden beleuchten einen wichtigen Bereich der Forschung, der noch zu erschließen ist: Warum kommt es nach einem Regierungswechsel zu „policy borrowing"? Warum werden gescheiterte Politiken übernommen, und „Worst Practices" von einem Land zum anderen übertragen? Warum werden Bildungskrisen aus Angst davor erzeugt, hinter „internationale Standards" zu fallen? Wie kommt es, dass alle von internationalen Standards sprechen, aber niemand weiß, was sie sind? Warum wird ein gleicher Satz an globalen Reformpakete importiert und als die Lösung für verschiedene lokale Probleme verkauft"?

Wie bereits erwähnt, haben wir mehr als zwei Jahrzehnte wachsender Skepsis gegenüber dem Ort und Zweck von internationalem und interkontextuellem Vergleich hinter uns (Steiner-Khamsi, Torney-Purta & Schwille, 2002). Kritik an großangelegten internationalen Vergleichsstudien sind Einzelfälle. Diese wird nicht nur von Kulturanthropologen geübt. Auch wird diese Kritik nicht ausschließlich an Soziologen gerichtet, wie die Debatten um Weltkultur-Theorie zu deuten scheinen. Doch diese Kritik vernachlässigt, dass einige vergleichende Forschende gleichzeitig kontextualisieren *und* vergleichen. Charles Tilly beispielsweise betont – nicht nur in seinen vielgelesenen historischen Analysen zu den Nationalstaaten (oder „nationale Staaten", wie er sie nennt) und Staatsbürgerschaft, sondern auch in seinen methodologischen Beiträgen zur vergleichenden Soziologie und Geschichte – die Notwendigkeit, gleichzeitig die intranationalen und transnationalen Interaktionen zu untersuchen. Er erinnert Forschende in vergleichenden Studien daran, die „kausalen Geschichten", die in jedem Fall oder Kontext eingebettet sind und die auf „unterschiedlichen Ketten von Ursache-Wirkungs-Beziehungen" basieren, zu untersuchen (Tilly, 1997, S. 50).

Um ein konkretes Beispiel zu nennen: Sein Vergleich von mehreren europäischen „revolutionären Situationen" in den frühen neunziger Jahren, und seine Diskussion der unterschiedlichen politischen „Ergebnisse" in diesen mittel- und osteuropäischen Ländern, ist eines seiner Meisterwerke, die methodisch den internationalen Vergleich und die Kontextanalyse integriert. Übertragen auf das Forschungsgebiet der Vergleichenden Politikanalyse im Bereich Bildung hilft Tillys methodischer Ansatz zu verstehen, warum in einem bestimmten Kontext eine bestimmte politische Lösung gegenüber anderer ausgewählt wird, und wie externe Faktoren die lokale Politik beeinflussen und wie sie integriert werden.

In der vergleichenden Forschung im Bildungsbereich hat sich eine Gruppe von Autoren, die den kontextuellen Vergleich vorantreibt, als recht produktiv erwiesen. Neben Forschern, die der Fallstudien-Methodologie eine neue Bedeutung gegeben haben, muss auch eine andere Gruppe erwähnt werden, die gut sichtbar in einer der traditionellen Forschungsgebieten der Vergleichenden Erziehungswissenschaft ist: internationale „policy borrowing und lending". Eingebettet im theoretischen Rahmen der Systemtheorie (Luhmann, 1990) haben Jürgen Schriewer und Kollegen vorgeschlagen, den lokalen Kontext zu untersuchen, um die „Sozio-Logik" von Externalisierung zu verstehen (Schriewer & Martinez, 2004, S. 33).

Nach dieser Theorie dienen Verweise auf andere Bildungssysteme als Hebel, um Reformen durchzuführen, die sonst angefochten werden würden. Schriewer und Martinez halten es auch für die „Sozio-Logik" eines Systems für bezeichnend, dass nur bestimmte Bildungssysteme als externe Quellen für Entscheidungsträger verwendet werden. Welche Systeme als „Referenzgesellschaft" verwendet werden und welche nicht, berichtet etwas über die Interrelationen der verschiedenen Akteure innerhalb der Weltsysteme. Das Konzept der Externalisierung erscheint für Studien zu Vergleichender Politikanalyse nützlich, da es ermöglicht zu verstehen, wie

„globale Kräfte" manchmal lokal genutzt werden mit dem Zweck, Reformen von innenpolitischen Entwicklungen zu generieren (Steiner-Khamsi, 2004). Gerade in einem Moment der erhöhten politischen Kontroverse werden Verweise auf andere Bildungssysteme, auf breit definierte „internationale Standards in der Bildung" oder auf Globalisierung gemacht. Es kann geschlussfolgert werden, dass internationale „policy borrowing", diskursive oder tatsächliche, eine legitimierende Wirkung auf innenpolitische Rhetorik hat. Das Herausarbeiten der Wechselbeziehung zwischen dem Lokalen und Globalem erfordert eine bifokale Perspektive, die es ermöglicht – in akribischer Kleinarbeit und auf verschiedenen politischen Ebenen –, den lokalen Kontext zu untersuchen und gleichzeitig den besonderen Fall mit anderen Fällen zu vergleichen, die entweder ein ähnliches oder ein anderes Ergebnis hatten. Generationen von Komparatisten haben davor gewarnt, Bildung außerhalb ihres Kontextes zu analysieren und davor, den Vergleich in einer Weise zu nutzen, die blindlings internationales „policy borrowing" vorantreibt. Robert Cowen (2000) hat Sadlers hundert Jahre alte Frage wieder aufgegriffen: „Was können wir aus dem Studium fremder Systeme lernen?" Cowen zeigt, dass in der Praxis die vergleichende Untersuchung der Bildungssysteme einen „cargo-cult" vorangetrieben hat, d.h. den pauschalen Export und Import von pädagogischen Modellen über nationale Grenzen hinweg. Cowen gehört zu einer wachsenden Gruppe von Forschenden in vergleichenden Studien, die auf die Notwendigkeit von stärker kontextualisierten Vergleichen bestehen. Diese Gruppe von Forschern versucht, ernsthaft die Behauptung in Frage stellen, dass diejenigen die vergleichen nicht verstehen, und diejenigen die verstehen nicht vergleichen.

Literatur

Achieve (2007). *Creating a World-Class Education System in Ohio.* Columbus: Department of Education, Government of Ohio.

Altbach, P. G. (1991). Trends in comparative education. *Comparative Education Review, 35* (3), 491–507.

Appadurai, A. (1996). *Modernity at Large: Cultural Dimensions of Globalization.* Minneapolis: University of Minnesota Press.

Atkinson, D. (1988). Soviet and East European Studies in the United States. *Slavic Review, 47 (3),* 397–413.

Bereday, G. Z. F. (1957). American and Soviet scientific potential. *Social Problems, 4(3),* 208–219.

Berg-Schlosser, D. (2002). Comparative studies: method and design. *International encyclopedia of the social and behavioural sciences, no. 4* (S. 2427–2433). Amsterdam: Elsevier.

Bray, M. & Thomas, R. M. (1995). Levels of comparison in educational studies: Different insights from different literatures and the value of multilevel analyses. *Harvard Educational Review, 65(3),* 472–490.

Brickman, W. W. (1966). Ten years of the Comparative Education Society. *Comparative Education Review, 10*(1), 4–15.

Campisano, C. J. (1988). *The Comparative Education Review: Thirty years of scholarship.* New York: Teachers College, Columbia University. Ed. Dissertation.

Carney, S. (2009). „Negotiating Policy in an Age of Globalization: Exploring Educational ‚Policyscapes' in Denmark, Nepal, and China." *Comparative Education Review 53*(1), 63–88.

Cowen, R. (2000). Comparing futures or comparing pasts? *Comparative Education, 36*(3), 333–342.

Cummings, W. K. (1989). The American perception of Japanese education. *Comparative Education, 25*(3), 293–302.

Dale, R. (2000). Globalization: A New World for Comparative Education. In J. Schriewer (Hrsg.), *Discourse Formation in Comparative Education* (S. 87–109). Frankfurt/M: Lang.

Dale, R. (2005). Globalisation, knowledge economy and comparative education. *Comparative Education 41*(2), 117–149.

Ertl, H. (2006). *Cross-national attraction in education. Accounts from England and Germany.* Oxford: Symposium Books.

Ferguson, J. (2006). *Global Shadows: Africa in the Neo-Liberal World Order.* Durham, NC: Duke University Press.

Foster, P. (1998). Foreword. In H. J. Noah & M. A. Eckstein (Hrsg.), *Doing comparative education: Three decades of collaboration* (S. 1–8). Hong Kong: CERC Studies in Comparative Education.

Hardt, M. & Negri, A. (2000). *Empire.* Cambridge, MA: Harvard University Press.

Kazamias, A. (2001). Re-inventing the Historical in Comparative Education: reflections on a *protean episteme* by a contemporary player. *Comparative Education, 37*(4), 439–449.

Kelly, G. P. (1992). Debates and Trends in Comparative Education. In R. F. Arnove, P. G. Altbach, & G. P. Kelly (Hrsg.), *Emergent Issues in Education: Comparative Perspectives* (S. 13–22). Albany: State University of New York Press.

Luhmann, N. (1990). *Essays on self-reference.* New York: Columbia University Press.

Noah, H. J. (2006). Video-recorded interview. In G. Steiner-Khamsi & E. M. Johnson, producers, *Comparatively speaking: The first 50 years of the Comparative and International Education Society.* New York: Teachers College, Columbia University and CIES.

Noah, H. J. & Eckstein, M. A. (1969). *Towards a Science of Comparative Education.* New York: Macmillan.

Office of Education (1963). *Report on the National Defense Education Act. Fiscal year 1963.* Washington, DC: U.S. Department of Health, Education, and Welfare, Office of Education.

Paulston, R. G. (1993). Mapping discourse in comparative education. *Compare, 23*(2), 101–114.

Phillips, D. (2004). Toward a theory of policy attraction in education. In G. Steiner-Khamsi (Hrsg.), *The global politics of educational borrowing and lending* (S. 54–67). New York: Teachers College Press.

Przeworski, A., & Teune, H. (1970). *The logic of comparative social inquiry.* New York: Wiley.

Robertson, S. L. & Dale, R. (2008). Researching Education in a Globalising Era: Beyond Methodological Nationalism, Methodological Statism, Methodological Educationism and Spatial Fetishism. In J. Resnik (Hrsg.), *The Production of Educational Knowledge in the Global Era* (S. 19–32). Rotterdam: Sense Publishers.

Schriewer, J. (1990). The method of comparison and the need for externalization: Methodological criteria and sociological concepts. In J. Schriewer (Hrsg.) in cooperation with B. Holmes, *Theories and methods in comparative education* (S. 25–83). Frankfurt/M.: Lang.

Schriewer, J. & Martinez, C. (2004). Constructions of internationality in education. In G. Steiner-Khamsi (Hrsg.), *The global politics of educational borrowing and lending* (S. 29–53). New York: Teachers College Press.

Schriewer, J., Henze, J., Wichmann, J., Knost, P., Barucha, S. & Taubert, J. (1998). Konstruktion von Internationaliltät: Referenzhorizonte pädagogischen Wissens im Wandel gesellschaftlicher Systeme (Spanien, Sowjetunion/Russland, China). In H. Kaelble & J. Schriewer (Hrsg.), *Gesellschaften im Vergleich. Forschungen aus Sozial- und Geschichtswissenschaften* (S. 151–258). Frankfurt/M: Lang.

Steiner-Khamsi, G. (2004). Conclusion. Blazing a trail for policy theory and practice. In G. Steiner-Khamsi (Hrsg.), *The global politics of educational borrowing and lending* (S. 201–220). New York: Teachers College Press.

Steiner-Khamsi, G. (2006). The development turn in comparative education. *European Education, 38*(3), 19–47.

Steiner-Khamsi, G. (2010). The politics and economics of comparison. *Comparative Education Review, 54*(3), 323–342.

Steiner-Khamsi, G. & deJong-Lambert, W. (2006). The international race over the patronage of the south: Comparative and international education in Eastern Europe and the United States. *Current Issues in Comparative Education, 8*(2), 84–94.

Steiner-Khamsi, G. & Stolpe, I. (2006). *Educational import. Local encounter with global forces in Mongolia.* New York: Palgrave Macmillan.

Steiner-Khamsi, G., Torney-Purta, J. & Schwille, J. (2002). Introduction. Issues and insights in cross-national analysis of qualitative studies. In Steiner-Khamsi, G., Torney-Purta, J. & Schwille, J. (Hrsg.), *New paradigms and recurring paradoxes in education for citizenship: An international comparison* (S. 1–36). Oxford: Elsevier.

Stone, D. (2001). *Learning lessons, policy transfer and the international diffusion of policy ideas.* Warwick: University of Warwick, Centre for the Study of Globalisation and Regionalisation Working Paper No. 69/01.

Takayama, K. (2009). Politics of Externalization in Reflexive Times: Reinventing Japanese Education Reform Discourses through „Finnish PISA Success." *Comparative Education Review, 54*(1), 51–75.

Tilly, C. (1997). Means and ends of comparison in macrosociology. *Comparative Social Research, 16,* 43–53.

Tobin, J., Wu, D. & Davidson, D. (1989). *Preschool in Three Cultures: Japan, China, and the United States.* New Haven, CT: Yale University Press.

Tobin, J., Hsueh, Y. & Karasawa, M. (2009). *Preschool in Three Cultures Revisited. China, Japan, and the United States.* Chicago and London: University of Chicago Press.

Vavrus, F. & Bartlett, L. (2006). Comparatively Knowing: Making a Case for the Vertical Case Study. *Current Issues in Comparative Education, 8*(2), 95–103.

Vavrus, F. & Bartlett, L. (Hrsg.) (2009). *Critical Approaches to Comparative Education. Vertical Case Studies from Africa, Europe, the Middle East, and the Americas.* New York: Palgrave Macmillan.

Teil II

Theorie und Methode

S. Karin Amos

Theorien der Vergleichenden Erziehungswissenschaft

1. Einleitung

Der Titel dieses Kapitels ist absichtsvoll mehrdeutig formuliert. Zum Ersten und Offensichtlichsten ist mit Theorien der Vergleichenden Erziehungswissenschaft die Frage adressiert, welche wissenschaftlichen Theorien „in" der Vergleichenden Erziehungswissenschaft eine Rolle spielen. Gemeint sind hier vor allem „Großtheorien" oder synthetisierende Theorien, also unabhängig von der jeweiligen konkreten Frage- und Gegenstandsbestimmung übergreifende Rahmungen. Zur Sprache gebracht werden in diesem Kapitel vor allem strukturfunktionalistische, marxistische und weltsystemtheoretische Ansätze; die Rede wird aber auch von der Pluralisierung der in der Vergleichenden Erziehungswissenschaft gebräuchlichen theoretischen Ansätze in Folge der Postmoderne Debatte sein, und es wird am Ende auch eine bislang nicht beachtete Perspektive aus dem für die Vergleichende Erziehungswissenschaft durchaus bedeutsamen politikwissenschaftlichen Kontext (zum Verhältnis Vergleichende Erziehungswissenschaft und Bildungspolitik vgl. auch Mitter in diesem Band) thematisiert, um zu zeigen, dass neuere Impulse aus der Politischen Philosophie durchaus auch Implikationen für die Vergleichende Erziehungswissenschaft haben.

Um aber nachvollziehen zu können, warum es ausgerechnet die hier vor allem fokussierten Theorien sind, die sich für die Entwicklung der Vergleichenden Erziehungswissenschaft als besonders einflussreich erwiesen, bedarf es zum zweiten auch einer metatheoretischen Betrachtung, also einer Berücksichtigung von Theorien „über" die Vergleichende Erziehungswissenschaft. Auf dieser Ebene spielen dann Unterscheidungen, wie sie auch im Methodenkapitel diskutiert werden, eine Rolle, also die Unterscheidung zwischen Internationaler und Vergleichender Erziehungswissenschaft, dem Zusammenhang zwischen beiden, aber auch die Frage, worum es sich bei der Vergleichenden Erziehungswissenschaft eigentlich handelt: Ist sie als Disziplin oder Subdisziplin der Erziehungswissenschaft zu beschreiben oder handelt es sich eher um ein Feld? Mit diesen Überlegungen soll begonnen werden.

2. Metatheoretische Überlegungen – Theorien „über" die Vergleichende Erziehungswissenschaft

Um die folgenden Ausführungen zu rahmen, muss eine wichtige Vorklärung stattfinden, bzw. zwei: Es gilt als gesetzt, dass es eine erziehungswissenschaftliche

Subdisziplin, ein erziehungswissenschaftliches Feld gibt (je nach Betrachtungsweise und der dieser Betrachtung zugrunde gelegten Unterscheidungen) und dass sie sich vor allem durch die Bestimmung „vergleichend" charakterisieren lässt. „Vergleichend" kann explizit oder implizit vergleichend bedeuten, denn allen Vereindeutigungsanstrengungen zum Trotz finden sich in wissenschaftlicher Argumentation und Praxis beide Verwendungsweisen. Zudem kann der Vergleich synchron oder diachron erfolgen, sich also auf den Ländervergleich (das Internationale) oder den historischen Vergleich beziehen.

Aufgrund dieser Orientierung „nach außen", weil der internationale Vergleich bzw. die Erforschung von Erziehungspraktiken in „anderen Ländern" (Kelly, Altbach & Arnove, 1982, S. 505) zum Gegenstand hat, ist dies der häufigste und gebräuchlichste Ausdruck, und der historische Vergleich wird weniger der Vergleichenden als eher der Historischen Erziehungswissenschaft zugeschlagen.

Nun ist gerade die Vergleichende Erziehungswissenschaft geeignet, auf ein insgesamt bislang noch relativ wenig systematisch untersuchtes, für die Sozial- und Geisteswissenschaften aber folgenreiches und bedeutsames Phänomen zu verweisen: Die Tatsache, dass kognitive Gestalt und Organisationsform von wissenschaftlichem Wissen in Disziplinen und Feldern erfolgen, also universale und standardisierte Züge aufweisen, gleichzeitig aber in ihrer sozialen Gestalt mehrfach kontextualisiert sind, von der konkreten Universität oder wissenschaftlichen Forschungseinrichtung über nationale, regionale und schließlich transnationale Zusammenhänge. Noch ein weiterer Aspekt ist zu beachten: Nicht nur die jeweilige konkrete Gestalt der Vergleichenden Erziehungswissenschaft variiert, sondern auch Gestalt und Verständnis der „Mutterdisziplin", an deren Entwicklungen sie ja auch rückgebunden ist. Mit dieser Mehrfachverortung der Vergleichenden Erziehungswissenschaft hängt also auch die Frage nach den verschiedenen Konstruktionen der Erziehungswissenschaft zusammen. In Deutschland ist die Vergleichende Erziehungswissenschaft oft als Subdisziplin der Allgemeinen Erziehungswissenschaft/Pädagogik gefasst, analog zur Historischen oder zur Systematischen Erziehungswissenschaft. Diese Verortung, die auch nicht durchgängig gilt, ist aber international betrachtet eher ungewöhnlich, und zwar schon allein deshalb, weil es so etwas wie die Allgemeine Erziehungswissenschaft/Pädagogik in den meisten Ländern gar nicht gibt. Darauf hat Jürgen Schriewer bereits in den achtziger Jahren hingewiesen mit einem noch immer lesenswerten Artikel, der den schönen Namen: „Pädagogik ein deutsches Syndrom?" (1983), trägt. In vielen Ländern, vor allem denjenigen, die sich am weit verbreiteten angelsächsischen Modell orientieren, ist von *disciplines* (vgl. Furlong & Lawn, 2011) oder *foundations of education* die Rede, das entspricht eher dem, was aktuell unter der Bezeichnung Bildungswissenschaften diskutiert wird. Unter *foundations of education* bzw. Bildungswissenschaften wird zumeist subsumiert: (Bildungs-)Soziologie, (Bildungs-)Philosophie, (Bildungs-)Geschichte und (Pädagogische) Psychologie, um nur die wichtigsten zu nennen. So besteht der Unterschied zwischen *Comparative Education* und Vergleichender

Erziehungswissenschaft nicht nur darin, dass „Education" sowohl „Erziehung" als auch „Erziehungswissenschaft" bezeichnen kann, sondern dass mit Erziehungswissenschaft in dem einen Fall eine, wenn auch fragile und immer wieder hinterfragte disziplinäre Einheit bezeichnet ist und in dem anderen ein interdisziplinäres Feld mit keinem ausgeprägten eigenen „Kern" (Edwin Keiner, 1999, spricht hier auch von Segmentierung).

Diese Unterschiede weisen darauf hin, dass die kognitive Gestalt der Vergleichenden Erziehungswissenschaft, angemessener mit Robert Cowen (2000) gesprochen: der Vergleichenden Erziehungswissenschaft*en*, mit der jeweiligen Disziplinpolitik zusammenhängt und diese wiederum als Teil übergreifender Auseinandersetzungen oder Machtkämpfen zu analysieren sind.

Auch die Vergleichende Erziehungswissenschaft hat ihre nationalen Kommunikationskontexte (Publikationsorgane, Fachgesellschaften usw.) entwickelt, und diese sind die Voraussetzung dafür, dass die jeweiligen nationalen Fachgesellschaften überhaupt in regionale, wie auf europäischer Ebene die Comparative Education Societies Europe (CESE), oder gar global in den World Council of Comparative Education Societies (WCCES) eingebunden werden können (siehe dazu die von Maseman, Bray und Manzon (2007) herausgegebene Publikation „Common Interests; Uncommon Goals" des WCCES, welche die Geschichte des Councils und seiner Mitgliedsgesellschaften beleuchtet). Die Vergleichende Erziehungswissenschaft lässt sich also in zweifacher Hinsicht betrachten, nämlich sowohl in ihren jeweiligen nationalen Verortungen als auch – abstrakter – als eigenes (transnationales) Feld. Die Vergleichseinheiten können unterschiedlich bestimmt und vielfach kombiniert werden; Bray, Adamson und Mason (2007) nennen etwa: Systeme, Orte, Zeiten, Kulturen, Werte, Schul(-Leistungen), (Bildungs-)Maßnahmen (englisch: *policies*), Curricula, Bildungsorganisationen, Lernmethoden und Pädagogische Innovationen – und diese Liste erhebt keinen Anspruch auf Vollständigkeit. Diese Vergleichseinheiten können auf unterschiedlichen Betrachtungsebenen untersucht werden.

Diese komplexen und verschachtelten Zusammenhänge der Vergleichenden Erziehungswissenschaft wurden von Maria Manzon unter der Perspektive der „Konstruktion eines Feldes" (Construction of a Field, so der Untertitel ihres 2011 erschienen Buches) eingehend analysiert. Ihre originelle Perspektive, die theoretische Versiertheit mit ebenso tiefer wie ausgreifender Kenntnis des Gegenstands verbindet, hat mit ihrer Analyse das Feld avanciert, und das Buch wurde von vielen profilierten Komparativisten nicht nur lobend besprochen, sondern nachgerade gefeiert. Ein weiteres Detail ist interessant in diesem Zusammenhang: Manzon ist eng mit der University of Hong Kong verbunden, einer in der Vergleichenden Erziehungswissenschaft sehr starken Institution. Selbstverständlich gab es auch Kontroversen über Manzons Buch, aber dies unterstreicht nur, dass es als ernstzunehmender Beitrag anerkannt ist. Worin zeichnet sich Manzons metatheoretische Perspektive aus?

S. Karin Amos

Zunächst in ihrer wohl begründeten Kombination unterschiedlicher Perspektiven. Der Komplexität des Gegenstands entsprechend erkennt sie die Bedeutung der oben angesprochenen Unterscheidung zwischen kognitiver und sozialer Gestalt, also zwischen epistemologischen Gesichtspunkten der Vergleichenden Erziehungswissenschaft und strukturellen Gegebenheiten; ein Feld oder eine Disziplin benötigt wissenschaftliche Disktinktionen von anderen Disziplinen oder Feldern – Gegenstände und Methoden, eine bestimmte Lehrgestalt, die Inhalte müssen entsprechend in den Studiengängen vertreten sein, und es muss auch eine kritische Anzahl eigener Studiengänge geben, es bedarf des Weiteren entsprechenden Personals (Wissenschaftlerinnen und Wissenschaftler mit professoralem Status, die lehren und forschen) und dies wiederum impliziert eine bestimmte Sozialisation des Nachwuchses, schließlich müssen auch strukturelle Merkmale wie Fachorganisationen und Kommunikationsmedien, Zeitschriften und andere Fachorgane vorhanden sein. Die Stabilität des Feldes, seine Persistenz, ist aber nicht allein der Organisation und der inneren Logik, den kognitiven Kriterien geschuldet (Manzon, 2011, S. 171), sondern ist, so ihre These, als Resultat des Zusammenwirkens dieser Aspekte mit gesellschaftlichen Diskursen und dem Zusammenspiel von Machtbeziehungen, sowohl in den sozialen Strukturen als auch in den Handlungen der Akteure zu sehen (ebd. S., 173). Dieses Zusammenspiel untersucht sie auf institutioneller und auf intellektueller Ebene; institutionell, in dem sie sich die Entwicklung der äußeren Gestalten, wenn man so will, der Vergleichenden Erziehungswissenschaften in zahlreichen Ländern betrachtet (hier kommt ihr unter anderem die Erfahrung im World Council of Comparative Education Societies zugute), aber auch mit Blick auf ihre kognitive Gestalt, also intellektuell. Hier werde ich im folgenden Abschnitt einhaken, denn hier geht es um Theorien „in" der Vergleichenden Erziehungswissenschaft.

Zunächst aber möchte ich bei Manzon und ihrer „Metatheorie" bleiben. Das oben angesprochene „Verschlungene Feld", um Fornecks und Wranas (2003) Darstellung der deutschen Erziehungswissenschaft auf Manzons Erklärung der Konstruktion des Felds der Vergleichenden Erziehungswissenschaft anzuwenden, ist kein, metaphorisch gesprochen, „planes", sondern ein mehrdimensionales; deshalb bezieht sie die historische Entwicklung des Feldes systematisch in ihre Überlegungen ein. Nur eine historische Betrachtung kann nämlich zeigen, dass es von Anfang an nicht nur wissenschaftstheoretische Gesichtspunkte waren, die das Feld entstehen ließen, sondern auch politische und pragmatische an den Bedürfnissen der Gesellschaft orientierte. In den meisten Ländern wurde der Vergleichenden Erziehungswissenschaft ein klarer Anwendungsbezug mit auf den Weg gegeben, und dies passt sehr gut zu dem melioristischen Selbstverständnis, das die Vergleichende Erziehungswissenschaft von Anfang an mittransportierte. Hier scheint etwas auf, das ich im dritten Teil meiner Ausführungen eingehender behandeln möchte. Das Verhältnis zwischen Erziehung (auch Erziehungswissenschaft und Pädagogik) und Politik. Während aber die konkreten politischen Gestaltungskräfte für alle Bereiche

62

der Erziehung einschließlich ihrer intellektuellen Gestalt als Wissenschaft durchaus zum Gegenstand von Analysen gemacht werden, bleibt die bildungsphilosophische und politikphilosophische Dimension ausgeklammert; sicher auch deswegen, weil sich hier die nationalen Traditionen besonders eindrücklich zeigen: Das Politische und das Pädagogische hat keine Entsprechung in der englischen Übersetzung. Am Ende des Beitrags werde ich den hier nur angedeuteten Gedanken nochmals etwas genauer explizieren.

Maria Manzon jedenfalls hat sehr deutlich die Verstrickungen von epistemologischen und sozialen und politischen Aspekten herausgearbeitet, sowie die ihnen innewohnenden Machtbeziehungen. Diese Dynamik, einmal etabliert, bleibt bestehen und treibt das Feld weiter an (Manzon, 2011, S. 176–179). Gleichzeitig finden disziplin-ähnliche Konsolidierungsprozesse statt (vgl. beispielsweise die oben angeführten institutionellen Elemente), zu denen auch eigene Diskurse oder Erzählungen über das Feld und seine großen Texte zählen. Dies leitet dann über zur Untersuchung der intellektuellen Gestalt des Feldes, seiner wissenschaftlich-kognitiven Ausprägung. Um das Verhältnis und die komplexen Beziehungen zwischen Akteuren und Diskursen zu untersuchen, greift sie auf Bourdieus Feldtheorie zurück, die einen spezifischen Fokus auf die Machtkämpfe und Machtbeziehungen richtet. Für die Untersuchung der Macht-Wissen-Beziehungen, die sich in den Diskursen niederschlagen, bezieht sich Manzon auf Foucault.

An dieser Stelle möchte ich direkt zu den in Kapitel vier angestellten Überlegungen Manzons überleiten und diese mit anderen Quellen anreichern: Wie sieht die intellektuelle Gestalt der Vergleichenden Erziehungswissenschaft aus? Welche Theorien, im Sinne von „Großtheorien", kommen zum Einsatz? Vorher ist aber noch die Frage zu stellen, ob diese wiederum in einen oder mehrere epistemologischen Rahmen gestellt werden, welcher der intellektuellen Gestalt der Vergleichenden Erziehungswissenschaft zugrunde liegen. Strukturalistische Linguisten würden dies vielleicht mit „langue" im Unterschied zu „parole" bezeichnen, also eine Art von Tiefenordnung, die bestimmt, wie mit Theorien umgegangen wird. Mit Bezug auf die Arbeit Erwin Epsteins (2008) nennt Manzon drei epistemologische Plattformen, die hier nur kurz genannt, aber nicht weiter ausgeführt werden: den *Positivismus*, den Marc-Antoine Jullien de Paris in „Esquisse et vues préliminaires d'un ouvrage sur l'education comparée" (1817) mehr als ein Jahrzehnt vor August Comte prägte, durch den dieser Ansatz, auch Szientismus genannt, bekannt wurde. Obwohl Julliens Werk schnell in Vergessenheit geriet, wurde der Positivismus zur zentralen epistemologischen Plattform in der nordamerikanischen Vergleichenden Erziehungswissenschaft der 1950er und 1960er Jahre. Die zweite Epsteinsche epistemologische Plattform, die Manzon zitiert, ist der *Relativismus*. Positivismus und Relativismus sind auch unter den Begriffen Nomothetik und Ideographie bekannt (siehe auch das Kapitel von Parreira do Amaral in diesem Band). Gemeint ist mit Relativismus das, was man auch als Kontextgebundenheit bezeichnen könnte. Bildungssysteme wurden als Ausdruck eines je spezifischen „Nationalcharakters", als an die historischen und kulturellen Besonder- und Eigenheiten der Länder gebunden betrachtet. Der frühe Ausdruck des Relativismus ist in der Vergleichenden Erziehungswissenschaft mit den Namen K.D. Ushinsky in Russland und dem Engländer Michael Sadler verbunden. Die dritte epistemologische Plattform ist nach Epstein der *Historische Funktionalismus*, in der Vergleichenden Erziehungswissenschaft eine Synthese von Positivismus und Relativismus, als dessen Begründer Wilhelm Dilthey angeführt wird. Obwohl interessant und aufschlussreich, soll und kann an dieser Stelle nicht weiter vertieft werden, welche intellektuellen Debatten in der Vergleichenden Erziehungswissenschaft mit der Auseinandersetzung mit Epsteins Zugang verbunden sind; hier sind Leserinnen und Leser einmal mehr auf Manzons Buch verwiesen. Besonders die mit dem Label „Postmoderne" verbundenen Entwicklungen haben die Annahme epistemologischer Grundformen herausgefordert. Dies illustriert Manzons Grundthese, dass die Vergleichende Erziehungswissenschaft als umkämpftes pluridisziplinäres Feld beschrieben werden kann und die Entscheidung für oder gegen eine bestimmte Position sehr stark von den jeweiligen Argumenten abhängt, welche von ihren Vertreterinnen und Vertretern veranschlagt werden.

Im nun folgenden Abschnitt wird die zweite Bedeutung von Theorien der Vergleichenden Erziehungswissenschaft zur Sprache gebracht.

3. Theorien in der Vergleichenden Erziehungswissenschaft

Wissenschaftliche Theorien lassen sich nicht nur von Alltagstheorien unterscheiden, sondern auch nach ihren Reichweiten. Worum es in diesem Abschnitt geht, sind die Großtheorien, die nach umfassenden Erklärungen für übergreifende Phänomene suchen. Dies vor dem Hintergrund, dass in der Nachkriegszeit in allen Ländern Wissenschaft und Wissenschaftlichkeit ein großes Ansehen genossen und Wissenschaft mit Modernisierung und Fortschritt basierend auf einem linearen Wissenszuwachs betrachtet wurden. Wissenschaftliche Erkenntnis gilt in der Moderne und erst recht in der Spätmoderne als Motor gesellschaftlicher Entwicklung. Dies gilt trotz der Katastrophe zweier verheerender Weltkriege und trotz Warnungen aus dem Wissenschaftssystem selbst, beispielsweise Adornos und Horkheimers berühmte Ausführungen zur „Dialektik der Aufklärung" (Horkheimer & Adorno, 1988). In den meisten Darstellungen zur theoretischen Orientierung in der Vergleichenden Erziehungswissenschaft werden Strukturfunktionalismus, Konflikt- und Dependenztheorien als die wichtigsten Bezüge in den Dekaden nach dem Zweiten Weltkrieg genannt. Gita Steiner-Khamsi (in diesem Band) betont jedoch zu Recht, dass auch historische Zugänge in den USA bis in die späten sechziger Jahre eine Rolle spielten. Diese Epoche fand ihr endgültiges Ende mit dem Einzug der Postmoderne-Debatte und die damit einhergehende theoretische Pluralisierung. Ob diese Beschreibung, die ganz sicher auf den angloamerikanischen Raum zutrifft, so auch für andere Gestalten der Vergleichenden Erziehungswissenschaft gilt, muss hinterfragt werden. Die genannten sozialwissenschaftlichen Theorien passten hervorragend zur Dominanz des Positivismus als epistemischer Plattform im Epsteinschen Sinne und waren ausgesprochen kompatibel mit der Anwendungsorientierung der angloamerikanischen Vergleichenden Erziehungswissenschaft seit den sechziger Jahren. In Deutschland hingegen spielten interpretative Perspektiven eine viel bedeutsamere Rolle, was u. a. auch damit zusammenhängt, dass die Erziehungswissenschaft als Mutterdisziplin in Deutschland die „Empirische Wendung" erst spät vollzog; dass die Vergleichende Erziehungswissenschaft wesentlich elitärer akademisch war (und ist), als die Vergleichende Erziehungswissenschaft in Nordamerika. Diese Relativierungen angebracht zu haben, bedeutet nicht in Abrede zu stellen, dass der Strukturfunktionalismus einflussreich gewesen ist – auch über den angloamerikanischen Raum hinaus. Mit diesen Relativierungen soll vielmehr lediglich ein gewisses *Caveat* ausgesprochen werden, um zu vermeiden, dass der Eindruck einer gleichförmigen und ubiquitären Entwicklung entsteht. Zu bedenken ist also, dass die hegemoniale Position, die der Strukturfunktionalismus vor allem in den USA erlangte, entscheidend mit dem politischen Projekt der massiven Unterstützung von Entwicklungsländern durch Bildung zusammenhängt – und dies ist wiederum vor dem Hintergrund des Kalten Krieges zu betrachten (vgl. Steiner-Khamsi in diesem Band). Hinzu kommt die große Rolle von Stiftungen, der Rand und Ford Corporations und anderen Organisationen, wie USAID oder dem National Defense Education Fund. Es kann auch sein, und dies ist bislang noch nicht erforscht, dass es einen gewissen Zusammenhang gibt zwischen den US-amerikanischen Unterstützungen der Entwicklungsländer in den späteren fünfziger und sechziger Jahren und den Aktivitäten der Amerikaner im Bildungsbereich der unmittelbaren Nachkriegszeit in Europa, vor allem in Deutschland. Zumindest hat die europäische Nachkriegsgeschichte in den amerikanischen Einflusszonen einen ruhigen Verlauf genommen, und in der Wahrnehmung hingen Re-Education und demokratische Stabilisierung eng zusammen – auch wenn das mehrgliedrige Sekundarschulsystem unter strukturfunktionalistischen Aspekten nicht unproblematisch ist. Was aber ist (Struktur-)Funktionalismus?

3.1 Hintergründe und zentrale Perspektiven des Strukturfunktionalimus

Der Strukturfunktionalismus ist eine soziologische Theorie, die oft mit der aus der Ökonomie stammenden Humankapitaltheorie verknüpft wird. Soziale Phänomene, so die Definition Manzons (2011, S. 176), werden dabei mit Blick auf ihre Beiträge zu den Funktionen übergreifender gesellschaftsrelevanter Phänomene, Institutionen oder der Gesellschaft insgesamt betrachtet. Bildung und Erziehung sind also als Funktion der Bedürfnisse der Gesamtgesellschaft zu betrachten (ebd.). Der Funktionalismus, so Manzons Referat, betrachtet die Gesellschaft als einheitliches System und beruht auf der Prämisse, dass Konsens und Gleichgewicht die bevorzugten sozialen Zustände seien (ebd. und S. 178). Der Funktionalismus kennt die Bedenken der „Dialektik der Aufklärung" nicht. Vielmehr geht es darum, den sozialen Wandel als graduellen Prozess struktureller Differenzierung und Spezialisierung zu erklären. Die Hauptvertreter dieser Theorie in der Vergleichenden Erziehungswissenschaft waren: George Bereday, Harold Noah, Max Eckstein und Arnold Anderson. Sie alle verfolgten das Projekt, die Vergleichende Erziehungswissenschaft als positive Wissenschaft zu begründen.

Die Wurzeln des Strukturfunktionalismus liegen bei Émile Durkheim, dessen Grundorientierung der positivistisch-rationalen Plattform Epsteins entspricht. Durkheim ist nicht nur Mitbegründer der modernen Soziologie, sondern auch einer der ersten, der die Bedeutung der sozialen Tatsachen im Sinne institutionalisierter Verhaltensmuster, welche die individuellen Dispositionen prägen, erkannte und als Forschungsgegenstand in Stellung brachte. Die Etablierung des Strukturfunktionalismus als eigenem wissenschaftlichen Paradigma ist aber nicht nur soziologisch, sondern auch anthropologisch begründet. Für die Anthropologen Radcliffe-Brown und Malinowski waren nicht nur die Funktion von sozialen Tatsachen oder sozialen Tatbeständen von Interesse, sondern auch deren Ursachen und Begründungszusammenhänge. Man versteht den Strukturfunktionalismus jedoch nicht, wenn man unberücksichtigt lässt, wie bedeutsam für die ihren Platz im wissenschaftlichen Gefüge suchenden und um Anerkennung ringenden Sozialwissenschaften die Orientierung an biologischen Erklärungen gewesen ist. Ein Meilenstein ist hier sicher Darwins „Origins of the Species", aber auch andere Bereiche der Biologie und weiterer Naturwissenschaften spielen für die theoretische Gestalt sozial- und gesellschaftswissenschaftlichen Denkens eine unbedingt zu beachtende Rolle. Die Übertragung geschieht durch Analogiebildung; die Relationen zwischen Organ und Körper werden auf die Gesellschaft und ihre Institutionen übertragen. An diesen Orientierungen lassen sich auch Machtrelationen untersuchen, die sich in den Hierarchien des Wissenschaftssystems spiegeln: Die Naturwissenschaften haben das höchste Prestige, und Sozialwissenschaften, die sich an den naturwissenschaftlichen Theorien orientieren, genießen ein höheres Prestige und höhere Anerkennung als diejenigen, die sich an die Geisteswissenschaften anlehnen.

Der bekannteste und einflussreichste Vertreter des Funktionalismus ist ohne Frage Talcott Parsons (vgl. stellvertretend sein Hauptwerk, The Structure of Social Action, 1937), der die Entwicklung der US-amerikanischen Soziologie, aber auch die Entwicklung der deutschen Differenzierungstheorie à la Luhmann entscheidend beeinflusste. Anders als Luhmann, der die Gesellschaft, das „Soziale", kommunikationstheoretisch betrachtet, stand für Parsons der Aspekt der normativen Ordnung des Sozialen im Mittelpunkt: Ihn interessierte die Frage, wie diese Ordnung zustande kommt und wie sie reproduziert wird; wie das Verhältnis von Struktur und Handlung ist und wie soziale Evolution erklärt werden kann. Die Teilsysteme und Institutionen der Gesellschaft sind so beschaffen, dass sie zur jeweiligen

Ordnung passen und ihr entsprechen, also „funktional" sind für die Gesellschaft. Der Strukturfunktionalismus Parson'scher Prägung war die einflussreichste Theorie der US-amerikanischen Soziologie und wirkte über deren machtvolle Stellung auch in vielen anderen Ländern bis in die dritte Nachkriegsdekade hinein; erst in den siebziger Jahren wurde seine hegemoniale Position durch das Aufkommen von Dependenztheorien infrage gestellt.

Die Rolle des Strukturfunktionalismus für die Vergleichende Erziehungswissenschaft kann man zum einen mit dem unstrittigen Einfluss westlicher Orientierungen und damit auch westlicher Theorien erklären; wobei die in den fünfziger Jahren gegründete nordamerikanische Comparative and International Education Society (CIES) mit ihrem wichtigen Publikationsorgan, der Comparative Education Review, besonders prominent platziert ist. Wie bereits angesprochen, hatten damit die epistemologischen und theoretischen Plattformen und Ausrichtungen ihren institutionellen Anker.

Diejenigen Länder, die in ihrer „Mutterdisziplin", der Erziehungswissenschaft, nicht von Anfang ein sozialwissenschaftliches Selbstverständnis hatten, folgten dieser Entwicklung ab den sechziger Jahren nach, jedoch, wie oben für den deutschen Fall bereits angesprochen, nicht immer mit der gleichen Durchsetzungskraft. Der Strukturfunktionalismus passte in jedem Falle sehr gut zum Modernisierungsprojekt der Vergleichenden Erziehungswissenschaft, ihrem Anwendungsbezug und ihrem Fortschritts- und Entwicklungsenthusiasmus. Er wurde hier ausführlicher als die anderen Theorien behandelt, weil er für viele Weiterentwicklungen, aber auch kritische Wendungen die Basis bildet und die Resonanz des Strukturfunktionalismus Beachtung finden sollte.

3.2 Anliegen und Aufstieg der Konflikt- und Dependenztheorien sowie deren Herausforderung durch die Weltsystemtheorie

Der Strukturfunktionalismus hat keine gesellschaftskritische Perspektive entwickelt und gilt als politisch konservative Theorie, die Machtfragen unberücksichtigt lässt. Seit der zweiten Hälfte der sechziger Jahre wirkten sich neben politischen Erschütterungen wie dem Prager Frühling auch die sozialen Revolutionen auf die sozial- und gesellschaftswissenschaftlichen Orientierungen aus; hinzu kam, dass besonders in denjenigen nationalen und regionalen Kontexten der Vergleichenden Erziehungswissenschaft, welche durch einen starken Bezug zur Entwicklungszusammenarbeit gekennzeichnet sind, die globalen Abhängigkeitsverhältnisse besonders in den Blick gerieten. Dies führte zu einer verstärkten Beschäftigung mit Fragen der sozialen Ungleichheit und führte letztlich dazu, dass der Strukturfunktionalismus herausgefordert wurde und seit den siebziger Jahren Dependenz- und Konflikttheorien an Bedeutung gewannen. Mit der Dependenztheorie hält eine nichtwestliche, oder besser nichtnördliche (bezogen auf die Erdhemisphären)

Perspektive Einzug in die Vergleichende Erziehungswissenschaft. Die Dependenztheorie entstand in den 1960er Jahren in Lateinamerika im Umfeld der „Comisión Económica para América Latina y el Caribe" (CEPAL) aus der Kritik an und als Gegenentwurf zu den strukturfunktionalistischen Modernisierungstheorien. Anders als diese, die vor allem gesellschaftliche Gegebenheiten wie beispielsweise kulturelle Besonderheiten, für den Entwicklungsstand eines Landes verantwortlich machen, betonen die Dependenztheoretiker globale Abhängigkeiten und führen die zentrale Unterscheidung von kapitalistischem Zentrum und abhängiger Peripherie in die Debatte ein. Vertreter wie André Gunder Frank und Fernando Henrique Cardoso betonen daher die Rolle der internationalen Ausbeutungsverhältnisse und ihre Auswirkungen auf die Positionierung von Ländern und Regionen im globalen Zusammenhang. Die Weltsystemtheorie nach Immanuel Wallerstein, deren Wurzeln im (Neo-)Marxismus und der historischen Forschung der französischen Annales Schule liegen, kritisiert die Dependenztheorie, entwickelt sie aber auch gleichzeitig weiter. In seinem Werk: World Systems Analysis (1987) hat Wallerstein seine Version der Weltsystemtheorie dargelegt, die Grundzüge seiner Theorie sind aber schon wesentlich früher entstanden. Die Besonderheit seiner Perspektive liegt darin, dass er die Frage von kapitalistischer Entwicklung, ihrem Grad, ihren Verzögerungen, Hindernissen usw. aus einer umfassend gesellschaftstheoretisch-historischen Perspektive entwickelt und dabei die gesamte Neuzeit in die Betrachtung einbezieht. Auch die Dependenztheoretiker haben globale Verstrickungen und die aus unterschiedlicher Anbindung an den Weltmarkt resultierenden Teilhabebedingungen und Teilhabemöglichkeiten in den Fokus genommen. Ihre handlungspraktische Antwort lautete: autonome Entwicklungen zu verfolgen und sich vom Weltmarkt abzukoppeln. Aus diesen Ausführungen ergibt sich, dass die gesellschaftlichen Kontextbedingungen und somit auch Bildung und Erziehung keine bedeutsame Rolle in den Dependenztheorien spielen. Dass sie dennoch in der Vergleichenden Erziehungswissenschaft aufgenommen wurden, hängt nicht zuletzt damit zusammen, dass sie in der Entwicklungszusammenarbeit viel diskutiert worden sind und über die Auseinandersetzung mit Machtrelationen auch an die Vergleichende Erziehungswissenschaft betrafen. Direkter anschlussfähig waren die Konflikttheorien, die diametral zur Konsensfixierung des Strukturfunktionalismus stehen: Auch hier gibt es verschiedene Strömungen, je nach Prämissen und Fokussierungen. Gemeinsam ist ihnen, dass sie die Bedeutung makrosozialer Strukturen zur Erklärung von sozialer Ungleichheit in den Blick nehmen. Während es neo-marxistischen Varianten vor allem um die ökonomischen Strukturen und deren Rolle bei der Reproduktion sozialer Ungleichheit geht und sie mithin Schule als Instrumente der Aufrechterhaltung von Klassenherrschaft betrachten (hierzu auch die einflussreiche Studie von Bowles und Gintis, 1976), rücken die in der Tradition Max Webers stehenden Theorien die Akteure in den Fokus und gestehen den Akteuren größere Spielräumen und Eigenständigkeit zu.

3.3 Pluralisierungen und (Welt-)Systematisierungen

Der bisherige Durchgang durch die theoretischen „Paradigmen" der Vergleichenden Erziehungswissenschaft sollte zweierlei verdeutlichen. Nämlich 1.), dass den Diskussionen um theoretische Einordnungen immer Entscheidungen vorausgehen, denn die Geschichte der theoretischen Orientierung kann im Detail immer auch anders erzählt werden. Von allen „Großtheorien" gibt es zahlreiche Variationen, die ebenfalls genannt zu werden verdienen; die hier vorgelegte Darstellung ist also sehr holzschnittartig und grob vereinfachend; 2.) dass, gleich wie die Zäsuren gesetzt und die Darstellungen im Detail aussehen, es sich bei den genannten Theorien immer um synthetisierende Theorien handelt, die sozusagen zwischen den Disziplinen liegen, oder – was auf das Gleiche hinausläuft – von zahlreichen Disziplinen genutzt werden können. Es sei hier daran erinnert, dass es mindestens zwei verschiedene Konstruktionen von der „Mutterdisziplin", der Erziehungswissenschaft, gibt. Zum einen das Verständnis der Educational Studies, die wiederum von den Foundations of Education gespeist werden: Psychologie, Soziologie, Geschichte, aber auch Philosophie und Politikwissenschaft einerseits und der Erziehungswissenschaft andererseits, die all diese Aspekte integriert, aber dies unter dem Signum einer eigenen Systematik und Logik. Nicht zuletzt deshalb wurden hier als Idealtypen im Weberschen Sinne die angloamerikanische Erziehungswissenschaft einerseits und die deutsche Erziehungswissenschaft andererseits angeführt, denn die gleiche Grundlogik findet sich, wenn auch mit Variationen, in der Vergleichenden Erziehungswissenschaft wieder. Gleich wie die Grundstruktur beschaffen ist, in allen Fällen zeichnen sich besonders die letzten Jahrzehnte des 20. Jahrhunderts durch eine große Vielfalt der Zugänge und theoretischen Orientierungen aus, eine Entwicklung, die oft mit dem Begriff, manchmal auch nur Label, der „Postmoderne" verbunden ist. Gleichzeitig, das ist für die Vergleichende Erziehungswissenschaft besonders interessant, werden die Varianten der Weltsystemtheorien besonders intensiv rezipiert. Neben der bereits erwähnten neo-marxistischen und der Tradition der historischen Forschung in Frankreich, bekannt unter dem Namen „Annales-Schule", verpflichteten Perspektive Immanuel Wallersteins sind dies der so genannte Neoinstitutionalismus, am stärksten mit dem Namen John W. Meyer assoziiert, sowie die Kritik an und Weiterentwicklung von der Parsonschen strukturfunktionalistischen Differenzierungstheorie, verbunden mit dem Namen Niklas Luhmann.

Beide Zugänge sollen im Folgenden näher dargestellt werden. Dabei wird auch zur Sprache gebracht, dass weltsystemtheoretische Varianten wiederum nicht „ortlos" sind; vielmehr ist ihre jeweils spezifische Ausprägung durchaus auch an Hintergründe und Entstehungskontexte gebunden.

Das Weltkulturmodell des Neoinstitutionalismus ist sehr eng mit dem Ort Stanford, Kalifornien und John W. Meyer als seinem prominentestem Vertreter verbunden (siehe auch Wiseman & Chase-Mayoral, in diesem Band). Das Weltkulturmodell wurde in einer Vielzahl empirischer (quantitativer) Studien von einem großen Forscherteam, das mittlerweile mehrere Forschergenerationen umfasst, ausbuchstabiert. Mit Blick auf Bildung und Erziehung, also vor allem Schule und Hochschule, sind hier die Arbeiten von John Boli-Bennett und Francisco Ramirez, der unmittelbarer Nachfolger Meyers in Stanford wurde, inzwischen aber selbst im Ruhestand ist. Grundsätzlich sind die Neoinstitutionalisten an Max Weber orientiert und entwickeln den Weberschen Ansatz weiter. Ihre Perspektive wird von ihnen selbst als soziologische, makro-phänomenologische bezeichnet. Neben Max Weber sind sie auch Peter Berger und Thomas Luckmanns konstruktivistischer Perspektive verpflichtet. Dies als Hintergrund vorausgeschickt, lässt sich Folgendes festhalten: John Meyer und Kollegen gehen von der Ausprägung eines „ortlosen" Weltkulturmodells aus, dass in zunehmender Universalisierung und Standardisierung das „Skript" liefert, die Rolle vorgibt, die von „Akteuren" – kollektiven wie individuellen – zu spielen ist. Damit erteilen sie vor allem den klassischen modernisierungstheoretischen Ansätzen, die in den Nationalstaaten autonom handelnde Akteure sehen, eine klare Absage.

Die Grenzen und Beschränkungen, aber auch die handlungsentlastenden Aspekte illustrieren sie mit folgendem Beispiel: Falls ein bislang noch nicht in das Weltsystem integrierter Inselstaat diese Integration nachholen wollte, wie würde er sich verhalten? Die These: Er würde sich nationalstaatlich organisieren und die entsprechenden Teilsysteme: Wirtschaft, Recht, Bildung ausdifferenzieren. Er wird sich eine Verfassung geben und nationalstaatliche Ziele formulieren – und dieses Programm wird entscheidend durch die Orientierung an einer „Weltkultur" geprägt sein. Die Etablierung eines Bildungs- und Erziehungssystems wird ebenfalls zügig erfolgen und sich organisatorisch, aber auch hinsichtlich der an das System adressierten Erwartungen und seiner Semantiken an einem Muster orientieren. Dazu zählen die Unterscheidung nach Schulstufen und Schularten, ein Leistungsbewertungssystem, eigenes Personal und Lehrmaterial usw., aber auch die komplexen Aufstiegs- und Fortschrittserwartungen bis hin zu kollektiven Erlösungsphantasien durch Bildung und Wissenschaft. Dies wird auch dadurch unterstrichen, dass die Bildungs- und Erziehungssysteme im Laufe ihrer Entwicklung immer inklusiver wurden – immer mehr junge Menschen verbleiben immer länger in den Organisationen des Systems. Die Bedeutung des Zugangs zu (institutionalisierter) Bildung lässt sich auch daran ablesen, dass „Bildung als Menschenrecht" gilt; ohne Bildung ist die gesellschaftliche Teilhabe nahezu unmöglich. Dies deshalb, weil Bildung die Voraussetzungen schafft, um Zutritt zum Beschäftigungssystem und anderen gesellschaftlichen Teilsystemen zu erlangen.

John Meyer und seine Kollegen sehen in global verbreiteten Werten wie Gleichheit, sozioökonomischem Fortschritt oder Annahmen über die menschliche Entwicklung, Beispiele für die Existenz eines hochgradig rationalisierten und standardisierten Weltmodells. Auf diese Weltmodelle wird zurückgegriffen, um Reformen durchzusetzen und lokal begrenzte Handlungen zu begründen. Weltmodelle gibt es nicht nur für den Bereich der Bildung und Erziehung, sondern für alle Bereiche moderner Gesellschaften: für Medizin, Politik, Wissenschaft, Gesundheit usw. Erst die Annahme eines solchen ortlosen Weltmodells oder ortloser Weltmodelle – je nach Perspektive – erklärt, warum es strukturelle Ähnlichkeiten, warum es einen strukturellen Isomorphismus gibt, wo sich die Gesellschaften doch sonst so stark voneinander unterscheiden. Diese makro-phänomenologische soziologische Perspektive der Forschergruppe um John Meyer stellt, das sollen diese knappen Ausführungen verdeutlichen, einen engen Zusammenhang her zwischen der Durchsetzung des Nationalstaats als universalem Modell gesellschaftlicher Organisation und der Etablierung von Bildungs- und Erziehungssystemen als nationalstaatlichen Kerninstitutionen. In dieser Forschungsperspektive ist der Nationalstaat vielmehr Produkt exogener, denn endogener Kräfte. Institutionen, Systeme und menschliche individuelle und kollektive Akteure sind viel mehr an vorgegebene „Skripte" gebunden, als dies auf den ersten Blick der Fall zu schein. Diese vorgegeben Skripte erklären auch, so Meyer und seine Mitforschenden, warum zwischen den standardisierten Aussagen und Programmen und den tatsächlichen jeweiligen gesellschaftlichen Realitäten eine teils sehr große Diskrepanz besteht. Dies liegt daran, dass das Weltkulturmodell auf sehr idealistischen Annahmen über Gleichheit, Gerechtigkeit, Freiheit, Entwicklung, Fortschritt usw. beruht. Um diese Werte wird zwar gestritten; fest steht jedoch, dass es sich um eine Art Religionsersatz handelt, in dem technischem Fortschritt, Wissenschaft und Expertentum eine zentrale Rolle zukommt. Anders als in den Konflikt- und Dependenztheorien, anders auch als im Weltsystemansatz von Immanuel Wallerstein, spielen in diesem Modell Machtverhältnisse und ihre Verteilung keine wesentliche Rolle. Vielleicht präziser: Sie sind nicht systematisch in die Theoriearchitektur eingebaut. Die Weltsystemtheorie institutionalistischer Provenienz beinhaltet keine machttheoretischen Explikationen. Man könnte aber in der kategorialen Unterscheidung zur Erklärung von Isomorphie, von „Anähnelung" zwischen Zwang, Mimese oder normativen Druck (DiMaggio & Powell, 1983, S. 150–156) durchaus auch eine machttheoretische Perspektive erkennen; allerdings eher im Sinne von Foucault, „Macht als dynamisches und ubiquitäres Kräftefeld", und nicht als Unterdrückungsverhältnis. Wie dem auch sei, es ist unstrittig, dass machttheoretische Überlegungen in diesen Weltsystemansatz hineingelesen und nicht unmittelbar aus ihm herauszulesen sind. Dennoch ist diese Theorie durch ihren konstruktivistischen anti-essentialistischen Zugriff raffinierter und in gewissem Sinne auch subversiver als Kritiker (jüngst Carney, Rappleye & Silova, 2012), die den Neoinstitutionalismus in die Nähe des Neo-Liberalismus rücken und ihn im Kern als politisches Projekt auffassen, sehen.

Die bildungssoziologischen Arbeiten der neo-institutionalistischen Welttheorie haben die Vergleichende Erziehungswissenschaft bereichert; das Team um John Meyer war und ist außerordentlich produktiv (einen Einblick bietet Meyer, 2005). Ihre Arbeiten sind vor allem im angloamerikanischen Raum rezipiert. Lange Zeit war es Jürgen Schriewer, der sich in der deutschen Vergleichenden Erziehungswissenschaft am intensivsten mit dieser theoretischen Strömung befasste, sie aber auch mit einer Lektüre Niklas Luhmanns Differenzierungstheorie sozusagen „gegengelesen" und kritisiert hat (der locus classicus hierfür ist noch immer seine in viele Sprachen übersetzte Antrittsvorlesung aus dem Jahr (vgl. Schriewer, 1992).

Die unterschiedliche Rezeption der Großtheorien in den nationalen Kontexten der Vergleichenden Erziehungswissenschaft ist eine Frage, die eingehender eigenständiger Betrachtung wert ist. Es handelt sich in jedem Falle um vielfältige Austauschbeziehungen, Umarbeitungen und Weiterentwicklungen bereits etablierter Theorien, ebenso wie um unterschiedliche Konjunkturen, die mit den Machtrelationen und normativen Orientierungen zusammenhängen. Der Neoinstitutionalismus hat in Max Weber eine wichtige Wurzel und Luhmanns Systemtheorie in Talcott Parsons einen wichtigen Vorläufer. Luhmanns Differenzierungstheorie stellt aber radikal und konsequent auf Kommunikation um und entwickelt daraus eine Gesellschaftstheorie, die den Menschen in die Umwelt des Systems verbannt und die jeweiligen Codierungen der Gesellschaft und ihrer Teilsysteme fokussiert. In historischer Perspektive sind die funktional differenzierten Systeme die jüngste Stufe der gesellschaftlichen Evolution. Sie zeichnen sich dadurch aus, dass die Teilsysteme: Politik, Recht, Religion, Kunst, Erziehung, Wissenschaft, Gesundheit usw. universalisierte Codes entwickelt haben, die überall gleich sind: wahr/falsch in der Wissenschaft; vermittelbar/nicht vermittelbar (so der Vorschlag Jochen Kades) in der Erziehung; krank/nicht krank im Gesundheitssystem usw. Damit kommen für die Erziehungswissenschaft die interessanten Fragen nach der Spezifik des Systems, der Kommunikation und seiner Organisationen in den Blick sowie die Beziehungen zwischen den Systemen. Luhmanns These: Das Erziehungssystem wird die externen Anmutungen immer systemspezifisch übersetzen und umarbeiten, denn jedes System ist im Kern auf Systemerhalt, auf Autopoiesis ausgerichtet. Nationale Grenzen sind dementsprechend zu vernachlässigen, denn die Differenzierungslogik, die Systeme und Organisationen, die sie hervorbringt, sind in erster Linie systematisch und erst in zweiter kontextgeprägt. Insofern ist auch Luhmanns Ansatz weltsystemtheoretisch, aber eben nicht unter dem Aspekt von kapitalistischen Entwicklungen (Wallerstein) oder der Verbreitung eines kognitiven Weltkulturmodells (Meyer; Ramirez, Boli et al.), sondern unter dem Aspekt der kommunikationsbasierten funktionalen Differenzierung. Es ist im Wesentlichen das Verdienst Jürgen Schriewers, die Luhmannsche Theorie für die Vergleichende Erziehungswissenschaft fruchtbar gemacht zu haben; und zwar nicht nur auf nationaler, sondern durch seine wissenschaftlichen Aktivitäten im Rahmen von CIES und World Council auch auf internationaler Ebene. Da Luhmanns weltsystemtheoretischer Ansatz einem deutschsprachigen Publikum bekannter sein dürfte als die anderen Theorien, verzichte ich hier auf eingehendere Behandlung und wende mich stattdessen der Frage nach anderen Ansätzen zu; dem, was in der Abschnittsüberschrift mit Pluralisierung bezeichnet ist.

Es ist sicher deutlich geworden, dass die hier behandelten Ansätze primär der Soziologie zuzurechnen sind. Dies ist nicht weiter verwunderlich, geht es der (International) Vergleichenden Erziehungswissenschaft doch primär um die gesellschaftlichen Bedingungen von Bildung und Erziehung. Dies soll aber keinesfalls bedeuten, dass andere Zugänge keine Rolle spielten. Zum einen ist in diesem Zusammenhang der Einfluss der Postmodernen Debatte in der Vergleichenden Erziehungswissenschaft zu nennen. Das postulierte Ende aller großen Erzählungen war auch eine Fundamentalkritik am Projekt der Aufklärung und erschütterte die epistemologischen Fundamente, besonders die positivistisch ausgerichteten. Auch die Auseinandersetzung mit Machtbeziehungen wurde seit den achtziger Jahren differenzierter behandelt. Dies hängt mit einer größeren Aufgeschlossenheit des Feldes gegenüber anderen (pluri)disziplinären Ausrichtungen und Debatten zusammen: Die Arbeiten Michel Foucaults spielen eine Rolle und die Vielzahl der von ihm inspirierten Rezeptionen und Weiterführungen; die Cultural Studies wurden in der Vergleichenden Erziehungswissenschaft diskutiert und damit auch deren Fortsetzung in den Postcolonial Studies. An dieser Stelle wurde die traditionsreiche Beschäftigung der Vergleichenden Erziehungswissenschaft im Kontext der Entwicklungszusammenarbeit um weitere Aspekte bereichert. Etwa durch die Figur der Subalternen, die Gayatri Chakravorty Spivak bekannt machte und mithin ihre eigene durch Derridas Dekonstruktivismus inspirierte theoretische Perspektive.

Rolland Paulston hat in den neunziger Jahren in einem großangelegten Kartographierungsprojekt den Versuch unternommen, die theoretischen Ausrichtungen der Vergleichenden Erziehungswissenschaft in ihrer Vielfältigkeit und Vielzahl zu systematisieren und abzubilden. Paulston (1994) unternimmt folgende Bilanzierung der Entwicklung der Vergleichenden Erziehungswissenschaft bis zu den neunziger Jahren: die fünfziger und sechziger Jahre sind für ihn die orthodoxe Phase des Funktionalismus und Positivismus; die siebziger und achtziger Jahre überschreibt er mit „Heterogenität" zwischen Funktionalismus und Humanismus, die sich in dieser Zeit in zahlreiche Varianten ausdifferenzieren; seit den neunziger Jahren spricht er von Heterogenität; die unterschiedlichen Theorien werden als komplementäre aufgefasst, und es kommt verstärkt zu eklektischen Verbindungen der Theorien (ebd., S. 923).

Inzwischen ist die postmoderne Debatte deutlich abgeebbt. Die Vergleichende Erziehungswissenschaft richtet sich in großen Teilen an einem größeren Anwendungsbezug aus und muss sich zum internationalen Einfluss internationaler Vergleichsstudien verhalten. Ebenso ist aber zu erwähnen, dass gerade vor dem Hintergrund des Einflusses der Internationalen Organisationen, den komplexen Beziehungen zwischen unterschiedlichen Gestaltungsebenen der Erziehung und Bildung, Theorien aus dem politikwissenschaftlichen Bereich der Internationalen Beziehungen auch für Fragen der Vergleichen Erziehungswissenschaft mit großem Gewinn fruchtbar gemacht werden (in Deutschland vor allem durch die Beiträge Marcelo Parreira do Amarals, 2011).

Abschließend noch ein kurzer Blick auf die in der Comparative Education Review kommentierten, auch online verfügbaren Bibliographie englischsprachiger

Veröffentlichungen der gesamten Dekade (2000–2011) (Stambach & Cappy, 2012, S. 534–543). Hier wurden mehr als 2000 Artikel aus 610 gedruckten und 197 frei zugänglichen elektronischen Zeitschriften ausgewertet. Zu den dominanten Themen zählen Globalisierung, Entwicklungspolitik, Methodologien des Vergleichs und die Rollen internationaler Organisationen (ebd., S. 537). Hinsichtlich der theoretischen Weiterentwicklung der Vergleichenden Erziehungswissenschaft wird vor allem Cowens (2003) Konzept der „transitology" hervorgehoben, beschrieben als „collapse and reconstruction of (a) state appratuses; (b) social and economic stratification systems and (c) political visions of the future; in which (d) education is given a major symbolic and reconstructivist role in the social processes of destroying the past and redefining the future." (zitiert in Stambach & Cappy, 2012, S. 538) Inspiriert durch Cowen wird betont, dass „Erziehung" multiperspektivisch betrachtet werden kann – als analytischer Rahmen, präskriptives Mittel oder soziales Werkzeug. Erziehung ist einerseits ein (analytisches) Konzept, mit dem sich gut denken lässt, und eine Säge, mit der sich sozial und politisch neu ausrüsten lässt" (Stambach & Cappy 2012, p. 539). Es ist diese Wandelbarkeit und Mehrperspektivität der Bedeutungen von „Education", der Übergang von Erziehungstheorie in die Praxis der Erziehung, die dazu führt, dass sich Theorie und Praxis in der Vergleichenden und Internationalen Erziehungswissenschaft auf besondere Weise verbinden, die melioristischen Erwartungen vielfach artikuliert werden. (ebd., S. 539)

Eine wichtige bislang nach Einschätzung von Stambach und Cappy noch nicht hinreichend beachtete theoretische Ergänzung und Herausforderung für die bisher in der Vergleichenden Erziehungswissenschaft vorherrschenden Divergenz- und Konvergenztheorien ist das Konzept der „Conjuncture", welches vor allem in der Geschichtswissenschaft, der Vergleichenden Politikwissenschaft und der Anthropologie vertreten sei. Der Gewinn bestünde darin, das dichotome Denken, das zwischen dem Globalen und dem Lokalen, dem Relativen versus dem Universalen zu überwinden und die Analyse von sozialem Wandel auf die Prozesse zu richten und dabei institutionalistische Theorien weiterzuentwickeln, anstelle sie zu bestätigen oder zu verwerfen. Damit bestätigen sie, dass (neo-)institutionalistische Theorien noch immer eine signifikante Rolle in der Vergleichenden Erziehungswissenschaft spielen.

Was fehlt? Als pluridisziplinäres Feld ist die Vergleichende Erziehungswissenschaft der Ort der Erziehungswissenschaft par excellence, an dem die unterschiedlichsten Fäden verschiedener Disziplinen und ihrer Theorien zusammenlaufen. Ohne Zweifel dominieren sozial- und gesellschaftswissenschaftliche Ansätze, während philosophische, historische und literarische Ansätze sehr viel weniger stark vertreten sind. Am ehesten wären noch kulturanthropologische und andere ethnographische Strömungen zu nennen.

Es gibt eine aktuelle Tendenz, die in der Politikwissenschaft (international) und auch in der deutschsprachigen Pädagogik diskutiert wird und der Politikphilosophie und der Bildungsphilosophie zuzurechnen sind. Es handelt sich dabei um radikale Befragungen der Möglichkeiten politischer bzw. pädagogischer Ordnungsbildung.

Diese Perspektive, die in Deutschland vor allem von Alfred Schäfer (2010) für die Bildungsphilosophie ausbuchstabiert und in der Politikwissenschaft auf zeitgenössische französische Denkansätze zurückgeht (Derrida, Baudrillard, Foucault, Badiou, Rancière, Lyotard u. a.m.), aber auch mit den Namen Judith Butler, Ernesto Laclau und Chantal Mouffe verbunden ist und inzwischen auch in Deutschland Oliver Machart, Oliver Flügel, Reinhart Heil und Andreas Hetzel (2004) aufnehmen, steht hinsichtlich der Gewissheitserschütterungen mit der Postmoderne-Diskussion der vergangenen Dekaden in Verbindung. Worum es hier aber geht, sind nicht die Vervielfältigungen gesellschaftlicher Erzählungen, sondern die Differenz zwischen den menschlichen Praktiken und ihren Begründungen, zwischen Pädagogik und dem Pädagogischen, zwischen Erziehung und dem Erzieherischen, zwischen Politik und dem Politischen. Was in der Vergleichenden Erziehungswissenschaft aufgrund ihres melioristischen Ansatzes und dem Vertrauen in die erfolgreiche Suche nach „best practices" und den Belastbarkeits- und Gewissheitsversprechungen evidenzbasierter Forschung sehr leicht zu dem von Stambach und Cappy angeführten fließenden Übergang von Theorie zur Praxis führt, wird hier gerade infrage gestellt.

Insofern handelt es sich bei diesem auch als Post-Fundamentalismus bekannten Ansatz um eine radikale Irritation für Forschung, Theorie und Praxis. Post-Foundationalism sollte übrigens angemessener mit Post-Fundamentismus und nicht mit Post-Fundamentalismus übersetzt werden; denn es geht hier nicht um Fundamentalismus im Sinne ideologischer oder religiöser Systeme, sondern um die Frage, auf welchen Fundamenten unsere Gesellschaftsordnungen und ihre Institutionen aufruhen. Am Anfang Post-Fundamentalen Denkens steht die Einsicht, dass zwischen Ordnung und Begründung ein unüberwindlicher Hiatus klafft; eine Differenz, im Sinne Derridas *différance*, die nicht überbrückt werden kann, sondern bei allen Ordnungsbildungen mitbedacht werden muss. In die Teleologie von Fortschritt und Entwicklung wird eine Unterbrechung eingeführt, die daran erinnert, dass mit der Aufklärung die Halterung menschlicher Ordnungssysteme im Transzendenten verlustig ging und nicht ersetzt werden konnte. Es gibt viele Möglichkeiten mit dem Problem umzugehen, die sich in der Vergleichenden Erziehungswissenschaft in den epistemologischen Plattformen spiegeln. Wenn aber das Problem der Fundierung nicht in die theoretischen Reflexionen Eingang findet, besteht die Möglichkeit der Totalisierung. In unserer Zeit der „big data" ist dies zweifellos die Tendenz, dass Daten, zumal in ihrer Engmaschigkeit und schieren Masse, nicht mehr als Mittel zum Zweck dienen, sondern „Fundierungsersatz" werden. Robert Cowens Konzept der Transitologies ist zu wünschen, dass es noch stärker aufgenommen und verbreitet wird, weil es die Fundierungslogiken der Bildungssysteme der Welt in den Blick nimmt und der Analyse zuführt.

4. Schlussbemerkung

Ich möchte abschließend noch einmal betonen, wie problematisch es ist, von der „Vergleichenden Erziehungswissenschaft" und „ihren" Theorien zu sprechen. (1) Weil die Mutterdisziplin, die Erziehungswissenschaft, sehr vielgestaltig ist und die Frage nach der jeweiligen Gestalt der Erziehungswissenschaft auch auf die „lokale" Ausprägung der Vergleichenden zurückstrahlt. (2) Als pluridisziplinäres Feld ist die Vergleichende Erziehungswissenschaft in ihrer aktuellen Form zwar noch am ehesten sozial- und gesellschaftswissenschaftlich geprägt, damit ist der Einfluss der Geisteswissenschaften und ihrer Theorien aber nicht ausgeschlossen, sie sind nur deutlich weniger prävalent. Dies wird unter anderem auch daran ersichtlich, dass die Begriffsarbeit, die den unterschiedlichen Sprachgebrauch und seine Kontexte reflektieren könnte, in der Vergleichenden Erziehungswissenschaft ungenutzt bleibt. Welche Theorien wie, wann und wo zum Einsatz kommen, ist immer auch eine Frage von Machtrelationen und Disziplinpolitik.

Literatur

Bray, M., Adamson, B. & Mason, M. (Hrsg.) (2007). *Comparative Education Research. Approaches and Methods*. Comparative Education Center, the University of Hong Kong: Springer.

Bowles, S. & Gintis, H. (1976). *Schooling in Capitalist America*. Educational Reform and the Contradictions of Economic Life. New York: Routledge & Kegan Paul.

Carney, S. & Rappleye, J. & Silova, I. (2012). Between Faith and Science. World Culture Theory and Comparative Education. *Comparative Education Review*, 65(3), 366–393.

Cowen, R. (2000). Comparing Futures or Comparing Pasts? *Comparative Education*, 36(3), 333–342.

DiMaggio, P. & Powell, W. (1983). The Iron Cage Revisited: Institutional Isomorphism and Collective Rationality in Organizational Fields. *American Sociological Review*, 48(4), 147–160.

Epstein, E. (2008). Setting the Normative Boundaries: Crucial Epistemological Benchmarks in Comparative Education. *Comparative Education*, 44(4), 272–386.

Flügel, O., Heil, R. & Hetzel, A. (Hrsg.) (2004*). Die Rückkehr des Politischen. Demokratietheorien heute*. Darmstadt: Wissenschaftliche Buchgesellschaft.

Forneck, H. & Wrana, D. (2003). *Ein verschlungenes Feld: Eine Einführung in die Erziehungswissenschaft*. Gütersloh: Bertelsmann.

Furlong, J. & Lawn, M. (Hrsg.) (2011). *Disciplines of Education. Their Role in the Future of Education Research*. London and New York: Routledge.

Horkheimer, M. & Adorno, T. W. (1988). *Dialektik der Aufklärung*. Frankfurt/M.: S. Fischer.

Keiner, E. (1999). Erziehungswissenschaft 1947–1990. Eine empirische und vergleichende Untersuchung zur kommunikativen Praxis einer Disziplin. (Beiträge zur *Theorie und Geschichte der Erziehungswissenschaft* Bd. 21) Weinheim: Beltz/Deutscher Studien Verlag.

Kelly, G., Altbach, P. & Arnove, R. (Hrsg.) (1982). *Comparative Education*. New York and London: Collier Macmillan.

Kubow, P. & Fossum, P. (2007). *Comparative Education*: Exploring Issues in International Context. 2nd ed. Upper Saddle River, New Jersey: Pearson Education.

Luhman, N. & Baecker, D. (Hrsg.) (2004). *Einführung in die Systemtheorie*. Heidelberg: Carl Auer.

Manzon, M. (2011). *Comparative Education: The Construction of a Field*. Comparative Education Center, the University of Hong Kong: Springer.

Maseman, V., Bray, M. & Manzon, M. (Hrsg.) (2007). *Common Interests, Uncommon Goals. Histories of the World Council of Comparative Education Societies and Its Members*. Comparative Education Research Center, the University of Hong Kong: Springer.

Meyer, J. W. (2005). *Weltkultur. Wie die westlichen Prinzipien die Welt verändern*. Frankfurt am Main: Suhrkamp.

Parreira do Amaral, M. (2011). *Emergenz eines Internationalen Bildungsregimes? International Educational Governance und Regimetheorie*. New Frontiers in Comparative Education, Band 1. Münster u. a.: Waxmann.

Parsons, T. (1937). *The Structure of Social Action*. New York: McGraw-Hill.

Schäfer, A. (2012). *Das Pädagogische und die Pädagogik. Annäherungen an eine Differenz*. Paderborn: Schöningh.

Schriewer, J. (1983). Pädagogik – ein deutsches Syndrom? Universitäre Erziehungswissenschaft im deutsch-französischen Vergleich. *Zeitschrift für Pädagogik*, Bd. 29, 359–389.

Schriewer, J. (1992). *Weltsystem und Interrelations-Gefüge. Die Internationalisierung der Pädagogik als Problem der Vergleichenden Erziehungswissenschaft*. Antrittsvorlesung 7. Dezember 1992. Humboldt-Universität zu Berlin.

Stambach, A. & Cappy, C. (2012). What we See, What Is Missing and What Has Fallen Away. The 2011 Comparative Education Review Bibliography. *Comparative Education Review*, 56(3), 534–546.

Alexander W. Wiseman und Audree M. Chase-Mayoral

Die Bedeutung der Neoinstitutionalistischen Theorie in der Vergleichenden und Internationalen Erziehungswissenschaft[1]

1. Einleitung

Institutionalistische Theorien über Bildung sind zu einem globalen Phänomen geworden und sind im Bereich der Internationalen und Vergleichenden Erziehungswissenschaft (IVE) besonders verbreitet (Wiseman & Baker, 2006). Wenngleich sich Diskussionen aus institutionalistischer Perspektive ursprünglich vor allem auf die Expansion und Institutionalisierung des modernen staatlichen Schulwesens konzentrierten, wurde die entsprechende theoretische und empirische Arbeit ausgedehnt und umfasst nun auch den tertiären Bildungssektor sowie nationale und internationale Einflussfaktoren auf staatliche Bildungssysteme (Baker & Lenhardt, 2008; Schofer & Meyer, 2005). Die Neue bzw. Neoinstitutionalistische Theorie ist seit 1977 flexibel genug geblieben, um auch informelle und nonformale Bildungsformen in ihre Untersuchungen zu integrieren (Meyer, 1977, 2000).

Die institutionalistischen Rahmenkonzepte, auf welchen ein Großteil der bildungssoziologischen und vergleichenden Forschung beruht, begannen mit der Untersuchung der weltweiten Bildungsrevolution (d.h. der weltweiten Expansion nationalstaatlicher Bildungssysteme). Im Laufe der Zeit wurden diese Konzepte dazu benutzt, die Organisationskultur in Schulen und Bildungssystemen (Buchmann & Charles, 1995; Ingersoll, 2002; Powell & DiMaggio, 1991), die weltweite Angleichung hinsichtlich der Erwartungen an Form und Funktion von Schulen (Scott & Meyer, 1994) sowie die empirischen Aspekte der nichttechnischen Auswirkungen von Schulen (Wiseman, Astiz, Fabrega & Baker, 2010; Wiseman & Baker, 2006) zu erforschen. Der Beitrag, den die Neoinstitutionalistische Theorie für die Internationale und Vergleichende Erziehungswissenschaft geleistet hat, wurde im Laufe der Zeit immer größer.

Unglücklicherweise bestehen einige Über- und Fehlinterpretationen der Neoinstitutionalistischen Theorie. Beispielsweise wird häufig der Neoinstitutionalistischen Theorie im Rahmen dieser Fehlinterpretationen ein Akteurstatus zugeschrieben, wodurch der Theorie – die auch als „Weltkulturtheorie" bezeichnet wird – Intentionen zugeschrieben werden, die diejenigen, die sie für empirische Forschung verwenden, niemals hatten (Montt, 2010).[2]

---

1 Aus dem Englischen übersetzt von Ulrich Theobald, lektoriert von S. Karin Amos.
2 Es existieren einige Missverständnisse hinsichtlich der von Neoinstitutionalistischen Theoretikern und Forschern verwendeten Terminologie. Diese Missverständnisse führen dazu, dass Begriffen wie „Isomorphie", „Institutionalisierung" Intentionalität

Wenn eine theoretische Perspektive im Feld der IVE falsch verwendet wird und Kontroversen hervorruft, dann zeigt dies, dass die Theorie soweit gereift ist, dass sie zur Erklärung verschiedener Phänomene genutzt werden kann und genauer überprüft werden muss. Darum bedarf die empirische Anwendung der Neoinstitutionalistischen Theorie einer genaueren Betrachtung, um zu dokumentieren, wie sie sich seit den ursprünglichen Anfängen weiterentwickelt hat.

Der Neoinstitutionalismus stellt eine spezifische Herangehensweise an die Erforschung sozialer, wirtschaftlicher und pädagogischer Phänomene dar; dabei zeigen sich zugleich dieser Theorie immanente Doppeldeutigkeiten. Selbst innerhalb der Organisationssoziologie unterscheiden sich institutionalistisch geprägte wissenschaftliche Felder hinsichtlich ihrer Foki auf mikro- oder makrosoziologische Aspekte und der Bedeutung, die sie normativen Aspekten von Institutionen beimessen (DiMaggio & Powell, 1991). Gleichzeitig ist es inzwischen „increasingly difficult to deny that an institutional theory of education is a productive perspective offering new ways to examine education and its influence on modern society" (Wiseman & Baker, 2006, S. 1). Dessen ungeachtet sind evidenzbasierte kritische Betrachtungen jeglicher Theorie immer hilfreich. Die anhaltende Anwendung der Neoinstitutionalistischen Theorie im Bereich der IVE legt nahe, dass eine aktuelle Überprüfung der Theorie die dualen Kräfte „Globalisierung" und „Kontextualisierung" in Betracht ziehen sollte, da diese die Gegensätzlichkeit unterstreicht, welche laut einigen Kritikern zwischen Phänomenen auf der Mikro- und solchen auf der Makroebene bestehen, sofern diese mit Hilfe des Neoinstitutionalismus untersucht werden.

Das theoretische Rahmenkonzept des Neoinstitutionalismus ist nicht nur darauf beschränkt, Dynamiken des pädagogischen oder institutionellen Wandels aus einer Makroperspektive zu untersuchen, wie von einigen Kritikern behauptet, sondern ebenso für die Untersuchung von Phänomenen auf allen Analysebenen, also auch für Mehrebenenanalysen hilfreich. In diesem Beitrag werden Stellenwert und die Möglichkeiten der Neoinstitutionalistischen Theorie in der vergleichenden Forschung differenziert betrachtet. Dabei sollen Beispiele aufgeführt werden, welche verdeutlichen, wie sich Veränderungen auf der Mikroebene auf die Makroebene auswirken. Die dazu verwendeten Beispiele beziehen sich auf die globale Expansion der Informations- und Kommunikationstechnologie (IKT) in der Erziehungswissenschaft und die globale Verfügbarkeit international vergleichbarer bildungsbezogener Daten mittels IKT. Mit einem Wort: die empirische Anwendung der Neoinstitutionalistischen Theorie ist nicht nur auf der Makroebene beschränkt, sondern

---

zugeschrieben wird. Stattdessen wäre es korrekter zu konstatieren, dass die Neoinstitutionalistische Theorie sicherlich geeignet ist, Makrophänomene zu untersuchen, was die Untersuchung von Phänomenen auf der Mikroebene noch lange nicht ausschließt. Genau dies charakterisiert eine Theorie: eine Idee, die versucht, einen Zusammenhang bestimmter Phänomene zu erklären (Montt, 2010).

gut in der Lage, die multidirektionalen Einflüsse von Individuen und Situationen, sowohl auf der Makro- als auch auf der Mikroebene zu erfassen.

2. Globalisierung und Kontextualisierung – Informations- und Kommunikationstechnologien als Brücke

Die Expansion der IKT stellt zugleich eine Erklärung wie auch einen Beweis dafür dar, dass die Neoinstitutionalistische Theorie und ihre empirischen Anwendungsformen eine Brücke zwischen den Mikro- und Makroebenen von Bildung schlagen. Gleichzeitig zeigt sich, dass diese neo-institutionalistische Brücke zwischen „Mikro" und „Makro" in gewisser Hinsicht präzisiert werden muss. Je mehr Individuen und institutionelle Akteure Zugang zu vergleichbaren Informationen haben, desto stärker wird *normative Isomorphie* zum Schlüssel für Neoinstitutionalistische Erklärungsansätze von Bildung aus internationaler und vergleichender Perspektive. Isomorphie ist „a constraining process that forces one unit in a population to resemble other units that face the same set of environmental conditions" (DiMaggio & Powell, 1983, S. 160) und bedeutet nicht automatisch Homogenisierung, sondern die Entwicklung gemeinsamer Erwartungen und Handlungsmuster.

Zur Verdeutlichung: der Begriff „normative Isomorphie" impliziert die graduelle Veränderung eines Phänomens durch die subtile und konstante Verlagerung von Aktionen, Ideen, Erwartungen, Gegenständen oder Intentionen, um sich entweder dem umgebenden Kontext oder den Erwartungen anzupassen, in welche das jeweilige Phänomen eingebettet ist. Wenn also in der empirischen Forschung, die Verbreitung und Entwicklung geteilter Erwartungen und organisationaler Strukturen bestätigt wird, liegt ein Beweis für das Phänomen der Isomorphie vor – einer zentralen Komponente der Neoinstitutionalistischen Theorie, um die Effekte von Globalisierung und Kontextualisierung nachzuvollziehen.

Der weiter gefasste Diskurs um die Bedeutung und Auswirkung von Globalisierung und Kontextualisierung fügt der Entwicklung und Anwendung der Neoinstitutionalistischen Theorie in der IVE eine neue Dimension hinzu. Globalisierung ist dasjenige Phänomen, welches in der Regel am häufigsten mit der Neoinstitutionalistischen Theorie und einschlägiger empirischer Forschung in Verbindung gebracht wird. Dabei sollte jedoch die Bedeutung der Kontextualisierung nicht übersehen werden. Globalisierung hat viele potenzielle Dimensionen, die von passiv zu aktiv reichen und eine Vielfalt thematischer und kontextueller „policyscapes" abdecken (Carney, 2009). Vielleicht ist es gerade diese Vielfalt politischer Interpretationsmöglichkeiten von Globalisierung, die zu einigen der kontroversen Interpretationen der Neoinstitutionalistischen Theorie sowie deren Anwendung auf Phänomene der IVE bedingt hat.

Der Diskurs um Globalisierung und Kontextualisierung wirft ein neues Licht auf die Neoinstitutionalistische Theorie in der IVE. Globalisierung ist ein mehrdimensionales Konzept, welches sich nur schwer quantifizieren lässt. Osterhammel & Petersson (2005) gehen davon aus, dass es noch andere Methoden gibt, als die Welt nur „von oben" zu untersuchen. Sie gelangen zu dem Schluss, dass selbst in den entlegensten Dörfern Langzeitwirkungen in den Bereichen der Kultur, Religion und Bildung auftreten. Daher kann es oft spannender sein, die Handlungen von Individuen zu untersuchen, als die gesamte Welt (Osterhammel & Petersson, 2005). Allerdings kann es der bisweilen subjektive Charakter der Kontextualisierung schwieriger machen, die ausgewählten Phänomene aus internationaler und vergleichender Perspektive zu interpretieren.

Kontextualisierung beschäftigt sich häufig mit den Faktoren, die ausschließlich und konstant ein bestimmtes Phänomen beeinflussen, da sie in der unmittelbaren gesellschaftlichen Umgebung – beispielsweise der pädagogischen Praxis – verankert sind. Tatsächlich kann und sollte man die Bedeutung von Handlungen auf der Mikroebene im Rahmen pädagogischer Forschung nicht weniger ernst nehmen als die Auswirkungen von organisationalen oder institutionellen Strukturen auf der Makroebene (Miles, 1980). Der Mikrokontext, der häufig verwendet wird, um Ausnahmen von normativer Isomorphie auf der Makroebene aufzuzeigen, ist in vielerlei Hinsicht selbst normativ geprägt. Zudem kann die Mikroebene logischerweise ohne die Makroebene nicht existieren und das Gleiche gilt auch umgekehrt. Die IVE liefert immer mehr Indizien dafür, dass die Mikroebene häufig die normative Makroebene hinsichtlich bildungspolitischer Institutionalisierungsprozesse beeinflusst (Carney, 2009). Empirische Ergebnisse aus dem Feld der IVE werden benötigt, um der Kritik, die Neoinstitutionalistische Theorie sei auf die Analyse der Makroebene beschränkt und habe wenig Bedeutung für die Mikroebene, zu begegnen: Damit kann gezeigt werden, dass der Neoinstitutionalismus ein hilfreiches Instrument für die Untersuchung der Auswirkungen der Mikroebene auf pädagogische Phänomene auf der Makroebene ist.

Manche mögen argumentieren, dass es globale (Makro-)Faktoren gibt, die stärker auf der nationalen Ebene wirken sowie lokal implementierte (Mikro-)Politik, wie das Beispiel des „educational borrowing" deutlich macht (Phillips & Ochs, 2004; Steiner-Khamsi, 2004). Wenn beispielsweise Schulen, Lehrer oder auch einzelne Schüler/Studierende in Bildungssystemen immer einfacher Zugang zu international vergleichbaren Daten über Bildung erlangen, gleichen sich deren Verhaltensweisen, Ergebnisse und Erwartungen immer mehr einander an (Wiseman & Baker, 2005). Insbesondere die Verfügbarkeit und der Gebrauch von IKT, um sich zu informieren oder informiert zu werden und den Austausch mit einzelnen Schülern und Lehrenden sowohl lokal als auch mit dem anderen Teilen der Welt zu pflegen, stellt eine Form von Isomorphie dar, die von der Mikroebene ausgeht. Mit den individuellen Möglichkeiten, welche die Kommunikation über das Internet und die sozialen Netzwerke – die Erstellung von Internetseiten eingeschlossen – bietet, können viele Menschen ihre eigene Meinung mit Hilfe der IKT publik machen und so zum Prozess des Agenda-Settings beitragen. Diese Möglichkeit breitet sich weltweit aus, da die IKT dem Individuum eine globale Stimme verleiht.

Die globale Expansion der IKT in den Häusern der Menschen sowie im Klassenzimmer ist die treibende Kraft, welchen die Dynamiken in staatlichen Schulsystemen antreibt, die von der Mikroebene ausgehen. Der Zugang zur IKT steht mit Sicherheit noch nicht jedem zur Verfügung, allerding existiert die zunehmend akzeptiere Erwartung, dass Informationen auf jeder Ebene verfügbar sein müssten oder zumindest sollten. Aufgrund dieser Erwartung und insbesondere aufgrund des Drucks, durch die von der UNO im Jahr 2000 verabschiedeten Millennium Development Goals (MDG) oder die von der UNESCO in den 1990er Jahren aufgestellten Zielsetzungen der *Education for All*-Initiative, ist es unvermeidbar, dass Informationen über Individuen, Schulen und Bildungssysteme mit einander verglichen werden (Drori, 2006; Irfan, 2008).

Während also eine Verbindung zwischen den Ansätzen zur Untersuchung beliebiger Phänomene der IVE auf der Mikro- oder Makroebene besteht, unterstreichen Bray und Thomas (1995) die Bedeutung von Mehrebenenperspektiven in der vergleichenden Forschung. Sie gehen davon aus, dass die meisten vergleichend arbeitenden Forscherinnen und Forscher auf der Makroebene arbeiten, mit den Methoden und Forschungsperspektiven auf der Mikroebene weniger vertraut sind. Darüber hinaus gelangen sie zu dem Schluss, dass „research requires multilevel comparative analysis in order to achieve a full and balanced understanding of its subjects" (Bray & Thomas, 1995, S. 488). Während also die Gegenüberstellung zwischen Mikro- und Makroebenen-Ansätzen – und zwar sowohl auf theoretischer als auch auf empirischer Ebene – nicht hilfreich für das Verständnis von Phänomenen der IVE ist, besteht ein impliziter Aufforderungscharakter im Hinblick auf den Vergleich von pädagogischen Phänomenen auf den individuellen (Mikro-) sowie den institutionellen (also Makro-)Ebenen.

Dieser „*comparative imperative*", wie man es nennen könnte, ist deswegen gleichzeitig global (also Makro) und einzigartig kontextualisiert (also Mikro) – beispielsweise mit Daten über die Leistung der Schülerinnen und Schüler auf der individuellen Ebene. Er wird verwendet um politische Entscheidungen auf der nationalen Systemebene zu fällen, gleichzeitig werden Informationen über die Qualität und Charakteristik der nationalen Systeme verwendet, um Vorhersagen darüber zu machen, in wieweit einzelne Menschen produktiv zum nationalen Arbeitsmarkt beitragen können. Mit anderen Worten: die Symbolik von global/Makro- und der kontextualisiert/Mikroebene beeinflussen sich gegenseitig. Sie dienen als symbiotische Einflusssphären. Gleichzeitig kann keines der Phänomene auf der Mikroebene die Erwartungen der Makroebene vollständig erfüllen und kein Makroebenen-Phänomen erfüllt die Erwartungen auf der Mikroebene vollständig. Normalerweise gibt es also eine gewisse Diskrepanz oder – wie die Neoinstitutionalistischen Theoretiker es nennen – eine „lose Kopplung" (Weick, 1976), die aus der weltweiten

Expansion und Zugänglichkeit von bildungsbezogenen Daten durch den Gebrauch der IKT resultiert.

Um die Dinge zu verkomplizieren, stellt Drori (2006, S. 100) fest: „ICT globalization is a classic case of loose coupling between policy and practice." Sie verdeutlicht, dass IKT Maßnahmen auf der ganzen Welt initiiert werden, jedoch: „policies are divorced from local conditions" (Drori, 2006, S. 100). Nichtsdestotrotz sind diese symbiotischen Einflusssphären ein Ergebnis der massiven Expansion der Zugangsmöglichkeiten zu bildungsbezogenen Daten und tragen in mehreren Hinsichten dazu bei, dass derartige Diskrepanzen entstehen. Dabei zeigen sie gleichzeitig wie die Neoinstitutionalistische Theorie dazu verwendet werden kann sowohl theoretische als auch empirische Forschung im IVE-Feld durchzuführen. Fünf Aspekte sollen hervorgehoben werden: (1) der komparative Imperativ, (2) geteilte Erwartungen, (3) normative Isomorphie, (4) der Einfluss von Mikro- auf Makroebenen und (5) Akteurshandeln auf individueller Ebene.

Die Idee, dass eine enge Verbindung zwischen Phänomenen auf der Makro- und Mikroebene besteht, ist nicht neu. Führt man sich das Boudon-Coleman-Diagramm vor Augen, welches von Jepperson und Meyer (2011) entwickelt wurde, so hilft dies, die Möglichkeit direkter kausaler Verbindungen zwischen pädagogischer Norm, Institutionen und individuellem Verhalten durch die IKT zu erklären (siehe Abbildung 1).

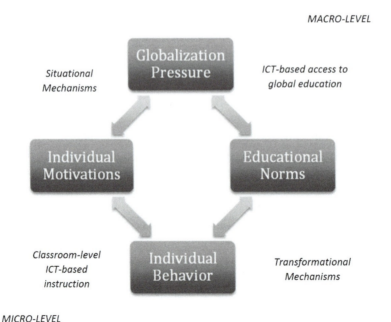

Abbildung 1: Das Boudon-Coleman-Diagramm neu arrangiert. Quelle: Jepperson & Meyer (2011, S. 55)

Wie Abbildung 1 zeigt, besteht eine symbiotische Beziehung zwischen Globalisierungsdruck und pädagogischen Normen auf der Makroebene und den individuellen Erwartungen und Verhaltensweisen auf der Mikroebene, welche durch kontextuelle Elemente der Gesellschaft bedingt werden – wie beispielsweise das Wirtschafts- oder Bildungssystem.

Auf der Makroebene lassen sich Golbalisierungsdruck und pädagogische Normen verbindende Transformationsmechanismen identifizieren, die aus Erwartungen hinsichtlich des Inhaltes und der Anwendung von Pädagogik auf normative Strukturen, politischen Inhalten und konkreten Interaktionen in Schulen und Klassenzimmern überall auf der Welt bestehen. Auf der Mikroebene ermöglichen situationelle Mechanismen die Motivation und das Verhalten von Individuen sowie die Wechselwirkungen zwischen beiden. Während die Beispiele der IKT und der internationalen Bildungsdaten, die weiter unten besprochen werden, diese kontextualisierten Mehrebenen-Mechanismen verdeutlichen, ist der wichtigste Aspekt dieser Abbildung die Tatsache, dass die Entstehung von Handlungen und Normen sowohl auf der Mikro- als auch auf der Makroebene verortet ist. Der Rahmen der Neoinstitutionalistischen Theorie lässt sich auf beiden Ebenen anwenden, selbst wenn die meisten empirischen Arbeiten bisher eher die Makroebene fokussiert haben.

Der Wandel im Neoinstitutionalistischen Ansatz zwischen pädagogischen Phänomenen auf der Mikro- und solchen der Makroebene beruht daher auf der Flexibilität der Einflussfaktoren zwischen diesen beiden Ebenen. Die Kontextualisierung als Resultat oder Teil individuellen Akteurshandelns ist bereits zu einer normativen Erwartung im Bereich der Bildungssoziologie geworden – beispielsweise wenn vermutet wird, dass Phänomene auf der Mikroebene solche auf der Makroebene vorantreiben oder sich ihnen zumindest angleichen (Davies, 1990; Emirbayer & Mische, 1998; Fuchs, 2001; Gubrium & Holstein, 1995; Willmott, 1999). Tatsächlich kann weder die Politikwissenschaft noch die Erziehungswissenschaft die Bedeutung individuellen Akteurshandelns länger vernachlässigen – genauso wenig wie der Einfluss größerer Organisationsstrukturen nicht ignoriert werden kann (Miles, 1980). Meyer und Ramirez (2003) zufolge sind grundlegende pädagogische Strukturen, darunter auch der formale Inhalt staatlich organisierter Bildung auf der ganzen Welt, durch die Dissemination von Erwartungen und die daraus resultierende Isomorphie gekennzeichnet. Der Transfer von Phänomenen der Mikroebene auf die Makroebene beginnt jedoch mit dem komparativen Imperativ.

3. Die Bedeutung des komparativen Imperativs

Durch den implizit verpflichtenden Charakter des Vergleichs von Bildungspolitik und Bildungsreformen sowie deren Implementation wird die IVE als Feld wichtiger als je zuvor für pädagogische Forschung sowie für Entscheidungsfindungen in diesem Bereich. Dieser „komparative Imperativ" besteht sowohl auf der Makro- als auch auf der Mikroebene pädagogischer Entscheidungsfindung, des Lehrens und des Lernens, da er gewissermaßen das Rückgrat des Bildungsprozesses darstellt. Pädagogen lehren auf allen Ebenen Konzepte und Inhalte – nicht nur dadurch, dass sie Schülern bestimmte Dinge erklären, sondern auch dadurch, dass sie ihnen erklären, was diese Dinge *nicht* sind (Cook, Hite & Epstein, 2004; Epstein, 1994). Dadurch wird das Vergleichen zu einem notwendigen Teil von Bildung überall auf der Welt.

Der komparative Imperativ legt außerdem nahe, Vergleiche nicht nur auf „policy borrowing" auf der Makroebene zu beschränken, wie es manchmal von Seiten kritischer aber auch institutioneller Perspektiven getan wird (Phillips & Ochs, 2004; Steiner-Khamsi, 2004). Ein Teil der Logik hinter der Neoinstitutionalistischen Theorie besteht in der Annahme, dass die westliche Vorstellung von der Bedeutung des Individuums nach und nach Organisationen und Kulturen auf der ganzen Welt durchdringen konnte (Ramirez & Boli, 1987) – selbst in Gesellschaften, denen diese Perspektive fremd ist. Dies ist einer der Gründe dafür, dass Neoinstitutionalisten die globale Expansion staatlicher Bildung als „Triumph" bezeichnen (Baker & LeTendre, 2005) – nicht weil die weltweite Verbreitung dieser Idee bedeutet, dass die westliche Ideologie in irgendeine Art überlegen sei, sondern weil sie sich trotz der Inkongruenzen mit indigenen Kulturen und lokalen Gesellschaften ausbreiten konnte.

Die Fokussierung auf das Individuum anstatt auf Gruppen oder ganzen Gesellschaften führt allerdings unweigerlich zu Vergleichen auf individueller Ebene – zwischen Schülerinnen und Schülern/Studierenden, zwischen Lehrenden sowie zwischen Schulleiterinnen und Schulleitern. Dies sieht man an der Verwendung von Rankinglisten von Schülerinnen und Schülern oder öffentlich einsehbaren Testergebnissen in vielen der erfolgreichsten traditionellen Schulsystemen. Dazu gehören unter anderem Japan und England, wo individuelle Ergebnisse mit der Intention veröffentlicht werden, den Vergleich als motivationalen Faktor für Individuen zu verwenden (Bradley, Johnes & Millington, 2001; Rohlen, 1983; Rohlen & LeTendre, 1996) oder um jedem die Möglichkeit zu geben zu sehen, wer die erfolgreichen und wer die weniger erfolgreichen sind. Unabhängig von der jeweiligen Begründung, teilen sie gemeinsame Erwartungen, dass die Ergebnisse aus individuellen Vergleichen auf der Mikroebene die Ergebnisse von Vergleichen auf der Makroebene imitieren.

Geteilte Erwartungen sind ein Ergebnis des komparativen Imperativs und sie werden nicht nur unter Individuen oder Schulen ausgetauscht, sondern weltweit zwischen Individuen, Organisationen und globalen Institutionen. Vor allem aufgrund der Millenium Development Goals (MDG) der Vereinten Nationen hat sich die allgemeine Erwartung durchgesetzt, dass Bildung ein Grundrecht darstellt, kostenfrei sein sollte, relevant für die individuelle Entwicklung und notwendig ist für fortschrittliche Gesellschaften, politische Systeme und Volkswirtschaften (Drori, 2006). Diese Erwartung ist zu einer globalen Norm geworden und kann hier herausgestellt werden, da sie als komparativer Imperativ diese Norm vorantreibt und unterstützt. Diese Erwartungen werden weltweit als gegeben betrachtet – selbst wenn die tatsächlichen Bedingungen und Zustände der Umsetzung von Bildung diesen Idealen überhaupt nicht entsprechen. Lose Kopplung impliziert, dass geteilte Erwartungen nicht automatisch kongruentes Handeln oder die direkte Umsetzung dieser Erwartungen – sowohl auf der Makro- als auch auf der Mikroebene – zur Folge haben. Dabei ist der jeweilige Diskurs entscheidend – insbesondere dann, wenn solche Diskurse zuvor unterdrückt wurden. Die Bedeutung des öffentlichen Dialogs im Hinblick auf geteilte Erwartungen, die aus dem komparativen Imperativ entstehen, muss deutlich unterstrichen werden, da dieser sowohl im Hinblick auf Vergleiche als auch hinsichtlich seines Einflusses auf die tatsächliche Bildungspolitik und deren Implementation in verschiedenen Kontexten, Kulturen und Ebenen, von großer Bedeutung ist.

Ein gutes Beispiel dafür ist das Recht auf Bildung für Mädchen und Frauen. Es gibt viele Gegenden auf der Welt, in denen Ungleichheit zwischen Geschlechtern nicht nur existiert, sondern mehr und mehr zunimmt (Lewis & Lockheed, 2007; Silova & Magno, 2004). Trotz dieser Tatsache nimmt die geteilte Erwartung der Gleichberechtigung der Geschlechter weltweit zu, was selbst in denjenigen Gesellschaften erkennbar ist, in welchen eine komplette Segregation der Geschlechter im Bildungssystem und der Gesellschaft existiert (Wiseman, 2008). Das Fortbestehen von geschlechterbezogener Ausgrenzung in Schulen und in der Gesellschaft schließt die zunehmende Erwartung hinsichtlich einer Gleichberechtigung also nicht aus, selbst wenn dies nicht mit der tatsächlichen Alltagspraxis im Bildungssystem, auf dem Arbeitsmarkt und anderen gesellschaftlichen Kontexten einher geht.

Fast während der ganzen Menschheitsgeschichte teilten alle Gesellschaften – selbst solche, die sich selbst als demokratisch und aufgeklärt bezeichnen – die Ansicht, dass Frauen wenn überhaupt, dann Bürger zweiter Klasse seien (Collins, Chafetz, Blumberg, Coltrane & Turner, 1993). Dies sieht man noch immer an den Besitzrechten für Frauen, ihrer sozialen Rolle, politischen Partizipation und Menschenrechten auf der ganzen Welt sowie daran, wie der Kampf für Bildungsgerechtigkeit noch immer virulent ist, beispielsweise in Tadschikistan (Silova & Abdushukurova, 2009). Die Idee, dass Mädchen und Frauen auf der ganzen Welt das Recht auf Bildung haben, erhält jedoch immer mehr Zustimmung und ist mit der Vorstellungverknüpft, dass Frauen die gleichen bürgerlichen Rechte und Pflichten haben und den Männern in nichts nachstehen.

Das Paradoxe hieran ist, dass es Beweise genug dafür gibt, dass die *vollen* Bürgerrechte für Frauen noch nirgendwo verwirklicht worden sind (Lewis & Lockheed, 2007) – interessant ist jedoch, dass der universelle Diskurs über die Rechte der Frauen auf Bildung überall dort stattfindet, wo auch staatlich organisierte Bildung existiert (Baker & Wiseman, 2009). Wenngleich auf einen solchen Diskurs nicht automatisch Handlung folgt, so ist normative Isomorphie dennoch ein Prozess, der über einfache Rhetorik hinausgeht. So stellen selbst solche Länder, in welchen die Rechte der Frau traditionell eher beschränkt wurden inzwischen immer mehr Bildungsmöglichkeiten für Jungen *und* Mädchen bereit (Wiseman et al., 2009). Dieses Phänomen dient auch als Beispiel dafür, wie der weltweite Diskurs und der komparative Imperativ gemeinsam die Mikro- und Makroebenen verbinden. Dies kann nicht deshalb bestritten werden, weil die isomorphen Prozesse langwierig sind. Es gilt also, mehr Bereiche zu identifizieren, um diese Dynamiken zu beschreiben und zu interpretieren.

Die Beweisgrundlage für die Annahmen bezüglich normativer Isomorphie zwischen Mikro- und Makroebenen, die durch geteilte Erwartungen und gemeinsame Strukturen im Bildungssystem hervorgerufen werden, ist stabil genug um zu behaupten, dass eine Neoinstitutionalistische Perspektive hilfreich ist, um Bildung im weltweiten Kontext verstehen zu können. Dennoch bleiben Zweifel, ob die Neoinstitutionalistische Perspektive geeignet ist, um Veränderungen auf der Mikroebene zu untersuchen, da es innerhalb der Bildungssysteme überall auf der Welt immer wieder Ausnahmen gibt. Aus diesem Grund wäre es sinnvoll die Methodologie, die im Rahmen der Neoinstitutionalistischen Theorie und ihrer empirischen Forschung genutzt wird, aus einer Mikroperspektive neu zu denken.

3.1 Methodische Überlegungen

Neo-institutionalistisch geprägte Forschung favorisierte bisher groß angelegte internationale, querschnittliche oder Zeitreihen-Analysen, nichtquantitative oder eher an der Mikroebene orientierte Designs sind bisher die Ausnahmen (Silova & Brehm, 2011). Diese an der Makroebene ausgerichteten quantitativen Methoden erfassen zwar die Auswirkungen von Prozessen auf der Makroebene, tendieren aber dazu, den Einfluss der Mikroebene auf die untersuchten Phänomene zu übersehen – oder schlimmstenfalls sie sogar zu ignorieren. Dabei sollte bedacht werden, dass es auch empirische Studien gibt, die qualitative Methoden für Untersuchungen aus Neoinstitutionalistischer Perspektive verwenden (z. B. Gross, 2011). Allerdings ist die Bedeutung von Abläufen auf der Mikroebene immer noch nicht in den gleichen Fokus gerückt, wie es bei Makrotrends der Fall ist.

Ein generelles Bedenken, welches Kritiker der Neoinstitutionalistischen Theorie äußern, ist die Tatsache, dass die verwendeten Methoden scheinbar die Theorie bestimmen, anstatt dass die Theorie die gewählte Methodik beeinflusst (Schriewer, 2000a, 2000b). Silova und Brehm (2011, S. 8) betonen: „world culture theory provides a theoretical explanation of the worldwide spread of very specific ‚global norms' […] leaving a multitude of innovative education initiatives unnoticed and thus reinforcing the status quo." Während die Autoren keine Aussage zum Status quo des Kontextes machen, besteht ihre Annahme darin, dass die Makrobasis der theoretischen Ebene in gewisser Weise eine Beschränkung darstellt. Tatsächlich liegen die Ursprünge der Neoinstitutionalistischen Forschung in der Untersuchung globaler Phänomene – dabei argumentieren Kritiker jedoch, dass Phänomene der

Makroebene nun schon seit vierzig Jahren mit Hilfe einer Neoinstitutionalistischen Perspektive untersucht werden, ohne dass sich am vorherrschenden makroquantitativen Ansatz der meisten Forscher etwas geändert hätte.

So stellen beispielsweise große internationale Datensätze die Grundlage für empirische Arbeiten Neoinstitutionalistischer Forschung seit den späten 1970er Jahren dar und selbst zu Beginn des 21. Jahrhunderts scheint sich daran wenig geändert zu haben. Wie Dale (2000, S. 435) unterstreicht, sind Meyer, Kamens und Benavot (1992) zu der Schlussfolgerung gelangt, dass Datensätze der Makroebene möglicherweise beschränkt sein mögen, aber dennoch „an assessment of the range and spread of general curricular topics across countries over long periods of time" ermöglichen. Einige Forschende sind der Ansicht, dass die Verwendung empirischer Daten aus der TIMSS zwar inhärent fehlerbehaftet sein mag, trotzdem gelte: „data sets [that World Culture Theorists employ] are quite impressive" (Rappleye, 2011). Dieser methodische Schwerpunkt überrascht nicht – ist doch der Schwerpunkt Neoinstitutionalistischer Forschung im Bereich globaler oder internationaler Trends angesiedelt.

Das Potenzial der Neoinstitutionalistischen Theorie Forschenden zu helfen, Synthesen aufzubauen statt Gegensätze entlang Ebenen oder Analysemethoden aufzustellen, wurde im Hinblick auf die Methoden der IVE noch nicht ausgeschöpft. Gleichwohl stellt die Neoinstitutionalistische Theorie eine nützliche Grundlage dar, um Ansätze von Makro- und Mikroebene, Akteurshandeln, normativer Theorien sowie Globalisierung zu vereinen und damit Phänomene der pädagogischen Kontextualisierung auf der ganzen Welt zu untersuchen. Trotzdem ist es manchmal nicht einfach, die Elemente der Neoinstitutionalistischen Theorie zu identifizieren, die für Untersuchungen auf der Mikroebene geeignet sind. Das liegt an der Annahme eines Großteils der neo-institutionalistisch geprägten Arbeiten in der IVE (Meyer, 2006), dass staatlich organisierte Bildung für die Massen parallel zur Entstehung des Nationalstaats entstanden und in diesem Rahmen organisiert ist (Ramirez, 1997).

Ferner, „this tight coupling between statehood and education has become dominant even on a world societal level" und ist daher eine „taken-for-granted condition" (Leuze et al. 2008, S. 1). Auf dem „myth of the individual" (Ramirez & Boli, 1987) aufbauend, lassen sich die Ergebnisse aus dem Feld der IVE so verstehen, dass Individuen sowohl von anderen, als auch von sich selbst, immer stärker als Mitglieder der globalen Gesellschaft betrachtet werden. Aus diesem Verständnis resultiert die Notwendigkeit, nationale Gesellschaften um das Verständnis von individuellen Bürgern, die sowohl in den nationalen Kontext, als auch in die Weltgesellschaft eingebettet sind, neu zu organisieren. Die Neoinstitutionalistische Theorie ist somit auch in der Lage, die Dualität zwischen nationaler oder kommunaler Identität und Mitgliedschaft in der globalen Gesellschaft erfolgreich zu erklären (Wiseman et al., 2010). Wenngleich die Untersuchung von Einzelfällen nicht die Stärke von neo-institutionalistisch geprägter Forschung darstellt, so stellt diese Theorie doch einen Rahmen zur Verfügung, der dabei helfen kann, Phänomene zwischen den verschiedenen Einzelfällen zu betrachten, was die Veränderung des Konzepts im Laufe der Zeit widerspiegelt.

Die Theorie hat sich auch im Hinblick darauf verändert, wie Bildung und deren Institutionalisierung verstanden wird. Wenngleich frühe Neoinstitutionalistische Forschung sich häufig auf staatlich finanzierte Bildungssysteme konzentrierte, so hat sich der Diskurs inzwischen in Richtung der Untersuchung von Bildungsteilnahme und den Aspekt, was institutionelle Bildung beinhalten sollte, verschoben (z. B. Fuller & Rubinson, 1992; Schofer & Meyer, 2005; Suarez, Ramirez & Koo, 2009). So sind beispielsweise inzwischen auch informelle und nonformale Bildung – wie zum Beispiel private Bildungsdienstleistungen wie Nachhilfe („shadow education") – Teil eines institutionellen Verständnis von Bildung für die Massen (Baker, Akiba, LeTendre & Wiseman, 2001; Stevenson & Baker, 1992). Angetrieben durch sich ähnlicher werdende Bedürfnisse der individuellen Lernenden unabhängig von nationalstaatlicher Zugehörigkeit, wurde diese Definition von Bildung auf Curricula ausgeweitet (Benavot et al., 1991): „As a consequence, education has become a ‚normative good' of the modern state" (Leuze et al., 2008, S. 1); gleichzeitig ist sie aber auch ein individuelles Recht, was zu großen Teilen auf Dynamiken der Makroebene seitens der Vereinten Nationen beruht – etwa der UN-Erklärung der Menschenrechte 1948 oder der *Education for All*-Initiative der UNESCO seit 1990 sowie der UNO-*Millennium Development Goals* aus dem Jahr 2000.

Während der frühen Entwicklung des soziologischen Neoinstitutionalismus wurden verschiedene Formen von Isomorphie als Katalysatoren für Veränderung identifiziert: zwanghafte, mimetische und normative (DiMaggio & Powell, 1983; Jepperson, 2002). Diese Katalysatoren lassen sich beispielsweise im Hinblick darauf untersuchen, wie nationale Erziehungssysteme Bildungspolitik und -praxis reformieren. Die Isomorphie durch Zwang ist dabei sehr einfach zu definieren und zu verstehen, wenn man Beispiele aus dem Bereich der IVE heranzieht. Eine Möglichkeit wäre etwa eine internationale Organisation, die einen Staat oder ein System dazu zwingt, einen bestimmten bildungspolitischen Inhalt zu übernehmen oder eine Regierung, die ihr eigenes Bildungssystem dazu bringt, „best practice"-Modelle aus einem andern System zu übernehmen, welches als erfolgreich gilt. Oft wird derartiger Druck von globalen Kräften diktiert.

Kritiker der Neoinstitutionalistischen Theorie betonen häufig die Zwanghaftigkeit im Rahmen bildungspolitischer Veränderungsprozesse sowie bei Dynamiken auf der Makroebene (Rappleye, 2011). Steiner-Khamsi (2004, S. 14) behauptet beispielsweise: „Globalizing processes vary in their relative emphasis on commerce, commitment, and coercion." Rappleye ist noch schärfer in seiner Feststellung: „coercion is curtly DISMISSED in World Culture Theory" (2011, S. 8, Herv. i. O.). Zuletzt argumentieren Silova und Brehm (2011, S. 12): „What is absent from their discussion [...] is the possibility of the manipulation of scientized truths for coercive purposes [...] or a recognition of the stifling effects of governmentality."

Allerdings vergessen diese Kritiker, dass Zwang nur *eine* Möglichkeit ist, wie es zu Veränderungen in Bildungspolitik sowie in pädagogischen Strukturen und Normen kommen kann.

Mimetische Anpassung stellt eine weitere Form der Isomorphie dar, bei der beispielsweise ein Land so viel Gefallen daran findet, was ein anderes Land tut, dass es aktiv versucht, die Bildungspolitik und -praxis im Rahmen seines eigenen Bildungssystems zu imitieren. Diese Form der Isomorphie ist potenziell eine Form, die durch das *Programme for International Student Assessment* (PISA) der OECD beeinflusst wird – darauf wurde bereits hingewiesen (Murphy, 2010). Dennoch beharren die Kritiker dieser Form von Isomorphie auf eine Sichtweise, nach der scheinbar Machtdynamiken die einzig verfügbaren Optionen sind. In diesem Sinne bezeichnet beispielsweise Dale (2011) als Kritiker des Neoinstitutionalismus den Ansatz als „a theory with no losers", womit er darauf anspielt, dass dieser ein wenig zu positiv ist, was die Interpretation pädagogischer Phänomene angeht. Diese Kritik stellt die Tatsache heraus, dass Machtfragen – nicht solche, die die Methodik oder die Untersuchungsebene betreffen – die größten Hürden der Theorie seien. Vielleicht ist dies auch der Grund, warum im Feld der IVE der Aspekt der Isomorphie häufig missverständlich auf pädagogische Phänomene angewendet wird.

4. Das Phänomen der globalen IKT als normative Isomorphie

Einer der Faktoren, die zur explosiven weltweiten Verbreitung von Informationen über Bildung beiträgt, sind das Aufkommen sowie die schnelle Verbreitung von Informations- und Kommunikationstechnologien. Wie weiter oben bereits beschrieben ist das 20. Jahrhundert gekennzeichnet von einer massiven Expansion bildungsbezogener Daten sowie deren Zugänglichkeit. Dies bedeutet, dass mehr Informationen über Bildung verfügbar sind, dass es einen besseren weltweiten Zugang zu diesen Informationen gibt und dass diese Daten besser transnational vergleichbar sind, als dies jemals in der Geschichte der Sammlung pädagogischer Daten der Fall gewesen ist.

Kofi Annan, sagte in einer Rede auf dem *World Summit on Information Society* im Jahr 2003:

> „The liberating and democratizing power of information is as old as the Rosetta Stone or Gutenberg Press. What is new today are the technologies that are dramatically accelerating its global dissemination. These technologies are a tremendous force for creating opportunities, and for integrating people and nations into a global economy" (zit. n. Drori, 2006, S. 87).

Durch die breite Verfügbarkeit von Technologie im 21. Jahrhundert ist eine globale Erwartung entstanden, dass Informationen über Bildung in jedem Land jederzeit verfügbar sind, selbst wenn dies de facto nicht für alle der Fall ist und selbst wenn universeller Zugang existiert, so ist nicht jeder dazu in der Lage, die Technologien zu verwenden.

Nichtsdestoweniger ist der verheißene Zugang zur IKT – ganz gleich ob realisiert oder idealisiert – der theoretische Schlüssel für die einzelnen Länder, an den geteilten Erwartungen und globalen Realität Anteil zu haben. Ostasien wuchs wirtschaftlich zwischen 1965 und 1990 schneller als jeder andere Teil der Welt. Während dieses Wachstum enorm vorteilhaft für die großen asiatischen Nationen Hong Kong, Taiwan, Singapur und Südkorea war, gab es auch Länder, die sich zwar entwickelten, jedoch nicht ganz so schnell – beispielsweise Malaysia, Thailand oder Indonesien. Weniger wohlhabende Staaten wie Laos oder Bhutan hatten damals noch keinen Zugang zu moderner Informationstechnologie. Diese Länder leiden noch immer unter der „technologischen Spaltung", mit weniger Zugangamöglichkeiten – insbesondere in den ländlichen Gegenden (Drori, 2006). Dennoch existiert die geteilte Erwartung, dass diese Gegenden irgendwann besser an die IKT angeschlossen sein werden und sich wirtschaftlich und pädagogisch entwickeln können. Die Situation stellt sich also dergestalt dar, dass auch wenn die Rhetorik nicht die Realität widerspiegelt, dennoch Erwartungen geteilt werden und Intentionen und Handlungsmöglichkeiten auf der Ebene individueller Akteure existieren. Nur mit der Zeit sowie mit einer gerechteren Verteilung der IKT-Ressourcen hinsichtlich Infrastruktur, Ausrüstung, Zugang und Verwendung (also Isomorphie) können sowohl die Länder mit besseren, als auch die mit schlechteren Ressourcen Rhetorik und Erwartungen eng an die tatsächliche Verfügbarkeit und Nutzung der IKT koppeln.

Durch die Institutionalisierung der IKT, ihre größere Verbreitung und Selbstverständlichkeit in Ländern und Klassenzimmern überall auf der Welt, werden geteilte digitale Kommunikationserfahrungen zwischen Schülerinnen und Schülern in immer mehr Ländern erzeugt. Dies geschieht dadurch, dass Schülerinnen und Schüler die Grundlagen im Umgang mit dem Computer, dessen Hardware, grundlegenden Programmen sowie der Kommunikation mit Hilfe der IKT durch E-Mail, Sofortnachrichten oder Chatten erlernen – oft im Rahmen ihres formellen Lehrplans oder der Ressourcen einer Schule. Ein faszinierendes Beispiel hierfür ist die Initiative „*One Laptop Per Child*" (OLPC), die 2005 in Boston ins Leben gerufen wurde, um Kinder aus unterprivilegierten Nationen mit IKT auszustatten. Bildung spielt im Programm von OLPC (2011) eine wichtige Rolle. Es besagt, dass 1) Bildungssysteme in Entwicklungsländern dramatischer Anpassung bedürfen, um ihre Kinder auf die moderne Welt vorzubereiten, dass 2) Kinder (und Erwachsene) dann am besten lernen, wenn sie aktiv in den Lernprozess mit eingebunden sind, und dass 3) beteiligte Lehrpersonen, relevante Inhalte und geeignete Technologien sowohl bildungspolitische Veränderungen bewirken als auch die Lernmotivation verbessern können. Initiativen wie das OLPC-Programm zeigen also, dass das Lernen mit Hilfe der IKT ein Phänomen von Globalisierung und Kontextualisierung darstellt.

Sofern Regierungen und unabhängige Stiftungen Laptops als Lernuntersützung und besseren Zugang zu IKT bereitstellen (sofern dies möglich ist), stellen die institutionalisierten Maßnahmen (Policies) und die Ressourcen nationaler Erziehungssysteme auf der Makroebene Lernwerkzeuge für die individuellen Schüler auf der Mikroebene zur Verfügung, also im Klassenzimmer. Aber wie überbrückt dieser Prozess die Kluft zwischen der Makro- und Mikroebene und welche Rolle spielt dabei normative Isomorphie? Und noch wichtiger: Wie hat sich die Neoinstitutionalistische Theorie auf diese Fragen eingestellt?

4.1 Internationale Daten aus dem Bildungsbereich und „Information Literacy"

Es gibt immer mehr Hinweise darauf, dass empirische Forschung auf der Basis eines Neoinstitutionalistischen Theoriefundaments die Lücke zwischen der Makro- und Mikroebene schließen kann, wenn es darum geht zu erklären, wie pädagogische Prozesse „normalisiert" werden. Das bedeutet nicht, dass individuelle Kulturen, Sprachen, Politik und andere lokale Faktoren ignoriert würden.

Der weltweite Zugang zu Bildung überbrückt diese Lücke, treibt diese Dynamik voran, hilft dabei, neu zu definieren und umzudenken, wenn es darum geht, die Neoinstitutionalistische Theorie auf Phänomene der Makro- und Mikroebene anzuwenden. Der gesteigerte Zugang zu vergleichbaren Daten ist eine geteilte Erwartung von pädagogisch und politisch Forschenden auf der ganzen Welt, was an sich bereits ein Beispiel für transnationale Isomorphie darstellt. IKT ist ohne Zweifel ein wichtiger Schlüssel zu brcitem Zugang zu bildungsbezogenen Informationen sowohl für Individuen als auch für Institutionen.

Es gibt reichlich Hinweise aus international vergleichender pädagogischer Forschung, dass „most activities in the educational development field are characterized by a scientific outlook that schooling can be transformed using measurable and generalizable knowledge, and most of its leaders believe that experts can transport this knowledge internationally across diverse contexts" (Bromley, 2010, S. 577). Dies ist offensichtlich eine Charakterisierung der weltweiten Erwartungen, wenngleich die Realität der weltweiten pädagogischen Entwicklungen beträchtlich variiert. Es wurde bereits argumentiert, dass internationale bildungsbezogene Daten ein Werkzeug der Eliten zur Verfolgung ihrer Interessen darstellt, ohne dass dabei die Bedürfnisse oder die Beiträge individueller Akteure beachtet würden (Murphy, 2010; Spaulding & Chaudhuri, 1999). Dieses Argument bezieht jedoch den individuellen Akteur nicht mit ein und unterstellt die passive Rezeption von Top-down-Programmen seitens der Lehrenden und Schülerinnen und Schüler sowie ihrer lokalen Gemeinden.

Eine Möglichkeit, den Kontext der Sammlung internationaler bildungsbezogener Daten sowie deren Verwendung zu verstehen, besteht darin, sich mit den ursprünglichen Erwartungen derer auseinanderzusetzen, die den Prozess angestoßen haben. So bemerkt Eckert (2008, S. 208) beispielsweise:

> „The founders of the IEA [International Association for the Evaluation of Educational Achievement] wanted to see the world of education as a single laboratory. This did not mean that education was uniform or that identical principles or intervention strategies would emerge. Instead, they were energized by the possibility that people could learn by looking at themselves through information systematically collected from around the world."

Historisch betrachtet waren die empirischen Daten zur Erfassung weltweiter pädagogischer Trends auf aggregierter Ebene angesiedelt, aktuell zielt die Verwendung statistischer Daten eher auf detaillierte und individuelle Informationen ab (Smith & Baker, 2001). Die Entwicklung und Auswertung transnational vergleichbarer bildungsbezogener Daten hat dabei geholfen, einen Nationen-übergreifenden pädagogischen Raum zu schaffen, in welchem sowohl Bildungspolitik, als auch pädagogische Praxis durch geteilte Erwartungen über Bildung und ihren Beitrag zur Informationsgesellschaft, zum Arbeitsmarkt und der Gemeinschaft insgesamt, verglichen und diktiert werden (Ioannidou, 2007).

In vielerlei Hinsichten hängt die Wirkung international vergleichbarer pädagogischer Daten nicht davon ab, ob alle Länder der Welt an internationalen Bildungsstudien teilnehmen oder nicht – das einflussreichste Element ist die Verfügbarkeit international vergleichbarer Informationen über Bildung in jenen Ländern, die daran teilnehmen. Je mehr Bildungssysteme an solchen Studien teilnehmen, umso größer wird jedoch die Belastbarkeit großangelegter Bildungsstudien für evidenzbasierte Bildungspolitik, welche sich auf diese Untersuchungen beruft (Naumann, 2005). Diese Maßnahmen dienen sowohl der Weiterentwicklung der nationalen Bildungssysteme, als auch der Professionalisierung der Lehrkräfte und der Steigerung des Lernerfolgs der Adressaten von Bildung (Puryear, 1995). Von der Akteursseite gibt es jedoch häufig Widerstand, wenn es darum geht, auf der Basis globaler anstatt kontextbezogener Kriterien und Benchmarks evaluiert zu werden.

Die Auswertung internationaler Daten spielt nicht nur eine bedeutende Rolle im Hinblick auf die Beurteilung der Wirtschaftssysteme, sie wurde auch zu einem selbstverständlichen Teil nationaler Bildungspolitik (Carvalho, 2009; Eckert, 2008). Große Mengen internationaler pädagogischer Daten werden inzwischen von der OECD, der International Association for the Evaluation of Educational Achievement (IEA), dem UNESCO Institute for Statistics (UIS) und anderen internationalen Organisationen erhoben (DeBoer, 2010), zwischen denen sowohl Wettbewerb als auch Gemeinsamkeiten bestehen (Cusso, 2006). Die verfügbare Fülle internationaler Daten bedeutet, dass sogar noch mehr Informationen für die Bereiche des „Policymaking" und Agenda-Settings auf nationaler und lokaler Ebene verfügbar sind. Aktuelle empirische Forschungen zeigen, dass der verwendete Bezugsrahmen für nationale Bildungspolitik und entsprechende Entscheidungen zwischen regionalen und globalen Kontext variiert und das je nach der politischen und wirtschaftlichen Agenda eines Staates (Grek & Ozga, 2009).

Genau wie bei den anderen internationalen Organisationen wie IEA und OECD implizieren die Daten, dass die bildungsspezifische Aktivität der UNESCO eine Kombination aus politischer Agenda, inhaltlicher Datensammlung und der Entwicklung von Politiken darstellt (Burnett, 2011; Spaulding & Chaudhuri, 1999). Bereits 1974 wurden die formellen Ziele der statistischen Abteilung der UNESCO benannt (Frederiksen, 1982; Heyneman, 1999); es handelt sich um die folgenden Ziele und Aufgaben (Board on International Comparative Studies in Education, 1995, S. 10):

- Sammlung, Zusammenfassung, Analyse und Interpretation bildungsbezogener Daten;
- Pflege der International Standard Classification of Education (ISCED);
- Verbesserung und Erweiterung der Datenerhebung im Hinblick auf Wissenschaft und Technik;
- Ausweitung der Sammlung und Verbesserung der Qualität der Daten im Hinblick auf Kultur und Kommunikation sowie Standardisierung der Statistiken im Hinblick auf Radio und Fernsehen;
- Ausweitung und Veröffentlichung der Bildungsdatenbank (mit Schwerpunkt auf Finanzierung und weiterführender Bildung); sowie
- Unterstützung der Mitgliedsstaaten bei der Entwicklung statistischer Dienstleistungen.

Anfang der 1990er Jahre fehlte es den meisten Bildungssystemen an der notwendigen Infrastruktur, um gründliche Bildungsstudien durchzuführen (Chabbott & Elliott, 2003). Nur durch die Zusammenarbeit mit supranationalen Organisationen, wie der OECD, IEA und UIS waren und sind die Länder in der Lage, empirische bildungsbezogene Daten zu erheben, um Wirkungen ihrer Bildungspolitik auf Bildungszugang, Bildungserfolge und Bildungsleistungen zu vergleichen. Wenngleich diese Daten und die entsprechenden politischen Empfehlungen nicht automatisch mit lokalen Bedingungen verknüpft sind, so ist die Wahrscheinlichkeit, dass die Aktivitäten der UNESCO auf die lokale bildungspolitische Ebene und die dortigen Herausforderungen vordringen aufgrund der Silo-förmigen Struktur der Organisation, also der intern verteilten strukturellen Bedingungen, hoch (Benavot, 2011).

Während beispielsweise die Sammlung und Auswertung von Daten nicht ausdrücklich als eines der primären Ziele der UNESCO benannt ist, wurde zu Beginn des 21. Jahrhunderts das *UNESCO Institut for Statistics* eingerichtet (Smith & Baker, 2001). Das UIS wurde zu einem einflussreichen Faktor für bildungspolitische Entscheidungen, wenngleich es – wie viele andere internationale Forschungsinstitute auch – verhältnismäßig unterfinanziert ist und von Seiten vieler Forscher,

Politiker und anderer pädagogischer Akteure ungenutzt bleibt (Chabbott & Elliott, 2003; Heyneman, 2011). Das UIS erstellt Datenblätter zu politischen Kernthemen wie Erziehung, Lese- und Rechtschreibkompetenz, Wissenschaft und Technologie, Kultur sowie Kommunikation.[3] Dabei besteht die wirkungsvollste Aktivität des UIS in der Bereitstellung vergleichbarer Statistiken hinsichtlich einer Vielzahl von Gesichtspunkten in mehr als 200 Staaten, darunter Wissenschaft, Technik und vor allem natürlich Bildung. Tatsächlich wird die IKT sowohl in entwickelten, als auch in Entwicklungsländern verwendet und es wird erwartet, dass diese Entwicklung tendenziell noch weiter zunimmt – unabhängig von verfügbaren Ressourcen oder globalem Status (James, 2009).

Bislang gibt es, abgesehen von der UNESCO, keine weltweit gültige Strategie hinsichtlich der Verwendung der IKT im Bildungsbereich (Castro & Alves, 2007). Trotzdem nimmt deren Verwendungen in Schulen auf der ganzen Welt trotz Diskrepanzen hinsichtlich der tatsächlichen Anwendungsmöglichkeiten zu. Mit der Zunahme der Verfügbarkeit von Informations- und Kommunikationstechnologien in Schulen und Klassenzimmern auf der ganzen Welt, nimmt die Motivation der Schüler und Lehrer ab, Informationen auf andere Art und Weise zu suchen, als mit Hilfe der IKT (Weiler, 2008). Anders ausgedrückt: Dadurch dass mehr Personen in der Lage sind, Technologie zur Informationsgewinnung einzusetzen, desto wahrscheinlicher wird es, dass sie sich auf Informationen verlassen, zu denen sie Zugang mit Hilfe der IKT erhalten können. Die verfügbaren vergleichbaren Daten beinhalten die Art von Informationen über Bildung, die fertig aufbereitet sind und somit für einzelne Personen bevorzugt für internationale Vergleiche nutzbar sind. Der „Wert" von Menschen hinsichtlich ihres arbeitsmarkttechnischen und sozialen Kapitals wird oft im Rahmen ihrer IKT-relevanten Fähigkeiten und ihrem Potenzial Informationen zu erschaffen, zu managen und auszuwerten ausgedrückt (Atak & Erturgut, 2010; Hosgorur & Bilasa, 2009).

Es gibt neue Belege dafür, dass die digitale Spaltung zwischen Technikaffinen und denen, die mit Informationstechnologie nicht vertraut sind, nicht so groß ist wie bisher angenommen (Waycott, Bennett, Kennedy, Dalgarno & Gray, 2010). Außerdem gilt: „the information and communication divide is not defined as much by the economic status of a geographic location as it is by an individual user's educational background" (Dutta, 2009, S. 44). Dies bedeutet, dass lokale Kontexte und die individuellen Voraussetzungen bessere Indikatoren für die Verwendung von IKT im Bildungsbereich sowie den Zugang zu und die Anwendung von international vergleichbarer Bildungsdaten sind. Dies könnte unter anderem an der Tatsache liegen, dass die IKT immer in immer mehr Klassenzimmern auf der ganzen Welt eingesetzt wird, um kritisches Denken sowie anwendungsbezogenen Strategien zu entwickeln (Aydede, Kecercioglu & Arabacioglu, 2009).

---

3 Vgl. UNESCO Institute for Statistics Website: http://www.uis.unesco.org

Die Bedeutung der Neoinstitutionalistischen Theorie

Es sind also nicht nur nationale politische Akteure, die international vergleichbare Daten aus dem Bildungsbereich oder die IKT als Werkzeuge und Grundlage für ihre Entscheidungen verwenden. Einzelne Schülerinnen und Schüler, Lehrende und die Schulleitung haben auch Zugang zum Internet und können so Technologien nutzen, die ihnen Zugriff auf die Daten der UNESCO und anderer multinationaler Organisationen ermöglichen (Totolo, 2011). Dies bedeutet, dass international vergleichbare Bildungsdaten einzelnen Personen und Entscheidungsträgern auf allen Ebenen des Bildungssystems zur Verfügung stehen und dass auch Individuen Entscheidungen auf der Grundlage solcher Daten treffen können, anstatt nur passive Empfänger von Top-down-Entscheidungen seitens elitärer Gruppen und der oberen Verwaltungsebene zu sein. Die Macht der IKT in den Händen Einzelner, die mit dieser Technologie umgehen können um Informationen zu erschaffen, zu verwalten und zu nutzen, ist stark (Pelham, Crabtree & Nyiri, 2009) und dies nicht nur im nationalen Kontext, sondern auch auf individueller Ebene in lokalen, nationalen und internationalen Kontexten.

Die Fähigkeit mit Informationen umzugehen, ist eine Schlüsselkompetenz von Lehrenden, Schülerinnen und Schülern in einem IKT-reichen Umfeld (Fernandez-Villavicencio, 2010; Kong, 2008; Probert, 2009). Informationssysteme – insbesondere diejenigen, die den Erhalt und die Auswertung bildungsbezogener Daten ermöglichen – haben einen einzigartigen und starken Einfluss auf pädagogische Planungen, Bildungspolitik und politische Entscheidungen auf der ganzen Welt (Shafique & Mahmood, 2010). Von Schülerinnen und Schülern wird immer stärker erwartet, dass sie sich mit Informationsquellen auseinandersetzen, diese kritisch hinterfragen und die entsprechenden Informationen selbst interpretieren (Karim, Embi, Din & Shah, 2010). Für die individuelle Rolle, den Status und das Potenzial auf dem Arbeitsmarkt sowie in der jeweiligen Gemeinschaft – also letztendlich die Möglichkeit eigene Interessen und Ziele umzusetzen – werden entsprechende Fähigkeiten immer wichtiger (Kasusse, 2005).

Das Volumen der produzierten Informationen nimmt sowohl im Hinblick auf genuin pädagogische Inhalte und Gegenstände von Curricula zu (z. B. Mathematik, Naturwissenschaften, Lesen und Schreiben) als auch im Hinblick auf die Menge der Informationen über Bildungssysteme und einzelne Schülerinnen und Schüler (Megnigbeto, 2010). Während internationale Organisationen die Bildungspolitik sowie Entscheidungen in einzelnen Ländern durch die Durchführung/Koordination und die Verwaltung internationaler Datenerhebungen beeinflussen, werden in der Regel die vielfältigen individuellen Indikatoren hinsichtlich Zugang zu Bildung, Erfolg und Bildungschancen selber zum Gegenstand der Debatte in denjenigen Ländern, die an diesen Studien teilnehmen oder durch sie beeinflusst sind (Rutkowski, 2008).

Nur durch das Sammeln und Publizieren von bildungsbezogenen Daten aus verschiedenen Ländern kann eine Institution wie die UNESCO nachweisbaren Einfluss auf Bildungspläne und Inhalte in den Klassenzimmern nehmen. Es gibt deutliche Hinweise darauf, dass dies auch im Bereich der politischen Bildung geschehen ist (Rauner, 1999). Ferner nimmt die Zahl der Beweise dafür zu, dass die Lehrpläne für Mathematik und Naturwissenschaften weltweit auch durch die Schwerpunkte internationaler Studien wie PISA und TIMSS beeinflusst sind (Wiseman & Baker, 2005).

Das Problem mit einigen internationalen Daten liegt in der Tatsache, dass diese vielfach von Firmen aus dem privaten Sektor erhoben wurden, die diese Daten häufig als „wirtschaftlich sensibel" (Ellis, 2005, S. 368) einstufen. Wenngleich dies mit Sicherheit nicht den besten Weg darstellt große Datenmengen zu sammeln, so zeigt es doch, auf welche Art und Weise individuelle Akteure und Gruppen diese Daten beeinflussen können. Schlussendlich wurde ein Verständnis der Wünsche der Endnutzer zu einem der wichtigsten Elemente für die Bereitstellung und Anwendung von pädagogischen Daten und zwar sowohl hinsichtlich individueller, als auch nationaler Aspekte. Die weltweite Auswertung allgemeiner vergleichbarer Bildungsdaten hat zu einer zunehmenden Überlappung zwischen individuellen und nationalen Bedürfnissen geführt (Kebede, 2004).

5. Die Mikroisierung der Neoinstitutionalistischen Theorie

So wie in der Natur existiert auch in menschlichen Gesellschaften eine symbiotische Beziehung zwischen Makro- und Mikroebene. Blätter von Bäumen und auch Organe von Körpern bestehen aus einzelnen Zellen. Genauso sind pädagogische Phänomene mit den Bildungssystemen auf dieser Welt untrennbar verflochten. Dies wird durch die Verfügbarkeit der IKT oder zumindest dem existierenden Diskurs, den Zugang zur IKT bereitzustellen, besonders deutlich. Es existiert Druck von Seiten der globalen (Makro-) Ebene und es existieren Institutionen und Individuen auf der Mikroebene, die Druck auf die Makroebene ausüben, um die Bereitstellung durchzusetzen, weswegen beide Ebenen innerhalb der pädagogischen, wirtschaftlichen und kommunikativen Sphären miteinander verwoben sind.

In diesem Beitrag wurden Argumente und Belege dafür angeführt, dass die Neoinstitutionalistische Theorie für die Untersuchung von Fragestellungen aus der Vergleichenden und Internationalen Erziehungswissenschaft besser geeignet ist, als es manch einem erscheinen mag. Gleichzeitig gibt es berechtigte Gründe für gängige Kritik an dieser Theorie. So herrschen noch immer makroanalytische Designs, die typisch für Neoinstitutionalistische Forschung sind, in der Internationalen und Vergleichenden Erziehungswissenschaft noch immer vor. Die theoretischen Komponenten, die zur Untersuchung von Phänomenen auf der Makroebene verwendet werden, können jedoch genauso auf die Mikroebene angewendet werden. Isomorphie auf der Makroebene beeinflusst Ereignisse auf der Mikroebene tatsächlich, aber das gleiche gilt auch umgekehrt. Es wäre möglich, mehr empirische Untersuchungen aus dieser Perspektive durchzuführen.

Das Aufkommen sozialer Netzwerke impliziert, dass sich Subgruppen und -kulturen zunächst auf virtueller Ebene manifestieren, bevor sie ein materiell greifbareres Erscheinungsbild bekommen. Es gibt bereits Computerprogramme, die Forschern dabei helfen, soziale Netzwerke auf der Mikroebene des Internets zu untersuchen. Dies ist ein Beispiel für die Verschmelzung der Makrotechnologie der IKT mit der Technologie auf der Mikroebene, die der einzelne Anwender hinter seinem Bildschirm nutzt. Forschung über soziale Netzwerke findet sowohl auf höchster staatlicher Ebene, als auch seitens der Schülerinnen und Schüler statt. Auch dies ist eine Verschmelzung von Makro- und Mikroebene, nämlich im Hinblick auf die Untersuchung und Analyse von Daten, die durch die Nutzung der IKT generiert wurden. Faktisch sind die sozialen Unruhen in Ägypten und im Mittleren Osten 2011 zum Teil durch die Verwendung von IKT auf der Mikroebene entstanden. Neoinstitutionalistische Perspektiven können dabei helfen, diese Aktivitäten in sozialen Netzwerken zu untersuchen und zu erklären, wie sie Bildungspolitik auf der globalen Ebene beeinflussen.

Daten aus dem *Digital Access Index* (DAI), der von der *International Telecommunications Union* bereitgestellt wird, ermöglicht einen internationalen Schnappschuss der technologischen „Verbundenheit" aller Länder (Drori, 2006). Diese Daten zeigen, dass viele Länder bislang nur wenig Infrastrukturen und Zugang zur IKT besitzen. Der Neoinstitutionalismus mit seiner Betonung von Skripten, Legitimität und loser Kopplung stellt eine Möglichkeit dar, die Gründe zu erforschen, warum die Diskurse hinsichtlich der Bedeutung einer vernetzten Nation oft nicht mit der Realität übereinstimmen. Diese Unstimmigkeiten im Hinblick auf die Bereitstellung von IKT führen häufig zu mangelnder (oder nicht existierender) Verwendung von IKT im Schulalltag. Erneut ist der Widerspruch zwischen den Erwartungen hinsichtlich des Zugangs zur IKT auf der Makroebene sowie der Realität ungenügender Infrastrukturen auf der Mikroebene, ein bedeutender Untersuchungsgegenstand.

Wie bereits mehrfach betont, kann Makro- nicht ohne Mikro- existieren und umgekehrt. Es wäre nötig, mehr Forschungsaufwand zur Überbrückung der Forschungslücke zwischen Mikro- und Makroebene zu betreiben, anstatt rhetorische Debatten über theoretische Konzepte zu führen. Derartige kooperative Anstrengungen führen zu einem vollständigeren Bild davon, wie die Globalisierung sowohl die Makro-, als auch die Mikroebene von Bildungspolitik beeinflusst und können dabei helfen, das Praxisfeld der Vergleichenden und Internationalen Erziehungswissenschaft zu erweitern.

Literatur

Adorno, T. & Horkheimer, M. (1988). *Dialektik der Aufklärung. Philosophische Fragmente.* Frankfurt/M.: Fischer.

Atak, M. & Erturgut, R. (2010). Importance of Educated Human Resources in the Information Age and View of Information Society Organizations on Humans. *Procedia Social and Behavioral Sciences, 2,* 1452–1456.

Aydede, M. N., Kecercioglu, T. & Arabacioglu, S. (2009). The Opinions of Students Regarding the Usage of Computer Technologies in Constructivist Learning. *Procedia Social and Behavioral Sciences, 1,* 2763–2767.

Baker, D. P., Akiba, M., LeTendre, G. K. & Wiseman, A. W. (2001). Worldwide Shadow Education: Outside-School Learning, Institutional Quality of Schooling, and Cross-National Mathematics Achievement. *Educational Evaluation and Policy Analysis, 23*(1), 1–17.

Baker, D. P. & Lenhardt, G. (2008). The Institutional Crisis of the German Research University. *Higher Education Policy, 21,* 49–64.

Baker, D. P. & LeTendre, G. K. (2005). *National Differences, Global Similarities*: Current and Future World Institutional Trends in Schooling. Stanford: Stanford University Press.

Baker, D. P. & Wiseman, A. W. (Hrsg.). (2009). *Gender, Equality and Education from International and Comparative Perspectives* (Vol. 10). Bingley, UK: Emerald Group Publishing Ltd.

Benavot, A. (2011). Imagining a Transformed UNESCO with Learning at Its Core. *International Journal of Educational Development, 31,* 558–561.

Benavot, A., Cha, Y., Kamens, D. H., Meyer, J. W. & Wong, S. (1991). Knowledge for the Masses: World Models and National Curricula, 1920–1986. *American Sociological Review, 56*(1), 85–100.

Board on International Comparative Studies in Education. (1995). *Worldwide Education Statistics: Enhancing UNESCO's Role.* Washington, DC: National Research Council.

Bradley, S., Johnes, G. & Millington, J. (2001). The Effect of Competition on the Efficiency of Secondary Schools in England. *European Journal of Operational Research, 135*(3), 545–568.

Bray, M. & Thomas, R. M. (1995). Levels of Comparison in Educational Studies: Different Insights from Different Literatures and the Value of Multilevel Analyses. *Harvard Educational Review, 65*(3), 472–490.

Bromley, P. (2010). The Rationalization of Educational Development: Scientific Activity among International Nongovernmental Organizations. *Comparative Education Review, 54*(4), 577–601.

Buchmann, M. & Charles, M. (1995). Organizational and Institutional Factors in the Process of Gender Stratification: Comparing Social Arrangements in Six European Countries. *International Journal of Sociology, 25,* 66–95.

Burnett, N. (2011). UNESCO Education: Political or Technical? Reflections on Recent Personal Experience. *International Journal of Educational Development, 31,* 315–318.

Carney, S. (2009). Negotiating Policy in an Age of Globalization: Exploring Educational „Policyscapes" In Denmark, Nepal, and China. *Comparative Education Review, 53*(1), 63–88.

Carvalho, L. M. (2009). *Production of OECD's „Programme for International Student Assessment" (PISA).* Brussels: KnowandPol. Online unter: http://knowandpol.eu/IMG/pdf/031.pisa.fabrication.pdf [zuletzt September 2014]

Castro, M. d. F. D. A. & Alves, L. A. (2007). The Implementation and Use of Computers in Brazil: Niteroi City/Rio De Janeiro. *Computers & Education, 49*, 1378–1386.

Chabbott, C. & Elliott, E. (Hrsg.) (2003). Understanding Others, Educating Ourselves: Getting More from International Studies in Education. Committee on a Framework and Long-term Research Agenda for International Comparative Education Studies. National Research Council. Washington, DC: The National Academies Press.

Collins, R., Chafetz, J. S., Blumberg, R. L., Coltrane, S. & Turner, J. H. (1993). Toward an Integrated Theory of Gender Stratification. *Sociological Perspectives, 36*(3), 185–216.

Cook, B. J., Hite, S. J. & Epstein, E. H. (2004). Discerning Trends, Contours, and Boundaries in Comparative Education: A Survey of Comparativists and Their Literature. *Comparative Education Review, 48*(2), 123–149.

Cusso, R. (2006). Restructuring UNESCO's Statistical Services – The „Sad Story" Of UNESCO's Education Statistics: 4 Years Later. *International Journal of Educational Development, 26*, 532–544.

Dale, R. (2000). Globalization and Education: Demonstrating a ‚Common World Educational Culture' or Locating a ‚Globally Structured Educational Agenda?'. *Educational Theory, 50*(4), 427–448.

Dale, R. (2011). Comments as Chair of the „World Culture Theory and Beyond: Consolidation, Critique, and New Directions". Session at the annual meeting of the Comparative and International Education Society, Montreal, Canada.

Davies, B. (1990). Agency as a Form of Discursive Practice: A Classroom Scene Observed. *British Journal of Sociology of Education, 11*(3), 341–361.

DeBoer, J. (2010). Why the Fireworks? Theoretical Perspectives on the Explosion in International Assessments. In A. W. Wiseman (Hrsg.), *The Impact of International Achievement Studies on National Education Policymaking* (S. 293–326). Bingley, UK: Emerald Group Publishing Ltd.

DiMaggio, P. J. & Powell, W. W. (1983). The Iron Cage Revisited: Institutional Isomorphism and Collective Rationality in Organizational Fields. *American Sociological Review, 48*(April), 147–160.

DiMaggio, P. J. & Powell, W. W. (1991). Introduction. In W. W. Powell & P. J. DiMaggio (Hrsg.), *The New Institutionalism in Organizational Analysis* (S. 1–38). Chicago: University of Chicago Press.

Drori, G. S. (2006). Global E-Litism: *Digital Technology, Social Inequality, and Transnationality*. New York, NY: Worth Publishers.

Dutta, R. (2009). Information Needs and Information-Seeking Behavior in Developing Countries: A Review of the Research. *The International Information & Library Review, 41*, 44–51.

Eckert, J. M. (2008). Trends in Mathematics and Science Study (TIMSS): International Accountability and Implications for Science Instruction. *Research in Comparative and International Education, 3*(2), 202–210.

Ellis, S. (2005). Current International Data for TVET and Their Limitations. *Prospects, 35*(3), 367–380.

Emirbayer, M. & Mische, A. (1998). What Is Agency? *American Journal of Sociology, 103*(4), 962–1023.

Epstein, E. H. (1994). Comparative and International Education: Overview and Historical Development. In T. Husen & T. N. Postlethwaite (Hrsg.), *The International Encyclopedia of Education* (S. 918–923). 2. Aufl., New York: Pergamon.

Fernandez-Villavicencio, N. G. (2010). Helping Students Become Literate in a Digital, Networking-Based Society: A Literature Review and Discussion. *The International Information & Library Review, 42*, 124–136.

Frederiksen, B. (1982). *Statistics of Education in Developing Countries*: An Introduction to Their Collection and Analysis. Paris: UNESCO.

Fuchs, S. (2001). Beyond Agency. *Sociological Theory, 19*(1), 24–40.

Fuller, B. & Rubinson, R. (Hrsg.). (1992*). The Political Construction of Education*: The State, Economic Change, and School Expansion. New York: Praeger.

Grek, S. & Ozga, J. (2009). Governing Education through Data: Scotland, England and the European Education Policy Space. *British Educational Research Journal, 36*(6), 937–952.

Gross, M. (2011). Rewriting the Nation: World War Ii Narratives in Polish History Textbooks. In I. Silova (Hrsg.), *Post-Socialism Is Not Dead: (Re)Reading the Global in Comparative Education* (Vol. 14, S. 213–245). Bingley, UK: Emerald Group Publishing Ltd.

Gubrium, J. F. & Holstein, J. A. (1995). Individual Agency, the Ordinary, and Postmodern Life. *The Sociological Quarterly, 36*(3), 555–570.

Heyneman, S. P. (1999). The Sad Story of UNESCO's Education Statistics. *International Journal of Educational Development, 19*, 65–74.

Heyneman, S. P. (2011). The Future of UNESCO: Strategies for Attracting New Resources. *International Journal of Educational Development, 31*, 313–314.

Hosgorur, V. & Bilasa, P. (2009). The Problem of Creative Education in Information Society. *Procedia Social and Behavioral Sciences*, 1 (World Conference on Educational Sciences 2009), 713–717.

Ingersoll, R. (2002). Teacher Turnover and Teacher Shortages: An Organizational Analysis. *American Educational Research Journal, 38*(3), 499–534.

Ioannidou, A. (2007). A Comparative Analysis of New Governance Instruments in the Transnational Educational Space: A Shift to Knowledge-Based Instruments? *European Educational Research Journal, 6*(4), 336–347.

Irfan, M. T. (2008). *A Global Education Transition: Computer Simulation of Alternative Paths to Universal Basic Education.* Unpublished Dissertation, University of Denver, Denver, CO.

James, J. (2009). Information Technology Use among Individuals in Rich and Poor Countries: The Disappearing Divide. *Telematics and Informatics, 26*(4), 317–321.

Jepperson, R. L. (2002). The Development and Application of Sociological Neoinstitutionalism. In J. Berger & M. Zelditch, Jr. (Hrsg.), *New Directions in Contemporary Sociological Theory* (S. 229–266). Lanham, MD: Rowman & Littlefield.

Jepperson, R. L. & Meyer, J. (2011). Multiple Levels of Analysis and the Limitations of Methodological Individualisms. *Sociological Theory, 29*(1), 54–73.

Karim, A. A., Embi, M. A., Din, R. & Shah, P. M. (2010). An Emic Perspective of Students' Learning Information Skills and Constructing Knowledge in Malaysian Higher Education. *Procedia Social and Behavioral Sciences, 9*, 299–307.

Kasusse, M. (2005). Bridging the Digital Divide in Sub-Saharan Africa: The Rural Challenge in Uganda. *The International Information & Library Review, 37*, 147–158.

Kebede, G. (2004). The Information Needs of End-Users of Sub-Saharan Africa in the Digital Information Environment. *The International Information & Library Review, 36*, 273–279.

Kong, S. C. (2008). A Curriculum Framework for Implementing Information Technology in School Education to Foster Information Literacy. *Computers & Education, 51*, 129–141.

Leuze, K., Brand, T., Jakobi, A., Martens, K., Nagel, A., Rusconi, A. & Weymann, A. (2008). „Analysing the Two-Level Game: International and National Determinants of Change in Education Policy Making" *TransState Working Papers*. Bremen: Universität Bremen.

Lewis, M. & Lockheed, M. (2007). Inexcusable Absence: Why 60 Million Girls Still Aren't in School and What to Do About It. Washington, DC: Center for Global Development.

Megnigbeto, E. (2010). Information Policy: Content and Challenges for an Effective Knowledge Society. *The International Information & Library Review, 42*, 144–148.

Meyer, J. W. (1977). The effects of education as an institution. *American Journal of Sociology, 83*, 55–77.

Meyer, J. W. (2000). Reflections on Education as Transcendence. In L. Cuban & D. Shipps (Hrsg.), *Reconstructing the Common Good in Education*. Stanford, CA: Stanford University Press.

Meyer, J. W. (2006). World Models, National Curricula, and the Centrality of the Individual. In A. Benavot & C. Braslavsky (Hrsg.), *School Knowledge in Comparative and Historical Perspective: Changing Curricula in Primary and Secondary Education*. (S. 259–271). Hong Kong, China: Comparative Education Research Centre.

Meyer, J. W., Kamens, D. H. & Benavot, A. (1992). Authors' Preface. In J. W. Meyer, D. H. Kamens & A. Benavot (Hrsg.), *School Knowledge for the Masses* (S. xi–xii). London: Falmer.

Meyer, J. W. & Ramirez, F. O. (2003). The World Institutionalism of Education. In J. Schriewer (Hrsg.), *Discourse Formation in Comparative Education* (S. 111–132). Frankfurt/M.: Lang.

Miles, R. H. (1980). *Macro Organizational Behavior*. Santa Monica, CA: Goodyear Publishing Company, Inc.

Montt, G. (2010). Five Questions To … David P. Baker. Sociology of Education Section Newsletter, American Sociology Association, *13*(3), 17–19.

Murphy, S. (2010). The Pull of PISA: Uncertainty, Influence, and Ignorance. *Interamerican Journal of Education for Democracy, 3*(1), 28–44.

Naumann, J. (2005). TIMSS, PISA, PIRLS and Low Educational Achievement in World Society. *Prospects, 36*(2), 229–248.

One Laptop Per Child Program (2011). One Laptop per Child News. Verfügbar unter: http://www.olpcnews.com/. [zuletzt September 2014].

Osterhammel, J. & Petersson, N. (2005). *Globalization: A Short History*. Princeton, New Jersey: Princeton University Press.

Pelham, B., Crabtree, S. & Nyiri, Z. (2009). Technology and Education: The Power of the Personal Computer. *Harvard International Review, 31*(2), 74–76.

Phillips, D. & Ochs, K. (2004). *Educational Policy Borrowing*: historical perspectives. Oxford: Symposium Books.

Probert, E. (2009). Information Literacy Skills: Teacher Understandings and Practice. *Computers & Education, 53*, 24–33.

Puryear, J. M. (1995). International Education Statistics and Research: Status and Problems. *International Journal of Educational Development, 15*(1), 79–91.

Ramirez, F. O. (1997). The Nation-State, Citizenship, and Educational Change: Institutionalization and Globalization. In W. Cummings & N. F. McGinn (Hrsg.), *International Handbook of Education and Development: Preparing Schools, Students and Nations for the Twenty-First Century* (S. 47–62). London: Pergamon.

Ramirez, F. O. & Boli, J. (1987). The Political Construction of Mass Schooling: European Origins and Worldwide Institutionalization. *Sociology of Education, 60*(1), 2–17.

Rappleye, J. (2011). (Re)Examining the Foundations: Conceding the Empirical Basis of World Culture Theory? *Paper presented at the annual meeting of the Comparative and International Education Society*, Montreal, Canada.

Rauner, M. (1999). UNESCO as an Organizational Carrier of Civics Education Information. *International Journal of Educational Development, 19*, 91–100.

Rohlen, T. P. (1983). *Japan's High Schools*. Berkeley, CA: University of California Press.

Rohlen, T. P. & LeTendre, G. K. (Hrsg.). (1996). *Teaching and Learning in Japan*. New York: Cambridge University Press.

Rutkowski, D. (2008). Towards an Understanding of Educational Indicators. *Policy Futures in Education, 6*(4), 470–481.

Schofer, E. & Meyer, J. W. (2005). The Worldwide Expansion of Higher Education in the Twentieth Century. *American Sociological Review, 70*(6), 898–920.

Schriewer, J. (Hrsg.). (2000a). *Discourse Formation in Comparative Education*. Frankfurt/M.: Lang.

Schriewer, J. (2000b). World System and Interrelationship Networks: The Internationalization of Education and the Role of Comparative Inquiry. In T. S. Popkewitz (Hrsg.), *Educational Knowledge: Changing Relationships between States, Citizens, and Educational Communities* (S. 304–343). Albany: SUNY Press.

Scott, W. R. & Meyer, J. W. (1994). Environmental Linkages and Organizational Complexity: Public and Private Schools. In W. R. Scott & J. W. Meyer (Hrsg.), *Institutional Environments and Organizations: Structural Complexity and Individualism* (S. 137–159). Thousand Oaks, CA: Sage.

Shafique, F. & Mahmood, K. (2010). The Role of Educational Information Systems for Survival in Information Society and the Case of Pakistan. *The International Information & Library Review, 42*, 164–173.

Silova, I. & Abdushukurova, T. (2009). Global norms and local politics: uses and abuses of education gender quotas in Tajikistan. *Globalization, Societies and Education, 7*(3), 357–376.

Silova, I. & Brehm, W. (2011). From Myths to Models: The World Culture Effect in Comparative Education. *Paper presented at the annual meeting of the Comparative and International Education Society*, Montreal, Canada.

Silova, I. & Magno, C. (2004). Gender Equity Unmasked: Democracy, Gender, and Education in Central/Southeastern Europe and the Former Soviet Union. *Comparative Education Review, 48*(4), 417–433.

Smith, T. & Baker, D. (2001). Worldwide Growth and Institutionalization of Statistical Indicators for Education Policy-Making. In *Peabody Journal of Education, 76* (3 & 4), 141–152.

Spaulding, S. & Chaudhuri, R. (1999). UNESCO's World Education Report: Its Evolution, Strengths and Possible Futures. *International Journal of Educational Development, 19*, 53–63.

Steiner-Khamsi, G. (Hrsg.). (2004). *The Global Politics of Educational Borrowing and Lending.* New York: Teachers College Press.

Stevenson, D. L. & Baker, D. P. (1992). Shadow Education and Allocation in Formal Schooling: Transition to University in Japan. *American Journal of Sociology, 97*(6), 1639–1657.

Suarez, D. F., Ramirez, F. O. & Koo, J.-W. (2009). UNESCO and the Associated Schools Project: Symbolic Affirmation of World Community, International Understanding, and Human Rights. *Sociology of Education, 82*(3), 197–216.

Totolo, A. (2011). Adoption and Use of Computer Technology among School Princpals in Botswana Secondary Schools. *The International Information & Library Review, 43*, 70–78.

UNESCO Institute for Statistics (2011). UIS Website. Online unter: http://www.uis.unesco.org/FactSheets/Pages/ScienceTech.aspx [zulezt September 2014].

Waycott, J., Bennett, S., Kennedy, G., Dalgarno, B. & Gray, K. (2010). Digital Divides? Student and Staff Perceptions of Information and Communication Technologies. *Computers & Education, 54*, 1202–1211.

Weick, K. E. (1976). Educational Organizations as Loosely Coupled Systems. *Administrative Science Quarterly, 21*(1), 1–19.

Weiler, A. (2008). Information-Seeking Behavior in Generation Y Students: Motivation, Critical Thinking, and Learning Theory. *The Journal of Academic Librarianship, 31*(1), 46–53.

Willmott, R. (1999). Structure, Agency and the Sociology of Education: Rescuing Analytical Dualism. *British Journal of Sociology of Education, 20*(1), 5–21.

Wiseman, A. W. (2008). A Culture of (in)Equality? A Cross-National Study of Gender Parity and Gender Segregation in National School Systems. *Research in Comparative and International Education, 3*(2), 179–201.

Wiseman, A. W., Astiz, M. F., Fabrega, R. & Baker, D. P. (2010). Making Citizens of the World: The Political Socialization of Youth in Formal Mass Education Systems. *Compare: A Journal of Comparative and International Education*, November, 1–17.

Wiseman, A. W. & Baker, D. P. (2005). The Worldwide Explosion of Internationalized Education Policy. In D. P. Baker & A. W. Wiseman (Hrsg.), *Global Trends in Educational Policy* (Vol. 6, S. 1–21). London: Elsevier Science, Ltd.

Wiseman, A. W. & Baker, D. P. (2006). The Symbiotic Relationship between Empirical Comparative Research on Education and Neo-Institutional Theory. In D. P. Baker & A. W. Wiseman (Hrsg.), *The Impact of Comparative Education Research on Institutional Theory* (Vol. 7, S. 1–26). Oxford: Elsevier.

Wiseman, A. W., Baker, D. P., Riegle-Crumb, C. C. & Ramirez, F. O. (2009). Shifting Gender Effects: Opportunity Structures, Institutionalized Mass Schooling, and Cross-National Achievement in Mathematics. In D. P. Baker & A. W. Wiseman (Hrsg.), *Gender, Equality and Education from International and Comparative Perspectives* (Vol. 10, S. 395–422). Bingley, UK: Emerald Group Publishing Limited.

Marcelo Parreira do Amaral

Methodologie und Methode in der International Vergleichenden Erziehungswissenschaft

1. Einleitung: Der Vergleich als Methode – die Methoden des Vergleichs

Es gehört zum Gemeinplatz vergleichender Forschung: „Das Denken ohne vergleichen ist undenkbar". So schreibt Charles Ragin (1987, S. 1) und verweist mit dieser Bemerkung darauf, dass der Vergleich durchaus den Stellenwert einer anthropologischen Konstante hat. David Wilson (2009) stellt ebenfalls fest: „vergleichen ist menschlich". Menschen vergleichen schon seit immer ihre Beobachtungen von alltäglichen Phänomenen wie Wetter, Jahreszeiten und alles, was für ihr Leben relevant ist (ebd.). Schließlich brachte David Phillips, ein britischer Komparatist, diesen Gedanken wie folgt auf dem Punkt:

> „it is […] in the very nature of intellectual activity to make comparisons. Comparing is a fundamental part of the thought processes which enable us to make sense of the world and our experience of it. Indeed, it can be argued that only by making comparisons can we properly defend our position on most questions of importance which require the making of judgments. Comparing causes us to make statements to the effect that p is intellectually or morally preferable to, or more efficient and effective than, or simply in some general sense ‚better' than q" (Phillips, 1999, S. 15).

Dies macht deutlich, wie eng das menschliche Denken mit dem Vergleich, mit Analogie- und Kategoriebildung verbunden ist (vgl. Hofstadter & Sander, 2013) und unseren Alltag prägt. Max Eckstein schrieb bereits Anfang der 1980er Jahre, dass die Verwendung von Metaphern, wenn sie nicht ergründet und geprüft wird, von begrenztem Wert ist (vgl. Eckstein, 1983). Auch geht der Vergleich als mentale Operation zeitlich dem methodisch systematisierten Vergleich voraus. Diese Unterscheidung spielt daher für die Diskussion des Vergleichs als Methode eine wichtige Rolle. Jürgen Schriewer wies auf diese Bedeutung der Unterscheidung zwischen dem Vergleich als „Denkform" und als „Methode" hin, zwischen „einfachem" und „komplexem" (uniplanem bzw. multiplanem) Vergleich. Ersterer ist „eine in alltägliche Lebens- und Erkenntniszusammenhänge ubiquitär eingelagerte menschliche Denkoperation", letzterer, die „Ausgestaltung desselben zu einer auf systematischen Erkenntnisgewinn abzielenden sozialwissenschaftlichen Methode." (1987, S. 631 ff.)

Der systematische Vergleich stellt dabei eine unverzichtbare Form der Erkenntnisgewinnung dar. Die Vorteile der vergleichenden Methode sind allseits bekannt:

- Sie ermöglicht Fortschritte in der Wissensgenerierung beispielsweise in der Hypothesen- bzw. Theorieentwicklung und Überprüfung sowie in der Entwicklung von Klassifikationen und Typologien. Durch die Nebeneinanderstellung – Juxtaposition – von Daten und Material bietet der Vergleich die Möglichkeit, Ähnlichkeiten und Unterschiede hervortreten zu lassen; in dieser Perspektive stellt der Vergleich ein hilfreiches Forschungswerkzeug dar, um allgemeine Hypothesen zu formulieren und vielfältige Ergebnisse und Prozesse zu interpretieren.
- In der Politikberatung hilft sie bei der Suche nach Lösungen, die woanders für allgemeine Probleme gefunden wurden („lesson learning" und „policy borrowing" sind hier die wichtigen Stichworte), aber allgemeiner, und vielleicht wichtiger, zeigt sie uns die Erfahrungen anderer – positive und negative – mit bestimmten politischen Optionen.
- Sie trägt aber auch zu einem Reflexivitätsgewinn durch die „Produktivität der Differenz" bei. Die Verwendung des Vergleichs ermöglicht die Loslösung von lokalen oder nationalen Gegebenheiten und Fakten, die als „natürlich" oder „logisch" betrachtet werden könnten. In diesem Sinne versetzt der Vergleich die Forschenden in die Lage, sich vom „Gewöhnten" und „Normalen" zu distanzieren und „Normalitätsannahmen" in Frage zu stellen.
- Der Vergleich erlaubt unter anderem auch, konvergente/divergente Entwicklungen auf internationaler Ebene – globaler, europäischer usw. – zu analysieren.

Der Diskussion von „Methodologie und Methode" in der Internationalen und Vergleichenden Erziehungswissenschaft (IVE) ist, obwohl sie einen breiten Raum einnimmt, alles andere als voraussetzungslos. Vor diesem Hintergrund verfolgt dieses Kapitel nicht das Ziel, „die Methodologie und Methode der IVE" zu präsentieren oder gar festzulegen, sondern will vielmehr auf wichtige methodologische und methodische Aspekte des Vergleichs als wissenschaftliche Methode ansprechen. Das vorliegende Kapitel zielt daher *erstens* auf eine knappe Einführung in method(olog)ische Fragen in historischer und systematischer Perspektive, *zweitens* auf die Präsentation und Erläuterung verschiedener Typen und Funktionen vergleichender Forschung sowie von einschlägigen Forschungsstrategien und -modellen. Abschließend sollen – vor dem Hintergrund der konstitutiven Vielfalt der IVE – einige Überlegungen zu „methodologischen Kriterien" vergleichender Forschung angestellt werden, die das Ziel haben, den vergleichenden Forschungsprozess möglichst reflexiv und selbstkritisch zu gestalten.

Der folgende Abschnitt diskutiert zunächst knapp in historischer Perspektive zwei idealtypische, konkurrierende epistemologische Grundpositionen zum Vergleich.

2. Methodologie des Vergleichs in historischer Perspektive: *idios* und *nomos*

Komparatisten sind in der Regel unterschiedlichen wissenschaftstheoretischen Traditionen verpflichtet. Diese Traditionen unterscheiden sich in ihren Annahmen zu *Epistemologie* (d.h. die Wissenschaftslehre und Lehren wie Wissen zustanden kommen kann und unter welchen Bedingungen) aber auch in ihrer Ätiologie (d.h. die Ursachenlehre und Vorstellungen über Ursache-Wirkungs-Beziehungen). Diese Annahmen werden jedoch nicht immer offen dargelegt, sie bleiben oftmals auch lediglich implizit. Dabei stellen sie die methodologischen Prämissen für jede Untersuchung dar und haben somit direkten Einfluss auf die Forschungsmethode und -praxis. Hinzu kommen Unterschiede in den gesellschaftlichen, politischen und psychologischen Theorien, denen sich Forschende anschließen, mit Implikationen für die eingenommene Perspektive auf den Forschungsgegenstand (Gesellschaft, Kultur und Mensch) (vgl. hierzu: Holmes, 1984). Mit Blick auf diese unterschiedlichen Traditionen lassen sich – historisch – methodische Überlegungen zum Vergleich anhand zweier idealtypischer Grundpositionen einordnen. *Zum einen* einer idiographischen Position, *zum anderen* einer nomothetischen.

Die *idiographische* Position zum Vergleichs besteht darin, die Besonderheit eines Phänomens (*idios*= griechisch das „Eigene") herauszustellen. Hier wurde der Vergleich mithilfe der Methoden der Geschichtswissenschaft betrieben. Ein Großteil der vergleichenden Untersuchungen bis Mitte des zwanzigsten Jahrhunderts zielte zum Beispiel auf die Herausstellung des „Nationalcharakters" von Bildungssystemen ab (vgl. Kandel, 1933; Schneider, 1947; Hans, 1971 [1949]). Beispielsweise plädierte Isaac Leon Kandel für eine vergleichende Forschung, die über eine methodisch systematische Beschreibung der Bildungssysteme hinaus, die wirkenden Kräfte im Lichte des nationalen Charakters und Zwecksetzung interpretierte (Kandel, 1933, S. XI); auch Hilker (1962, S. 75) ging es darum, „Ursachen aufzudecken, aus denen die Erziehung in einem Lande diese und keine andere Form gefunden hat, und dabei besonders die politischen und wirtschaftlichen Faktoren berücksichtigen." Als wichtig wurden allgemein geographische, ökonomische, ethnische, linguistische, politische, soziale, ideologische sowie philosophische „Triebkräfte" oder „Faktoren" erachtet. Diese „als Entwicklungsprodukte *allgemeiner in der Geschichte sich entfaltender ‚Triebkräfte und Faktoren"* sollten, so die Vertreter dieses Forschungsstrangs „in ihrer jeweils besonderer Ausgestaltung, als historisch-kulturell *einmalige und individuelle Konfigurationen"* – so wie in den Geisteswissenschaften zu der Zeit üblich – durch *„einfühlend-forschendes Verstehen"* erfasst werden (Schriewer, 1982, S. 196f., Herv. i.O.). Dementsprechend sahen sie die Funktion des Vergleichs in der möglichst genauen Beschreibung und Analyse von Bildung und Erziehung in verschiedenen und unterschiedlichen Kontexten – in Sinne des Verstehens des (Einzel-)Falls in seiner Komplexität und Besonderheit.

Die *nomothetische* Position zum Vergleich suchte dagegen, wenn nicht zu verallgemeinerbaren Aussagen bzw. – entsprechend zu den „Naturgesetzen" in den Naturwissenschaften – „Gesetzen" zu gelangen (*nomos*= griechisch „Gesetz"), so doch zumindest zu „Regelmäßigkeiten". Der Vergleich wurde hier als „Ersatz" für die Experimente der Naturwissenschaften oder als „Quasi-Experiment" genutzt und sollte bei der Verifizierung bzw. Falsifizierung von Hypothesen beitragen (vgl. Durkheim, 1995 [1885], Noah & Eckstein, 1998). Vergleichende Forschung in diesem Verständnis zielte auf Verallgemeinerung und Testen von – u. a. kausalen – Annahmen und Hypothesen, auf die Formulierung von Theorien sowie auf Prognosen von Entwicklungen. Für Noah und Eckstein stellt die Vergleichende Erziehungswissenschaft den Versuch dar, Zusammenhänge im Bildungsbereich zuerst innerhalb von Bildungssystemen und -institutionen zu erklären, und zweitens Bildung mit ihrer gesellschaftlichen Umwelt zu verknüpfen (1969, S. 113). Für sie muss die Methode des Vergleichs in der Erziehungswissenschaft sich an den Sozialwissenschaften orientieren, welche durch die systematische, kontrollierte, empirische und möglichst durch quantitative Untersuchung von explizit formulierten Hypothesen gekennzeichnet sind (vgl. ebd., S .186).

Ein Beispiel für diese Forschungstradition bietet die von Max A. Eckstein und Harold J. Noah durchgeführte vergleichende Studie zu den Charakteristika von Lehrpersonen und dem wahrgenommenen Schulerfolg der Schulsysteme in vier Großstädten (Amsterdam, London, Paris und New York) und ihren respektiven Ländern (vgl. Eckstein & Noah, 1974). Hinsichtlich der Charakteristika von Lehrpersonen stellten die Autoren die Hypothese auf, dass Lehrpersonen in den vier Großstädten große Gemeinsamkeiten haben und dass sie sich von ihren Kolleginnen und Kollegen in den nichtgroßstädtischen Kontexten unterscheiden. Also sind Lehrpersonen in Großstädten eines Landes denen in Großstädten anderer Länder ähnlicher als denen in nichtgroßstädtischen Gegenden des eigenen Landes. Noah und Eickstein wählten mehrere Variablen (lebenslaufbezogene, (aus)bildungsbezogene und berufsbezogene) für die Untersuchung aus und stellten die Vorhersage (die zu prüfende Hypothese) auf, dass Lehrpersonen in den Großstädten jünger, mobiler und in der Tendenz öfters männlich seien; sie seien besser gebildet und würden häufiger den Beruf wechseln. Ihre Hypothese und Vorhersage prüften die Autoren dann mittels verschiedener Indizes und Indikatoren wie z. B. offizielle statistische Daten oder Daten aus den IEA-Studien (vgl. Noah & Eckstein, 1998 für eine Zusammenfassung der Studie).

Diese Positionen stellen selbstverständlich idealtypische Modelle dar, denen unterschiedliche epistemologische und methodologische Annahmen zugrunde liegen; ein Großteil der vergleichenden Forschung nutzt oftmals einen Mix aus beiden Grundpositionen.

Die Vergleichende Erziehungswissenschaft als Subdisziplin bzw. als Feld war lange Zeit von erheblichen Kontroversen gezeichnet, in denen es um das zugrunde liegende Wissenschafts- und Forschungsverständnis ging. So wurde hinterfragt, ob sie durch eine konsequente und kohärente Methodik geprägt sei (siehe: Altbach & Kelly, 1986; Schriewer, 1987). Brian Holmes argumentierte, dass bis in die 1960er Jahre die methodischen Vorannahmen der Komparatisten – vor allem Isaac Kandel, Nicholas Hans und Friedrich Schneider – „ähnlich genug waren, um dem Feld ein Maß an methodologischer Einheit zu geben." (Holmes 1977, S. 115). Nach der Veröffentlichung einiger wichtiger Bücher in der gleichen Dekade wie zum Beispiel „Comparative Method in Education" (Bereday, 1964), „Vergleichende Pädagogik" (Hilker, 1962) oder „Towards a Science of Comparative Education" (Noah & Eckstein, 1969) setzten langjährige und kontroverse Diskussionen über die Methode des Vergleichs ein (siehe: Holmes, 1977; Glowka, 1972). Seit dieser Zeit wurden in mehreren Publikationen konkurrierende Sichtweisen von vergleichender Methode im Bildungsbereich vertreten; es genügt hier, nur zwei der meistdiskutierten Bücher aus dem englischsprachigen Raum zu nennen, welche die Diskussionen von damals gut illustrieren: zum einem Noah und Ecksteins Buch „Towards a Science of Comparative Education", in dem die „emergence of an empirically based, social scientific approach in comparative education" (1969, S. 4) angekündigt wurde, und zum anderen das Buch von Edwards, Holmes und van de Graaff (1973) „Relevant Methods in Comparative Education", das sich kritisch mit den beiden Polen des methodischen Spektrums auseinandersetzte (d. h., der stärker qualitative und historisch-philosophische Ansatz und der „wissenschaftlichere" quantitativ-empirische Ansatz) oder wie Reginald Edwards formuliert hat: Ansätze, die von der Wünschelrute zum Mikrometer reichten (Edwards et al., 1973, S. 81). Spätere Publikationen räumten das Fehlen einer allumfassenden und vereinheitlichten vergleichenden Methode ein, wie ein Zitat aus Altbach und Kellys Beitrag zum Stand der Forschung verdeutlicht (1986, S. 1):

> „There is no one method of study in the field; rather, the field increasingly is characterized by a number of different research orientations. No longer are there attempts to define a single methodology of comparative education, and none of our contributors argues that one single method be developed as a canon."

Zusammenfassend lässt sich feststellen, dass die IVE als Forschungsfeld von unterschiedlichen Traditionen beeinflusst wurde und wird. Vergleichende Untersuchungen orientieren sich an Forschungsansätzen, die in den Geisteswissenschaften – z. B. Geschichte und Literaturwissenschaft –, in den Sozialwissenschaften wie Soziologie und Politikwissenschaft sowie in den Kulturwissenschaften wie beispielsweise Ethnographie, Anthropologie verortet sind. Dies macht eine bewusste Reflexion der eigenen Position und metatheoretischen Prämissen umso notwendiger (siehe auch der Beitrag zu Theorien von Amos, in diesem Band).

3. Funktionen und Typen vergleichender Forschung in der IVE

Vergleichende Untersuchungen im Bildungsbereich erfüllen unterschiedliche Funktionen und Zwecke. In systematischer Absicht hat Wolfgang Hörner auf unterschiedliche Funktionen vergleichender Forschung in der Erziehungswissenschaft hingewiesen. Hörner (1997) schlug vor, entlang zweier Achsen zwischen vier Funktionen des Vergleichs zu unterscheiden. So können mit der Matrix idealtypische Forschungsdesigns abgeleitet werden, die sich aus den Achsen „*individualisierend*" vs. „*generalisierend*" bzw. „*theoretisches Interesse*" und „*praktisches Interesse*" ergeben (Hörner, 1997, S. 70).

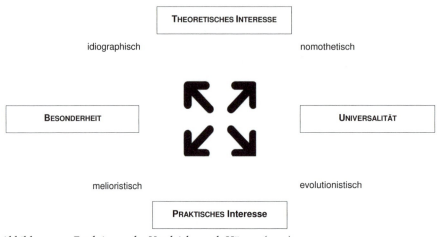

Abbildung 1: Funktionen des Vergleichs nach Hörner (1997)

Die vier sich daraus ergebenden Idealtypen vergleichender Forschung lassen sich wie folgt beschreiben:

- *Idiographisch* – bezieht sich auf die Beschreibung des „Fremden" in seiner Eigenart (griechisch: *idios* = „Eigene" oder „individuell") und umfasst die Beschreibung eines singulären Falls in seiner historischen, kulturellen, wirtschaftlichen und sozialen Kontexte.
- *Nomothetisch* – bezieht sich auf einen Vergleich, der auf der Suche nach allgemeinen Strukturen und „Regeln" (griechisch: *nomos* = „Gesetz") abzielt. Wie oben erwähnt schrieb Émile Durkheim (1995), dass in den Sozialwissenschaften allein der Vergleich als Ersatz für Experimente in den Naturwissenschaften genutzt werden könnte.
- *Melioristisch* – (lateinisch: *melioro* = „verbessern) bezieht sich auf die Funktion des Vergleich bei der Suche nach „Lösungen" oder „best practices" in anderen Kontexten (z. B. im Ausland), die in den eigenen Kontext übernommen werden

könnte. Beispielsweise eine bestimmte bildungspolitische Maßnahme oder Programm, das in das eigene Bildungssystem übertragen werden könnte.
- *Evolutionistisch* – bezieht sich auf den Vergleich von besonderen Entwicklungen und Phänomenen, um Trends oder Tendenzen auszumachen; diese werden in der Regel in Bezug auf Prozesse der Konvergenz oder Divergenz beschrieben.

Meist orientieren sich jedoch vergleichende Untersuchungen nicht an einzelnen Funktionen, sondern verbinden zwei oder mehrere miteinander; auch wenn dies nicht immer transparent gemacht wird. Diese vier Typen haben daher einen idealtypischen Charakter und stellen analytische Unterscheidungen dar, die selten in Reinform anzutreffen sind. Vor diesem Hintergrund ist daher auch interessant, sich die tatsächlich gewählten Formen vergleichender Forschung anzuschauen, um einen Einblick in die verfolgten Zwecke und Funktionen zu erhalten.

Einige Autoren haben verschiedene Typen vergleichender Forschung im Bildungsbereich beschrieben, welche diese unterschiedlichen Zwecke und Funktionen veranschaulichen können. Theisen und Adams (1990) haben zum Beispiel zwischen vier verschiedenen Typen von Forschung in der IVE unterschieden: *analytische* Studien zielen auf die Beschreibung von Rollen, Spezifizierung von Ursachen-Wirkungen-Beziehungen und/oder auf die Erklärung von Beziehungen und Implikationen; *deskriptive* Studien beschreiben Phänomene oder Bedingungen sowie Beziehungen zwischen Variablen; *evaluative* Studien beurteilen die Effektivität/Effizienz eines bestimmten Programms oder Politik und dienen so der Politikberatung; schließlich generieren *explorative* Studien Hypothesen oder Forschungsfragen und erforschen Beziehungen und Funktionen mit Blick auf weitere Forschung. Val Rust et al. (1999, S. 94 f.) entwickelten eine feinere Typologie. Diese umfasst neun verschiedene Forschungsstrategien – Literaturreview, historische Analyse, experimentelle Studien, sekundäre Analysen bestehender Daten, Projektevaluierungen, Inhaltsanalysen, Feldforschungsstudien, vergleichende Forschung, und theoretische/konzeptionelle Forschung. Fairbrother (2005) überprüfte eine Stichprobe wissenschaftlicher Artikel in zwei der wichtigsten Zeitschriften für international vergleichende Forschung (Comparative Education und Comparative Education Review). Kriterium der Auswahl war, dass zwei oder drei Länder miteinander verglichen wurden. Die Auswertung ergab, dass sich drei übergreifende Ziele der Forschung identifizieren lassen: a) ein Verständnis für die untersuchten Länder gewinnen; b) Verallgemeinerbares Wissen generieren und c) Weiterentwicklung von Theorie. Fairbrother (2005, S. 7) fasste die Ergebnisse wie folgt zusammen:

> „Within these three types, purposes were to explore a phenomenon in greater detail; describe and explain apparent similarities or differences between the two countries; argue for or demonstrate trends, models, or propositions; predict; make recommendations; test hypotheses; and evaluate, support, or advance theory."

Das Fehlen einer einheitlichen Forschungsstrategie bzw. einer Methode in der IVE muss jedoch nicht zwingend als ein Mangel oder Defizit interpretiert werden; es kann vielmehr als eine Stärke der Vergleichenden Erziehungswissenschaft gesehen werden, denn der Gegenstand – Bildung und Erziehung in all ihrer Vielfalt und Komplexität – verlangt nach unterschiedlichen Herangehensweisen für ihre Untersuchung. Während es keine einheitliche Methode des Vergleichs gibt, sind verschiedene Ansätze zu finden, die einen systematischen Rahmen für vergleichende Analysen abgeben. Der folgende Abschnitt geht auf einige davon ein.

4. Forschungsstrategien und Modelle vergleichender Forschung

Wie bereits Isaac Leon Kandel in seinem klassischen Werk „Comparative Education" (1933) konstatierte, bestimmt der Zweck/die Funktion, die die Studie zu erfüllen hat, die Auswahl der Methode(n). Die Forschungsmethoden, die in der vergleichenden Forschung im Bildungsbereich eingesetzt werden, unterscheiden sich nicht von denen in anderen erziehungswissenschaftlichen (Sub-)Disziplinen; Komparatisten können daher Methoden aus einer Vielzahl von gut etablierten Forschungsansätzen heranziehen, sowohl quantitative als auch qualitative.

Vergleichend arbeitende Forscherinnen und Forscher haben sich also nicht nur mit den besonderen methodischen Fragen und Problemen, die allgemein jede pädagogische Forschung betreffen zu befassen, sondern müssen auch die Herausforderungen für die Gewährleistung günstiger Bedingungen für eine angemessene Interpretation und vergleichende Analyse des Gegenstands in den verschiedenen Einheiten bewältigen. Das bedeutet unter anderem sicherzustellen, dass Daten, die in verschiedenen (national/regional/kulturellen) Kontexten gesammelt wurden, in geeigneter Weise kontextualisiert werden, um eine angemessene Interpretation und valide Analyse zu ermöglichen.

Vor diesem Hintergrund erweist sich die Bedeutung eines systematischen, methodischen Ansatzes als das wichtigste Merkmal vergleichender Forschung. Im Folgenden werden vier der gängigsten methodischen Modelle präsentiert. Sie organisieren den Vergleich meist in einer Abfolge von Phasen, in denen die vergleichende Analyse vorbereitet wird. Wichtig scheint an dieser Stelle darauf hinzuweisen, dass es sich nicht im engeren Sinne um in sich geschlossene und kohärente Forschungsdesigns handelt, sondern um Strukturierungshilfen für die Planung und Durchführung von empirischen Vorhaben.

Die vergleichende Methode nach George Bereday

George Bereday gilt als einer der Pioniere der vergleichenden Methode in der IVE. Beredays methodischen Überlegungen stellen eine der weitverbreitetsten systematischen Ansätze in der vergleichenden Erziehungswissenschaft dar. In seinem Buch „Comparative Method in Education" (1964) hat er eine grundlegende Diskussion von Theorie und Methode des Vergleichs im Bildungsbereich vorgelegt. Des Weiteren hat er die „Funktionsweisen" (*mechanics*) vergleichender Forschung an verschiedenen Beispielen illustriert. Als Vorbedingung für die Durchführung von vergleichenden Studien hat Bereday drei Voraussetzungen hervorgehoben: eine profunde Kenntnis der Kultur der zu untersuchenden Gesellschaft – Sprache, Geschichte u. a. m.; mit dieser ersten Voraussetzung hängt zusammen, dass er extensive Reisen oder längerfristigen Aufenthalte in dem jeweiligen Kontext (Land) der Expertise empfiehlt bzw. fordert. Ebenso wichtig sei auch die ständige Prüfung der eigenen kulturellen oder persönlichen Vor-Urteile (*cultural bias*). Bereday sah ein Bildungssystem immer als eingebettet in einen größeren gesellschaftlichen kulturellen Zusammenhang. Für Bereday ist es die Aufgabe der IVE, die pädagogische Praxis in den verschiedenen Gesellschaften zu untersuchen und nach Variationen zu suchen, die aus ihrer sozialen, kulturellen, ökonomischen usw. Einbettung hervorgehen. Bereday unterschied vier Schritte im Design eines Rahmens für den Vergleich innerhalb oder quer zu den Vergleichseinheiten (Land, Bundesland, Bezirk oder sogar einzelne Schulen) (siehe auch: Hilker, 1962):

1. *Beschreibung und Datenerhebung*: Der erste Schritt des Vergleichs beginnt mit einer beschreibenden Phase, die in einen Stand der Forschung mündet und als Ausgangspunkt für die weitere Entwicklung der Forschungsfragen dient. In dieser Phase werden pädagogische Daten aus verschiedenen (nationalen) Kontexten gesammelt und mit Hilfe von Tabellen und/oder Grafiken organisiert. In diesem Stadium können Einzelpersonen oder Teams Daten nach vorgegebenen vereinbarten Kriterien sammeln, diese entweder aus vorhandener Fachliteratur oder aus neuen empirischen Arbeiten (Befragungen, Interviews etc.) gewinnen. Die Daten sollten in deskriptiver Form präsentiert werden, da dies die weitere Analyse in späteren Phasen erleichtern kann. Diese Daten dienen als Informationsquelle, mit deren Hilfe sich die Sicht für den Vergleich schärfen lässt.
2. *Interpretation*: In einem zweiten Schritt können die Daten dann vor dem Hintergrund der historischen, politischen, geographischen, sozioökonomischen und kulturellen Traditionen, Strukturen und Faktoren mit sozialwissenschaftlichen Methoden analysiert und interpretiert werden. Diese kontextuellen Hintergründe können dazu genutzt werden, Fragen nach der Prägungen eines Bildungssystems zu erklären. Bis zu diesem Punkt, ist die Studie nicht zwangsläufig vergleichend, da Beschreibung und Erklärung innerhalb der Grenzen von „Area-Studien" bleibt – d. h. innerhalb eines kulturellen Raums oder Einheit – auch mehrere Studien zu verschiedenen Bereichen (Länder, Kreise, etc.) bleiben in diesem Rahmen.
3. *Juxtaposition*: In dieser Stufe werden die Daten und Erkenntnisse, Konzepte und Prinzipien klassifiziert und verarbeitet. In dieser Phase werden die Kriterien für die Vergleichbarkeit festgelegt. Bei Bereday heißt es: „Der vergleichende Ansatz

beginnt mit der Nebeneinanderstellung der Daten." (1964, S. 22) Die Juxtaposition des Materials wird dann als dritter Schritt durchgeführt, um so nach „einem einheitlichen Konzept und Hypothese" zu suchen (ebd.). Die Daten werden nebeneinander geordnet und einander so gegenübergestellt, dass Unterschiede und Gemeinsamkeiten hervorgehoben werden; ähnliche oder gegensätzliche Strukturen, Prozesse und/oder Konstellationen kommen damit schärfer zum Vorschein. Bereday spricht hier von der Suche nach einem „unifying concept and hypothesis", d. h. die Suche nach übergeordneten Prinzipien, thematischen Gesichtspunkten o.ä., die zu Hypothesen führen. Diese ebnen dann den Weg zum eigentlichen Vergleich.

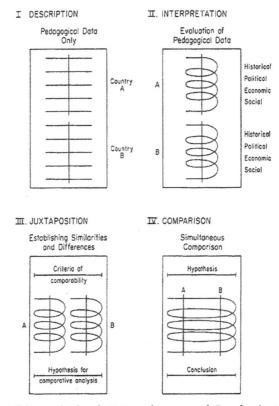

Abbildung 2:   Modell für vergleichende Untersuchungen nach Bereday (1964, S. 28)

4. *Vergleich*: Der vierte Schritt, der eigentliche Vergleich, besteht aus der gleichzeitigen Behandlung und Analyse aller Daten und Materialien und umfasst die Zusammenlegung der Daten aus allen Einheiten der Untersuchung, um Hypothesen zu bewerten, einzelne Erscheinungen zu erklären, Typologien bilden etc. Der eigentliche Vergleich lässt sich dann unterscheiden in einen engeren Ansatz, in dem kleinere Segmente „problemorientiert" untersucht werden und

einen breiteren Ansatz, der ein „Totalvergleich" anstrebt und das Ganze des Bildungssystems in den Blick nimmt. Abbildung 2 veranschaulicht die Schritte in Beredays Modell.

Der „Problemansatz" in der International Vergleichenden Erziehungswissenschaft nach Brian Holmes

Brian Holmes (1965) stellte fest, dass frühere vergleichende Forscher das Studium anderer Systeme angestrebt haben, um die Reform der eigenen Systeme voranzutreiben. Für ihn kann der Problemansatz diese Funktion – unter wissenschaftlichen Bedingungen – erfüllen und darüber hinausgehend auch bei der Bearbeitung von Fragen theoretischer Natur nützlich sein. Holmes argumentierte, dass Pioniere der IVE meist mit Bildungsadministrationen befasst waren, die ihre eigenen Bildungssysteme zu reformieren suchten. Sie waren sich jedoch im Klaren, welche Gefahren mit „cultural borrowing" einhergingen und versuchten daher, eine Methode des Vergleichs zu entwickeln, die ihnen ermöglichen würde, die übernommenen Konzepte und Ideen aus Theorie und Praxis anderer Länder mit Gewinn in das eigene System zu integrieren. Sie benötigten ein Instrument, mit deren Hilfe sie die Folgen dieser Innovationen so weit wie möglich prognostizieren konnten. Für Holmes war der Problemansatz das richtige Instrument für die Bewältigung pädagogischer Probleme. Der Problemansatz setzt ein Problem in dem zu untersuchenden Bereich voraus, er begnügt sich nicht mit der Feststellung oberflächlicher Ähnlichkeiten oder Unterschiede; es geht vielmehr um einen möglichst präzisen Vergleich der tatsächlichen prognostizierten Ergebnisse.

Die Forschungsphasen des „Problemansatzes" nach Brian Holmes

Die vergleichende Methode nach Holmes stellt eine Adaption des John Deweys Phasen des reflektierenden Denkens dar, das in Deweys Buch „Wie wir denken" (2002 [1933]) diskutiert wird. Nach Dewey schließt die Untersuchung eines Problems die Prüfung der Gültigkeit von vorgeschlagenen Lösungen (Hypothesen) ein; dies wird durch den Vergleich der prognostizierten mit den beobachteten Ereignissen vollzogen. Übereinstimmung bietet eine Form der Verifizierung der Hypothese oder eine Erklärung der Ereignisse; sie bietet eine Grundlage für das weitere Vorgehen. Mit dem Problemansatz schlug Holmes die folgenden Phasen vor:

1. *Problemformulierung*: In diesem Stadium formulieren die Forschenden ein wahrgenommenes Problem so präzise wie möglich, um es für die weitere Untersuchung in kleinere Bestandteile zu zerlegen, und um zu sehen, inwieweit es universell einsetzbar ist. Diese Phase wird auch als Problemanalyse bezeichnet.

In diesem Prozess muss zum formulierten „Problem" eine Zahl von potentiellen Lösungsoptionen erzeugt werden.

2. *Hypothesenentwicklung oder Lösungsformulierung*: An diesem Punkt prüfen die Forschenden mehrere Hypothesen oder Lösungsoptionen, mit welchen das formulierte Problem angegangen werden könnte. Die Forschenden müssen dabei beachten, dass die Hypothesen oder Lösungsoptionen auf Werte gründen und diese Werte müssen so weit wie möglich nach wissenschaftlichen Kriterien beurteilt werden.
3. *Prognose der Ergebnisse von bildungspolitischen Lösungsoptionen*: bei der Bewertung einer Hypothese müssen die sich daraus ergebenden Folgen vorhergesagt werden; diese werden dann mit den tatsächlichen Ergebnissen verglichen.
4. *Analyse des materiellen und sozioökonomischen Kontexts*: Dieser Schritt beinhaltet die Beschreibung aller Umstände, die potenziell die Ergebnisse in einem ausgewählten Politikbereich beeinflussen können. Um dies zu tun, müssen die Forschenden drei Kategorien von Faktoren analysieren. *Erstens*, Faktoren, die mit dem normativen System in Beziehung stehen. *Zweitens*, Faktoren im Zusammenhang mit den institutionellen Mustern; und schließlich, *drittens*, Faktoren im Zusammenhang mit den materiellen Eigenschaften eines bestimmten Kontexts wie der Boden, die klimatischen oder natürlichen Ressourcen etc. Faktoren im Zusammenhang mit dem normativen System beziehen sich auf die wichtigsten Normen und Werte der Gesellschaft, wie die religiösen Überzeugungen oder Gewohnheiten der Bevölkerung, die ihre Einstellungen und Verhalten beeinflussen. Faktoren im Zusammenhang mit dem institutionellen Muster beziehen sich auf soziale Institutionen – wie Regierung oder das ökonomische System – die einen Einfluss auf die vorgeschlagene bildungspolitische Lösung haben könnten. Die materiellen Faktoren sind Faktoren wie das Klima, die natürlichen Ressourcen und andere geographische Bedingungen, die die Politik beeinflussen können. Diese geographischen Faktoren dürfen nicht unterschätzt werden. Alle materiellen und sozioökonomischen Faktoren sollen vollständig analysiert und deren mögliche Auswirkungen auf die Politik beschrieben werden. Holmes weist auf die Bedeutung von Fall- oder „Area"-Studien in der international vergleichenden Erziehungswissenschaft hin, da diese kontextuelle Beschreibung enthalten, welche für den Prozess der Prognose von Ergebnissen bildungspolitischer Lösungsoptionen notwendig sind.
5. *Vorhersage von bildungspolitischen Implikationen*: Dieser Schritt beinhaltet alle möglichen politischen Konsequenzen und sollen auf die verschiedenen Kontexte hin überprüft werden. Holmes Problemansatz stellt einen Versuch dar, pädagogische Forschung wissenschaftlich zu fundieren; dies sei, so Holmes weiter, durch die sorgfältige Analyse von Problemen und sozialen Kontexten möglich.

Die wissenschaftliche Methode des Vergleichs nach Noah und Eckstein

Noah und Eckstein (1969) beginnen ihr Buch mit der Präsentation der Entwicklung der vergleichenden Methoden in der IVE. Die kurze Entwicklung der Methoden in der Internationalen und Vergleichenden Erziehungswissenschaft umfasst, so die Autoren, fünf Phasen und wird wie folgt präsentiert:

Die Internationale und Vergleichende Erziehungswissenschaft begann mit Beobachtungen fremder Völker und ihrer Bildung („travelers tales"); sie entwickelte sich dann zu mehr oder weniger systematischen Beschreibungen ausländischer Schulsysteme. Hintergrund dieser Beschäftigung war stets das praktische Ziel einer möglichen Übernahme von Innovationen aus dem Ausland, die für das eigene Bildungssystem nützlich sein könnten („educational borrowing"). Eine weitere Phase – „international cooperation" – brachte mit sich eine verbreitete internationale Kooperation. Die Hoffnung zur besseren internationalen Verständigung und zur Lösung von Problemen der Menschheit beizutragen, haben Komparatisten dazu angetrieben, Informationen zu Bildung im Ausland zusammenzutragen und auszutauschen (Enzyklopädien, Kompendien etc.), die Etablierung eines internationalen Forums zur Diskussion von Bildungsfragen (nämlich das „Internationale Erziehungsbüro" in Genf und seiner Vorläufer). Eine spätere Entwicklung war der Einsatz von internationalen Daten, um Aussagen zum Verhältnis von Bildung und Gesellschaft zu prüfen. Es ging daher um Versuche, Phänomene zu erklären, zunächst innerhalb der Bildungssysteme und Institutionen und in einem zweiten Schritt, Bildung auf ihre soziale Rahmung zu beziehen. Das erstere Anliegen fokussierte daher Unterricht, Organisation, Inspektion, Verwaltung und Finanzierung von Bildung. Bei der Untersuchung von Lehr-Lern-Prozessen wurden Pädagogische Psychologie und insbesondere Psychometrie besonders relevant. Wo es um diese engeren pädagogischen Fragen ging, haben Lehrerinnen und Lehrer, Bildungsadministration und Schulpsychologen versucht, Lehr-Lern-Prozesse in den Schulen zu verstehen und eventuell zu verbessern. Noah und Eckstein nennen diesen Gegenstandsbereich Vergleichende Pädagogik. In dem Maße aber, in dem Internationale und Vergleichende Erziehungswissenschaft sich mit Fragen außerhalb des Klassenzimmers und des Schulsystems befasste, glichen ihre Erkenntnisinteressen denen der Sozialwissenschaften insgesamt an. Bildung wird dabei als soziales Phänomen einer systematischen vergleichenden Untersuchung unterzogen.

Noah und Eckstein (1969) folgerten daraus, dass die IVE ihren Gegenstand und ihre methodischen Zugänge sowohl mit Pädagogik als auch mit den Sozialwissenschaften teilt. Zweierlei verbindet diese beiden Bereiche mit der Internationalen und Vergleichenden Erziehungswissenschaft: Das erste ist die Sorge um die Form und Funktion der Schule und das zweite ist die Verwendung von empirischen und quantitativen Methoden. Im Hinblick auf Methode argumentieren Noah und Eckstein, dass nicht alle Fragestellungen zu Bildung und Gesellschaft länderübergreifende Untersuchung erfordern. Aber in Bezug auf zwei Arten der Validierung sei eine länderübergreifende Arbeit zwingend notwendig. Sie wiesen darauf hin, dass einige Verallgemeinerungen nicht einfach unter Verwendung von Daten aus einem einzelnen Land getestet werden können, da es in einem einzelnen Fall nicht genügend Variation gibt. Zum Beispiel erfordert das Testen der Hypothese, dass es einen Zusammenhang zwischen der Zentralisierung der nationalen Bildungsverwaltung und dem Schülerleistungsniveau gibt, zwangsläufig eine länderübergreifende Untersuchung. Zweitens, erlaubt ein Einzelfall nicht mehr als eine singuläre Aussage; erst auf der Grundlage von länderübergreifenden Untersuchungen können Hypothesen aus Einzelfallstudien verallgemeinert und weiter verfeinert werden. Wenn die Ergebnisse aus einem Land derjenigen aus einem anderen bestätigen, seien die Ergebnisse validiert. Wenn die Ergebnisse nicht übereinstimmen, so müssen die Forschende die Forschungsfrage überdenken und womöglich weitere Faktoren und Fälle hinzuziehen um eine umfassendere Theorie zu entwickeln.

Noah und Eckstein (1969) haben die Verwendung von empirischen, vor allem quantitativen Methoden der Sozialwissenschaften vorgeschlagen. Sie legen den Einsatz von Hypothesen für die Prüfung länderübergreifenden Daten nahe, um so eine wissenschaftliche Basis für die Internationale und Vergleichende Erziehungswissenschaft aufzubauen.

Die Phasen der wissenschaftlichen Methode nach Noah und Eckstein

1. *Identifizierung des Problems*: Dies beinhaltet die Auswahl eines bestimmten Themas oder Problems, das vergleichend untersucht werden kann. Das ausgewählte Problem sollte eine Beziehung zwischen Bildung und sozialer Entwicklung beinhalten.
2. *Entwicklung einer Hypothese*: Die Entwicklung einer Hypothese beruht auf einer Überprüfung der einschlägigen Literatur zum Thema/Problem. Die Hypothese sollte klar formuliert werden und eine fokussierte Sammlung von Daten erlauben.
3. *Definition der Konzepte und Indikatoren*: Diese Phase beinhaltet die Erklärung und Erläuterung von Konzepten, Indikatoren und Variablen. Die Konzepte und Indikatoren müssen messbar und quantifizierbar sein. Zum Beispiel müsste ein Konzept, wie Selbstvertrauen redefiniert werden, um tatsächliche Indikatoren für Selbständigkeit in der Studie festzulegen. Zu beachten ist, dass die Definition von Selbständigkeit zwischen unterschiedlichen Forschenden variieren wird.
4. *Auswahl der Fälle für die Studie*: Dabei handelt es um eine sorgfältige Auswahl von vergleichbaren Ländern oder Regionen, die für die aufgestellte Hypothese von Relevanz sind. Der Zugang zu den ausgewählten Ländern oder Regionen sollte gesichert sein; die Zahl der Fälle sollte klein sein, damit die Studie durchführbar bleibt.
5. *Datenerfassung*: Es handelt sich um die Sammlung von Daten; dies sollte die Zugänglichkeit, Relevanz und Zuverlässigkeit der Daten, die Herausforderungen

in der Zusammenarbeit mit Datenquellen bzw. anderen Forschenden sowie die Kommunikation sowohl in Bezug auf Reisen und Sprache in Betracht ziehen.
6. *Datenverarbeitung*: Hierbei handelt es um den tatsächlichen Vergleich der systematisch geordneten und quantifizierbaren Daten aus den verschiedenen Ländern.
7. *Interpretation der Ergebnisse*: es handelt sich hier um eine Einschätzung der Ergebnisse der Studie in Bezug auf die Hypothesen und deren Relevanz sowie um die zu ziehenden Schlussfolgerungen.

Phillips und Schweisfurths Struktur für vergleichende Untersuchungen

David Phillips und Michelle Schweisfurth (2008) haben das von George Bereday vorgeschlagene Modell weiterentwickelt. Sie lenken jedoch den Blick stärker auf die Notwendigkeit, zu Beginn einer Untersuchung die Forschungsfrage zu konzeptualisieren und vom jeweiligen Kontext zu „neutralisieren". Für sie stellt der Ansatz eine mögliche Struktur für vergleichende Untersuchungen dar. Sie schlagen damit ein systematisches Vorgehen zum Vergleich vor: sie beginnt mit einer begrifflichen Analyse eines Problems; es folgt eine gründliche Untersuchung des Kontextes sowie die Isolation der Variablen für die Untersuchung; weiter findet die Entwicklung von Hypothesen basierend auf Versuche zur Erklärung der auffälligen Muster statt; des Weiteren erfolgt eine Rekonzeptualisierung der Forschungsfrage basierend auf den Erkenntnissen sowie eine Berücksichtigung der Anwendbarkeit der Ergebnisse umfasst (vgl. Abbildung 3).

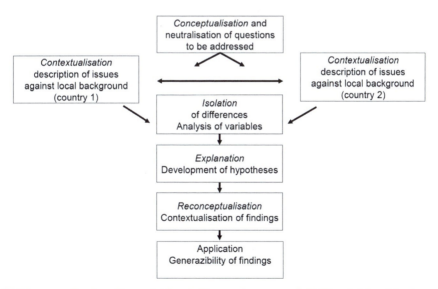

Abbildung 3: Struktur für vergleichende Untersuchungen nach Phillips & Schweisfurth (2008)

Die Struktur für vergleichende Untersuchungen nach Phillips & Schweisfurth (2008)

1. *Konzeptualisierung und „Neutralisierung der Forschungsfrage:* Die erste Stufe wird als „Konzeptualisierung" bezeichnet und stellt im Wesentlichen den Versuch dar, Forschungsfragen in einer Untersuchung zu identifizieren und die aus ihren jeweiligen besonderen Kontext zu „neutralisieren".
2. *Kontextualisierung der Beschreibung*: Die zweite Stufe umfasst die detaillierte Beschreibung der pädagogischen Phänomene in den zu untersuchenden Einheiten; diese wird mit großer Sorgfalt und Aufmerksamkeit für den lokalen Kontext in Bezug auf seine historischen, geographischen, kulturellen und politischen Merkmale durchgeführt.
3. *Isolierung der Unterschiede und Analyse der Variablen*: In der dritten Stufe geht es um einen Versuch, Unterschiede durch direkten Vergleich der beobachteten Phänomene oder die gesammelten Daten zu bestimmen. Dadurch werden Unterschiede/Ähnlichkeiten mit Bezug auf ein *tertium comparationis* hervorgehoben.
4. *Erklärung und Entwicklung von Hypothesen*: Die vierte Stufe beinhaltet die Erklärung durch die Entwicklung von Hypothesen. Durch den Erklärungsversuch der Unterschiede/Ähnlichkeiten im vorhergehenden Schritt sollen in dieser Stufe Hypothesen aufgestellt werden.
5. *Rekonzeptualisierung der Forschungsfrage und Kontextualisierung der Ergebnisse*: Die fünfte Stufe dient der Rekonzeptualisierung der Anfangsfragen sowie der Kontextualisierung der Ergebnisse.
6. Übertragung und Generalisierung der Ergebnisse: In der sechsten Stufe sollen dann die Ergebnisse auf andere Situationen übertragen werden, um auf diese Weise ihre Generalisierbarkeit zu prüfen.

Alle oben präsentierten Forschungsstrategien und -modelle bieten Strukturierungshilfen für vergleichende Untersuchungen mit dem Ziel an, den Forschungsprozess systematisch so zu gestalten, dass (a) ein Problem/Frage klar definiert werden kann, (b) die notwendigen Informationen, empirische Daten und kontextuelles Wissen gesammelt und analysiert werden sowie (c) der Vergleich explizit durchgeführt wird und die Ergebnisse mit Blick auf Forschung, Praxis und Politik diskutiert werden.

Im nächsten, abschließenden Abschnitt sollen und einige Überlegungen zu „methodologischen Kriterien" vergleichender Forschung angestellt werden.

5. Diskussion „vergleichender methodologischer Kriterien"

Vergleichende Forschung ist also vielfältig und wird mit unterschiedlichen Zielsetzungen, Erkenntnisinteressen und im Rahmen verschiedener methodologischen Paradigmen betrieben. Fasst man die obige Diskussion zusammen, so lässt sich festhalten: Forschung in der IVE gründet nicht auf *eine* allgemeingültige oder gar einheitliche Übereinkunft zum Vergleich als Methode; wie oben erwähnt, ist dies nicht zwingend als ein Mangel oder Defizit anzusehen. Vielmehr trägt dies dem komplexen Gegenstand im Forschungsfeld Rechnung. Die unterschiedlichen Erkenntnisinteressen sowie Vielfalt und Heterogenität der methodologischen Ansätze stellen daher wichtige Aspekte der IVE dar. Forschenden in der IVE nutzen *alle* wissenschaftliche Forschungsmethoden. Daher haben sie nicht nur mit den allgemeinen methodischen Fragen und Problemen, die jede erziehungswissenschaftliche Forschung betreffen zu tun, sondern müssen auch die besonderen Herausforderungen bewältigen für die Gewährleistung günstiger Bedingungen für eine angemessene Interpretation und vergleichende Analyse des Gegenstands in ihrer Forschung.

Die konstitutive Vielfalt vergleichender Forschung in der IVE erschwert das Treffen allgemeingültiger Aussagen über *die* Methodologie vergleichender Forschung. Ohne die Frage danach, „welche konstitutiven Faktoren erfüllt sein müssen, um von einem Vergleich als einem sinngebenden Vorgang für eine wissenschaftliche Disziplin sprechen zu können" (Röhrs, 1995, S. 77), abschließend klären zu wollen, lassen sich dennoch einige Merkmale oder Kriterien vergleichender Untersuchungen feststellen, die weitgehend für komparatistische Forschung allgemein zu gelten scheinen. Es geht um „method(olog)ische Kriterien", die das Ziel haben, den vergleichenden Forschungsprozess möglichst systematisch, reflexiv und selbstkritisch zu gestalten. Dies betrifft einige Kategorien für die zentralen Entscheidungen rund um die Forschungsstrategie und -design des Vergleichs; zum anderen betrifft dies auch die Reflexion der eigenen Rolle der Forschenden. Aus Platzgründen lassen sie sich an dieser Stelle lediglich anreißen und nicht systematisch diskutieren. Im Folgenden geht es um einige Überlegungen zur Reflexion der eigenen Position im Forschungsprozess.

Die Reflexion der eigenen Position im Forschungsprozess als „vergleichendes methodologisches Kriterium"

Jürgen Schriewer (1990) schlug einen konzeptuellen Rahmen vor, der sich mit Gewinn für die Klärung der Rolle des Vergleichs sowie der eigenen Position im Forschungsprozess nutzen lässt. Mit ihm lassen die verschiedenen „komparatistischen Stile und Prädispositionen" vergleichender Forschung explizit machen und reflektieren. Ohne seine Konzeption ausführlich diskutieren zu können, sollen lediglich zwei der wichtigsten Aspekte angesprochen werden. Przeworski und Teune (1970) folgend unterscheidet Schriewer zwischen einem *„einfachen"* bzw. *„uni-level"* und einem *„komplexen"* bzw. *„multi-level"* Vergleich. Erstere sind für ihn „Verfahren, welche die Objekte des Vergleichs lediglich im Hinblick auf ihre sachliche Aspekte zueinander beziehen und dabei ihren Geltungsbereich auf einer Ebene der Analyse beschränken, der durch Felder homologer Merkmale definiert sind." (Schriewer,

1990, S. 32) Dadurch verbleiben die möglichen Aussagen eines „uni-level" Vergleichs auf der Ebene der Deskription; als Argumente in Bezug auf theoretische Propositionen besitzen sie daher keine Aussagekraft, so Schriewer. Letztere dagegen nutzen als „sozialwissenschaflicher Vergleich" Techniken, die kulturelle Phänomene nicht entlang der sachlich-inhaltlichen Aspekte aufeinander beziehen, sondern vielmehr ihren Fokus auf vermutete Beziehungen zwischen verschiedenen Phänomenen, Variablen oder Systemebenen legen (ebd., S. 33). Die Schlussfolgerung hier ist, dass der sozialwissenschaftliche Vergleich nicht beobachtbare Fakten zueinander in Beziehung setzt, sondern vielmehr „Beziehungen – oder Muster von Beziehungen – in Beziehung setzt" (ebd., S. 33 f.). Der systematische Vergleich transzendiert also die Ebene der einfachen Suche nach Ähnlichkeiten, Unterschieden und Graduationen und zielt auf die Ebene von „verallgemeinerbaren Beziehungsgeflechten" und ihrer Theoretisierung, die, weil sie über den Einzelfall hinausgehen, unsere Wahrnehmung individueller Fälle schärfen kann (ebd., S. 36). Diese Einsicht scheint zentral für jegliche Form vergleichender Forschung in der Erziehungswissenschaft zu sein, und hilft den Forschenden, die eigene Positionierung im Hinblick auf die eigenen Zielsetzungen und Reichweite der Aussagen, die getroffen werden können.

Ferner unterscheidet Schriewer zwischen unterschiedlichen „kognitiven Prädispositionen" derjenigen, die den Vergleich durchführen. *Zum einen* beschreiben die Begriffe „Engagement" („involvement") und „Sozio-Zentrismus" Formen der Auseinandersetzung mit dem Vergleich, die „zu einem großen Teil durch gesellschaftliche Interessen vorgeformt sind, die für die Beobachter (und ihrer Gruppe) von entscheidender Bedeutung sind, sowie durch die Dominanz der Muster der eigenen sozio-kulturellen Orientierung der Beobachter, z. B. Werte, ideale, Überzeugungen oder Weltanschauungen, die sie ihre eigenen Werte mit Werten schlechthin identifizieren lassen." (Schriewer, 1990, S. 39) *Zum anderen* beziehen sich die Termini „Detachment" und „Perspektivismus" auf eine gegensätzliche mentale Disposition hinsichtlich „der Wahrnehmung, Vorstellung und Interpretation von Differenz im Rahmen des Vergleichs" (ebd., S. 42).

Der Vergleich als wissenschaftliche Methode setzt also andere Stile und mentale Prädispositionen voraus. Je nachdem, ob der Vergleich als „universelle mentale Operation" oder als „wissenschaftliche Methode" (Schriewer) praktiziert wird, werden unterschiedliche Foki gesetzt. Auch der Umgang mit kultureller Andersartigkeit unterscheidet sich entsprechend und ruft verschiedene Modi der Wahrnehmung und des Denkens sowie unterschiedliche Geisteshaltungen hervor. Schließlich wird entsprechend anders mit den gesellschaftlichen Impulsen umgegangen. In der Nussschale ist der Vergleich als „universelle mentale Operation" von Sozio-Zentrismus gekennzeichnet und wird aus der Sicht eines involvierten und engagierten Beobachters durchgeführt, womit die Gefahr von Nostrifizierung auf der einen und von Altrifizierung auf der anderen Seite verbunden ist. Nostrifizierung bedeutet dass das Andere an das Eigene angeglichen wird; Altrifizierung wiederum, dass das Andere verfremdet und Unterschiede größer gemacht werden als sie sind (siehe zu den Gefahren der Kulturalisierung und Essentialisierung: Sprung (2013); Fuchs (2001). Als „wissenschaftliche Methode" zeichnet sich der Vergleich dagegen durch der Versuch aus, durch Perspektivübernahme und Distanzierung zu einer Relativierung und Konzeptualisierung des Anderen als „verschieden, aber gleichwertig zu kommen. Es wird nicht länger auf die Beobachtung faktischer Ähnlichkeiten und/oder Unterschiede gesetzt, sondern auf die Herstellung von Beziehungen zwischen Beziehungsgefügen hingearbeitet. Der systematische Vergleich transzendiert also die Ebene der einfachen Suche nach Ähnlichkeiten, Unterschieden und Graduationen und zielt auf die Ebene von „verallgemeinerbaren Beziehungsgeflechten" und ihrer Theoretisierung, die, weil sie über den Einzelfall hinausgehen, unsere Wahrnehmung individueller Fälle schärfen kann (ebd., S. 36). Die Abbildung 4 unten veranschaulicht die Stile des Vergleichs und ihre mentalen Prädispositionen.

Ein weiterer relevanter Aspekt bezieht sich auf die Reflexion der Verwendung des Vergleichs im Rahmen von Machtverhältnissen, aber auch die Reflexion der historischen Vermächtnisse von Bildung und Bildungssystemen. Wie Michael Crossley und Leon Tikly (2004) hervorgehoben haben:

> „After all, at the most basic and obvious level the vast majority of the education systems that we study as comparativists have their origins in the colonial era […] Furthermore, many existing education systems still bear the hallmarks of the colonial encounter in that they remain elitist, lack relevance to local realities and are often at variance with indigenous knowledge systems, values and beliefs" (Crossley & Tikly 2004, S. 149)

Ferner wird der Vergleich nicht nur als Methode der Erkenntnisgewinnung genutzt, sondern, wie António Nóvoa und Tali Yariv Mashal (2003) angemerkt haben, als „mode of governance" genutzt:

> „Good governance" discourse in Europe stresses openness, participation, accountability, effectiveness and coherence, but these are governmental aspects legitimated by comparability and resulting in benchmarks, standards, and policy guidelines … Policy is constructed, legitimised and finally put into action through „new means" legitimated by a logic of perpetual comparison leading to similar solutions. […] benchmarking [is to be understood] not only as a technique or a method of inquiry, but as a political stance (Nóvoa & Yariv-Mashal, 2003, S. 429).

Vor diesem Hintergrund ist eine (selbst-)kritische Reflexion der eigenen Forschung als wichtige methodologische Kriterien anzusehen.

Marcelo Parreira do Amaral

Stil des Vergleichs	VERGLEICH ALS	
	universelle mentale Operation z.B. Herstellung von Beziehungen zwischen beobachteten Tatsachen/Aspekten	**sozialwissenschaftliche Methode** z.B. Herstellung von Beziehungen zwischen Beziehungsgefügen
Fokus vergleichender Operationen	Ähnlichkeiten → graduelle/serielle Unterschiede	Unterschiede
Modus der Wahrnehmung und des Denkens	Universalisierung — Hierarchisierung	Relativierung und Konzeptualisierung von Beziehungen, Systemkonfigurationen („interrelationship patterns', 'system configurations', etc.)
Geisteshaltung	ähnlich/gleichartig gleichwertig = identisch / nicht ähnlich/ verschieden verschieden = ungleich	verschieden unterschiedlich aber gleichwertig
	Sichtweise des involvierten Beobachters: **Sozio-zentrismus/Engagement**	Sichtweise des distanzierten Beobachters: **Perspektivismus/Distanziertheit**
gesellschaftliche Impulse auf Erfahrungen, Haltungen und mentalen Aktivitäten	Prädominanz bzw. Betonung von • lebenswichtigen Gruppeninteressen • sozialen Spannungen • Fragen gemeinschaftlicher Überzeugungen oder Orientierungsmuster	Minderung bzw. Abschwächung von

Umgang mit kultureller Andersartigkeit

Abbildung 4: Stile des Vergleichs und ihre Prädispositionen nach Schriewer (1990, S. 40)

Die Bedeutung von Forschungsdesign, Gegenstandskonstruktion und Fallauswahl

Der Vergleich wird in den verschiedenen Forschungstraditionen mit recht unterschiedlichen (Vor-)Annahmen, epistemologischen Prämissen und theoretischen Rahmungen und methodologischen Präferenzen betrieben, die nicht immer reflektiert und explizit gemacht werden. Um den Vergleich möglichst transparent und reflektiert zu gestalten, muss vor Beginn der Untersuchung festgelegt werden, was genau vergleichen werden soll. Um welche Form des Vergleichs handelt es sich? Geht es um einen Vergleich im Rahmen von geographischen Einheiten? Sollen zwei oder mehrere Zeitabschnitte – einen historischen Vergleich also – verglichen werden? Welche sind die zentralen Vergleichsparameter? Welche sind die Vergleichseinheiten? Welche Funktion(en) soll die Studie in der Hauptsache erfüllen? Welches Erkenntnisinteresse leitet die Untersuchung? Welche Art von Aussagen soll getroffen werden können? Wie lässt sich Vergleichbarkeit herstellen? Diese sind allgemeine zentrale Fragen für komparatistische Forschung irrespektive des tatsächlichen empirischen Gegenstands und betreffen zentral die Gegenstandskonstruktion des Vergleichs.

Die systematische – und dies bedeutet: theoretisch-angeleitete – Konstruktion des Gegenstandes verlangt nach einer möglichst genauen Definition des Gegenstands der Untersuchung sowie die Herstellung und Prüfung von Vergleichbarkeit. Letzteres lassen sich durch zwei analytische Konzepte herstellen. *Zum einen* geht es um die Prüfung von Äquivalenzen auf begrifflicher/konzeptueller, auf funktionaler und operationaler Ebene. Die Prüfung begrifflicher bzw. konzeptueller Äquivalenz soll sichern, dass es sich tatsächlich um derselben Gegenstand handelt, der in den verschiedenen Einheiten verglichen wird. Auf der anderen Seite sichert funktionale Äquivalenz den Vergleich von gleichwertigen Gegenständen hinsichtlich ihrer Funktion in einem gegebenen Kontext. Schließlich geht es bei der Prüfung der operationalen Äquivalenz um die Passung der gewählten Instrumente bzw. Konzepte für den Vergleich. *Zum anderen* wird Vergleichbarkeit durch die Bildung eines *tertium comparationis* hergestellt. *Tertium comparationis* – wörtlich „das Dritte des Vergleiches" – bezeichnet die Gemeinsamkeit zweier oder mehrerer verschiedener, miteinander zu vergleichender Gegenstände oder Sachverhalte und wird als Voraussetzung für den systematischen Vergleich angesehen. Die Auswahl der zu vergleichenden Fälle stellt ebenfalls eine wichtige Entscheidung in der Vorbereitung eines systematischen Vergleichs dar. Dabei hängt sie vom Gegenstand und Typ des Vergleichs ab und lässt sich mithilfe unterschiedlicher Prinzipien treffen: Einerseits können die Fälle anhand eines Random Samplings ausgewählt werde. Obwohl dies eine der anspruchsvollsten und methodisch solidesten Wege darstellt, ist er nur selten möglich zu realisieren, da Gegenstände wie „Bildung" oder „Bildungssysteme" sehr komplexe Gebilde sind und die Möglichkeiten und Kapazitäten der Forschenden schnell übersteigen. Die häufigste Form stellt die Passung bzw. Zweckdienlichkeit der Fälle dar; weil die systematische Untersuchung von Bildungsfragen tiefgehende Kenntnisse nicht nur des Gegenstands, sondern auch der Kontexte – politisch, kulturell, sozioökonomisch usw. – der Fälle erfordert, wird die Fallauswahl oft durch Überlegungen wie Zugang, Sprachkenntnisse usw. geleitet. Diese Form der Fallauswahl muss nicht zwingend weniger fruchtbar oder gar unseriös sein, sie bedarf aber des reflektierten Umgangs mit den Fällen und ihren Kontexten und lässt sich systematisieren, in dem durch die Nutzung von Kontrastmodellen, die Hinzuziehung von Indikatoren (z. B. statistische Daten) oder die Nutzung von Typologien die Zusammensetzung und Charakteristika der Fälle zum Vorschein gebracht wird (vgl. die Beiträge von Steiner-Khamsi, Walther und Ioannidou in diesem Band).

Literatur

Altbach, P. G. & Kelly, G. P. (1986). Introduction: Perspectives on comparative education. In P.G. Altbach & G.P. Kelly (Hrsg.), *New approaches to comparative education* (S. 1–10). Chicago & London: The University of Chicago Press.

Bereday, G. Z. F. (1964). *Comparative method in education.* New York: Holt, Reinhart and Winston.

Crossley, M. & Tikly, L. (2004). Postcolonial Perspectives and Comparative and International Research in Education: A Critical Introduction. *Comparative Education*, 40(2), 147–156.

Dewey, J. (2002 [1933]). *Wie wir denken.* Zürich: Pestalozzianum.

Durkheim, É. (1995 [1885]). *Die Regeln der soziologischen Methode.* Frankfurt/M.: Suhrkamp.

Eckstein, M. A. (1983). The Comparative Mind. *Comparative Education Review*, 27(34), 311–322.

Eckstein, M. A. & Noah, H. J. (1974). Metropolitanism and Education: A Comparative Study of Teachers and School Success in Amsterdam, London, Paris and New York. *Comparative Education Review*, 18(3), 359–373.

Edwards, R., Holmes, B., Van de Graaff, J. (1973). *Relevant Methods in Comparative Education: Report of a Meeting of International Experts.* Hamburg: Unesco Institute for Education.

Fairbrother, G. P. (2005). Comparison to what end? Maximizing the potential of comparative education research. *Comparative Education*, 41(1), 5–24.

Fuchs, E. (2001). *Against Essentialism: A Theory of Culture and Society.* Cambridge, MA: Harvard UP.

Glowka, D. (1972). Vergleichende Erziehungswissenschaft und methodische Reflexion. *International Review of Education*, 18(1), 305–315.

Hans, N. (1971 [1949]). *Comparative education: a study of educational factors and traditions.* London: Routledge & K. Paul.

Hilker, F. (1962). *Vergleichende Pädagogik. Eine Einführung in ihre Geschichte, Theorie und Praxis.* München: Hueber.

Hofstadter, D. & Sander, E. (2013). *Surfaces and Essences. Analogy as the fuel and fire of thinking.* New York: Basic Books.

Holmes, B. (1965). *Problems in education: a comparative approach.* London: Routledge & Kegan Paul.

Holmes, B. (1977). The Positivist Debate in Comparative Education – An Anglo-Saxon Perspective. *Comparative Education*, 13(2), 115–132.

Holmes, B. (1984). Paradigm Shifts in Comparative Education. *Comparative Education Review*, 28(4), 584–604.

Hörner, W. (1993). *Technische Bildung und Schule. Eine Problemanalyse im internationalen Vergleich*. Köln: Böhlau.

Kandel, I. L. (1933). *Comparative Education*. Cambridge, MA: The Riverside Press.

Noah, H. J. & Eckstein, M. A. (1969). *Towards a Science of Comparative Education*. London: Macmillan.

Noah, H. J. & Eckstein, M. A. (1998). *Doing Comparative Education: Three Decades of Collaboration*. Hong Kong: Comparative Education Research Centre, The University of Hong Kong.

Nóvoa, A. & Yariv-Mashal, T. (2003). Comparative Research in Education: a mode of governance or a historical journey. *Comparative Education*, 39(4), 423–438.

Phillips, D. (1999). On Comparing. In R. Alexander, P. Broadfoot & D. Phillips (Hrsg.), *Learning from Comparing: New Directions in Comparative Educational Research* (S. 15–20). Band 1. Oxford: Symposium Books.

Phillips, D. (2006). Comparative Education: Method. *Research in Comparative and International Education*, 1(4), 304–319.

Phillips, D. & Schweisfurth, M. (2008). *Comparative and International Education: An Introduction to Theory, Method and Practice*. London: Continuum.

Przeworski, A. & Teune, H. (1970). *The logic of comparative social inquiry*. New York u.a.: Wiley-Interscience.

Ragin, C. C. (1987). *The Comparative Method: Moving Beyond Qualitative and Quantitative Strategies*. Berkeley, CA: University of California Press.

Röhrs, H. (1995). *Die Vergleichende und Internationale Erziehungswissenschaft*. Gesammelte Schriften. Bd. 3. Weinheim: Deutscher Studien Verlag.

Rust, V. D., Sourmaré, A., Pescador, O. & Shibuya, M. (1999). Research Strategies in Comparative Education. *Comparative Education Review*, 43(1), 86–109.

Schneider, F. (1947). *Triebkräfte der Pädagogik der Völker. Eine Einführung in die Vergleichende Erziehungswissenschaft*. Salzburg: Otto Müller Verlag.

Schriewer, J. (1982). ‚Erziehung' und ‚Kultur'. Zur Theorie und Methodik Vergleichender Erziehungswissenschaft. In W. Brinkmann & K. Renner (Hrsg.), *Die Pädagogik und ihre Bereiche* (S. 185–236). Paderborn u.a.: Schöningh.

Schriewer, J. (1987). Vergleich als Methode und Externalisierung auf Welt: Vom Umgang mit Alterität in Reflexionsdisziplinen. In D. Baecker, J. Markowitz, R. Stichweh, H. Tyrell & H. Willke (Hrsg.), *Theorie als Passion*. Niklas Luhmann zum 60. Geburtstag (S. 629–668). Frankfurt/M.: Suhrkamp.

Schriewer, J. (1990). The method of comparison and the need for externalization: Methodological criteria and sociological concepts. In J. Schriewer & B. Holmes (Hrsg.), *Theories and methods in comparative education* (S. 25–83). Frankfurt/M.: Peter Lang.

Sprung, A. (2013). *Kritische Diskurse: Kulturverständnis, Othering, Repräsentation*. Online unter: http://erwachsenenbildung.at/themen/migrationsgesellschaft/theorien_und_konzepte/kritische_diskurse.php#kulturalisierung [zuletzt September 2014].

Theisen, G. & Adams, D. (1990). Comparative Education Research. In R. M. Thomas (Hrsg.), *International Comparative Education: Practices, Issues, and Prospects* (S. 277–300). Oxford: Pergamon.

Wilson, D. (2009). To Compare is Human: Comparison as a research methodology. In J. Zajda & V. Rust (Hrsg.), *Globalisation, Policy and Comparative Research. Discourses of Globalization* (S. 49–60). Dordrecht: Springer.

TEIL III

THEMEN, RESSOURCEN UND FORSCHUNGSFELDER

Paul Fossum

Das Forschungsfeld der International Vergleichenden Erziehungswissenschaft: Implikationen für die Lehrerbildung[1]

1. Einleitung

Schon lange bevor es Lehrerbildung gab, wurde gelehrt; dennoch hat auch die Lehrerbildung eine lange Geschichte, sie bildete, um nur ein Beispiel zu nennen, den Kern der mittelalterlichen europäischen Universitäten: „eine fortgeschrittene Bildung in den Freien Künsten diente vor allem der Lehrerbildung" und der Erwerb des Magister- und des Doktorgrades „waren Zeichen des Zugangs zum Status des Lehrmeisters" (Larabee, 2008, S. 290). In modernen Gesellschaften wurde die Lehrerbildung durch die Etablierung von Massenerziehungssystemen zu einem nahezu universellen Anliegen.

In diesem Kapitel werden die Forschungsleistungen und die Struktur des Feldes der Vergleichenden Erziehungswissenschaft mit Blick auf mögliche Implikationen und Konsequenzen für die Lehrerbildung betrachtet. Zudem wird eine Bestandsaufnahme einiger internationaler Trends vorgenommen, welche die Lehrerbildung gegenwärtig nachdrücklich beeinflussen. Darüber hinaus sollen einige Überlegungen über den grundsätzlichen Nutzen der Vergleichenden Erziehungswissenschaft für die Lehrerbildung angestellt werden.

Der erste Abschnitt dieses Beitrages thematisiert die eklektischen Zugangs- und Herangehensweisen des Feldes der Vergleichenden Erziehungswissenschaft und geht dabei selbst ebenfalls eklektizistisch vor. Da die Methode des internationalen Vergleiches nicht *per se* auf das Feld der Vergleichenden Erziehungswissenschaft beschränkt ist, wird in diesem Kapitel auch auf Quellen Bezug genommen, welche nicht aus der Hand vergleichender Erziehungswissenschaftler stammen. Ferner sei darauf hingewiesen, dass sich dieses Kapitel wesentlich auf US-amerikanische Forschungsergebnisse bezieht, welche die Situation in diesem Land zum Gegenstand haben. Diese Tatsache spiegelt trotz der Berücksichtigung nichtamerikanischer Quellen auch die kulturelle Perspektive und vor allem die sprachliche Orientierung des Autors wider. Gleichwohl wurden in dieses Kapitel auch zahlreiche Beiträge miteinbezogen, die von Autorinnen und Autoren aus anderen Nationen stammen und dementsprechend die jeweilige Situation vor Ort beschreiben.

---

1 Aus dem Englischen übersetzt von Ulrich Theobald, lektoriert von Marcelo Parreira do Amaral.

2. Anmerkungen zur Ausrichtung der Forschung in der Vergleichenden Erziehungswissenschaft

Studien über die Art und die Ausrichtung der Vergleichenden Erziehungswissenschaft stellen einen wichtigen und einschlägigen Forschungsgegenstand dar (Larsen, Masemann, Wolhuter, Popov & Majhanovich, 2009). Auch die Vielzahl der Studien komparatistischer Forscherinnen und Forscher über ihre intellektuellen Ausrichtungen sowie ihre Einbindung in Institutionen und Organisationen auf der ganzen Welt ist von bemerkenswerter Breite. Dieses umfangreiche Korpus von Arbeiten über die Disziplin verdeutlicht, dass es sich bei der Vergleichenden Erziehungswissenschaft um ein äußerst heterogenes Feld handelt, nicht nur in Bezug auf Länder und Regionen, sondern auch im Hinblick auf die gewählten Themen, Methoden und theoretische Perspektiven.

Trotz dieser Vielseitigkeit handelt es sich um einen primär akademischen Diskurs. Praktikerinnen und Praktiker wie beispielsweise Lehrkräfte und deren Ausbildende sind üblicherweise nicht Teile des entsprechenden Diskurses. Im folgenden Abschnitt wird erstens einen Überblick über die Forschung aus dem Bereich der Vergleichenden Erziehungswissenschaft gegeben, zweitens wird thematisiert, wie sich die Disziplin in Form einer Gemeinschaft aus Forscherinnen und Forschern zusammensetzt, und schließlich drittens wird auf den begrenzenden Charakter von Bildungsvergleichen eingegangen, wobei Implikationen und Konsequenzen für die Lehrerbildung thematisiert werden.

3. Die vielfältigen Blickpunkte und Herangehensweisen vergleichender Forschung

Die Heterogenität der Vergleichenden Erziehungswissenschaft zeigt sich zunächst anhand der Themen und Schwerpunkte der Forschung, welche sich mit so unterschiedlichen Bereichen der Schulforschung wie beispielsweise Lese- und Rechtschreibfähigkeit (Maddox, 2007), Wissenschaft und Technik (Jordan & Yeomans, 2003), Geschichte (Kissane, 2005), Sportunterricht (Hardman, 2006) und vielen mehr beschäftigt. Die regionale Ausrichtung der Interessen vergleichender Forschung ist ebenso vielfältig und kann sich auf ein bestimmtes Land – wie etwa Schottland (Matheson & Matheson, 2000), China (Vickers, 2007) oder Tansania (Barrett, 2007) – oder eine durch gemeinsame Identität verbundene Region wie Asien, Skandinavien (Harbo & Jorde, 2000) oder Afrika (Chisholm, 2007) beziehen.

Die vergleichende erziehungswissenschaftliche Forschung weist auch große Variationen in forschungsmethodologischer bzw. methodischer Hinsicht auf. Diese reichen von quantitativen Analysen über qualitative Fallstudien bis hin zu konzeptionellen Arbeiten. Da es keine vorherrschende Orthodoxie oder bevorzugte Untersuchungsmethode unter vergleichenden Erziehungswissenschaftlern gibt, sind die diesbezüglichen Fachdiskussionen entsprechend facettenreich und vielfältig.

Kelly (1982) stellte bereits vor Jahrzehnten fest, dass der fehlende Konsens im Hinblick auf die besten vergleichenden Forschungsmethoden bereits damals zu einer „Identitätskrise" der Disziplin beitrug (S. 292) und tatsächlich blieb die Frage nach der Methodik eines der Kernthemen der Vergleichenden Erziehungswissenschaft (siehe beispielsweise Phillips, 2006; Phillips & Schweisfurth, 2007; Bray, Adamson & Mason, 2007). Theoretische und konzeptionelle Debatten erfahren ebenso anhaltende Aufmerksamkeit innerhalb des vergleichenden erziehungswissenschaftlichen Diskurses. Im Hinblick auf das Wechselspiel zwischen globalen und lokalen Kräften wurde beispielsweise von einigen Seiten die homogenisierende Wirkung der Massenbildung aufgezeigt und darauf hingewiesen, dass eine „Weltkultur" erkennbar sei, welche die formale Erziehung umrahmt (Arnove & Torres, 2007). Bildungstitel, Schulzeugnisse und Hochschulabschlüsse sind dieser Perspektive zufolge von steigender weltweiter Bedeutung im Hinblick auf die Beschäftigungschancen der Menschen, wodurch ein Aufforderungscharakter entsteht und dazu führt, dass die Abläufe, Strukturen und Curricula in den Schulen auf der ganzen Welt zu Standardisierung tendieren (Baker & LeTendre, 2005). Von anderer Seite wird erwidert, dass die Bildungspraxis und deren Schwerpunkte nicht einfach importiert werden können und stattdessen wird betont, dass Bildungskonzepte kulturell entlehnt und adaptiert werden. Daraus ergibt sich, dass es die kulturellen Differenzen sind, die Strukturen und Praktiken im Bildungsbereich prägen und nicht der globale Ideen-Transfer, welcher vielmehr zur Entstehung der Vielfalt beiträgt (Anderson-Levitt, 2003). Eine andere lang anhaltende Debatte der Disziplin dreht sich um die Möglichkeit von Theorie als solche, allgemeine Erklärungen liefern zu können. Von mancher Seite wird die Möglichkeit angezweifelt, dass Theorie in der Lage wäre, weit reichende, generelle Erklärungen zu liefern (z. B. Tikly, 1999; McLaughlin, 2008; Cooper, 2003), wobei andere Autorinnen und Autoren im Gegensatz dazu herausstellen, wie sehr die Disziplin derartige übergreifende Erklärungsansätze benötigt (z. B. Hayhoe, 2000). Die Beständigkeit und Prominenz derartiger theoretischer Auseinandersetzungen, die an sich ergiebig sein mögen, erweckt durchaus den Eindruck, dass es der Vergleichenden Erziehungswissenschaft als Disziplin an einer klaren Identität und Bestimmung fehlt.

4. Die Organisation der Vergleichenden Erziehungswissenschaft: Implikationen für die Lehrerbildung

Die professionellen Organisationen der Vergleichenden Erziehungswissenschaft spiegeln dieselbe Heterogenität hinsichtlich der Spezialisierungen, Interessen und Perspektiven der Disziplin wider. Zu den Hauptfeldern der Vergleichenden Erziehungswissenschaft kommen noch folgende Unterbereiche dazu:

- „*Area-Studien*", meist von kleineren Forschungskollektiven betrieben, setzen sich mit Regionen oder mit Ländern in regionalen Kontexten auseinander;
- „*Development Education*", befasst sich mit der internationalen Bereitstellung von Ressourcen, der Rolle von Regierungen und Internationalen Organisationen in diesem Zusammenhang sowie mit der Förderung der Expansion und der Verbesserung formeller Bildung und der Erweiterung von Bildungschancen; sowie die
- „*Internationale Erziehungswissenschaft*", welche grundlegende Probleme und Themen mit internationalen Bezügen, wie interkulturelles Bewusstsein, internationale Bildungsbeziehungen und Austausch sowie Auslandsstudien behandelt.

Die Existenz dieser untergeordneten Bereiche und die damit einhergehenden speziellen Belange und Gewichtungen erweitern und diversifizieren die Beteiligung an den professionellen Organisationen der Vergleichenden Erziehungswissenschaft und sie beeinflussen die Strukturen, das Augenmerk sowie die Routine der jeweiligen Organisationen. Dies zeigt sich beispielsweise anhand der „special interest groups" oder SIGs der Comparative and International Education Society (oder CIES in Nordamerika): Regionale Interessensgruppen beinhalten unter anderem Sektionen, welche sich auf Afrika, den Mittleren Osten, Südasien und Lateinamerika konzentrieren. Fragen der Entwicklung werden in den Interessensgruppen vor dem Hintergrund einer „nachhaltigen Entwicklung" und der Verbreitung und dem Potenzial der Informationstechnologie in den Entwicklungsländern betrachtet, wohingegen allgemeinere Fragen der internationalen Bildungsforschung durch Gruppen repräsentiert werden, welche sich u. a. auf Sprachprobleme, Bürger-, Demokratie- und Friedenserziehung fokussieren.

Einige Autorinnen und Autoren sind der Ansicht, dass die breite Ausrichtung der aktuellen vergleichenden erziehungswissenschaftlichen Forschung eine Verbesserung der professionellen Identität der Disziplin begünstigen könnten (Wiseman & Matherly, 2009), indem die potenzielle Anzahl derer erhöht werden könnte, die sich selber als Komparatisten betrachten, wodurch der Zugang zu Drittmitteln verbessert und so die Aufmerksamkeit für Fragestellungen der internationalen Erziehungswissenschaft durch eine gesteigerte Partizipation an Forschung und Lehre mit internationaler Dimension vergrößert würde. Andere argumentieren, die Disziplin würde dann von stärkerer Einheit im Sinne einer spezialisierten Forschungsrichtung profitieren, wenn an den Entwicklungslinien und dem Charakter etablierter universitärer Fächer festgehalten würde (siehe Manzon, 2011; Larsen et al., 2009 für eine ausführliche Diskussion der Entwicklung der Disziplin).

Derweil verfolgten Spezialisten der Vergleichenden Erziehungswissenschaft in Deutschland eine Neuausrichtung der professionellen Organisation in Form einer Sektion für interkulturelle und internationale vergleichende Erziehungswissenschaft unter dem Schirm der Deutschen Gesellschaft für Erziehungswissenschaft, woraus die „Sektion Interkulturell und International Vergleichende Erziehungswissenschaft der Deutschen Gesellschaft für Erziehungswissenschaft" (DGfE-SIIVE) entstand (Waterkamp, 2008). Diese Entwicklung hatte eine vielsagende Vorgeschichte und bedeutende Auswirkungen. Die Tatsache, dass die Gruppe zu Beginn „Teil der gesamten professionellen Organisation der Erziehungswissenschaftler" war, die alle Forschungsdisziplinen beinhaltet, „spiegelt die enge Anbindung an die universitären Forschungsbereiche" (Waterkamp, 2008, S. 142). Die Gründungsmitglieder der Organisation lehnten die Alternative entschieden ab, eine eigenständige Deutsche Organisation für Vergleichende Erziehungswissenschaft zu gründen. Dies geschah aus der Angst, ein solcher Schritt könne die erwünschte Positionierung der Vergleichenden Erziehungswissenschaft als zentralem Teil der erziehungswissenschaftlichen Forschung unterminieren. Tatsächlich unterrichten die deutschen Komparatisten häufig allgemeine pädagogische Inhalte, wie beispielsweise „Forschungsmethoden, Schulpädagogik oder berufliche Bildung" (ebd., S. 142).

Gemessen an den vielfältigen Interessen, welche sich an der breiten Ausrichtung und der Vielfalt der Forschung sowie der Inklusivität und Struktur der Organisationen im Bereich der Vergleichenden Erziehungswissenschaft widerspiegeln, ist es in jedem Falle bemerkenswert, dass Lehrende sowie Lehrerausbilder in der Regel nicht beteiligt sind (Fossum & Kubow, 2003). Wenngleich ein kürzlich erfolgter Konferenzaufruf für die Einrichtung einer neuen CIES-SIG plädierte, welche sich mit der universitären Lehre der Vergleichenden Erziehungswissenschaft beschäftigen sollte (siehe Epstein, Kubow, Collet, Stone & Blosser, 2011), existierte keine SIG für Lehrende sowie Lehrerbildner. Wegen der Verbreitung und der Wichtigkeit der Lehramtsausbildung als weltweiter Aufgabe (Larabee, 2008) würde es die Initiierung und Formalisierung einer derartigen Partizipationsmöglichkeit erlauben, sich mit den Bedürfnissen der Studierenden zu beschäftigen, die eine Laufbahn als Vergleichende Erziehungswissenschaftlerinnen und Erziehungswissenschaftler in der Lehrerbildung anstreben. Eine intensivere und besser strukturierte Auseinandersetzung mit der Lehrebildung als Fokus könnte ebenso denjenigen Studierenden entgegenkommen, welche eine Karriere als Lehrer und Lehrerin an Grund- und weiterführenden Schulen anstreben.

5. Der Mangel an Vergleich in der Vergleichenden Erziehungswissenschaft

Alexander (2001) referierte die Ergebnisse mehrerer Studien zu den Inhalten und Schwerpunkten in wichtigen Fachzeitschriften der Vergleichenden Erziehungswissenschaft und kam zu der Beobachtung, dass es einen Mangel an internationalem Vergleich unter denjenigen gibt, die man am stärksten mit der Disziplin in Verbindung bringen würde. Ein Überblick über die bekannte britische Zeitschrift *Comparative Education* zeigte, dass verhältnismäßig wenige Artikel eine explizit komparatistische Herangehensweise wählten und dass die meisten der veröffentlichten Artikel eine Fokussierung auf eine einzelne Nation verfolgten (Little, 2000 zitiert in Alexander, 2001). Untersuchungen einer weiteren bedeutenden britischen Fachzeitschrift *Compare*, dem offiziellen Organ der British Association for International and Comparative Education, unterstützte diesen Befund mit der Aussage, dass „der größte Teil der Artikel keine transnationalen Vergleiche enthielt" (Leach & Preston, 2001 zitiert in Alexander, 2001, S. 509). In der „*Comparative Education Review*", der offiziellen Fachzeitschrift der Comparative and International Education Society (der wichtigsten nordamerikanischen Forschungsorganisation dieser Disziplin), wird durch eine knappe, wenngleich weniger wissenschaftliche Übersicht über die Titel und Abstracts der zwischen 2000 und 2010 publizierten Artikel ersichtlich, dass die Mehrzahl der Berichte offenkundig nicht komparatistisch angelegt ist, und dass der Fokus der meisten Arbeiten auf einem einzelnen Land liegt. Die Anzahl der Studien, die sich mit Entwicklungspolitik und internationaler Entwicklung beschäftigen, übersteigt die der Artikel, welche explizit auf den internationalen Vergleich rekurrieren. Aufgrund dieser Ergebnisse zum Stellenwert vergleichender Forschung innerhalb der Disziplin verwundert es nicht, dass deren Vorreiter explizit zur Verwendung vergleichender Methodik ermutigen (Kubow & Fossum, 2007). William Cummings (1999) wandte sich in seiner Antrittsrede 1999 mit den Worten „Vergleicht, vergleicht, vergleicht!" an die Mitglieder der CIES. Ruth Hayhoe bemerkte ein Jahr später die Notwendigkeit von „Meta-Narrativen" (2000, S. 423), die ein breiteres Verständnis der beobachteten Phänomene erlauben und internationalen Vergleichen mehr Gewicht im Hinblick auf ihre Aussagekraft verleihen könnten. 2001 plädierte Robert Arnove noch deutlicher für bessere, ambitionierte und umfangreiche quantitative Studien mit international-vergleichender Fragestellung (2001, S. 478; wie zitiert in Kubow & Fossum, 2008).

Was steckt hinter der Zurückhaltung der Komparatisten, wenn es darum geht, tatsächlich zu *vergleichen*? Zunächst einmal artikulieren Komparatisten die tief verwurzelte und weit in die Vergangenheit zurückreichende Überzeugung, dass formelle Bildung in ihrer gesellschaftlichen oder nationalen Ausprägung das Produkt eines komplexen Zusammenspiels von Faktoren ist, die eben jener Gesellschaft immanent sind. Daher herrscht in der Disziplin das Verständnis vor, dass Komparatisten Expertinnen und Experten für das Netz aus Kontext und Rahmenbedingungen sein sollten, welche die Bildungspraxis in einem Land oder einer Kultur beeinflussen: „[…] any attempt to philosophize about educational context must be conducted in the light of a thorough understanding of the context itself in all its dimensions." (McLaughlin 2008, S. 1134)

Diese Auffassung vom Komparatisten als Experten für die Kontexte und Rahmenbedingungen impliziert jedoch eine Exklusivität, die der Vielfalt und Diversität widerspricht, welche die Forschungsfelder und die Organisation der Vergleichenden Erziehungswissenschaft – wie gerade beschrieben – zu charakterisieren scheint. Die Ansicht, dass vergleichende Forschung auf einige wenige Expertinnen und Experten beschränkt sein sollte, weist auf unterschiedliche Auffassungen des Standards des Vergleichs hin. Ein bedingungsloses Festhalten an kultureller Expertise lässt sich kaum mit Kerninteressen der Disziplin vereinbaren. Die genannten Aspekte können potentiell das Interesse von Seiten der Lehrenden verringern beziehungsweise vergleichende Forschung innerhalb der Lehrerbildung als weniger relevant erscheinen lassen.

Da das Unterrichten tief in das Verständnis und die Erfahrungen von Mitgliedern bestimmter Gesellschaften eingebettet ist, in welchen der Unterricht stattfindet, werden die Routinen in Schulen sowie Bildungspraktiken unsichtbar (Stigler & Thompson, 2009). Während die menschlichen Neigungen, unvertraute Kulturen zu stark zu vereinfachen und so das „Fremde" greifbar und verständlich zu machen, mit Vorsicht zu behandeln sind, ist gleichzeitig daran zu erinnern, dass die eigene gewohnte Kultur in Wahrheit auch „vielgestaltig und facettenreich" beschaffen ist (Deutsch, 1997, S. xiii, zitiert in McLaughlin 2008, S. 1136). Deswegen sind auch Interpretationen von Kontexten, die eigentlich durch unsere Vertrautheit mit ihnen einfacher sein sollten, unvollständig und mängelbehaftet; sie sind voller Widersprüche und lassen das „gründliche Verständnis aller Dimensionen" vermissen, welche laut McLaughlin (2008) von vielen Seiten im Hinblick auf den erziehungswissenschaftlichen Vergleich erwartet wird. Kurz gesagt: besteht man darauf, dass eine ernsthafte Verwendung vergleichender Fragestellungen umfassende Expertise über die zu erforschenden Länder und Kulturen erfordert, so kann dies ironischerweise den unerwünschten und bedauerlichen Effekt haben, die Entwicklung genau dieser Art von Verständnis zu behindern. Die philosophische Geisteshaltung, die in der Vergleichenden Erziehungswissenschaft erforderlich ist, dreht sich viel eher um „[die] Erforschung der Struktur unserer Gedanken […] der Welt […] und uns selbst in dieser Welt" (Blackburn 1999, zitiert durch McLaughlin, 1998, S. 1129 f.).

6. Vergleichende Erziehungswissenschaft in der Lehrerbildung

Die vorangehende Diskussion kritisiert die Tendenzen in der Vergleichenden Erziehungswissenschaft, Lehrenden sowie deren potentielle Forschungsinteressen an den Rand zu drängen. Es scheint an dieser Stelle angemessen, eine bemerkenswerte aktuelle Bewegung zu erwähnen, die den Nutzen der Lehrerbildung für die Disziplin sowie den Wert der Vergleichenden Erziehungswissenschaft für das Studium zukünftiger Lehrpersonen in den Blick nimmt. Demzufolge ist eine steigende Anzahl von Arbeiten für die Verwendung in Lehrbüchern konzipiert und auf die Verwendung in der Ausbildung von Lehrpersonen ausgerichtet (siehe Mazurek & Winzer, 2006; Kubow & Fossum, 2007; Mundy, Bickmore, Hayhoe, Madden & Madjidi, 2008; Schneller & Wolhuter, 2011).

Im folgenden Abschnitt werden zunächst einige wichtige Entwicklungen betrachtet, welche die Arbeit von Lehrpersonen sowie die Gestaltung ihrer Ausbildung beeinflussen – Entwicklungen, die durchaus auch in der Forschung Beachtung finden. Im Anschluss werden die wichtigsten Beiträge der Vergleichenden Erziehungswissenschaft für Lehramtsausbildern und für die Lehrerbildung einer näheren Betrachtung unterzogen.

6.1 Globale Trends und deren Auswirkungen auf Schulunterricht, Lehrerbildung und Vergleichende Erziehungswissenschaft

Während die Lehramtsausbildung, wie der Schulunterricht selbst, ein „kulturell-kontigentes" Unterfangen ist, welches in jeder Gesellschaft ein Unikum darstellt, so beeinflussen doch einige grenzüberschreitende Trends die Ausrichtung der Bildungspraxis an Grund- und weiterführenden Schulen sowie die Art und Weise, wie Lehrpersonen auf diese vorbereitet werden.

Eine Bestandsaufnahme dieser Trends bildet den Kontext, um die Stellung der Lehrerbildung ebenso einzuschätzen, wie den potenziellen Nutzen der Vergleichenden Erziehungswissenschaft als Studiengebiet für angehende Lehrerinnen und Lehrer zu erhalten. Wie wir sehen werden, erzeugen aktuelle Kräfte einen Druck zur Vereinheitlichung und Standardisierung der Lernerfahrungen zukünftiger Lehrpersonen. Die angesprochenen Trends, die sich zum Teil überlagern, können zu einer Verengung des Curriculums führen. Drei besonders wirkmächtige Trends werden in der Folge genauer betrachtet:

- die sogenannte *„Accountability"-Bewegung*, welche das Unterrichten unter strengere Beobachtung stellt;
- die *regionale wirtschaftliche und soziale Integration*, die Druck im Hinblick auf eine grenzüberschreitende Vereinheitlichung der Bildungspraxis erzeugt; und
- *internationale Tests*, welche die internationale Konkurrenz zwischen den Ländern erhöht und den Fokus auf die Leistung der Schülerinnen und Schüler in Form von Testergebnissen lenkt sowie den Einfluss darauf zuschneidet, was in den Schulen gelernt werden soll.

Jeder dieser Trends ist mit wirtschaftlichem Wettbewerb und dem Bestreben der Staaten verbunden, sich eine gute Position im Kampf um Wohlstand in der momentanen, von Unsicherheit geprägten Atmosphäre zu verschaffen, wie die folgende Diskussion zeigen wird.

6.1.1 Die „Accountability"-Bewegung

Saha und Dworkin (2009) stellten fest, dass „Accountability" je nach Länderkontext zwar sehr unterschiedliche Bedeutungen annehmen kann, dennoch „hat die Besorgnis unter Myriaden von Akteuren in den jeweiligen nationalen Bildungssystemen zu vermehrten Rufen nach mehr Rechenschaft im Bildungsbereich geführt"

(S. 1177). Der Einfluss einer sogenannten „Accountability"-Bewegung, welche vorwiegend und besonders ausgeprägt in den englischsprachigen oder „angelsächsischen Ländern" (Darling-Hammond, 2009, S. 18) beheimatet ist, stellt Schulen in einem schlechten Licht dar. In den USA wurde die Bewegung beispielsweise von der Behauptung aus dem sehr einflussreichen Bericht „A Nation at Risk" aus dem Jahre 1983 getragen, die besagte, das Land stehe am Rande des bildungspolitischen Mittelmaßes, wodurch „Handel, Industrie, Wissenschaft und technologische Innovation" gefährdet seien (National Commission on Excellence in Education, 1983, S. 5). Die geringe Bildungsleistung, führe laut des Berichts dazu, dass die wirtschaftliche Sicherheit und Stabilität des Landes in Gefahr seien. Mit dem Ziel die nationale wirtschaftliche Wettbewerbsfähigkeit zu steigern, wurden in ähnlicher Weise in Großbritannien das zur Schau stellen der Ineffektivität der Schulen sowohl die offiziellen Publikationen, als auch die regionalen Leistungsziele beeinflusst (Gorard, 2001, S. 279). In Australien hat derweil das von der Forderung nach mehr Rechenschaft geprägte Klima die Schulen und Lehrpersonen des Landes unter eine gleichsam intensivierte öffentliche Beobachtung gestellt. Wie anderswo auch hat die Sichtweise, dass die Leistung australischer Schulen hinterher hinkt, die starke Erwartung befördert, dass die Schüler aller Schulen gleichermaßen gute Resultate aufweisen müssen (Gurr, 2007).

Speziell in solchen Ländern hat sich die „Accountability"-Bewegung gewissermaßen zu einem Gegenmittel gegen die befürchtete wirtschaftliche Verwundbarkeit herausgebildet und wird dort durch eine Reihe von Behauptungen und anderen Entwicklungen geprägt. Dazu gehört die angebliche Notwendigkeit

- das „Monopol" der traditionellen Schulen abzuschaffen, die für das Fehlen eines schulübergreifenden Wettbewerbes und dem daraus resultierenden Mangel an Entscheidungsspielraum für die Eltern verantwortlich seien;
- regelmäßige Tests der Schülerinnen und Schüler zu fördern und die Veröffentlichung der Testergebnisse zu ermöglichen, um den Eltern auf dieser Basis Vergleichsmöglichkeiten zu bieten; und
- die Testergebnisse der Schüler nicht nur als Maßstab für die Entwicklung der Schülerinnen und Schüler, sondern auch für die Qualität von Schulen und Lehrpersonen zu verwenden.

Die „Accountability"-Bewegung im Allgemeinen und der Aspekt der freien Schulwahl im Besonderen üben offensichtlich Druck auf die Lehrerschaft sowie auf die Lehrerbildung aus. Der Report „Nation at Risk" (1983) hat die „Hingabe" anerkannt, „mit welcher die Lehrenden unterrichten […,] obwohl ihre Entlohnung geringer wird" (S. 15); nichtsdestoweniger hat die „Accountability"-Bewegung, welche in den USA nicht zuletzt durch eben jenen Bericht angefacht wurde, zur öffentlichen Wahrnehmung beigetragen, der Unterricht selbst sei nicht leistungsfähig genug und die Ausbildung der Lehrenden stelle einen Schlüsselbereich dar, den es zu verbessern gelte. Anstatt die Validität und Genauigkeit derartiger Berichte zu hinterfragen (Concoran, 2010; Ravitch, 2010), folgte die Forschung den Korrelationsannahmen zwischen den Leistungen der Lehrenden und der Schülerinnen und Schüler (siehe, z. B. Rowan, Correnti & Miller, 2002; Fetler, 1999).

Die genaue Überprüfung der Ergebnisse schulischer Bildung, welche durch die „Accountability"-Bewegung gefördert wurde, hat dem Lehrerberuf ein negatives Image verschafft. Der Ruf nach einer besseren Ausbildung verdeutlicht, wie die „Accountability"-Bewegung die Lehrenden nicht nur für die Schülerleistung, sondern auch wirtschaftlichen Wohlstand der Gesellschaft verantwortlich macht. Dort, wo die Auswirkungen dieser Entwicklungen stark ausgeprägt sind, lassen sich deutliche Bemühungen erkennen, die Curricula im Hinblick auf die in den Tests gemessenen Inhalte zu standardisieren.

Unweigerlich wird mit dem Finger der Rechenschaft auch auf die Ausbildung der Lehrenden gezeigt, da die Testergebnisse der Schülerschaft nicht allein auf die aktuelle Unterrichtspraxis der Lehrkräfte zurückgeführt, sondern vielmehr auch mit den Ausbildungswegen in Verbindung gebracht werden, welche jene Lehrpersonen durchlaufen haben. Auf diese Weise begünstigt die Rechenschaftspflicht das Erlernen einzelner Unterrichts-„skills" als vorrangiges Ziel der Lehrerausbildung gegenüber eher forschenden Perspektiven und Dispositionen, welche eher durch Inhalte der Vergleichenden Erziehungswissenschaft erworben werden könnten. Die Wertschätzung von vergleichenden Fragestellungen und auch die Zeit, die für deren Studium aufgewendet wird, nehmen daher vor dem Hintergrund des Drucks durch die „Accountability"-Bewegung deutlich ab. Wenngleich die Rechenschaftspflicht aktuell von prominenter Seite kritisiert wurde, ist es doch schwierig, dem Einfluss und den Effekten der Bewegung entgegenzuwirken, da diese von vielen Seiten starke Unterstützung erfahren. Aufgrund der Dominanz des bereits entstandenen ideologischen Rahmens, ist es schwierig den Nutzen von weniger eng definierten Fertigkeits- und Fähigkeitskonzepten, wie der Vergleichenden Erziehungswissenschaft, zu verteidigen (Bredo, 2005).

6.1.2 Regionale wirtschaftliche Integration

Die regionale wirtschaftliche Integration stellt einen weiteren auffälligen internationalen Trend mit Einfluss auf die Art und die Inhalte der Lehrerbildung dar. In Europa wurde die Verschränkung von Wirtschafts- und Bildungspolitik durch den Bologna-Prozess möglicherweise am deutlichsten sichtbar. Die Bologna-Erklärung hatte die Intention, die berufliche und wirtschaftliche Mobilität der Bürgerinnen und Bürger Europas im Hinblick auf die Wirtschaftsunion zu verbessern. Die Verhandlungen in Bologna waren kompliziert: auf der einen Seite wurde versucht, die Anforderungen des Arbeitsmarktes der Weltregion Europa zu verdeutlichen, während auf der anderen Seite die kulturelle Identität der teilnehmenden Länder gewahrt bleiben sollte. Der Einbezug der Lehrerausbildung in die Bologna-Erklärung war aufgrund der starken nationalen Einbettung der Schulsysteme besonders schwierig, da zudem die aus den kulturellen Kontexten resultierenden Normen, Werte und Praktiken oft nicht erkennbar sind. Es war daher sehr umständlich, die Strukturen eines hochzentralisierten Schulsystems wie Frankreich (Schmidt, Houang & Shakrani, 2009), das durch explizit formulierte nationale Standards gekennzeichnet ist, mit dezentralen föderalen Strukturen wie etwa in Deutschland zu harmonisieren. Wenngleich die Ergebnisse nicht in allen europäischen Ländern gleichermaßen erkennbar sind, so hat der Druck, verschiedene Modelle der Lehrerausbildung zu homogenisieren, gleichsam zu einem Druck auf die regionalen Ausbildungsprogramme hin zu einer stärkeren Standardisierung geführt (Ostinelli, 2009). Wenn es um den spezifischen Einfluss auf die Lehrerausbildung und deren Inhalte geht, tendiert die Integration in Verbindung mit anderen internationalen Entwicklungen dazu, Seminarinhalte in Bereichen wie etwa der Vergleichenden Erziehungswissenschaft zu verdrängen. Die Dokumentation von Seminarinhalten in der Lehrerausbildung im Deutschland der 1990er Jahre von Terhart (2003) zeigt einen deutlichen Schwerpunkt auf Untersuchungen von Schule und Gesellschaft und unterstreicht das pädagogische Anliegen, den Studierenden Kenntnisse über gesellschaftliche Werte und Normen, den gesellschaftlichen Wandel, die Geschichte der Bildungsorganisationen und die Philosophie und Anthropologie der Erziehung, zu vermitteln. Ziele also, die durch das Studium grundlegender Inhalte der Vergleichenden Erziehungswissenschaft gefördert werden. Die deskriptive Studie von Aurin (1998) charakterisiert die Lehrerausbildung in Deutschland ebenfalls im Hinblick auf das Anliegen, praktische Themen mit theoretischen Studieninhalten zu kombinieren und auf diese Weise nicht nur Imperative der praktischen Ausbildung zu formulieren, sondern auch grundlegende Bildungsziele zu thematisieren, vor dem Hintergrund eines gewissen pädagogischen Freiraumes für komparatistische Forschung. Unter dem Einfluss der Integration sind zukünftige Lehrerpersonen in der EU jedoch gezwungen, über die Bologna-Erklärung zu lernen um „ihre eigenen Bildungssysteme zu verstehen" (Larsen et al., 2009, S. 29). Dazu kommt, dass in Deutschland, wie auch anderswo in Europa, die Zielsetzung der Reformen „Schlüsselqualifikationen" zu identifizieren, zu einer „minimalistischen Herangehensweise geführt hat, deren Hauptziel besteht darin, die Kosten des Systems zu senken", was potentiell „zur einem Sinken die Qualität des Unterrichtes" führen könnte (Ostinelli, 2009, S. 297).

Unter dem Druck der Integration, der Standardisierung und der „minimalistischen" Ausrichtung, die hierdurch entsteht, wird tiefergehendes vergleichendes Lernen über die wechselseitigen Effekte des Unterrichtens auf die Gesellschaft und der Gesellschaft auf den Unterricht, zur Disposition gestellt. Stattdessen zielt die curriculare Stoßrichtung auf Inhalte ab, die möglicherweise eine internationale Dimension besitzen, in ihrer Zielsetzung und Aussagefähigkeit jedoch beschränkt sind – Kursinhalte, die weniger analytischen Nutzen haben, als Inhalte der Vergleichenden Erziehungswissenschaft. Im Hinblick auf die Auswirkungen auf die Vergleichende Erziehungswissenschaft im europäischen Kontext erscheinen Effekte, welche als Ausweitung der Vergleichenden Erziehungswissenschaft verstanden werden können (Larsen et al., 2009, S. 7) also eher als Ausdünnung oder Zerstreuung komparatistischen Lehrens und Lernens. Trotz ihrer weiter oben diskutierten generellen Auswirkungen auf die europäische Integration ist es wichtig festzuhalten, dass die Reformen in verschiedenen Ländern zu unterschiedlichen Ausprägungen geführt haben und es Forschungsergebnisse gibt, welche die paradox erscheinenden Ausnahmen zu den gerade beschriebenen generellen Effekten und Einflüsse, herausgearbeitet haben. So fand in Finnland – trotz der Kräfte der europäischen Integration – im Laufe der letzten Jahrzehnte eine curriculare Stärkung und Verlängerung der Lehrerausbildung statt. Die Bereitschaft in Bildung zu investieren, hat zur Förderung gut ausgebildeter Lehrpersonen, weniger strengen Vorschriften in Bezug auf die Regulation von Schulen und Unterricht und einer Verlagerung von Entscheidungen geführt, was und wie zu unterrichten sei (Darling-Hammond, 2009). Der Lehrberuf gilt in Finnland als attraktiv und die Motivation ist sowohl unter Lehrenden selbst, als auch unter Lehramtsstudierenden sehr hoch, was zum Teil auch durch den professionellen Status und die Freiheiten unterstützt wird, die Lehrkräfte in Finnland genießen (Ostinelli, 2009). Das dreijährige Curriculum der finnischen Lehrerausbildung gewährt genug Freiraum für das Studium grundlegender Fächer in Verbindung mit Inhalten der Vergleichenden Erziehungswissenschaft, wobei beispielsweise 11 der 35 Leistungspunkte (credit points) im Hauptstudium durch Kurse in philosophischen, historischen und gesellschaftlichen Grundlagen des Unterrichtens erworben werden können. Weitere 7 Leistungspunkte sind darüber hinaus für methodische Inhalte reserviert (Ostinelli, 2009). Eher beiläufig, jedoch augenfällig gegensätzlich, konzentrierte sich Richard Neumann (2010) auf die Curricula der amerikanischen Lehrerausbildung und kam dabei zu dem Schluss, dass weniger als die Hälfte der erfassten Programme auch nur einen geringen Mindestanteil an Lehrinhalten in allgemeinen Fächern wie der Vergleichenden Erziehungswissenschaft beinhalteten. Es erscheint als Ironie, dass während Finnland Reformen durchgeführt hat, die darauf abzielten, ein streng zentralisiertes und standardisiertes Bildungssystem aufzuweichen, andere Länder sich in die entgegengesetzte Richtung entwickeln, obwohl alle Länder mit demselben Druck konfrontiert sind. Norwegen wird als weiterer Ausnahmefall angeführt, wo das Curriculum für das Lehramtsstudium weiterhin Inhalte aus Bereichen wie „soziale Funktion und grundlegende Werte" (Stephens, Tønnessen & Kyriacou, 2004, S. 116) beinhaltet.

6.1.3 Internationale Tests

Die Durchführung internationaler Schülerleistungstests beeinflusst zunehmend sowohl den öffentlichen, als auch den professionellen Diskurs über Bildung. Auf diesem Wege wird diese Art von Test zu einem weiteren Antrieb für „Accountability" (Gurr, 2007), gibt der Herausbildung neuer Bildungskompetenzen einen Schub (Saha & Dworkin, 2009) und ist Ursprung des Druckes auf die Schwerpunkte der Forschung über die Lehrerbildung und die Einengung der Ausbildung der Lehrenden an sich. Beispielsweise hat das seit 1995 alle vier Jahre durchgeführte vergleichende Studie TIMSS (Trends in International Mathematics and Science Study), welche von einem Konsortium aus unabhängigen und staatlichen Forschungseinrichtungen durchgeführt wird, Leistungstests in Mathematik und Naturwissenschaft von Viert- und Achtklässlern durchgeführt und die entsprechenden Daten veröffentlich. 2011 stieg die Anzahl der teilnehmenden Länder auf 60. Auch PISA (Programme for International Student Assessment), ein seit 2000 alle drei Jahre unter der Obhut der OECD durchgeführtes Testprogramm, zielt darauf ab, die Fähigkeiten 15-jähriger Schülerinnen und Schüler in Lesen, Mathematik und wissenschaftlichen Fähigkeiten zu erheben. Derartige internationale Tests haben die Überprüfung der Ergebnisse schulischer Bildung insgesamt ausgeweitet und üben so einen größeren Druck auf Schulen und Lehrkräfte aus. Hinzu kommt, dass die Fokussierung auf messbare „Kompetenzen" zur Vernachlässigung von traditionell mit einer umfassenden Bildung assoziierten Fähigkeiten führte. Durch die gesteigerte Bedeutung von Kernbereichen, die typischerweise Gegenstand von Tests sind – insbesondere Mathematik, Naturwissenschaft sowie Lese- und Rechtschreibfähigkeit – werden andere Schulfächer wie Fremdsprachen, Sozialwissenschaften oder Kunst an den Rand gedrängt (Nichols & Berliner, 2008), wodurch das Curriculum der Grund- und Weiterführenden Schulen eingeengt und, in den Augen mancher Kritikerinnen und Kritiker dieses Trends, „entmenschlicht" werde (Slouka, 2009).

Die Bedeutung professionellen Unterrichtens in diesen Fächern ist in der öffentlichen Wahrnehmung gesunken und hat entsprechend großen Druck erzeugt, das Curriculum der Lehrerausbildung ebenfalls einzuschränken. Das Ergebnis ist, dass Regierungen die finanzielle Unterstützung für eine Verbesserung des Unterrichts in weniger geschätzten Fächern reduzieren und Ressourcen stattdessen in Richtung beliebterer Fächer umleiten. So erhalten beispielsweise die sog. MINT-Fächer (Mathematik, Informatik, Naturwissenschaft und Technik) in den USA zunehmende Aufmerksamkeit auf Kosten anderer weniger eindeutig zweckmäßiger Schulfächer (Slouka, 2009). Die Kritik an den internationalen Tests konzentriert sich vor allem darauf, wie die in den Tests generierten Daten dargestellt und veröffentlich werden. Dies geschieht, wenn überhaupt, mit wenig Informationen über den Kontext, der tiefere Einblicke oder ein generell umfassenderes Verständnis ermöglichen könnten. Daher stehen sowohl die Prozesse, als auch die Effekte internationaler Tests im Konflikt mit einer lange gehegten Grundannahme der Vergleichenden Erziehungswissenschaft, der zufolge das Verständnis des Kontextes grundlegend für einen verantwortlichen erziehungswissenschaftlichen Vergleich darstellt (Larsen et al., 2009).

7. Der Nutzen der Vergleichenden Erziehungswissenschaft für die Unterrichtspraxis

In der vorangehenden Diskussion wurde die Vergleichende Erziehungswissenschaft beschrieben; dabei wurden einige Charakteristika ihrer Organisation und Ausrichtung vergleichender Forschung rekapituliert und immer wieder Brücken zu den Zielen der Lehrerbildung geschlagen. Wie gerade festgestellt, üben einige globale Trends Druck hinsichtlich einer Limitierung und stärkeren Standardisierung der Lehrpläne an Grund- und Weiterführenden Schulen aus. Als Folge lässt sich häufig auch eine ähnliche Einschränkung des Curriculums der Lehrerausbildung beobachten, woraus insbesondere Inhalte wie die der Vergleichenden Erziehungswissenschaft unter Druck geraten. Diese sind unter Umständen weniger von (Schlüssel-)Kompetenzen geprägt und weniger bedarfsabhängig, und scheinen daher weniger den bildungspolitischen Anforderungen einer sich wandelnden Welt zu entsprechen. Diese Trends haben dazu geführt, dass die Vergleichende Erziehungswissenschaft aus dem Studium zukünftiger Lehrpersonen zu verschwinden droht. Um die Bedeutung zu erläutern, die das Studium der Vergleichenden Erziehungswissenschaft für angehende Lehrpersonen besitzt, heben die hier angestellten Überlegungen den Nutzen der Vergleichenden Erziehungswissenschaft und die Verwendung komparatistischer Perspektiven für Lehrpersonen hervor. In aller Kürze gehören dazu:

- Lehrenden den Zugang zur Teilhabe an einem globalisierten Berufsfeld aufzuzeigen;
- Die Qualifikation der Lehrpersonen durch interdisziplinäre Kompetenzen abzurunden;
- Lehrenden ermöglichen, Wissbegierde in Bezug auf die Welt zu zeigen;
- Lehrenden ermöglichen, aktiver an Reformen teilzunehmen und diese zu hinterfragen; sowie
- Lehrenden mit entscheidenden interpretativen, normativen und kritischen Perspektiven auszustatten.

Die folgende Diskussion diskutiert den Nutzen der Vergleichenden Erziehungswissenschaft für Lehrpersonen und versucht, ihre jeweilgen spezifischen Vorteile detailliert zu beschreiben.

7.1 Globalisierung des professionellen Lehrberufs

Die Fähigkeit der Lehrperson als funktioneller Teil einer Profession zu agieren, kann durch schwache Kommunikationsformen erschwert werden (Stigler & Hiebert, 2004), die auf dem unvermeidlich hyperlokalen Charakter des Unterrichtens basiert, der sich nun einmal durch das Handeln im Klassenzimmer auszeichnet. Aufgrund dieser „Situationskontingenz" (Bredo, 2005 S. 233) können sich die Methoden und Herangehensweisen, die von den Lehrpersonen herangezogen werden, sich von einem Schulgebäude zum nächsten unterscheiden. Abgesehen davon können jedoch situationsabhängige Unterschiede zwischen zwei Gruppen junger Schülerinnen und Schüler von Tag zu Tag und von Klassenzimmer zu Klassenzimmer variierende Herangehensweisen von Seiten derselben Lehrperson erfordern. Der Mangel an Kommunikationskanälen, um Strategien und Informationen auszutauschen, macht die Umsetzung von Lehrmethoden schwierig und führt zu Unausgewogenheiten im Klassenzimmer, insbesondere dann wenn Lehrpersonen in relativer Isolation versuchen, Ideen oder Vorschläge zur Verbesserung des Unterrichts zu interpretieren oder umzusetzen. Lehrpersonen, die mit der Notwendigkeit eines umfangreichen Repertoires an Handlungsalternativen ringen, müssen bereit und in der Lage sein, auf eine wachsende Basis an Professionswissen zuzugreifen und von diesem zu profitieren, um so von den Vorteilen derartiger technologischer Möglichkeiten und einer einfacheren internationalen Kommunikation profitieren zu können, welche den Zugang schneller und globaler macht (Stigler & Thompson, 2009). Das Studium der Vergleichenden Erziehungswissenschaft in der Lehrerausbildung ermöglicht durch seine globale Perspektive einen Zugang zur Verbesserung der bislang schwach ausgeprägten Kanäle professioneller Kommunikation über die Arbeit von Lehrpersonen und trägt so zu einer noch in der Entstehung begriffenen professionellen Wissensbasis bei.

7.2 Die Heranziehung interdisziplinärer Perspektiven

Der öffentliche Diskurs über die Lehrerausbildung in den USA ist von einer Feindseligkeit gegenüber dem zu erwartenden Nutzen theoretischer und philosophischer Perspektiven im Unterrichten gekennzeichnet (z. B. Levine, 2006). Dies beruht oft auf der Behauptung, derartige Bestrebungen würden die Zeit und die Aufmerksamkeit einschränken, die besser auf das Lernen expliziter Unterrichtsmethoden verwendet würde. Das Studium der Verhaltenswissenschaften – vor allem der Lehr- und Lernforschung –, das der Frage „Wie lernen Kinder?" nachgeht, ist trotz seiner Notwendigkeit nicht ausreichend, um sich mit professionellem Selbstbewusstsein der Frage zu stellen „Wie unterrichte ich?". Dazu kommt, dass selbstbewusste und reflektierte Praktikerinnen und Praktiker sich mit Fragen beschäftigen müssen, wie beispielsweise „Warum unterrichte ich?" oder Fragen noch fundamentaleren Charakters, wie „Wozu dient die Schule?". Insgesamt kann die Praxis des Unterrichtens, die offenkundig einen Akt praktischer Philosophie darstellt, nicht florieren, wenn sie nur auf einem Lernen der Verhaltenswissenschaften basiert. So wichtig derartige Perspektiven auch sein mögen, erfolgreiches Unterrichten basiert auch auf disziplinspezifischen Perspektiven, welche aus den Sozial- und Humanwissenschaften stammen. Diese stellen zugleich besondere Fachgebiete der Vergleichenden Erziehungswissenschaft und ein gesellschaftliches Fundament dar.

7.3   Wissbegierde entwickeln

Gutek (2006) zufolge erfordert „Globalisierung" die Entwicklung von globalen Bildungsbürgern – also die Notwendigkeit, sich anderer Länder und Kulturen zu vergewissern. Daraus leitet sich ein neuer Bildungsauftrag für Schülerinnen und Schüler der Grund- und Weiterführenden Schulen ab, der wiederum zur Notwendigkeit führt, Antworten auf die Lehramtsausbildung von morgen zu finden. Lehrpersonen müssen Neugierde und zugleich Wissen im Hinblick auf verschiedene Gesellschaften und menschliche Gegebenheiten mitbringen, um die von ihnen unterrichteten Fächer zu bereichern. Schneller und Wolhuter (2011) haben Kreativität, Hingabe, Kosmopolitismus, Solidarität und kritisches Bewusstsein als essentielle Haltungen identifiziert, die durch Vergleichende Erziehungswissenschaft vermittelt werden können. Dies sind neuartige Kompetenzen – Qualitäten, welche Lehrpersonen dazu befähigen, sich gesellschaftlich einzubringen, sich auszudrücken, partizipieren und engageieren zu können.

Mestenhauser (2002) argumentiert, dass das Wissen über und das Verständnis von unbekannten Kulturen in der Regel stark durch die Kultur des Lernenden kodiert sind und dass eine pädagogische Vermittlung nötig ist, die über die Vermittlung von Wissen über unbekannte Dinge hinausgeht, wenn ein Verständnis des Unbekannten gefördert werden soll. Die Vergleichende Erziehungswissenschaft kann es Lehrpersonen ermöglichen, zumindest grundlegende Schritte in diese Richtung zu unternehmen, um ihren eigenen Schülerinnen und Schülern dabei zu helfen, gewohnte, aber bisher nicht betrachtete Aspekte der eigenen Kultur in einem kritischen Licht zu betrachten.

7.4   Hinterfragen von und Teilnahme an Reformen

Neumann (2010) ist der Ansicht, dass Inhalte der Vergleichenden Erziehungswissenschaft sowie anderer allgemeiner Fächer nötig sind, um die Fähigkeit zu entwickeln, sinnstiftende Beiträge zur Verbesserung und Erneuerung der Erziehungswissenschaft leisten zu können. Schließlich braucht es für sinnvolle und erfolgreiche Reformen mehr als nur die Bereitschaft für Veränderung, sondern vielmehr ein

Verständnis der Gesellschaft, die es zu reformieren gilt. Burbules (2004) entgegnet der Befürchtung, dass interkulturelle und internationale Forschungen eine Gefahr darstellen könnten, da sie „kulturelle[n] Relativismus" erzeugten, mit der Bemerkung, dass diese Zurückhaltung jegliche Entwicklung in Richtung evaluativer Urteile verhindern würde, welche die Vergleichende Erziehungswissenschaft ermöglichen könne. Anstatt zu behaupten, alle Reformvorschläge seien gleich gut, sollte das Ziel sein „das Vorurteil, es gäbe einen einzigen besten Weg, zu unterminieren" (ebd., S. 9). Darüber hinaus hängen die Professionalisierung des Lehrberufes und die Etablierung kohärenter Verbesserungsmöglichkeiten für die Bildungspraxis von der Schaffung einer gemeinsamen Sprache über das Unterrichten ab (Stigler & Hiebert, 2004). Auch dies ist ein Ziel, welches von der Vergleichenden Erziehungswissenschaft verfolgt werden kann.

7.5 Die Vermittlung interpretativer, normativer und kritischer Perspektiven

Kurse in den Sozialwissenschaften vermitteln allgemein drei unterschiedliche Perspektiven. Interpretative Perspektiven erfordern *erstens* von den Studierenden, Bildung in verschiedenen Kontexten zu untersuchen, sie zu begreifen und im Hinblick auf ihre „Ziele, Bedeutung und Auswirkung auf gesellschaftliche Institutionen" zu diskutieren (Council of Learned Societies in Education, 2004, Absatz 12). *Zweitens* drängen normative Perspektiven Studierende zur Übernahme reflexiver Untersuchungsgewohnheiten und Erklärungsansätze, wobei dadurch ein Erkennen und Verstehen der Wertorientierung einhergeht, welche zwangsläufig die Wahrnehmung und somit letztendlich auch die Praxis beeinflusst. *Drittens* wird durch das Studium der Vergleichenden Erziehungswissenschaft und anderer sozialwissenschaftlicher Basisfächer versucht, kritische Perspektiven zu fördern. Da sie auf normative Aspekte rekurrieren, tragen kritische Perspektiven zur Habitualisierung des Erkennens und Hinterfragens von Inkonsistenzen und Widersprüchen innerhalb von oder zwischen verschiedenen Bildungspraktiken sowie der Politik, die diese formt, bei. Darüber hinaus beinhalten die Forschung und das Studium grundlegender Fragestellungen nicht nur das, was gerade ist, sondern auch das, was sein sollte: „Foundational inquiry compares words to deeds and intentions to consequences" (Council of Learned Societies in Education, 2004, § 19). Zusammengefasst sollten interpretative, normative und kritische Perspektiven, die durch die Vergleichende Erziehungswissenschaft erworben werden können, nicht nur die Domäne derer darstellen, die sich hauptsächlich mit Bildungspolitik oder Institutionen beschäftigen. Vielmehr sollten diese Perspektiven eine Komponente der Ausbildung zukünftiger Lehrpersonen darstellen, zu deren fundamentalen Aufgaben die Umsetzung jener Politik gehört.

Das Studium der Vergleichenden Erziehungswissenschaft verstärkt also die analytischen Fähigkeiten zukünftiger Lehrpersonen, wenn es darum geht, scheinbar widersprüchliche Umstände zu erkennen und zu entschlüsseln. Ostinelli (2009) hat beispielsweise die Polarisierung bildungspolitischer Trends und Zielrichtungen in Kulturen beschrieben, die ansonsten ähnlich erscheinen und dabei festgestellt, dass Finnland die Lehrerausbildung verlängert und inhaltlich vertieft hat, anstatt dem Druck in die andere Richtung nachzugeben.

Sollen Studierende derartig offensichtliche Widersprüche zwischen verschiedenen Kulturen untersuchen können, so müssen sie die gesellschaftlichen Bedingungen betrachten, welche die Ausformung der Schulen und die dort vorherrschenden Prioritäten gestalten. Das Ausbilden eines Bewusstseins im Hinblick auf das Wechselspiel von Schule und Gesellschaft in ungewohntem Kontext, fördert das Bewusstsein der Lehrenden bezüglich der Beziehung zwischen beiden in ihrem eigenen sozialen Umfeld. Außerdem kann so das Vermögen erworben werden, eben jene Beziehung wahrzunehmen, zu erklären und so mit mehr Mühelosigkeit und Aufmerksamkeit im eigenen beruflichen Umfeld zu handeln.

8. Fazit

Alexander (2001) stellte fest, dass zu den ersten Vertretern der Vergleichenden Erziehungswissenschaft solche gehörten, deren Interessen von der Möglichkeit angeregt wurden, ihre Beobachtungen auf internationaler Ebene in die Praxis umzusetzen: „Jahrhundertelang gab es einen lebendigen internationalen Austausch pädagogischer Ideen und Praktiken" (S. 205). Zumindest was den Zugang zukünftiger Lehrpersonen angeht, hat die vorangehende Diskussion gezeigt, dass dieses Versprechen eines „lebendigen" Ideenaustausches sowohl innerhalb als auch außerhalb der Gemeinschaft der Vergleichenden Erziehungswissenschaft bedroht scheint. Der Zugang zukünftiger Lehrpersonen zur vergleichenden Forschung steht aufgrund einer Einengung des Curriculums im Lehramtsstudium und die zunehmende Verdrängung analytischer Fähigkeiten im Hinblick auf die Tätigkeit des Unterrichtens durch faktenbasiertes Lernen auf dem Spiel. Die politischen und wirtschaftlichen Kräfte, durch welche diese Bedrohung hervorgerufen wird, sind größtenteils extern verortet. Auch zeigt sich aufgrund der Durchsicht der Forschung und der formellen Organisation der Vergleichenden Erziehungswissenschaft die Neigung zu einer gewissen Exklusivität, aus welcher die Beschneidung von Zugängen und eine Begrenzung des Ideentransfers resultieren. Diese Kräfte befinden sich in der Disziplin selbst.

Literatur

Alexander, R. J. (2001). Border crossings: Toward a comparative pedagogy. *Comparative Education, 37* (4), 507–523.

Anderson-Levitt, K. (Hrsg.) (2003). *Local meanings, global schooling: Anthropology and world culture theory*. New York, NY: Palgrave Macmillan.

Arnove, R. F. (2001). Comparative and International Education Society (CIES) facing the twenty-first century: Challenges and contributions. *Comparative Education Review, 45* (4), 477–503.

Arnove, R. F. & Torres, C. A. (Hrsg.) (2007). *Comparative education: The dialectic of the global and the local* (3. Aufl.). Lanham, MD: Rowman & Littlefield.

Aurin, K. (1998). Differences and similarities in teacher training in the German-French-Swiss triangle. *European Education, 30* (1), 24–43.

Baker, D., & LeTendre, G. (2005). *National differences, global similarities*: World culture and the future of schooling. Stanford: Stanford University Press.

Barrett, A. V. (2007). Beyond the polarization of pedagogy: Models of classroom practice in Tanzanian primary schools. *Comparative Education, 43* (2), 273–295.

Blackburn, S. (1999). *Think. A compelling introduction to philosophy*. Oxford, UK: Oxford University Press.

Bray, M., Adamson, B. & Mason, M. (Hrsg.) (2007). *Comparative education research: Approaches and methods*. Hong Kong, PRC: Comparative Education Research Centre/ University of Hong Kong Press; Dordrecht, Netherlands: Springer.

Bredo, E. (2005). Addressing the social foundations „accountability" dilemma. *Educational Studies, 38* (3), 230–241.

Burbules, N. C. (2004). Ways of thinking about educational quality. Buntin, D. (2005). Is anyone listening? Educational policy perspectives in the social foundations of education. *Educational Studies, 38* (3), 286–296.

Chisholm, L. (2007). Difusion of the national qualifications framework and outcomes-based education in southern and eastern Africa. *Comparative Education, 43* (2), 295–309.

Cooper, D. E. (2003). *World philosophies: An historical introduction* (2. Aufl.). Oxford, UK: Blackwell.

Corcoran, S. P. (2010). *Can teachers be evaluated by their students' test scores? Should they be? The use of value-added measures of teacher effectiveness in policy and practice*. Providence, RI: Annenberg Institute for School Reform.

Council of Learned Societies in Education (2004). *Standards for academic and professional instruction in foundations of education, educational studies, and educational policy studies* (2. Aufl.). Online unter: http://www.uic.edu/educ/csfe/standard.htm [zuletzt September 2014].

Cummings, W. K. (1999). The institutions of education: Compare, compare, compare! *Comparative Education Review, 43* (4), 413–437.

Darling-Hammond, L. (2009). Steady work: How Finland is building a strong teaching and learning program. *Voices in Urban Education, 24*, 15–25.

Deutsch, E. (1997). Preface. In E. Deutsch, & R. Bontekoe (Hrsg.), *A companion to world philosophies* (S. xii–xiv), Oxford, UK: Blackwell.

Epstein, E., Kubow, P. K., Collet, B., Stone, K. & Blosser, A. (2011). *Considering a new SIG on teaching comparative education*. Panel presented at the 2011 annual conference of the

Comparative and International Education Society (CIES), Montreal, QC. Online unter: http://cies2011.mcgill.ca/CIES_2011_Montreal/CIES_2011_Montreal_files/COMPLETE%20PROGRAM.pdf [zuletzt September 2014].

Fetler, M. (1999). High school staff characteristics and mathematics test results. *Education Policy Analysis Archives, 7* (9), Online unter: http://epaa.asu.edu/ojs/article/view/544/667 [zuletzt September 2014].

Fossum, P. R. & Kubow, P. K. (2003). Teacher marginalization in comparative education dialogue: Causes, consequences, and possible solutions. In M. Ginsburg & J. Gorostiaga (Hrsg.), *Dialogue among researchers, policymakers, and practitioners: International perspectives on the field of education* (S. 83–94). New York: RoutledgeFalmer.

Gorard, S. (2001). International comparisons of school effectiveness: The second component of the „crisis account" in England? *Comparative Education, 37* (3), 279–296.

Gurr, D. (2007) A review of school accountability in Australia. *International Journal of Knowledge, Culture and Change Management, 6* (7), 171–182.

Gutek, G. L. (2006). *American education in a global society: International and comparative perspectives* (2. Aufl.). Long Grove, IL: Waveland Press.

Harbo, T., & Jorde, D. (2000). Comparative education in current educational studies: Four Nordic universities in context. *Comparative Education 36* (2), 143–156.

Hardman, K. (2006). Promise or reality? Physical education in schools in Europe. *Compare, 36* (2), 163–179.

Hayhoe, R. (2000). Redeeming modernity. *Comparative Education Review, 44*(4), 423–439.

Jordan, S. & Yeomans, D. (2003). Meeting the global challenge? Comparing recent initiatives in school science and technology initiatives. *Comparative Education, 39* (1), 65–81.

Kelly, G. P. (1982). Methods in comparative education: New trends or old wine in new bottles? *Comparative Education Review, 26* (2), 292–296.

Kissane, C. (2005). History education in transition: Where to for Khazakhstan? *Comparative Education, 41* (1), 45–69.

Kubow, P. K. & Fossum, P. R. (2007). *Comparative education: Exploring issues in international context* (2. Aufl.). Upper Saddle River, NJ: Pearson Education/Merrill Prentice Hall.

Kubow, P. K., & Fossum, P. R. (2008). Comparative education in the USA. In C. Wolhuter, N. Popov, M. Manzon, & B. Leutwyler (Hrsg.), *Comparative education as discipline at universities world wide* (2. Aufl.) (S. 157–166). Sofia, Bulgaria: Bureau for Educational Services, World Council of Comparative Education Societies.

Larabee, D. F. (2008). An uneasy relationship: The history of teacher education in the university. In M. Cochran-Smith, S. Feiman Nemser, & J. McIntyre (Hrsg.), *Handbook of research on teacher education: Enduring issues in changing contexts* (3. Aufl., S. 290–303). Washington, DC: Association of Teacher Educators.

Larsen, M., Masemann, V., Wolhuter, C. C., Popov, N., & Majhanovich, S. (2009). *Comparative Education in Universities within North America, Europe, Greater China and Southern Africa*. Paper presented at the 2009 annual conference of the Comparative and International Education Society (CIES), Conference, Charleston, S.C.

Levine, A. (2006). *Educating school teachers*. Washington, DC: Education Schools Project.

Leach, F., & Preston, R. (2001). Editorial. *Compare, 31* (2), 149–150.

Little, A. (2000). Development studies and comparative education: Context, content, comparison, and contributors. *Comparative Education, 36* (3), 279–296.

Maddox, B. (2007). What can ethnographic studies tell us about the study of literacy? *Comparative Education, 43* (2), 253–271.

Manzon, M. (2011). *Comparative Education: The Construction of a Field.* Hong Kong: Comparative Education Research Centre/The University of Hong Kong & Springer.

Matheson, C., & Matheson, D. (2000). Languages of Scotland: Culture and the classroom. *Comparative Education, 36* (2), 211–223.

Mazurek, K., & Winzer, M.A., (Hrsg.) (2006). *Schooling around the world: Debates, challenges, and practices.* Boston, MA: Allyn & Bacon/Pearson Education.

McLaughlin, T. H. (2008). Education, philosophy, and the comparative perspective. In R. Cowen, & A. M. Kazamias (Hrsg.), *International handbook of comparative education* (S. 1129–1140), New York, NY: Springer.

Mestenhauser, J, A. (2002). Critical, creative and comparative thinking in internationalization of universities. In D. M. Kirby (Hrsg.), *Connections and Complexities: The Internationalization of Higher Education in Canada* (S. 55–77). Winnipeg, MB, Canada: The University of Manitoba, Occasional Papers in Higher Education, No. 11.

Mundy, K., Bickmore, K., Hayhoe, R., Madden, M. & Madjidi, K. (Hrsg.) (2008). *Comparative and international education: Issues for teachers.* New York, NY: Teachers College Press.

National Commission on Excellence in Education (NCEE) (1983). *A nation at risk: The imperative educational reform.* Washington, DC: Government Printing.

Neumann, R. (2010). Social foundations and multicultural education course requirements in teacher preparation programs in the United States. *Educational Foundations, 24* (3/4), 3–17.

Nichols, S. L., & Berliner, D. C. (2008). *Collateral damage: How high stakes testing corrupts America's schools.* Cambridge, MA: Harvard Education Press.

Ostinelli, G. (2009). Teacher education in Italy, Germany, England, Sweden, and Finland. *European Journal of Education, 44* (2), 292–307.

Phillips, D. (2006). Comparative education: Method. *Research in Comparative and International Education, 1* (4), 304–319.

Phillips, D. & Schweisfurth, M. (2007). *Comparative and international education: An introduction to theory, method and practice.* London: Continuum.

Ravitch, D. (2010). *The Death and Life of the Great American School System: How Testing and Choice Are Undermining Education.* New York, NY: Basic Books.

Rowan, B., Correnti, R., & Miller, R.J. (2002). What large-scale, survey research tells us about teacher effects on student achievement: Insights from the „Prospects" study of elementary schools. *Teachers College Record, 104*(8), 1525–1567.

Saha, L. J., & Dworkin, A. G. (2009). Teachers and teaching in an era of heightened school accountability. In L. J. Saha & G. Dworkin (Hrsg.), *International handbook of research on teachers and teaching* (S. 1177–1185). Norwell, MA, USA: Springer.

Schmidt, W. H., Houang, R., & Shakrani, S. (2009). *International lessons about national standards.* Washington, DC: Thomas Fordham Institute.

Schneller, P. L., & Wolhuter, C. (Hrsg.) (2011). *Navigating the C's: Creativity, care, compassion, character, cosmopolitanism, contribution, and critical awareness. An introduction to comparative education.* Noordburg, South Africa: Keurkopie Uitgewers.

Slouka, M. (2009). Dehumanized: When math and science rule the school. *Harper's Magazine,* September 2009, 32–40.

Stephens, P., Tønnessen, F. E. & Kyriacou, C. (2004). Teacher training and teacher education in England and Norway: A comparative study of policy goals. *Comparative Education, 40* (1), 109–130.

Stigler, J. W. & Hiebert, J. (2004). Improving mathematics teaching. *Educational Leadership, 61* (5), 12–17.

Stigler, J. W., & Thompson, B. J. (2009). Thoughts on creating, accumulating, and utilizing sharable knowledge to improve teaching. *The Elementary School Journal, 109* (5), 442–457.

Terhart, E. (2003). Teacher education in Germany: Current state and new perspectives. In B. Moon, L. Vlaneascu, & L. C. Barrows (Hrsg.), *Institutional approaches to teacher education within higher education in Europe: Current models and new developments* (S. 135–154), Bucharest, Romania: UNESCO, CEPES: The European Centre for Higher Education.

Tikly, L. (1999). Postcolonialism and comparative education. *International Review of Education, 45* (5–6), 603–621.

Vickers, E. (2007). Museums and nationalism in contemporary China. *Compare, 37* (3), 365–382.

Waterkamp, D. (2008). The Section for International and Intercultural Comparative Education in the German Society for Education (SIIVEDGE). In V. Masemann, M. Bray, & Manzon, M. (Hrsg.), *Common interests, Uncommon goals: Histories of the World Council of Comparative Education Societies and its members* (S. 139–154), Hong Kong, PRC: Comparative Education Research Centre/University of Hong Kong Press; Dordrecht, Netherlands: Springer.

Wiseman, A. W., & Matherly, C. (2009). The professionalization of comparative and international education: Promises and problems. *Research in Comparative and International Education, 4* (4), 334–355.

Patricia K. Kubow und Bruce Collet

Themen und Ressourcen der Internationalen und Vergleichenden Erziehungswissenschaft

Ein Beispiel aus dem universitären Kontext in den USA[1]

1. Einleitung

Der vorliegende Beitrag diskutiert die Internationale und Vergleichende Erziehungswissenschaft (IVE) in ihrem universitären Kontext in den Vereinigten Staaten von Amerika. Im Fokus stehen die Themen und Ressourcen der IVE, die einen Teil des erziehungswissenschaftlichen Studiums an nordamerikanischen Universitäten ausmachen, insbesondere an der Bowling Green State University (BGSU), USA. Die Internationale und Vergleichende Erziehungswissenschaft leistet als Kernbestandteil der „Social Foundations"[2] einen substanziellen Beitrag zur akademischen pädagogischen Ausbildung; insgesamt ist es Ziel dieser Grundlagenwissenschaften, die Entwicklung interpretativer, normativer und kritischer Perspektiven, die dabei helfen, Bildung vor dem Hintergrund komplexer Wechselwirkungen mit dem gesellschaftlichen Umfeld zu verstehen und zu analysieren. Eine vergleichende Perspektive verlangt von den Studierenden, Verknüpfungen zwischen philosophischen, historischen, soziologischen, kulturellen, politischen und wirtschaftlichen Faktoren bei der Analyse von Bildungspolitik und -programmatik sowie dem Verhältnis zwischen Bildung und Gesellschaft im nationalen und internationalen Kontext herzustellen. Vor diesem Hintergrund steht die Frage, die in den folgenden Abschnitten diskutiert werden soll, ob es für diese Disziplinen – *„Social Foundations"* im Allgemeinen und für die IVE im Besonderen – einen bestimmten thematischen Kanon und charakteristische didaktische Herangehensweisen gibt.

---

1 Aus dem Englischen übersetzt von Ulrich Theobald, lektoriert von Marcelo Parreira do Amaral.
2 *Anmerkung des Übersetzers:* „Social Foundations" bezeichnet die sozialwissenschaftlichen Grundlagenstudien in erziehungswissenschaftlichen Studiengängen in den USA. Es handelt sich um ein interdisziplinäres Programm, das soziale, historische, kulturelle und philosophische Einflüsse auf Bildung thematisiert. „Social Foundations" wird von der American Educational Studies Association wie folgt definiert: „a broadly-conceived field of study that derives its character and fundamental theories from a number of academic disciplines, combinations of disciplines, and area studies: history, philosophy, sociology, anthropology, religion, political science, economics, psychology, comparative and international education, educational studies, and educational policy studies." Online unter: http://www.educationalstudies.org/aboutus.html [zuletzt September 2014].

Als Grundlage für die folgenden Ausführungen dienten zwei Datenbanken und Archive – das *Comparative and International Education Course Archive Project* (CIECAP) an der Loyola University in Chicago und das *Comparative Education Instructional Materials Archive* (CEIMA), das am International Comparative Education Center (ICE) der Bowling Green State University entwickelt wurde und nun an der University of Indiana untergebracht ist.[3] Anhand dieses Materials soll das thematische Spektrum der Inhalte und der didaktischen Aktivitäten der IVE diskutiert werden. Vor allem mit den Materialien des CEIMA lässt sich untersuchen, ob ein dominierender thematischer Kanon und charakteristische didaktische Herangehensweisen in diesem Forschungsfeld erkennbar sind, denn CEIMA sammelt weltweit Lehrmaterialien und Kursarbeiten aus dem Feld der IVE, der „cultural studies" sowie aus erziehungswissenschaftlichen Lehrveranstaltungen, die thematisch global ausgerichtet sind.

Der vorliegende Beitrag untersucht die Konzepte (*was*) und pädagogischen Prozesse (*wie*), mit welchen Studierende in ihren universitären Veranstaltungen der IVE konfrontiert sind. Dabei sind die konzeptionellen Werkzeuge nicht zwangsläufig mit vergleichender Methodologie gleichzusetzen. Nichtsdestotrotz können die Konzepte und pädagogisch-didaktischen Aktivitäten in Veranstaltungen der IVE und der *„Social Foundations"* eine Basis für vergleichende Forschung anbieten. Die Reflektion der Lehrinhalte und -praxis in diesen Veranstaltungen an der Bowling Green State University sowie der Datenbanken, die für das Feld der IVE entwickelt wurden, dienen als Grundlage für die Untersuchung der Inhalte und Ansätze, die in den Lehrveranstaltungen verwendet werden, sowie der konzeptionellen Werkzeuge, mit denen die Studierenden in den Veranstaltungen der *„Social Foundations"* konfrontiert werden. Im Folgenden wird zunächst auf die Konzepte und pädagogischen Prozesse in IVE-Lehrveranstaltungen an der Bowling Green State University eingegangen; danach werden die an der CEIMA gesammelten Materialien diskutiert. Der Beitrag schließt mit einigen Bemerkungen über die universitäre Lehrpraxis im Feld der IVE.

2. „*Social Foundations*" an der Bowling Green State University

An der Bowling Green State University in Nordwest Ohio (USA) werden Studierende mit Hilfe von zwei Kursen in die Internationale und Vergleichende Erziehungswissenschaft eingeführt: „*Comparative Education*" und „*Social and Cultural Foundations of Education*". Die beiden Kurse stellen sowohl eine explizite als auch eine implizite Annäherung an das Feld dar.

---

3 Detaillierte Hinweise zu Beiträgen im *Comparative Education Instructional Materials Archive* (CEIMA) finden sich unter: http://education.indiana.edu/cssie/CEIMA-archive.php [zuletzt September 2014].

Der Kurs *Comparative Education*

Im Rahmen des Studiums der Internationalen und Vergleichenden Erziehungswissenschaft an der BGSU beschäftigen sich Studierende mit der vergleichenden Untersuchung und Kritik der Rolle von Bildung und Entwicklung in unterschiedlichen nationalen Kontexten. Dabei liegt der Schwerpunkt auf den wechselseitigen Beziehungen zwischen kulturellen, wirtschaftlichen und politischen Faktoren sowie der Rolle von Bildung in ausgewählten entwickelten Nationen und in sog. Entwicklungsländern. Dieser einführende Kurs hat das Ziel, Studierende mit Wissen aus dem Feld der IVE vertraut zu machen, ihnen einige Entwicklungstheorien näher zu bringen, um vergleichende Forschung anzuleiten und die Untersuchung relevanter erziehungswissenschaftlicher weltweiter Probleme hinsichtlich des Lehrens und Lernens zu ermöglichen. Studierende setzen sich damit auseinander, wie Forscherinnen und Forscher die Internationale und Vergleichende Erziehungswissenschaft definieren, sie ergründen die Myriaden von mitunter widersprüchlichen Zielen formaler Schulbildung und hinterfragen die Diskurse, die mit den Fragen nach der Verantwortlichkeit für qualitativ hochwertige Bildung und nach der Zuständigkeit für Bildungspolitik und -praxis verbunden sind. Die IVE enthält daher gleichermaßen theoretische wie praktische Dimensionen und stellt daher eine Bereicherung für alle dar, die sich mit den Aufgaben von Bildung und Erziehung auseinandersetzen. Die untersuchten Gegenstände und Regionen in den Veranstaltung zur *Comparative Education* an der BGSU umfassen eine Auseinandersetzung mit Lehrerprofessionalität sowie mit den kulturellen und politischen Einflüssen auf Bildung in Japan und den USA, Verantwortlichkeit und Zuständigkeit für Bildung in England und Deutschland, Bildungs(un)gleichheit in Brasilien und Südafrika sowie die Zielen von Schulbildung in Hong Kong und Israel. Ferner wurde durch die Forschungsaktivitäten verschiedener Lehrenden des ICE im mittleren Osten, insbesondere in Jordanien und Bahrein, diese Region in die IVE-Veranstaltungen integriert und einige Studierende erhalten die Möglichkeit, nach Jordanien zu reisen. Amerikanische Absolventen haben oftmals nur beschränktes Wissen über diese Region, daher wurde im Kurs *Comparative Education* besondere Aufmerksamkeit auf die Vermittlung der Philosophie und Unterrichtspraxis in islamischen Schulsystemen sowie auf die Erfahrungen von Frauen aus dem mittleren Osten hinsichtlich öffentlicher Repräsentation, Bildung und Gender-Politik gelegt.

Des Weiteren beinhalten die Veranstaltungen weiterhin die Untersuchung indigenen Wissens, wie es im afrikanischen Bildungsdenken und -praxis zu finden ist, vor allem im Kontext von Südafrika und Kenia. So wird thematisiert, wie unterschiedliche Nationen eine Balance zwischen Bildungsgerechtigkeit und Exzellenz herzustellen versuchen. In diesem Zusammenhang lässt sich ein ganzes Spektrum an Widersprüchlichkeiten erörtern, welches Gegenstand der Texte und Diskussionen in den Sitzungen ist, wobei sich die Studierenden bewusst werden, wie diese

Gegensätzlichkeiten repräsentativ für die Platzierung der einzelnen Staaten auf einem bildungspolitischen Kontinuum sind.

Die Widersprüchlichkeiten oder gegensätzlichen Paare, die im Kurs angesprochen werden und für deren Verständnis sich die Studierenden der IVE mühen, beinhalten unter anderem: global-lokal, männlich-weiblich, städtisch-ländlich, Zentralisierung-Dezentralisierung, Mehrheits- (oder dominante)-Minderheits-Kultur, Unterdrücker-Unterdrückte, kollektiv-individuell, Tradition-Moderne, Wettbewerbsfähigkeit-Chancengleichheit und spirituell-materiell. Die Analysen dieser Gegensätze werden mithilfe insbesondere zweier Theorien untersucht: Strukturfunktionalismus und Konflikttheorie. Sie dienen als konzeptionelles Fundament für die Erforschung dieser Dichotomien, wie sie vor allem bei der Betrachtung bildungspolitischer Themen in den verschiedenen Ländern sichtbar werden.

Hinsichtlich der konkreten Vorgehensweisen in den Lehrveranstaltungen setzen sich Studierende in *Comparative Education* damit auseinander, was mit „Vergleich" oder „vergleichen" im erziehungswissenschaftlichen Kontext gemeint ist und durch eigene Vergleichsoperationen untersuchen sie verschiedene kulturelle, soziale, wirtschaftliche und politische Faktoren. Die Studierenden erkunden das Wirken dieser Faktoren durch Textarbeit, Diskussionen und durch selbständig durchgeführte Projekte und eigene Textarbeit. Des Weiteren erhalten sie eine Einführung in die verschiedenen analytischen Ansätze von Bildungstheorien, Bildungspolitik und Politikwissenschaft, um ihre kritischen und reflexiven Fähigkeiten zu verbessern, um Theorien und Annahmen von verschiedenen pädagogischen Ansätzen zuzuordnen sowie um die vergleichende Perspektive auf den gewohnten aber auch auf fremde pädagogische Kontexte anzuwenden lernen.

Die Studierenden gehen selbständigen Forschungsvorhaben ihrer eigenen Wahl nach und untersuchen dabei einen Gegenstand im internationalen Kontext (d. h. in mindestens zwei Ländern) in Form einer schriftlichen Arbeit und einer formalen Präsentation der zentralen Ergebnisse im Kurs.

Studierende im Kurs *Comparative Education* diskutieren Entwicklungstheorien aus struktur-funktionalistischer (Modernisierungstheorie und Humankapitaltheorie) und neo-marxistischer (Dependenztheorie und Befreiungstheorie) Perspektive. Im Kurs wird ein problemzentrierter Ansatz bei der Untersuchung formaler Bildung sowie den Spannungen rund um Bildungspolitik an verschiedenen geographischen Orten angewendet. Die Studierenden setzen sich mit lokalen und globalen Einflüssen auf Bildung auseinander und stellen dabei Fragen wie: „Auf welche Art und Weise beeinflusst Globalisierung den Schulunterricht in bestimmten Ländern? Wie können lokale Kulturen und Wissen Globalisierung beeinflussen?" Durch analytische Rahmenkonzepte, die auf dem Werk von Geert Hofstede, Lee Harvey und Peter Knight, Andre Gunder Frank, und R. Murray Thomas basieren, fragen Studierende: „Wer profitiert von einem bestimmten Ansatz der Bildungsreform und wer tut es weniger? Und was sind die Effekte und Konsequenzen davon?" Dabei besteht das letztendliche Ziel in der Entwicklung eines vergleichenden Blicks

– ein altbekanntes Ziel aus dem Feld der Internationalen und Vergleichenden Erziehungswissenschaft. Zusätzlich zum Text *Comparative Education: Exploring Issues in International Context* (Kubow & Fossum, 2007) ist eine Anzahl kulturalistisch orientierter Artikel von vergleichend arbeitenden Forschenden wie etwa Fida Adely (2004), Helen Boyle (2006), Paulo Freire (1970), Debora Hinderliter Ortloff (2009), Timothy Reagan (2005), Guangyu Tan (2010) sowie Gad Yair und Samira Alayan (2009) Gegenstand der Pflichtlektüre.

Die Durchführung der Lehrveranstaltung *Comparative Education* nutzt eine Vielzahl von Lehr- und Unterrichtstechniken und fordert die aktive Beteiligung von Seiten der Studierenden, woraus sich ein gemeinschaftliches Lernen ergibt. Im Laufe des Semesters übernehmen alle Studierenden einmal die Diskussionsleitung, stellen drei bis vier selbst gewählte Kernfragen über die Pflichtlektüre und leiten den Dialog während der Sitzung. Außerdem halten die Studierenden individuelle Präsentationen formeller und informeller Art über die von ihnen gesichtete Literatur zu einer bestimmten pädagogischen Fragestellung, die vergleichend in zwei oder mehr Ländern betrachtet wird. Um die Studierenden bei der Erstellung ihrer endgültigen schriftlichen Arbeiten zu unterstützen, werden sie zu kleineren Aufgaben verpflichtet, wie beispielsweise die Ausformulierung ihrer Fragestellung und der gewählten Länder sowie der durchgeführten Datenerhebung, der Abgabe einer Bibliographie und einer informellen Präsentation, in welcher die Themen diskutiert werden, die sich aus der bisherigen Untersuchung ergeben haben.

Der Kurs *Social and Cultural Foundations of Education*

Die Lehrveranstaltung *Social and Cultural Foundations of Education* gehört zu den Grundlagen der Internationalen und Vergleichenden Erziehungswissenschaft. Dies liegt vor allem daran, dass sich die beiden Felder im Hinblick auf ihre Bezugswissenschaften überlappen, zu denen die Politikwissenschaft, Soziologie, Anthropologie und Philosophie gehören. Trotzdem wird vorgeschlagen, dass *Social and Cultural Foundations of Education* entweder vor oder gleichzeitig mit dem Kurs *Comparative Education* belegt wird, da auf diese Weise das Engagement mit dem zweit besuchten Kurs erhöht wird. Aussagekräftige Vergleiche hängen bekanntermaßen von soliden Rahmenkonzepten ab, die eine konzeptionelle oder theoretische Basis für den Vergleich anbieten. Daher ist es wichtig, dass Studierende ein solides Grundniveau in diesen Rahmenkonzepten erwerben, um erfolgreich vergleichend arbeiten zu können. Aber *wie* bereitet der Kurs *Social and Cultural Foundations of Education* den Komparatisten eigentlich vor? Diese Frage lässt sich grundsätzlich auf zwei Arten beantworten.

Die Erste bezieht sich auf Themen, die in *Social and Cultural Foundations of Education* behandelt werden sowie ihre Beziehung zu einschlägigen Gegenständen der Internationalen und Vergleichenden Erziehungswissenschaft. Die Zweite bezieht sich auf die Vermittlung dieser Inhalte – ein Thema, mit welchem sich insbesondere das CEIMA Projekt beschäftigt. Dabei geht es um die Lehrmethoden die am *effektivsten* für die Entwicklung von Kompetenzen in vergleichender Forschung sein könnten.

Das *Comparative and International Education Course Archive Project* (CIECAP) an der Loyola University in Chicago hat Lehrpläne von einführenden Veranstaltungen in die Internationale und Vergleichende Erziehungswissenschaft von 30 Universitäten untersucht und eine Auswertung der Lehrinhalte zusammengestellt. Die Ergebnisse der CIECAP-Analysen zeigen, dass die Auseinandersetzung mit der Theorie des Vergleichs sowie mit Bildungsentwicklung die prominentesten Themen sind. Die Auseinandersetzung mit Kultur ist ebenfalls häufig vertreten, ebenso wie genderspezifische Themen und Globalisierung. Weitere beliebte Themen in den Einführungskursen stellen Untersuchungen im Bereich Bildungsökonomie, Bildungs(un)gleichheit, nationalstaatliche Erziehungssysteme sowie Lehrpraxis. Nur weniger als ein Drittel der in der CIECAP-Datenbank analysierten Veranstaltungen wenden Zeit für eine Auseinandersetzung mit vergleichender Forschung auf (CIECAP, 2011).[4]

Viele der grundlegenden Bereiche, die in den *Social and Cultural Foundations of Education* thematisch werden, stehen in engem Zusammenhang mit den oben genannten Themen. Schlüsseltexte wie *„Encyclopedia of the Social and Cultural Foundations of Education"* von Eugene Provenzo (2009) untersuchen Fragestellungen zu Race, Gender, sozioökonomischer Status und die Rolle von Lehren und Lernen im gesellschaftlichen Kontext. Gleichermaßen wirft *„Exploring Socio-Cultural Themes in Education: Readings in Social Foundations"* von Joan Strouse (2001) einen philosophischen Blick auf den Lehrerberuf, die gesellschaftliche Funktion der Schulen sowie das Verhältnis zwischen Bildung und Produktivität.

Tabelle 1 bietet einen Überblick über miteinander korrespondierende Themen aus den Kursen *Comparative Education* und *Social and Cultural Foundations of Education*. Dabei zeigt sich, dass letzterer einen thematischen Rahmen für einschlägige Themen der IVE bereitstellt, welche aus der CIECAP-Analyse hervorgehen. Die Tabelle beinhaltet Kurse die an der Bowling Green State University (BGSU) unterrichtet werden, um diese Verknüpfungen zu verdeutlichen.

Die Veranschaulichung spezifischer Vertreterinnen und Vertreter von Theorie und Forschung, die im Bereich der *Social and Cultural Foundations of Education* relevant sind, zeigt die große intellektuelle Nähe zur Internationalen und Vergleichenden Erziehungswissenschaft. Studierende in den Veranstaltungen der BGSU lesen beispielsweise klassische Werke, die sich mit Formen von Kapital auseinandersetzen (kulturell, sozial und ökonomisch) – darunter James Coleman (1997) und Pierre Bourdieu (2007). Dies hilft den Studierenden bei ihren vergleichenden Untersuchungen zur Bildungsentwicklung sowie der Bildungsgerechtigkeit.

---

[4] Ein allgemeiner Überblick über CIECAP und die wichtigsten Themen in der Datenbank findet sich auch in Kubow & Fossum (2008).

Tabelle 1: *Überblick über gemeinsame Themen in den Lehrveranstaltungen* Comparative Education *und* Social and Cultural Foundations of Education *an der Bowling Green State University*

Themen in Einführungskursen der IVE*	Gemeinsame Themen im Einführungskurs *Comparative Education*	Gemeinsame Themen im Kurs *Social and Cultural Foundations of Education*
Kultur	Kulturelle Themen und ihr Einfluss auf Bildung • Indigenes Wissen am Beispiel von Bildung in Afrika • Lehrerprofessionalität und die Einflüsse kultureller und politischer Werte auf Bildung • Schule im Islam: Bildungsphilosophie und Bildungspraxis	Kultur und der Bildungsprozess • Prozesse der Repräsentation, Bedeutung und Sprache • Kulturelle Pluralität, Demokratie und multikulturelle Bildung • Schule und Amerikanisierung • Beziehungen zwischen sozialer Schicht und schulischer Orientierung in schwarzen und weißen Familien
Entwicklung	Nationale Entwicklung • Theorien nationaler Entwicklung und der diesbezüglichen Rolle von Bildung	Kultur, Schule und Bildungsentwicklung • Humankapital, Soziales Kapital und Kulturelles Kapital in der Theorie bildungsbezogener Probleme
Gleichberechtigung	Gleich-/Ungleichheit • Gleich- & Ungleichheit hinsichtlich Bildung in Lateinamerika und Afrika aus Konfliktperspektive • Bildungsverantwortlichkeit und Autorität im europäischen Umfeld aus strukturalistisch-funktionalistischer Perspektive	Funktionale und Konfliktbezogene Perspektiven auf Schule • Funktionale und Konflikttheorien bezüglich sozialer Schichtung und Bildung • Funktionalistische und liberale Ideen in der Schulreform
Gender	Identität und Erfahrung von Frauen • Öffentliche Repräsentation, Bildung und Gender-Politik im Mittleren Osten	Identität and Schule: Gender, sexuelle Orientierung • Feministische Epistemologie in der Bildungsforschung • Heterosexismus in formalen Curricula
Globalisierung	Globalisierung: Paradox und Paradigma • Konzeption von und Kritik an Globalisierung und Implikationen für formale Bildung	Neomarxistische und Postmoderne Perspektiven • Dialektik des kulturellen Konsums • Neoliberale Politik und die Idee der freien Schulwahl

* Tabelle 1 wurde von P. K. Kubow und B. Collet mit Daten aus dem *Comparative and International Education Course Archive Project* (Loyola University Chicago) aus dem Jahr 2011 erstellt.

Vergleichende Untersuchungen von Themen zu Gleichheit und Gleichberechtigung werden ebenso wie Fragen der Finanzierung von Bildung fundamental durch das Studium von funktionalistischen Perspektiven und Konflikttheorien angeregt, wobei die Studierenden wiederum Primärliteratur von Alan Sadovnik (2007), Samuel Bowles und Herbert Gintis (2007), Annette Lareau (2007) und Paul Willis (2004) lesen. Außerdem entwickeln sie durch die Lektüre von Stuart Halls (1997) Arbeiten über kulturelle Repräsentation sowie Texten von John Ogbu (2007), Jamie Lew (2007) und Ricardo Stanton-Salazar et al. (2007) ein Verständnis für Kultur und kulturelle Dynamik. Schließlich vertiefen die Studierenden ihre Kenntnisse auch in Themen zu Gender und sexueller Orientierung und Bildung durch wichtige Texte von Michele Fine (2004) und Dolores Delgado Bernal (2004).

Das Lesen und Anwenden von Theorien ist von größter Wichtigkeit für das erfolgreiche Absolvieren der Kurse *Social and Cultural Foundations of Education* und *Comparative Education*. Allerdings bleibt die Frage nach den effektivsten Methoden zur Entwicklung von Kompetenzen in vergleichender Forschung bestehen. Die Praxis vergleichender Forschung auf der Ebene der *Social and Cultural Foundations of Education* ist hier recht hilfreich. Eine Aufgabe im Rahmen dieser Veranstaltung an der BGSU besteht aus dem Verfassen kurzer Aufsätze, in denen zwei Texte der Pflichtlektüre zu einem bestimmten Thema vergleichend analysiert werden. Beispielsweise können sich Studierende dazu entscheiden, Coleman mit Bourdieu im Hinblick auf Formen sozialen und kulturellen Kapitals zu vergleichen, oder Bowles, Gintis und Willis im Hinblick auf soziale Schicht und kulturelle Reproduktion zu analysieren. In ihrer Analyse müssen die Studierenden präzise Zusammenfassungen der bedeutendsten Fragen und Themen der beiden Texte erstellen, gefolgt von einer analytischen Diskussion bezüglich des Grades an wechselseitigem Bezug, den die theoretischen Konzepte aufweisen, wobei zu kommentieren ist, wo und wie sie sich voneinander unterscheiden. Diese Aufgabe verhilft den Studierenden zu einer ersten Erfahrung mit vergleichenden Fragestellungen. Sie werden über die einfache Beschreibung eines analytischen Konzeptes hinaus dahingehend gefordert, sich mit Theorien auseinanderzusetzen und dabei den Erklärungsgehalt über verschiedene soziale und kulturelle Kontexte hinaus zu überprüfen.

3. Ressourcen der IVE: das *Comparative Education Instructional Materials Archive* (CEIMA)

Im ICE Center der Bowling Green State University wurde eine öffentlich zugängliche Website für die Sammlung und gemeinsame Nutzung von Seminarmaterialien erstellt, die heute an der Indiana University untergebracht ist.[5] Das CEIMA ist eine Onlineplattform zur Sammlung von Materialien, die in Lehrveranstaltungen der

---

5   Siehe: http://education.indiana.edu/cssie/CEIMA-archive.php [zuletzt September 2014].

Internationalen und Vergleichenden Erziehungswissenschaft weltweit verwendet werden. Dazu gehören Lehrpläne, Forschungsergebnisse und schriftliche Seminararbeiten, Präsentationen, Diskussionsfragen, Arbeitsblätter und Multimedia-Ressourcen. Das CEIMA ermöglicht den Zugang zu Materialien von Universitäten auf der ganzen Welt aus Kursen wie *Comparative Education*, *Cultural Studies in Education*, *International Development Education* und *Globalization and Education*. Materialien für Kurse mit einem expliziten internationalen oder kulturwissenschaftlichen Schwerpunkt können ebenfalls eingereicht werden; dazu gehören zum Beispiel Themen aus den anderen *Social Foundations* oder forschungsorientierten Veranstaltungen.

Das Teilen dieser Ressourcen trägt zu einer Verbesserung der Lehre in der IVE bei, fördert den Dialog zwischen den Universitäten und dokumentiert die Dynamik und Entwicklung des Forschungsfeldes. Beiträge zum CEIMA stellen eine sinnvolle Möglichkeit dar, etwas über aktuelle Methoden in Veranstaltungen der Internationalen und Vergleichenden Erziehungswissenschaft zu lernen, die von Kolleginnen und Kollegen auf der ganzen Welt genutzt werden. CEIMA unterstützt daher Lehrpersonen in der IVE bei ihrer Planung und Anpassung von Lehrveranstaltungen; darüber hinaus trägt es zur Verbreitung aktueller Trends und Innovationen sowie bei der Herstellung von Kontakt mit internationalen Kolleginnen und Kollegen bei. Dadurch stellt es eine wertvolle Ressource für Lehrkräfte im Feld der IVE dar. Alle Forscherinnen, Forscher und Lehrkräfte in diesem Feld sind dazu eingeladen, ihre Materialien dem CEIMA-Projekt zur Verfügung zu stellen und die dort gesammelten Ressourcen zu nutzen.

Die Inhalte des Archivs

In der CEIMA-Datenbank finden sich zusätzlich zu den oben genannten Kursen zahlreiche andere Beiträge. Im Folgenden wird zur Illustration der Potenziale dieser Ressourcen auf einige eingereichte Beiträge eingegangen. Eine Untersuchung der von ihnen zur Verfügung gestellten Dokumente weist auf die Entstehung einer konzeptuellen „Werkzeugkiste" für die Anleitung vergleichender Forschung hin.

Der eingereichte Beitrag von Aaron Benavot (State University of New York-Albany) bezieht sich auf seinen Kurs *Comparative Education* und fokussiert eine Vielzahl pädagogischer Themen: Bildungserfolg, curriculare Inhalte, Lernergebnisse, Gender, Gleichberechtigung, Governance, Privatisierung, Bildungspolitik und -reform aus vergleichender Perspektive sowie regionale Perspektiven der Finanzierung von Bildung. Zusätzlich zu einer generellen Einführung in den Themenbereich und in das jeweilige theoretische Fundament gewinnen die Studierenden Einblick in die Regionen Lateinamerika, Afrika, Asien, den Mittleren Osten und Osteuropa/Zentralasien. Zur Kurslektüre gehören das Methodenlehrbuch von Bray, Adamson, und Mason „*Comparative Education Research: Approaches and Methods*"

(Bray et al., 2007); das von Michael Crossley und Keith Watson 2003 veröffentlichte Buch „*Comparative and International Research in Education: Globalisation, Context, and Difference*" (Crossley & Watson, 2003), das nun in vierter Auflage erschienene Buch „*Comparative Education: The Dialectic of the Global and the Local*" von Robert F. Arnove und Carlos Alberto Torres (Arnove & Torres, 2007) sowie der Band von David P. Baker und Gerald K. LeTendre „*National Differences, Global Similarities: World Culture and the Future of Schooling*" (Baker & LeTendre, 2005). Hinsichtlich der Anforderungen des Kurses sind vier Aufgaben zum Bestehen vorgesehen: Zunächst wählen die Studierenden eine Schlüsselfigur aus dem Themenfeld und schreiben eine Kurzbiographie über das Leben und die Arbeit dieses Forschenden, über den sie auch eine mündliche Präsentation im Seminar halten. Zweitens wählen die Studierenden einen ehemaligen Präsidenten oder eine ehemalige Präsidentin der CIES[6] und erörtern kritisch ihre/seine Antrittsrede, die in der Zeitschrift *Comparative Education Review* veröffentlicht wird; abschließend werden die Ergebnisse dieser Auseinandersetzung im Plenum präsentiert. Drittens bereiten die Studierenden eine Buchvorstellung in Aufsatzform aus einer vorher festgelegten Literaturliste vor und tragen diese dann der Gruppe vor. Zuletzt wählen die Studierenden ein Thema mit Bezug zur International Vergleichenden Erziehungswissenschaft aus (z. B. Zugang zu Bildung, Klassenwiederholungen, Lernerfolge usw.) und verfassen eine kritische Zusammenfassung der spezifischen Literatur über dieses Thema, wobei sie eine spezielle Gruppe von Ländern, Regionen oder Schülergruppen (z. B. Kinder mit Migrationshintergrund, Kinder in Armut, Mädchen) auswählen.

In der Veranstaltung *Comparative Education: Approaches, Methods, and Themes* legt Mark Bray (University of Hong Kong) einen besonderen Schwerpunkt auf die quantitativen und qualitativen methodologischen Ansätze, die im Forschungsfeld der IVE angewandt werden. Dabei wählt er einen problemzentrierten Ansatz für die Herausstellung von Gemeinsamkeiten und Unterschieden zwischen Hong Kong und anderen Orten. Der Kursinhalt ist auf die Themen Verwaltung, Kontrolle und Finanzierung von Bildungssystemen, private Bildung, Internationale Akteure und Vergleichende Erziehungswissenschaft sowie Kontinuität und Wandel in Erziehungssystemen ausgerichtet. Die grundlegende Kurslektüre umfasst das Buch „*Education and Society in Hong Kong and Macao: Comparative Perspectives on Continuity and Change*" (Bray & Koo, 2004) sowie die oben bereits genannten Bücher von Bray et al. (2007) und Arnove & Torres (2007). Besonders erwähnenswert erscheint Brays" Lehransatz des Hinterfragens (question posing), dabei beschäftigen sich Studierende mit interner und vergleichender Kritik und fragen: „Wer sollte vergleichen? Warum sollte man vergleichen? Was sollte verglichen werden? Und wie sollte verglichen werden?" (Bray, 2010/11, S. 1). Diese Fragen orientieren bei-

---

6   CIES ist die Abkürzung von „Comparative and International Education Society", also die US-amerikanische Gesellschaft der IVE. Siehe: www.cies.us [zuletzt September 2014].

spielsweise die Analyse eines Films, der Klassengrößen in Hong-Kong, Shanghai, und Tennessee vergleichend thematisiert. Die Frage „Ist das Bildungssystem in Hong-Kong zentralisiert oder dezentralisiert?" steht im Kontext eines Films über Japan als Anhaltspunkt für einen Vergleich von Gemeinsamkeiten und Unterschieden zum Schulsystem in Hong Kong. Macao und China werden mit Hilfe von Fallstudien untersucht, wobei Studierende angehalten sind, zu überlegen, welche Mittel und welche Untersuchungseinheiten geeignet sind und mit welchem Ziel die Untersuchung stattfinden könnte – beispielsweise in Bezug auf die PISA-Studien.

Im von Steven Klees (University of Maryland) eingereichten Beitrag zum Kurs *Political Economy of Education in a Global Context*, setzen sich Studierende mit den Verknüpfungen zwischen Bildung, Entwicklung, Armut, Ungleichheit und Globalisierung mithilfe der Lektüre von vielen verschiedenen Autoren auseinander. Während des Kurses sollen die Teilnehmer die verschiedenen Implikationen dieser Themen für pädagogische Forschung, Politik und Praxis hinterfragen. Eine ökonomische Perspektive auf die in diesem Rahmen wichtigsten theoretischen Ansätze (z. B. Humankapital, Modernisierung und wirtschaftliches Wachstum) wird genutzt, um ihre expliziten und impliziten Annahmen sowie ihre Implikationen für die Bildungspolitik und -praxis zu erörtern. Die Kernthemen des Kurses umfassen Privatisierung, die Krise des Hochschulsektors, Leistung im Primarbereich sowie die Rolle von Nichtregierungsorganisationen; dabei wird ein besonderes Augenmerk auf die Diskussion gelegt, wie Fragen von Gender, ethnischer Zugehörigkeit und sozialer Klasse beeinflusst werden. Eine zentrale Rolle in der Lehrveranstaltung spielt das Debattieren über Bildung und Entwicklung (z. B. „Education for all") sowie die Deliberation möglicher Richtungsänderungen für einzelne Länder und Regionen.

In seinem *Seminar on Globalization and Education* erwartet Noah Sobe (Loyola University Chicago) von seinen Studierenden, dass sie „Globalisierung" und ihre Beziehung zu Schule und pädagogischen Fragestellungen in breiter Form problematisieren. Er integriert historische, anthropologische und Perspektiven sozialer Gerechtigkeit in den Kurs und richtet dabei die Aufmerksamkeit auf die Interaktion zwischen Rasse, ethnischer Herkunft und sozialer Gerechtigkeit sowie Bildungschancen und -erfolg. Thematisch beginnt er bei der Identitäts-, Informations- und Netzwerkgesellschaft und lokalisiert darin später das Globale, das Nationale und das Lokale. In konzeptioneller Hinsicht greift er auf Theorien wie Weltgesellschaft und Weltkultur (world polity and world culture) zurück, wobei die Studierenden ethnographische Perspektiven auf Globalisierung in Peru, Indien, Afrika, China oder den USA wählen können, um sich mit den dialektischen Strömen zwischen Global und Lokal und transnationalen Bewegungen von Menschen, Politiken und Ideen auseinanderzusetzen. Zur Kurslektüre gehören Manuel Castells „*The Power of Identity: The Information Age – Economy, Society, and Culture*" (Castells, 2004), das Buch „*Local Meanings, Global Schooling: Anthropology and World Culture The-*

ory" von Kathryn Anderson-Levitt (2003), und *„Global Englishes and Transcultural Flows"* von Alastair Pennycook (2007).

Schließlich konfrontiert der Kurs *„Issues in Globalization and Education"* von Qiang Zha (York University Canada) die Studierenden mit einer breit angelegten Prüfung verschiedener Globalisierungskonzepte aus pädagogischer Perspektive. Der Kurs erkundet historische und theoretische Debatten rund um die Analyse von Globalisierung und Bildung. Dazu gehören Dimensionen und Interpretationen von Globalisierung (z. B. Weltsysteme, globale Kultur, globale Gesellschaft, globaler Kapitalismus); die weltweiten Einflüsse der Globalisierung auf Bildung (z. B. Markteinflüsse auf Bildung, Wissen als globales Konstrukt, interkulturelle und transnationale Trends bezüglich der Bereitstellung von Bildung); globale Organisationen und Agenda-Setting im Kontext von Bildung; die Entstehung von globalen und regionalen Bildungsstrukturen sowie die Rolle von Studierenden, pädagogischen Professionellen und „Wissensarbeitern" (knowledge workers) in einer globalisierten Welt. Die Kurslektüre beinhaltet *„Globalizing Education: Policies, Pedagogies and Politics"* von Michael W. Apple, Jane Kenway und Michael Singh (Apple et al., 2005) sowie den von ihm selbst vorbereiteten Reader *„Issues in Globalization and Education Course Kit"* (Zha, 2011). Die Veranstaltung ist in drei thematische Teile gegliedert: erstens „Der Nexus zwischen Globalisierung und Bildung: Komplexität und Paradoxon, Probleme und Möglichkeiten"; zweitens „Gesellschaft, Bildung und der Nationalstaat als Gegenstand vergleichender Forschung" und schließlich drittens „Pädagogische Praxis und Schulen im Kontext von Globalisierung". Die Studierenden halten kurze wöchentliche Präsentationen über Globalisierung und thematisieren einschlägige wissenschaftliche Debatten, fertigen Zusammenfassungen aktueller erziehungswissenschaftlicher Problemstellungen in Bezug auf den Globalisierungsdiskurs an, bereiten Überblicke relevanter Literatur zu Themen des Kurses vor und stellen Überlegungen zur Globalisierung und ihre Einflüsse auf Bildung an.

In didaktischer Hinsicht bestehen die Kurse aus Vorlesungen, Selbststudium, Plenumsdiskussionen, Präsentationen und schriftlichen Aufgaben. Diskussionen werden als essentieller Teil des Kurses verstanden und es wird großen Wert darauf gelegt, dass die Studierenden gut vorbereitet erscheinen, was bedeutet, dass sie sich vor den Sitzungen durch eingehende Lektüre intellektuell mit den Inhalten auseinandergesetzt haben.

4. Schluss

Im Feld der Internationalen und Vergleichenden Erziehungswissenschaft lässt sich eine anhaltende Debatte im Hinblick auf einen akademischen Kanon, der die Grundlagen des Forschungsfeldes darstellt und mit dem jeder angehende Komparatist vertraut sein sollte, feststellen. Während der Fokus auf bedeutende Werke innerhalb der IVE in der Tat von großer Bedeutung ist, sollten wir nicht aus den Augen verlieren, auf welche Art und Weise diese Inhalte vermittelt werden. Dieser Beitrag nahm das IVE-Feld aus einer etwas anderen Perspektive in den Blick, indem untersucht wurde, welche Wechselwirkungen zwischen Kernthemen und Lehrmethoden in vergleichenden Veranstaltungen bestehen. Die vorherrschenden Lehrarrangements sagen viel über das jeweilige Wissenschaftsgebiet aus und die ersten Beiträge zum *Comparative Education Instructional Materials Archive* (CEIMA) geben der IVE Anlass zu Hoffnung, ganz gleich welche Seite der Debatte um den Kanon sie einnehmen. Anhand der Lehrmethoden lassen sich innovative Anstrengungen erkennen, Studierende für vergleichende Forschung zu begeistern und dieses Sprengen erziehungswissenschaftlicher Grenzen in Kursen mit vergleichenden Inhalten passt sehr gut zu den gegenwärtigen wissenschaftlichen Trends in der IVE. Selbstverständlich muss hier berücksichtigt werden, dass das bisher archivierte und in diesem Beitrag in die Analyse einbezogene Material und Ressourcen vornehmlich englischsprachig ist; inwieweit die hier gezogenen Schlussfolgerungen auch für andere Regionen der Welt bzw. Sprache zutreffen, bleibt Gegenstand weiterer Analysen.

In jedem Fall sind für die universitäre Praxis der IVE sowie für die akademische Professionalisierung des Feldes Fragen nach den vorherrschenden Lern- und Lehrarrangements von großer Bedeutung: Welche neuen Lernmöglichkeiten können Studierende im Hinblick auf die Rolle gewinnen, die internationale Akteure bei der Gestaltung globaler Bildungspolitik einnehmen? Wie können Studierende sich am besten mit transkulturellen Strömen von Menschen, Politiken und Ideen vertraut machen? Was wir bisher über das Lehren in diesem Bereich wissen, gibt es Anlass dafür anzunehmen, dass die Lehrkräfte immer neue Möglichkeiten ausprobieren werden, derartige Fragen anzugehen.

Gute Lehrpraxis setzt unabhängig vom Fach Kenntnisse über das Vorwissen der Studierenden voraus. Für Lehrkräfte in Kursen mit vergleichenden Inhalten ist es hilfreich, sich mit Inhalten der Grundlagen- und Bezugswissenschaften der Erziehungswissenschaft allgemein auseinanderzusetzen, um im Feld der Internationalen und Vergleichenden Erziehungswissenschaft sinnvoll arbeiten zu können. Aufgrund ihres interdisziplinären Charakters gibt es zahlreiche Kurse, die für das Studium der IVE als notwendig bezeichnet werden könnten oder zumindest eine gute Ergänzung darstellen. Der vorliegende Beitrag hat einen solchen hervorgehoben – der Kurs *Social and Cultural Foundations of Education* – viele andere wären noch denkbar. Darüber hinaus sind inhaltliche Untersuchungen, wie sie das *Comparative and International Education Course Archive Project* (CIECAP) ermöglicht, von großer Bedeutung für die inhaltliche Planung von fortgeschrittenen Lehrveranstaltungen oder Studienplänen in diesem Wissenschaftsbereich. Das *Comparative Education Instructional Materials Archive* (CEIMA) stellt Lehrkräften Materialien zur Verfügung, die ihnen bei der Entwicklung von Kursen im Bereich der IVE und der „*Social Foundations*" helfen kann. Lehrende im Feld der Internationalen und

Vergleichenden Erziehungswissenschaft haben eine große Verantwortung im Hinblick auf eine angemessene Vorbereitung zukünftiger Forscherinnen und Forscher, Praktikerinnen und Praktiker in der IVE und darüber hinaus. Es ist zu hoffen, dass Projekte wie CIECAP und CEIMA sowie andere dabei helfen, die wissenschaftliche Exzellenz aufrecht zu erhalten, die diesen Bereich auszeichnet.

Literatur

Adely, F. (2004). The mixed effects of schooling for high school girls in Jordan: The case of Tel Yahya. *Comparative Education Review, 48*(4), 353–373.

Anderson-Levitt, K. (2003). *Local Meanings, Global Schooling: Anthropology and World Culture Theory*. New York: Palgrave Macmillan.

Apple, M. W., Kenway, J., & Singh, M. (Hrsg.) (2005). *Globalizing Education: Policies, Pedagogies and Politics*. New York u. a.: Lang.

Arnove, R. F., & Torres, C. A. (2007). *Comparative Education: The Dialectic of the Global and the Local*. Lanham MD: Rowman & Littlefield Publishers.

Baker, D., & LeTendre, G. (2005). National Differences, Global Similarities. World Culture and the Future of Schooling. Stanford, CA: Stanford University Press.

Bourdieu, P. (2007). The forms of capital. In A. Sadovnik (Hrsg.), *Sociology of education: A critical reader* (S. 83–96). New York: Routledge.

Bowles, S., & Gintis, H. (2007). Broken promises: School reform in retrospect. In A. Sadovnik (Hrsg.), *Sociology of education: A critical reader* (S. 53–70). New York: Routledge.

Boyle, H. N. (2006). Memorization and learning in Islamic schools. *Comparative Education Review, 50*(3), 478–495.

Bray, M. (2010/11). *Master of Education (MEDD7013): Comparative education – Approaches, methods, and themes*. Hong Kong, China: Faculty of Education, The University of Hong Kong.

Bray, M., Adamson, B., & Mason, M. (Hrsg.) (2007). *Comparative Education Research. Approaches and Methods*. Hong Kong: The University of Hong Kong/The University of Hong Kong.

Bray, M., & Koo, R. (2004). *Education and Society in Hong Kong and Macao: Comparative Perspectives on Continuity and Change*. 2. Aufl. Hong Kong: Comparative Education Research Centre/The University of Hong Kong.

Castells, M. (2004). *The Power of Identity: The Information Age – Economy, Society, and Culture*. 2. Aufl. Malden MA: Blackwell.

CIECAP: Comparative and International Education Course Archive Project (2011). *Introductory Courses in comparative education: Topics covered*. Online unter: http://www.albany.edu/eaps_old/ciecap/index.shtml [zuletzt September 2014].

Coleman, J. (1997). Social capital in the creation of human capital. In A. H. Halsey, H. Lauder, P. Brown, A. S. Wells (Hrsg.), *Education: Culture, economy, society* (S. 80–95). Oxford: Oxford University Press.

Crossley, M., & Watson, K. (2003). *Comparative and International Research in Education: Globalisation, context and difference*. London/New York: Routledge.

Delgado Bernal, D. (2004). Using a Chicana feminist epistemology in educational research. In R. Gaztambide-Fernadez, H. Harding & T. Sorde-Marti (Hrsg.), *Cultural studies and education: Perspectives on theory, methodology, and practice* (S. 87–108). Cambridge: Harvard Educational Review.

Fine, M. (2004). Sexuality, schooling, and adolescent females: The missing discourse of desire. In R. Gaztambide-Fernádez, H. Harding & T. Sordé-Marti (Hrsg.), *Cultural studies and education: Perspectives on theory, methodology, and practice* (S. 125–148). Cambridge: Harvard Educational Review.

Freire, P. (1970). *Pedagogy of the oppressed.* New York: Penguin Books.

Hall, S. (1997). The work of representation. In S. Hall (Hrsg.), Representation: Cultural representations and signifying practices (S. 13–74). London: Sage.

Kubow, P. K., & Fossum, P. R. (2007). *Comparative education: Exploring issues in international context.* 2. Aufl. Upper Saddle River, NJ: Pearson, Merrill Prentice Hall.

Kubow, P. K., & Fossum, P. R. (2008). Comparative education in the USA. In C. Wolhuter, N. Popov, M. Manzon, & B. Leutwyler (Hrsg.), *Comparative education at universities world wide* (2. Aufl.) (S. 157–166). Sofia, Bulgaria: Bureau for Educational Services.

Lareau, A. (2007). Invisible inequality: Social class and childbearing in black families and white families. In A. Sadovnik (Hrsg.), *Sociology of education: A critical reader* (S. 325–354). New York: Routledge.

Larson, M. A. (2009). Stressful, Hectic, Daunting: A Critical Policy Study of the Ontario Teacher Performance Appraisal System. *Canadian Journal of Educational Administration and Policy, 1*(94), 1–44.

Lew, J. (2007). Burden of acting neither white nor black: Asian American identities and achievement in urban schools. In A. Sadovnik (Hrsg.), *Sociology of education: A critical reader* (S. 379–390). New York: Routledge.

Ogbu, J. (2007). Collective identity and the burden of acting white in black history, community, and education. In A. Sadovnik (Hrsg.), *Sociology of education: A critical reader* (S. 355–378). New York: Routledge.

Ortloff, D. H. (2009). Social studies teachers' reflections on citizenship in Bavaria, Germany. *Race/Ethnicity, 2*(2), 189–214.

Pennycook, A. (2006). *Global Englishes and Transcultural Flows.* London/New York: Routledge.

Provenzo, E. (Hrsg.) (2009). *Encyclopedia of the social and cultural foundations of education.* Thousand Oaks, CA: Sage.

Reagan, T. (2005). *Non-western educational traditions: Indigenous approaches to educational thought and practice.* 3. Aufl. Mahwah, NJ: Lawrence Erlbaum Associates.

Sadovnik, A. (2007). Theory and research in the sociology of education. In A. Sadovnik (Hrsg.), *Sociology of education: A critical reader* (S. 3–26). New York: Routledge.

Stanton-Salazar, R., Chavez, L., & Tai, R. (2007). The help-seeking orientations of Latino and Non-Latino urban high school students: A critical-sociological investigation. In A. Sadovnik (Hrsg.), *Sociology of education: A critical reader* (S. 391–414). New York: Routledge.

Strouse, J. (2001). *Exploring socio-cultural themes in education: Readings in social foundations.* 2. Aufl. Columbus, OH: Merrill.

Tan, G. (2010). Under the same blue sky? Inequity in migrant children's education in China. *Current Issues in Comparative Education, 12*(2), 31–40.

Willis, P. (2004). Foot soldiers of modernity: The dialectics of cultural consumption and the 21st-century school. In R. Gaztambide-Fernádez, H. Harding, and T. Sordé-Marti (Hrsg.), *Cultural studies and education: Perspectives on theory, methodology, and practice* (S. 261–282). Cambridge: Harvard Educational Review.

Yair, G., & Alayan, S. (2009). Paralysis at the top of a roaring volcano: Israel and the schooling of Palestinians in East Jerusalem. *Comparative Education Review, 53*(2), 235–257.

Zha, Q. (Hrsg.) (2011). *GS/EDUC 5464 3.0 M Issues in Globalization and Education Course Kit*. Toronto: York University.

Roger Dale

Globalisierung in der Vergleichenden Erziehungswissenschaft re-visited: Die Relevanz des Kontexts des Kontexts[1]

1. Einleitung

Die Beschäftigung mit den Implikationen von Globalisierung ist für die Vergleichende Erziehungswissenschaft aus einer Reihe von Gründen ein komplexes und schwieriges Unterfangen. Dies scheint unter anderem damit zusammenzuhängen, dass die Intensivierung von Globalisierung sowohl zu einem deutlichen Anstieg der allgemeinen Aufmerksamkeit für die Vergleichende Erziehungswissenschaft als wichtigem Untersuchungsfeld geführt hat, als auch zu einer neuen Perspektive auf diese erziehungswissenschaftliche Disziplin. Mit dieser Perspektive ist die Erwartung verbunden, dass sie zur Lösung der mit der Expansion und der Intensivierung der globalen Ökonomie verbundenen Probleme beitragen könne, besonders da diese zunehmend als globale *Wissensökonomie* wahrgenommen wird.

Einen weiteren – mit dieser generellen Herausforderung verbundenen jedoch von dieser durchaus zu unterscheidenden – Aspekt betrifft dabei die intellektuelle/akademische Herausforderung, die Globalisierung für die Vergleichende Erziehungswissenschaft darstellt. Obwohl es sicher keinen Mangel an Diskussionen gibt, die sich mit diesen Fragen beschäftigen, gibt es bis heute keine abschließenden Antworten; es besteht nicht einmal Einigkeit darüber, was diese Antworten beinhalten sollten. In diesem Kapitel wird der Versuch unternommen, einen bescheidenen Beitrag aus einer etwas heterodoxen theoretischen und methodologischen Perspektive zu dieser Verständigung zu leisten.

Das wesentliche Argument dieses Kapitels lautet, dass die Gesamtheit der ökonomischen, politischen, kulturellen und technologischen Veränderungen des vergangenen halben Jahrhunderts, die wir lose als „Globalisierung" bezeichnen, ihrerseits zu wichtigen Veränderungen des Gegenstandsbereichs der Vergleichenden Erziehungswissenschaft führten. In der Konsequenz ziehen sie auch entsprechende Anpassungen der theoretischen und methodologischen Werkzeuge nach sich, die notwendig sind, um die angesprochenen Veränderungen angemessen analysieren und interpretieren zu können. Die mit Globalisierung assoziierten Veränderungen werden in diesem Kapitel hinsichtlich ihrer Auswirkungen auf Stellenwert, Verortung und Bedeutung eines Schlüsselkonzepts der Vergleichenden Erziehungswissenschaft untersucht – dem des „Kontexts". Will man die Herausforderungen angemessen adressieren, so sind m. E. Art und Bedeutung des sich verändernden „Kon-

---

[1] Aus dem Englischen übersetzt von Marcelo Parreira do Amaral, lektoriert von S. Karin Amos.

texts des Kontexts" in der Vergleichenden Erziehungswissenschaft zu erkennen. Kurz und gut: die These ist, dass Globalisierung auf vielfältige Weise das verändert hat, was gemeinhin als „Kontext" betrachtet wird und dass wir, solange dies nicht begriffen ist, ernsthafte Schwierigkeiten haben, das komplexe Beziehungsgefüge zwischen Globalisierung und Vergleichender Erziehungswissenschaft angemessen zu verstehen.

Das Kapitel ist entlang dreier – eng miteinander verbundener – Fragenkomplexe organisiert. *Erstens*, geht es um die Frage, *was* sich genau im Bildungsbereich als Folge von Globalisierung verändert? Welchen Einfluss übt Globalisierung auf die Untersuchungsgegenstände der Vergleichenden Erziehungswissenschaft aus? *Zweitens*, *wie* beeinflusst Globalisierung die Methodologie der Vergleichenden Erziehungswissenschaft? Wie hängen Problemwahrnehmungen von Globalisierung mit den Forschungsinstrumenten zusammen, mit denen die Probleme und Fragen bearbeitet werden sollen; insbesondere mit Blick auf vergleichend angelegte Fallkonstruktionen.

Und schließlich *drittens*, warum sind diese Veränderungen von Bedeutung für die Vergleichende Erziehungswissenschaft und ihre potentiellen Beiträge für ein breites Spektrum interessierter Publikumsgruppen?

Das Grundargument, das um die erste Frage herum entwickeln werden soll, leitet sich aus einer Betrachtung folgender Zusammenhänge ab: Zunächst geht es im Kern darum zu fragen, wie das Bündel von Phänomenen, das als Globalisierung bezeichnet wird, bislang in der Vergleichenden Erziehungswissenschaft interpretiert worden ist. In welchen Bereichen werden Veränderungen festgestellt, wie und in welchem Maß vollziehen sich diese, und welches sind die Folgen für die Bildungspraxis, -governance und -ergebnisse sowie unser Verständnis davon? Im Anschluss sollen die Antworten auf diese Fragen dazu genutzt werden, die Beziehung zwischen Vergleichender Erziehungswissenschaft und Globalisierung zu durchleuchten.

Das erste dieser beiden Elemente versucht – auf der Basis ihrer als dominant erachteten Konzepte – nachzuvollziehen, welche *Art* von Problemen Globalisierung für die Vergleichende Erziehungswissenschaft beinhalten. Mit Blick auf diesen Aspekt werden in diesem Kapitel zwei zentrale Gesichtspunkte diskutiert, welche die Debatte um Globalisierung in der Vergleichenden Erziehungswissenschaft charakterisieren. Im Folgenden wird die These vertreten, dass die Art und Weise, in welcher Globalisierung in der Vergleichenden Erziehungswissenschaft diskutiert wird, noch immer die bestehende Tradition einer Priorisierung der nationalen Ebene fortsetzt, und zwar sowohl theoretisch als auch methodologisch. Diese Optik ist von einer erweiterten Konzeption von „Kontext" begleitet, in welcher Vorstellungen über die Eigenschaften von Globalisierung eine wesentliche Rolle spielen. Es soll aber auch gezeigt werden, dass Globalisierung nicht nur Fragen der Veränderung von Tiefe und Textur des Kontexts beinhaltet und aufwirft, sondern dass Globalisierung hier eine qualitativ andere Art von Kontext konstituiert, der auf einer anderen Ebene operiert und den ich als „Kontext des Kontexts" bezeichne. Das heißt, Globalisierung operiert eher außerhalb denn innerhalb existierender Konzeptionen des Kontexts von Bildungssystemen. Dies ist der Fall, weil seine Tiefe und Reichweite den nationalen Kontext nicht anreichern, sondern die Reorganisation und potentielle Verdrängung des „nationalen Kontexts" selbst zur Folge hat.

2. Was wird unter Globalisierung in der Vergleichenden Erziehungswissenschaft verstanden?

Die Bedeutung von Globalisierung hat – vorsichtig formuliert – zu regen und vielfältigen akademischen Diskussionen geführt. Es scheint Übereinstimmung in der Einschätzung zu herrschen, dass sich etwas grundlegend verändert hat, aber weniger Übereinstimmung darüber, worin diese Veränderung genau besteht, warum, in welcher Weise und was es bedeutet. Eine übliche Art und Weise mit diesem Problem umzugehen besteht darin, Zuflucht zu den „ostentativen Definitionen" von Globalisierung zu nehmen, also sich auf Definitionen von Globalisierung zu beziehen, die sich auf Beispiele ihrer Prozesse, Folgen oder Resultate beziehen, statt sie analytisch zu bestimmen. Um zu veranschaulichen, was mit „ostentative Definitionen" gemeint ist, sei hier ein gängiges simples Beispiel genannt: Unfähig Farben zu definieren, benennen wir sie, indem wir auf Beispiele zeigen. Analog dazu verweisen typische ostentative Definitionen von Globalisierung häufig auf Prozesse wie McDonaldisierung oder die Allgegenwart des Internets. Die Problematik dieser Vorgehensweise ist, dass die ausgewählten Beispiele nicht zufällig gewählt werden; sie sind selbst Folgen von Mechanismen tieferer Globalisierungsprozesse. Breiter gefasst können wir Globalisierung nicht verstehen, indem wir schlicht auf ihre auffälligsten Prozesse, Produkte oder Folgen zeigen. Vielmehr müssen wir danach streben zu zeigen, welche umfassenderen politischen und ökonomischen Bedingungen sie ermöglicht haben, welche spezifischen Kräfte das Entstehen gerade dieser bestimmten anstelle von anderen Phänomenen auf globaler Ebene ermöglicht bzw. hervorgebracht haben.

Auf einer anderen, elaborierteren Betrachtungsebene können wir einen wesentlichen Unterschied in den Konzeptionen der Beziehung zwischen Globalisierung und Vergleichender Erziehungswissenschaft identifizieren, indem wir zwei Ansätze dieser Beziehung kontrastieren: den einer „Kontinuität" und den eines „Bruchs". Wie die Bezeichnungen bereits andeuten, suggerieren Kontinuitätsansätze, dass Globalisierung im Kern eine quantitative Intensivierung und Extensivierung dessen beinhaltet, was wir in vergangenen Dekaden bereits erfahren haben. Diejenigen, die die Annahme eines Bruches bevorzugen, sehen im Gegensatz dazu etwas qualitativ anderes als das, was sich vorher ereignet hat.

An dieser Stelle sollte angemerkt werden, dass die meisten Beiträge zu Globalisierung in der Vergleichenden Erziehungswissenschaft eher von einer Kontinuität als von einem Bruch ausgehen. In diesem Zugang wird Globalisierung als eine weitere, möglicherweise signifikantere, *externe* Kraft betrachtet, die auf nationale Bildungssysteme einwirkt; wobei letztere die Ebene darstellt, auf der in der Vergleichenden Erziehungswissenschaft nach Erklärungen gesucht wird. Es gibt mindestens vier wichtige Probleme mit solchen Ansätzen, welche zufriedenstellend überwunden werden müssen, bevor sich die Vergleichende Erziehungswissenschaft weiterentwickeln kann:

Erstens wird das Konzept der „Globalisierung" ähnlich wie beispielsweise das des „Fordismus" benutzt, indem mehr oder weniger direkte Konsequenzen für Schulen als unmittelbare Folge des Auftauchens eines neuen Phänomens angenommen werden. So haben wir früher danach gefragt, welche Folgen sich aus dem „Fordismus" für die Schulen ergeben. In der Tradition dieser Perspektive besteht also eine Tendenz, Globalisierung sehr lose zu theoretisieren und ihre Repräsentation als *Diskurs* nicht zur Kenntnis zu nehmen; „es ist alles Globalisierung" und zwar sowohl als *Prozess* – und noch dazu häufig als Prozess ohne Akteure – wie auch als *Zustand*. So etwas wie McDonaldisierung, das einfach zu passieren scheint, fast natürlich oder automatisch; etwas das mit *Konvergenz* zu tun hat – aber was womit konvergiert und über welchen Zeitraum wird selten genauer benannt, oder, noch seltener als *politischer Prozess* betrachtet, der durch bestimmte Interessen angetrieben wird.

Das *zweite* Problem liegt darin, dass Globalisierung als externe Kraft und typischerweise in hierarchischer Beziehung zum Nationalstaat stehend beschrieben wird. Eine solche Vorstellung wird den Möglichkeiten der Beziehung zwischen Globalisierung und Erziehung jedoch in keiner Weise gerecht. So könnte dies beispielsweise eine exklusive Top-down-Beziehung zwischen Globalisierung und dem Nationalstaat implizieren. Dies ist aber keineswegs die einzige Betrachtungsebene, da sie unter anderem die Aufmerksamkeit von der Möglichkeit ablenkt, Effekte auf einer anderen als der nationalen Ebene anzunehmen. Darüber hinaus sind Staaten (zumindest die westlichen Staaten) selbst alles andere als hilflose Opfer von Globalisierung, sondern zählen zu ihren stärksten Akteuren und sind willige und bewusste Teilnehmer oder Partner anderer Akteure und Agenten der Globalisierung.

Das *dritte* durch die „externe" Zurechnung von Globalisierung hervorgerufene Problem besteht darin, dass der Hauptfokus der „Effekte" der Globalisierung auf nationale Erziehungssysteme und Schulen gerichtet wird und darauf beschränkt bleibt. Selbstverständlich ist dies eine wichtige Frage, wenn sie aber isoliert gestellt wird, können einige andere wesentliche Fragen gar nicht angesprochen werden. So lassen sich mindestens vier andere Argumente anführen, die sich auf theoretische und methodologische Aspekte dieses „Effekt"-Ansatzes beziehen. *Zunächst* sind die „Effekte" selbst viel umfassender als üblicherweise angenommen. Der Klassifikation von Lukes (1974) folgend bleiben sie im Wesentlichen auf die erste Dimension von Macht beschränkt, nämlich Entscheidungen zu beeinflussen, folgerichtig werden dabei andere Machtdimensionen wie Agenda-Setting oder Präferenzbildung weitgehend ausgeblendet. *Zweitens* ist zu erwarten, dass Globalisierung unterschiedliche „Effekte" für unterschiedliche Staaten zeitigt; diese „Effekte" werden vor dem

Hintergrund der eigenen Konzeption der supranationalen Ebene aber auch des eigenen Verständnisses der Agenden auf dieser Ebene interpretiert. Anders gesagt, sowohl das „Nationale" als auch das „Supranationale" müssen problematisiert werden. *Drittens* bleibt die Beziehung zwischen den Skalen oder Ebenen bleibt nicht auf „Effekte" der einen auf die andere beschränkt, sondern könnte angemessener als funktionale, skalare und sektorale Arbeitsteilung (siehe unten) beschrieben werden. *Schließlich* führen die „Effekt"-Ansätze dazu, Globalisierungseffekte zu *quantifizieren*. Das ist an sich nicht falsch, aber wir wissen, wie leicht dies dazu führt, alles nicht Quantifizierbare schlicht auszublenden.

Das *vierte* Problem des Kontinuitätszugangs besteht darin, dass dadurch eine Forschungsproblematik in Richtung der Konvergenztheorie präjudiziert wird. Wenn so viele Länder offensichtlich das Gleiche tun, resultiert daraus, dass sie konvergieren – einander ähnlicher werden – im Laufe der Zeit? Wenn sie dies tun, haben wir damit automatisch einen Beleg für einen „Globalisierungseffekt"? Christoph Knill zufolge betonen Konvergenzstudien insbesondere die Bedeutung von Effekten. Wie er betont:

> „[C]onvergence studies place particular emphasis on effects. Transfer and diffusion thus reflect processes which under certain circumstances might result in policy convergence. [...] Policy convergence thus describes the end result of a process of policy change over time towards some common point, regardless of the causal processes." (Knill, 2005, S. 767f.)

Bei näherer Betrachtung zeigt sich allerdings, dass „Konvergenz" ein komplexeres und weniger hilfreiches Konzept ist als es zunächst den Anschein hat. So stellt sich beispielsweise zunächst die Frage, was eigentlich konvergiert? Colin J. Bennett schreibt hierzu:

> „Policy convergence probably means one of five things. First, it can signify a convergence of policy goals, a coming together of intent to deal with common policy problems. Secondly, it can refer to policy content, defined as the more formal manifestations of government policy – statutes, administrative rules, regulations, court decisions and so on. Thirdly, there may be a convergence on policy instruments, i.e. the institutional tools available to administer policy, whether regulatory, administrative or judicial. Fourthly, convergence may occur on policy outcomes, impacts or consequences – the results (positive or negative, effective or ineffective) of implementation. Finally, there may be a convergence of policy style, a more diffuse notion signifying the process by which policy responses are formulated (consensual or conflictual, incremental or rational, anticipatory or reactive, corporatist or pluralist, etc.)." (Bennett, 1991, S. 218, Herv. i. Orig.)

In ähnlicher Weise besteht Colin Hay (2000, S. 514) auf der Notwendigkeit, zwischen *Input, Output, Inhalt und Prozess* von Konvergenz zu unterscheiden. Eine weitere wichtige Unterscheidung betrifft die so genannten „Sigma-" und „Delta"-Konvergenz. Erstere bezieht sich auf eine Reduzierung der Variationen zwischen den Innenpolitiken unterschiedlicher Politikräume (polities); diese werden sich ähnlicher scheinbar aufgrund ihrer Antwort auf eine gemeinsame äußere Einflusskraft. Hingegen meint „Delta-Konvergenz" einen Prozess, bei dem sich eine mehrere Politikräume an ein einziges Zielmodell angleichen; ein gutes Beispiel hierfür sind die europäischen Länder und der Bologna-Prozess. In all diesen Fällen ist es sehr wichtig zu wissen, inwieweit, über welchen Zeitraum und mit welchen Konsequenzen, Konvergenzen zustande kommen. Außerdem ist nicht klar, was das Wissen über internationale Konvergenz (von Politik, Praktiken usw.) für sich genommen eigentlich aussagt. Es scheint als erhielte man ein interessantes Bild, aber kein politisch oder analytisch nützliches Konzept. Schließlich bedeutet ein Fokus auf Konvergenz, so wie auch der Fokus auf Kontext, dass andere mögliche Formen und Ergebnisse der Beziehung zwischen Globalisierung und Bildung ausgeblendet werden. Auch hier gilt: Es ist eine wichtige Perspektive, kann aber wie die anderen hier diskutierten Zugänge dazu führen, als ausschließlicher und alles umfassender Zugang betrachtet zu werden, d. h. als ein allein und für sich mit hinreichender Erklärungskraft ausgestatteter Zugang.

Die Basis des „Brucharguments" lässt sich kurz fassen. Sie beruht auf einem Verständnis, wonach der gegenwärtige Bildungsbereich – wie auch andere Institutionen der Moderne – grundsätzlich die Beziehung zwischen Kapitalismus und Moderne reflektiert und auf das sich verändernde Verhältnis beider antwortet. Ich folge Boaventura de Sousa Santos, indem ich die These vertrete, dass es für das Verständnis der gegenwärtigen globalen Dilemmata absolut notwendig ist, zwischen den Entwicklungslinien des Kapitalismus – wie man ihnen gegenwärtig in der Form neo-liberaler Globalisierung begegnet – und der Moderne zu unterscheiden und die Beziehungen zwischen den beiden Relaten zu untersuchen. Es lohnt sich, Boaventura de Sousa Santos Argument umfassend zu zitieren. Er schreibt: – ich zitiere hier bewusst sehr ausführlich –

> „westliche Moderne und Kapitalismus zwei unterschiedliche und autonome historische Prozesse. […] Diese zwei historischen Prozesse haben konvergiert und sich gegenseitig durchdrungen. […] Es ist mein Argument, dass wir in einer Zeit paradigmatischer Übergänge leben und, folgerichtig, dass das soziokulturelle Paradigma der Moderne […] eventuell verschwinden wird, bevor der Kapitalismus seine Kraft verliert. Dieses Verschwinden ist komplex, denn es rührt teils von einem Prozess der Verdrängung und teils von einem Prozess der Obsoleszenz her. Es beinhaltet Verdrängung insofern als die Moderne einige ihrer Versprechen eingelöst hat, in einigen Bereichen sogar im Übermaß. Es resultiert von Obsoleszenz insofern als die Moderne nicht länger in der Lage ist, einige ihrer anderen Versprechen einzulösen" (Santos, 2002, S. 1 f.).

Santos setzt seine Überlegungen fort und folgert:

> „Die Moderne ruht folglich auf einer dynamischen Spannung zwischen der Säule der Regulierung und der Säule der Emanzipation. […] Während Regulierung dafür sorgt,

dass in der Gesellschaft, so wie sie zu einer bestimmten Zeit und einem bestimmten Ort existiert, Ordnung herrscht, stellt Emanzipation das Streben nach einer guten Ordnung in einer guten zukünftigen Gesellschaft dar. […] Moderne Regulierung umfasst das Ensemble von Normen, Institutionen und Praktiken, die die Stabilität der Erwartungen garantieren" (ebd., S. 2).

Die Säule der Regulierung besteht aus den Prinzipien des Staates, des Markts und der Gemeinschaft – die typischerweise als die drei Hauptakteure der Governance betrachtet werden (siehe Dale, 1997). Für Santos stellt moderne Emanzipation das Ensemble gegenläufiger Aspirationen und Tendenzen dar, die darauf zielen, die Diskrepanz zwischen Erfahrungen und Erwartungen zu erhöhen (ebd.). Sie besteht aus drei Rationalitätslogiken: der ästhetisch-expressiven Rationalität von Kunst und Literatur; der kognitiv-instrumentellen von Wissenschaft und Technologie und der moralisch-praktischen Rationalität der Ethik und der Rechtstaatlichkeit (ebd., S. 3). Es gilt allerdings:

> „what most strongly characterizes the sociocultural condition at the beginning of the century is the collapse of the pillar of emancipation into the pillar of regulation, as a result of the reconstructive management of the excesses and deficits of modernity […] which] were viewed as temporary shortcomings and as problems to be solved through a better and broader use of the ever-expanding material, intellectual and institutional resources of modernity […] [and] which have been entrusted to modern science and, as a second best, to modern law" (Santos, 2002, S. 4 f. und 7).

Damit stehen diese beiden Säulen nicht mehr in einem Spannungsverhältnis zueinander, sie wurden vielmehr beinahe miteinander verschmolzen als ein Ergebnis der „Reduktion moderner Emanzipation auf die kognitiv-instrumentelle Rationalität der Wissenschaft und der Reduktion moderner Regulation auf das Marktprinzip" (ebd., S. 9). Diese Argumente lassen sich folgendermaßen resümieren: Die Moderne ist nicht mehr die bestmögliche Hülle für den Kapitalismus in seiner neoliberalen Form. In diesem Zusammenhang und ebenso fundamental bedeutsam für den Staat ist die Entwicklung einer politischen Form des Neoliberalismus, der gewöhnlich als *New Public Management* bezeichnet wird. Zu dessen Schlüsseleigenschaften zählt – ganz im Sinne der neoliberalen Grundlegung – dass er nicht *gegen*, sondern *durch* den Staat operiert. Dies wurde als „Konstitutionalisierung des Neoliberalen" bezeichnet, ein Prozess, der sich vollzieht durch „the move towards construction of legal or constitutional devices to remove or insulate substantially the new economic institutions from popular scrutiny or democratic accountability" (Gill, 1992, S. 165).

Die jüngste Geschichte der Universität mag als ein Beispiel herangezogen werden, um zu illustrieren, was Santos meint, wenn er von der Verschmelzung von Emanzipation und Regulation spricht. Historisch betrachtet ist Bildung mit beiden Polen verbunden – ein Faktum, dem viele Spannungen und Widersprüche zugrunde liegen, die sie kennzeichnen. Insbesondere lassen sich diese Veränderungen im

Bildungsbereich als Formen eines „reconstitutive management" begreifen, welche die Defizite der Moderne ausgleichen sollen. Damit erscheinen die Konsequenzen dieser Veränderungen nicht als die Moderne transzendierend, sondern als ein intensivierter Gebrauch der „tools of modernity", die das produziert, was als Form einer „ultra modernity" gesehen werden kann und zwar besonders indem Skalen der Problemidentifizierung und -lösung verschoben werden. Hier ist das Argument, dass obwohl weder das Ausmaß noch das Ergebnis dieser Prozesse entschieden sind, es klar ist, dass (a) die Beschaffenheit ihrer Ergebnisse vielmehr kontingent als determiniert ist; dass (b) sie sich nicht nur auf nationaler Ebene beschränken; und dass (c) sie nicht nur durch Verschmelzung (*fusion*) oder Hybridität oder Konvergenz gekennzeichnet sind, sondern durch eine funktionale und skalare Arbeitsteilung zwischen parallel verlaufenden Diskursen.

Dies soll gleich in größerem Detail diskutiert werden, aber eine vorgängige und zentral bedeutsame Frage ist, wie „Globalisierung" selbst betrachtet wird. In diesem Zusammenhang habe ich an anderer Stelle (Dale, 2000) angeregt, dass jede Theorie über die Beziehung zwischen Globalisierung und Bildung immer über mindestens drei Elemente verfügen muss, um Erklärungskraft zu beanspruchen: eine Theorie der Globalisierung, eine Bildungstheorie und eine Theorie der Beziehung zwischen beiden. Die zwei Theorien, welche diese Anforderungen zu erfüllen schienen, habe ich als „*Common World Education Culture*" (CWEC) und als „*Globally Structured Agenda for Education*" (GSAE) bezeichnet. Die vier Elemente dieser Akronyme wurden absichtlich kontrastiert. So bezieht sich „*World*" auf die Konzeption eines *internationalen* Staatensystems, so wie es sich nach dem Zweiten Weltkrieg ausgebildet hat sowie nach dem Niedergang des Kolonialismus durch die Emergenz vielfältiger neuer Staaten entstanden ist. Im Unterschied dazu bezog sich „*Global*" auf die Entwicklung einer *transnationalen* Ökonomie, deren Macht und Reichweite über alle nationalen Grenzen hinweg reichte und diese überschritt (besonders nach dem Niedergang des Sowjetblocks in 1989). Erst diese lässt von einer globalen Ökonomie statt eines internationale Staatensystems sprechen. In diesem Sinne suggeriert „*Common*" die Ergebnisse einer mehr oder weniger spontanen Zusammenkunft alter und neuer Staaten – wobei die Form des Nationalstaates als zentrales Element der Weltkultur (*world polity*) betrachtet wurde –, in deren Rahmen sich auf gemeinsamen Prinzipien basierende Bildungssysteme entwickelten, nämlich auf einer gemeinsamen Quelle westlicher Modernität, und zwar insbesondere auf dem Primat von Wissenschaft und Individualität. In der GSAE-Theorie sollte „*Structured*" eine Art Absicht und Logik aufzeigen, die aus den Grundsätzen des Neoliberalismus abgeleitet waren und sicherstellen sollten, dass Bildung darauf gerichtet war, die weitere Einbettung dieser Grundsätze und Ziele (tenets) zu befördern und zu sichern. Diese Differenz wurde durch die Unterscheidung zwischen „*Culture*" und „*Structure*" verstärkt. Im Falle von CWEC basierte das Curriculum der Schule – das als weltweit mehr oder weniger ähnlich institutionalisiert angesehen wurde – auf den gleichen kulturellen Prinzipien der westlichen Moderne,[2] während für den GSAE die schulischen Inhalte auf einer wohlbedachten[3] Agenda für die Bildungssysteme aufruhte. Schließlich bezog sich „*Education*" in der CWEC-Theorie, wie bereits angesprochen, vor allem auf formale Angaben zu Bildungszielen, mit keiner oder nur sehr geringer Garantie, dass diese erreicht werden würden oder könnten. Hingegen musste in der GSAE-Theorie das, was als „Bildung" anerkannt werden sollte, auf der Basis der tatsächlichen Erziehungspraxis, ihrer Steuerung und Resultate identifiziert und bewertet werden. Im ersten Fall war die Globalisierungstheorie in der Tat ein Schritt zu dem, was wir als Sigma-Konvergenz bezeichnen, da alle Länder der Welt nach und nach den Hauptzielen der westlichen Moderne folgen, wie Fortschritt, Wissenschaft, Individualität usw. Der Hauptmodus der Disseminierung oder Einflussnahme (agency), dieser Ideale und Werte war ihre Transformation in allgemeine Erziehungsskripte, welche wiederum durch internationaler Akteure, vor allem epistemische Expertengemeinschaften verbreitet worden sind. Diese wurden durch internationale Initiativen und Organisationen vorangetrieben, bis alle nationalen Bildungssysteme ihre Gültigkeit akzeptiert und ihre Aktivitäten und Ziele auf sie bezogen haben. Was in dieser Hinsicht mit „Bildung" im Kern gemeint war, waren vor allem veröffentlichte nationale Bildungspläne und Bildungsstrategien und zwar insbesondere die von ihnen gesetzten curricularen Ziele sowie ihre Konzeptionen für Progression innerhalb des Systems. Im zweiten Fall – GSAE – habe ich die These vertreten, dass Globalisierung grundsätzlich als ein mehr oder weniger explizites Projekt der politischen Ökonomie angesehen werden sollte, das auf Prinzipien (welche als Neoliberalismus bekannt wurden) basieren. Die Prinzipien des Neoliberalismus – und die mit ihnen verbundenen Praktiken und Organisationen – fungierten als wesentliche Mechanismen der Umrahmung dessen, was sich in Bildungssystemen, -politiken und -praktiken abspielen sollte.

Im Zusammenhang mit dem Anliegen dieses Kapitels sehe ich sehr deutlich, dass ein weiterer Unterschied zwischen den beiden Ansätzen darin besteht, dass die CWEC-Theorie einer Kontinuitätsthese in Bezug auf Globalisierung folgt, wohingegen die GSAE-Theorie von einem diesbezüglichen Bruch ausgeht. Was wir in der Globalisierung erkennen, ist für CWEC eine Intensivierung und Extensivierung der Prinzipien, die seit mindestens sechs Jahrzehnten Bildung als Institution und als Praxis prägen. „Globalisierung" ist die jüngste Form, die die Weltkultur annimmt und noch dazu eine, welche die noch größere Ausbreitung der sie konstituierenden Prinzipien über den gesamten Planeten vorsieht. Im Rahmen der GSAE hingegen

---

2   Diese Vorstellung von Curriculum ist das Produkt der „Weltkulturtheoretiker" um John W. Meyer und Francisco O. Ramirez an der Universität Stanford (vgl. Meyer & Ramirez, 2000).

3   Wohlbedacht, wenngleich sehr breit gefasst und durch Prinzipien gekennzeichnet, die vielmehr Elemente, welche die Möglichkeiten des Neoliberalismus aktiv unterminieren, ausschließen und verbieten als durch solche, die diese aktiv befördern.

stellt Globalisierung ein neues Entwicklungsstadium des Kapitalismus dar, in dem dieser seine Reichweite verbreitet und seine Funktionsweise radikal verändert, vor allem mit Blick auf die ihm implizite Konzeption von Bildung und seinen potentiellen Wechselwirkungen mit anderen Komponenten der globalen politischen Ökonomie.

Was „ersetzt" die Globalisierung?

In einer anderen Perspektive definieren wir Globalisierung dadurch, dass wir sie mit einem Sachverhalt kontrastieren, den sie im Begriff zu überwinden oder zu ersetzen ist. Dieser Schritt ist extrem wichtig, da uns das, wozu Globalisierung in Kontrast gesetzt wird oder wovon angenommen wird, es befände sich im Prozess modifiziert oder ersetzt zu werden, einen sehr überzeugenden Hinweis darauf liefert, was das jeweils zugrunde gelegte Verständnis von Globalisierung ist; von dem, was sie antreibt und welche Wirkungen sie entfaltet. Um dies zu veranschaulichen möge die folgende Definition aus einer einschlägigen Einführung in die Globalisierung als Beispiel dienen: „The term globalization applies to a set of social processes that appear to transform *our present social condition of weakening nationality into one of globality*" (Steger, 2003, S. 10, Herv. RD). Von allen denkbaren Veränderungen wird der Aspekt der politischen Organisation hervorgehoben. So gibt es beispielsweise keine (direkten) Hinweise auf Veränderungen in den ökonomischen Bedingungen. Ebenso bedeutsam für die hier veranschlagte Argumentation ist das Fehlen jeglicher Hinweise auf *kulturelle* oder *lokale* Abschwächungen oder Veränderungen.

Die Hauptfrage ist also folglich, welche Entsprechungen dieser Beschreibung von Globalisierung sich in der Vergleichenden Erziehungswissenschaft finden lassen? Was ist oder was sind die Transformationen „gegenwärtiger sozialer Bedingungen", die sie der Globalisierung zurechnet? Man geht davon aus, dass die Hauptstoßrichtung der Vergleichenden Erziehungswissenschaft nicht von einer schwächer werdenden Nationalität, sondern von einer schwächer werdenden kulturellen Unabhängigkeit ausgeht. Um dies hier nur anzudeuten, da es gleich weiter vertieft werden soll, zeigt eine Betrachtung der aktuellen Literatur zur Vergleichenden Erziehungswissenschaft, dass nach wie vor viele Beiträge mit der nationalen Ebene beschäftigen, auch wenn dies reflektierter und differenzierter erfolgt, als es vielleicht noch vor zwanzig oder sogar vor zehn Jahren der Fall gewesen ist. Die Art und Weise wie auf Globalisierung in diesen Arbeiten Bezug genommen wird, besteht darin, Globalisierung als neuen und hoch signifikanten Kontext für die nationale Ebene zu betrachten.

3. Der Kontext des Kontexts

Auch wenn Globalisierung als ein „neuer" und wichtiger „äußerer" Kontext anerkannt wird, führt dies selten zur Infragestellung der bestehenden Grundannahmen der Vergleichenden Erziehungswissenschaft. Globalisierung scheint – dort, wo sie in die Analysen einbezogen wird – oftmals nicht nur als „äußerer" Einfluss angesehen, sondern auch als zu groß, zu komplex und zu sehr mit ökonomischen und sozialen Fragen befasst, als dass sie sich leicht in Analysen von Bildungsangebot oder -politik einbeziehen lässt. Demgegenüber wird Bildung selbst, zumindest implizit als zu komplex, als zu sehr national-kulturell geprägt, zu pfadabhängig, als zu sehr „national kontrolliert" angesehen, um für Globalisierung anfällig zu sein – abgesehen von der Idee der Konvergenz. Mit anderen Worten: Ihre sektorale, kulturelle, institutionelle etc. Integrität auf nationaler Ebene sowie ihre Bindungen an nationale Zwecke, lassen sie mit Globalisierung nur schwer vereinbar erscheinen. Aus diesem Grund ließe sich erwarten, dass Bildung zu einer der letzten Institutionen zählt, die durch Globalisierung erheblich verändert werden kann.

All dies bedeutet, dass sehr deutlich wahrgenommen wird, dass Globalisierung sich von anderen Bezügen unterscheidet und dass sie einen Unterschied macht. Nun bedeutet dies aber nicht einfach, dass neue und komplexere Kontexte zusätzlich zu den bereits existierenden berücksichtigt werden müssen, und zwar aus zwei wichtigen und miteinander verbundenen Gründen: *Zunächst* sind die neuen und bedeutsamen Kontexte, die mit der Globalisierung assoziiert werden, in bestehende Kontexte inkorporiert, mit diesen „naturalisiert". Sie werden so behandelt, als seien sie ein Teil von diesen und direkt mit ihnen vergleichbar. Während sie zwar möglicherweise die Komplexität dieser Kontexte erhöhen, werden sie theoretisch und methodologisch nicht als qualitativ anders als die Kontexte betrachtet, die bereits seit langem für die Vergleichende Erziehungswissenschaft eminent wichtig gewesen sind. Der Grund, warum dies aus analytischen und methodologischen Gründen irreführend sein mag, liegt darin, dass sich die „neuen" globalisierungsbezogenen Kontexte qualitativ von den bestehenden unterscheiden. Denn Globalisierung impliziert, dass sie durch andere Rahmenbedingungen entstehen und durch diese ihre Bedeutung erhalten, als diejenigen, die „traditionellen Kontexte" hervorgebracht haben. Die „neuen" Kontexte werden erst durch die Globalisierung zu Kontexten. Anders gesagt: sie entstammen einem neuen mit Globalisierung in Zusammenhang stehenden „Kontext der Kontexte". Erst Globalisierung macht sie zu Kontexten für Bildungspraktiken, -prozesse und -strukturen.

Es lohnt sich, diesen Punkt noch etwas genauer auszuarbeiten, da eine der zentralen theoretischen und methodischen Folgen der Globalisierung für die Vergleichende Erziehungswissenschaft tangiert ist – die Tatsache, dass durch sie die Art und die Bedeutung dessen verändert wird, was wir als „Kontexte" verstehen. Kontexte sind in die Methodologie der Vergleichenden Erziehungswissenschaft tief verankert. In der Regel werden sie als Variablen verwendet, die uns ermöglichen zu erklären, warum sich beispielsweise ein Ereignis in Land A von dem Ereignis in Land B unterscheidet. Aus diesem Grund ist das, was als Kontext verstanden wird, überall das Gleiche, obwohl dessen Formen auf interessante Art und Weise variieren. Aufgrund dieser beiden Aspekte spielt der Kontext eine wichtige methodologische Rolle.

Ein Problem im Hinblick auf die Konzeption des „Kontexts" in der Vergleichenden Erziehungswissenschaft ist die Tatsache, dass seine Existenz mehr und mehr für selbstverständlich gehalten wird. Es scheint so, als könnten bestimmte Prozesse oder Ereignisse in gewisser Weise „natürlich" oder „offensichtlich" als „Kontext" angesehen werden. Es ist jedoch lohnenswert darauf zu achten, dass wenn wir einen Prozess, ein Ereignis oder eine bestimmte Organisation als *Kontext* bezeichnen, wir ihnen eine spezielle Bedeutung verleihen – nämlich die Fähigkeit, andere Prozesse und Ereignisse zu beeinflussen. Diese Tatsache macht Kontexte so bedeutsam; dies wiederum unterstreicht die Bedeutung zu analysieren, auf welche Art und Weise es dazu kommt, dass Prozesse etc. als Kontexte bezeichnet werden. Der springende Punkt an dieser Stelle ist der Aspekt, dass es Kontexte nicht intrinsisch oder natürlich gibt, sondern dass bestimmte Prozesse etc. als Kontexte *konstruiert werden* – und zwar von denselben Kontexten von denen sie selbst ein Teil sind. Anders ausgedrückt: was Prozesse zu Kontexten macht, sind die weiteren Kontexte, welche Praktiken und Kontexte konstruieren, von denen sie selber ein Teil sind. Brenner et al. (2010, S. 203) beschreiben dies in ihrem wegweisenden Aufsatz über Kontexte von Kontexten als „gestaltete oder gestaltende Prozesse" („patterned or patterning processes"). Was bestimmten Prozessen die Macht verleiht, andere Prozesse und Ereignisse zu beeinflussen, ist der gesamtgesellschaftliche Rahmen, in welchen sie eingebettet sind. So spielten beispielsweise von 1945–1975 nationale Wirtschaftssysteme in Westeuropa eine zentrale Rolle bei der Ausprägung bestimmter Prozesse, Ereignisse etc. als Kontexte für die Bildungssysteme. Wenn sich jedoch diese umfassenden gesellschaftlichen Kräfte substanziell verändern, wie dies in Westeuropa ab Mitte der 1970er Jahre geschah, als die nationalen Wirtschaftssysteme ihren Einfluss auf andere Prozesse zu verlieren begannen, verloren sie nach und nach auch ihre Schlüsselrolle im Kontext des Bildungssektors – neue gesellschaftliche Entwicklungen und Prozesse sind entstanden und übten fortan diesen Einfluss aus. Mit Blick auf das Argument eines Bruchs lässt sich Globalisierung als der (sehr weite) Kontext dessen auffassen, welcher als Rahmen dient und bestimmt, was als Kontext für die Vergleichende Erziehungswissenschaft zählt.

An dieser Stelle scheint ein Beispiel hilfreich: Das Argument vom Kontext des Kontextes ist selbstverständlich implizit im Argument der methodologischen „isms", welches Susan Robertson und ich aufgeworfen haben (Dale & Robertson, 2009). Mit „isms" bezeichnen wir die Tendenz, bestimmte Kategorien, wie „national", oder „Staat", als natürlich festgelegt und unabänderlich – mit anderen Worten als ontologisch und epistemologisch verknöchert – zu betrachten. Wir haben drei

Formen dieser Tendenz diskutiert: methodologischer Nationalismus, methodologischer Statismus und methodologischer Edukationalismus.

Methodologischer Nationalismus sieht den Nationalstaat als Container der „Gesellschaft", sodass das Vergleichen von Gesellschaften das Vergleichen von Nationalstaaten beinhaltet. Es operiert sowohl über als auch für den Nationalstaat, bis zu dem Punkt, an dem die einzige Wirklichkeit, die wir umfassend statistisch beschreiben können, eine nationale ist, allenfalls eine internationale. Ein weiteres Element dieses Problems ergibt sich aus der Tendenz, diesem methodologischen Nationalismus nicht weiter spezifizierte Vorstellungen von „Globalisierung" in einem Nullsummen-Verhältnis nebeneinander zu stellen. Solche „entweder/oder"-Annahmen führen in der Regel zu Aussagen, nach denen die globale „auf" die nationale Ebene „einwirkt" oder nach denen die nationale die globale „vermittelt".

Methodologischer Statismus bezieht sich auf die Tendenz, von einer intrinsischen Form für alle Staaten auszugehen. Das heißt, es wird davon ausgegangen, dass alle Politikräume (*polities*) im Wesentlichen auf gleiche Weise, mit den gleichen Problemen und Aufgaben und durch dieselben Institutionen regiert, organisiert und verwaltet werden. Das Problem entsteht, weil der Staat als ein Objekt der Analyse, sowohl als materielle Kraft als auch als ideologisches Konstrukt existiert.

Methodologischer Edukationalismus (*Educationism*) bezieht sich auf die Tendenz, Bildung als eine einheitliche Kategorie für Zwecke der Analyse zu betrachten, mit einer angenommenen allgemeinen Reichweite und einer Reihe von implizit geteilten Wissensbeständen, Methoden und Annahmen. Er tritt auf, wenn Bildung als abstrakt, fest, absolut, ahistorisch und universell behandelt wird; d. h. wenn keine Unterschiede zwischen seinen Zweck, Prozess, Praxis und Ergebnisse gemacht werden.

Methodologischer Nationalismus ermutigt uns dazu, die Ursachen und Antworten auf erziehungswissenschaftliche Probleme mehr oder weniger ausschließlich auf nationaler Ebene zu suchen. In diesem Falle ließe sich die nationale Ebene als der (mehr oder weniger) unabhängige Kontext des Kontextes bezeichnen. Was als Kontext zählt, spiegelt und reproduziert zugleich die Annahme, dass alles, was sich auf Ebene des nationalen Bildungssystems von Bedeutung ereignet, ein Ergebnis von Aktivitäten innerhalb des jeweiligen nationalen Systems ist. Es wird hierbei angenommen, dass sie den Aktivitäten in anderen Bildungssystemen – von denen eine Äquivalenz angenommen wird – innerhalb des internationalen Staatensystems entsprechen – oder der World-Polity-Theorie zufolge, diese nachbilden.

Dies bringt uns zum zweiten Aspekt hinsichtlich des Kontextes von Kontexten. Kontexte vermehren sich stark und mutieren; um sie jedoch wirklich verstehen zu können, muss nicht nur der „Tatsache" ihres Auftretens Rechnung getragen werden, sondern gleichfalls den Bedingungen, unter welchen sie als relevante Kontexte produziert wurden. Was musste verändert werden, damit sie als bedeutsame Kontexte Beachtung fanden? Vereinfacht ausgedrückt: „Globalisierung" verändert als Kontext des Kontextes die Beschaffenheit des Nationalstaates. Wenn die Ausgestaltung, die Parameter, die Prozesse und der Zuständigkeitsbereich nationaler Staaten in unterschiedlicher Art und Weise auf transnationaler Ebene stark geformt werden, so werden sowohl die Art der Veränderungen auf nationaler Ebene als auch neue und verschiedene Elemente zu bedeutsamen Kontexten.

Diese Annahmen bilden einen großen Teil des interpretativen Rahmens für die Erforschung der „Globalisierung von Bildung". Beispielsweise produzieren sie Untersuchungen und Theorien mittlerer Reichweite – im Sinne beider Bedeutungen des Ausdrucks, sowohl empirisch als auch abstrakt. Im Wesentlichen stellen sie das kollektive Wissen der „isms" dar, was diese wiederum für den Bildungsbereich so relevant macht. Der vorherrschende Typ von daraus resultierenden Untersuchungen sind Vergleichsstudien: vergleichende nationale Fallstudien, welche „Konvergenz" als ihre Hauptachse des Vergleichs haben. Das Argument lautet nicht, dass diese Elemente – ganz gleich ob einzeln oder im Kollektiv – „falsch" wären. Vielmehr wird hier behauptet, dass sie zu zwei theoretischen/methodischen Ensembles führen, die vermutlich sich stark voneinander unterscheidende Typen von Fragen und Antworten über die Zusammenhänge zwischen Globalisierung und Bildung produzieren.

Ein dritter und sehr bedeutsamer Aspekt stammt an dieser Stelle wiederum von Brenner et al. (2010). Sie schreiben, dass ohne eine eingehende Betrachtung des Kontexts des Kontexts:

> „it is impossible adequately to understand (a) the inter-jurisdictional family resemblances, interdependencies and interconnections among contextually specific patterns of neoliberalization, as well as (b) their substantive forms and evolutionary trajectories *within* their respective contexts of emergence" (Brenner et al., 2010, S. 203).

An dieser Stelle sei die Bedeutung des im letzten Teil des Zitates enthaltenen methodologischen Hinweises herausgestellt: Es wäre durchaus möglich, diese Passage als „die Voraussetzungen für tatsächliche Vergleiche" zu deuten, und zwar in einer Zeit, in der die lang gehegten Annahmen über das, was verglichen werden soll – und auf welche Art und Weise dies zu geschehen hat –, selbst durch die Einbettung von Bildung in globale wie auch in nationale Kontexte unterminiert werden. Dies ist möglicherweise die wichtigste Erkenntnis, welche sich aus dem Fokus auf den Kontext des Kontextes ziehen lässt. Aus diesem Grund ist der Ansatz von solch großem Wert. Nicht nur ist es für unser Verständnis von der Beziehung zwischen Globalisierung und Bildung zentral unser Augenmerk auf den Kontext des Kontextes zu richten. In einer Zeit, in der die wichtigsten methodologischen Grundannahmen der Vergleichenden Erziehungswissenschaft angezweifelt werden, leistet dieser Fokus auch einen wichtigen Beitrag für die Weiterentwicklung der Vergleichenden Erziehungswissenschaft selbst.

4. Fazit

In einem ersten Argumentationsgang ging es in diesem Kapitel um die Leitfrage, was sich in Folge von Globalisierung im Bildungssektor verändert und auf welche Formen diese Veränderungen annehmen. Was sind die Implikationen der Globalisierung im Hinblick auf den Untersuchungsgegenstand der Vergleichenden Erziehungswissenschaft?

Es wurde versucht aufzuzeigen, dass dies davon abhängt, aus welchem Blickwinkel Globalisierung betrachtet wird. Im Einzelnen wurde vorgeschlagen, dass die Globalisierung einen qualitativen Bruch mit bestehenden Ansätzen hinsichtlich der Organisation und Steuerung von Bildungssystemen impliziert, welcher weitreichende Konsequenzen für die Vergleichende Erziehungswissenschaft nach sich zieht. Gleichzeitig wurde erläutert, dass sich die üblichen Reaktionen auf Globalisierung in der Vergleichenden Erziehungswissenschaft auf die sich davon zu unterscheidende Annahme stützen, dass Globalisierung eine fortlaufende Kontinuität vorhergehender Entwicklungen bedeutet, die Variationen von Bekanntem darstellt, anstatt eine fundamentale Rekonzeptualisierung zu erfordern.

Diese und andere Divergenzen innerhalb der Vergleichenden Erziehungswissenschaft wurden anhand einer Diskussion der Unterschiede zweier einander widersprechender Theorien zum Verhältnis von Globalisierung und Bildung aufgezeigt. Dabei handelte es sich einerseits um den Ansatz einer *„Common World Education Culture"*, die von einer weltweiten gemeinsamen „Kultur" im Bildungssektor (i.S. der World-Polity-Forschung) ausgeht, und in dessen Rahmen von kontinuierlichen Entwicklungslinien ausgegangen wird; andererseits ging es um eine *„Globally Structured Agenda for Education"*, welche von Diskontinuitäten ausgeht. Globalisierung stellt hier ein neues Entwicklungsstadium des Kapitalismus dar, in welchem Bildung einer veränderten Rolle zukommt. Im Rahmen der Diskussion wurden verschiedene Felder betrachtet, in denen die Globalisierung Relevanz zu besitzen scheint. So wurde beispielsweise gefragt, welche spezifischen Aspekte der Bildung – politische, wirtschaftliche oder kulturelle – beeinflusst worden waren. In diesem Kontext schien der Kontinuitätsansatz stärker mit kulturellen Aspekten verbunden – der Diskontinuitätsansatz hingegen eher mit dem politischen und wirtschaftlichen Bereich.

Die Bedeutung dieser Divergenzen wurde anhand des Konzeptes vom „Kontext des Kontextes" herausgearbeitet. Dabei lag der Fokus auf der Erkenntnis, dass und auf welche Art und Weise Globalisierung es nötig macht, gewisse Grundannahmen der Vergleichenden Erziehungswissenschaft zu überdenken. Insbesondere wurde auf die Notwendigkeit hingewiesen anzuerkennen, dass und wie Globalisierung nicht nur die Anzahl und die Reichweite von Kontexten – also von Prozessen, Ereignissen etc., die in der Lage sind, andere Prozesse zu beeinflussen – verändert, sondern auch deren Status. Die durch Globalisierung induzierten Veränderungsprozesse erfordern von uns nicht nur ein erweitertes Blickfeld. Gleichzeitig müssen wir erkennen, dass sich die Art der Kontexte auf methodologischer und theoretischer Basis verändert hat. Das, was wir als Kontext bezeichnen, wurde durch Globalisierung verändert. Es ist Globalisierung selbst, welche bestimmte Prozesse, etc. zu Kontexten macht, wodurch diese sich auch qualitativ von früheren Kontexten unterscheiden.

In einem zweiten Schritt bezog sich die Argumentation darauf, inwiefern Konzepte von Globalisierung die Methodik der Vergleichenden Erziehungswissenschaft beeinflussen und welche Auswirkungen dies auf geeignete Forschungsmethoden hat – speziell im Hinblick auf die Konstruktion von vergleichenden Studien. Dabei wurde auf Argumente verwiesen, die ich zusammen mit Susan Robertson an anderer Stelle diskutiert habe, speziell auf das Konzept der methodologischen „isms" in der Vergleichenden Erziehungswissenschaft (Dale & Robertson, 2009). Diese „isms" beziehen sich auf den Maßstab, die Skalierung, des zu untersuchenden Bildungssystems, dessen Governance sowie auf die immanenten Annahmen über die Gestaltung von Bildung.

Folgt man der Argumentation entlang dieser Kategorien, so geht es darum zu berücksichtigen, dass unser Verständnis der durch die Globalisierung verursachten Veränderungen mitunter durch nichtproblematisierte Konzeptionen von Nationalismus, Staat, Bildungssystem und einer räumlichen Vorstellung von Bildung (spatial geometry of education) gebrochen werden. Auch wenn diese Veränderungen selbst zu Umgestaltungen in der Bedeutung sowie in den Aufgaben von Nationalstaaten und von Bildungssystemen führen. Diese nichtproblematisierten Konzeptionen von „national", „Staat" oder „Bildung" unterminieren die Validität unseres Verständnisses der Veränderungen, denn diese Konzeptionen, die der Forschungsperspektive zugrunde liegen, werden ebenso durch Globalisierung beeinflusst, wie der Untersuchungsgegenstand selbst. Im Kern ging es in diesem Abschnitt, wie oben angesprochen, um „the conditions of effective comparison".

In einem dritten Argumentationsgang wurde gefragt, welche Bedeutung die diskutierten Veränderungen für die Vergleichende Erziehungswissenschaft mit sich bringen und inwiefern letztere in der Lage ist, Beiträge zur akademischen Diskussion zu liefern. Die zentrale Schlussfolgerung dieses Kapitels ist die Tatsache, dass eine mangelnde Beachtung des „Kontext des Kontextes" unsere Fähigkeit einschränkt, diese nichtproblematisierten Systeme auf fundamentaler Ebene zu kritisieren. Ohne die kontextuellen Veränderungen in angemessenem Maße in Betracht zu ziehen, lässt sich der tatsächliche Charakter der Wandlungsprozesse nicht aufdecken, die mit Globalisierung einhergehen. Die wichtigste Aufgabe besteht in dieser Hinsicht darin, zu erkennen, welche die „wirklichen" Kontexte sind, die es zu analysieren gilt und wodurch diese geschaffen und verändert werden. So kann die Vergleichende Erziehungswissenschaft den vielleicht wichtigsten Beitrag leisten – einen Beitrag zu einem breiteren und kritischen öffentlichen Verständnis von Bildung.

Literatur

Bennett, C. J. (1991). Review Article: What Is Policy Convergence and What Causes It? *British Journal of Political Science, 21*, 215–233.

Brenner, N., Peck, J. & Theodore, N. (2010). Variegated neoliberalization: geographies, modalities, pathways. *Global Networks, 10*(2), 182–222.

Dale, R. (1997). The state and the governance of education: an analysis of the restructuring of the state–education relationship. In A. H. Halsey, H. Lauder, P. Brown & A. S. Wells (Hrsg.), *Education: Culture, economy and society* (S. 273–82). Oxford: Oxford UP.

Dale, R. (2000). Globalization and Education: Demonstrating a „Common World Educational Culture" or Locating a „Globally Structured Educational Agenda"? *Educational Theory*, Vol. 50, 427–448.

Dale, R. & Robertson, S. (2009). ‚Beyond Methodological ‚ISMS' in Comparative Education in an Era of Globalisation'. In R. Cowen & A. Kazamias (Hrsg.), *International Handbook of Comparative Education* (S. 1113–1127). Dordrecht: Springer.

Gill, S. (1992). The Emerging World Order and European Change: The Political Economy of European Union. In R. Miliband & L. Panitch (Hrsg.), *New World Order? Socialist register* (S. 157–196). London: Monthly Review Press.

Hay, C. (2000). Contemporary capitalism, globalization, regionalization and the persistence of national variation. *Review of International Studies, 26*(4), 509–531.

Knill, C. (2005). Introduction: Cross-national policy convergence: concepts, approaches and explanatory factors. *Journal of European Public Policy, 12*(5), 764–774.

Lukes, S. (1974). *Power: A Radical View*. London: MacMillan.

Meyer, J. W. & Ramirez, F. O. (2000). The World Institutionalization of Education. In J. Schriewer (Hrsg.), *Discourse Formation in Comparative Education* (S. 111–132). Frankfurt/M. u. a.: Lang.

Santos, B. de Sousa (2002). *Towards a New Legal Common Sense*. London: Butterworth.

Steger, M. (2003). *Globalization: a very short introduction*. Oxford: Oxford UP.

Andreas Walther

Bildung und Bewältigung in unterschiedlichen Lebenslaufregimen

Ein Beitrag zu einer international vergleichenden sozialpädagogischen Forschung

1. Einleitung

Eine Durchsicht von Publikationen und Untersuchungen der Vergleichenden Erziehungswissenschaft und der Bildungsforschung zeigt eine Vielfalt schul- und ausbildungsbezogener oder bildungspolitischer Fragestellungen, zunehmend auch solche zu Bildung in früher Kindheit. Fragen außerschulischer Bildung sowie zum Verhältnis zwischen Bildung, Erziehung und Hilfe sind dagegen die Ausnahme. Gleichzeitig hat aber auch die Sozialpädagogik als zuständige sozialpädagogische Teildisziplin bislang nur in Ansätzen vergleichende Forschungsansätze, -perspektiven und -fragen entwickelt und beschreibt Prozesse der Bildung und Bewältigung im Kontext Sozialer Arbeit nach wie vor weitestgehend mit allgemeinen Begriffen, ohne deren Kontextabhängigkeit zu reflektieren. Dies trifft teilweise sogar auf international geführte Debatten zu – etwa zur Ökonomisierung Sozialer Arbeit (z. B. Otto & Schnurr, 2000) –, auf die Entwicklung einer „international social work" (z. B. Borrmann et al., 2007) oder die Auseinandersetzung mit der Transnationalität von Problemlagen und Hilfestrukturen zu (z. B. Homfeldt et al., 2008). Warum ist das so? Warum verharrt Soziale Arbeit in nationalen Perspektiven und Diskursen, obwohl öffentliche Hilfe immer schon eine grenzüberschreitende, internationale Dimension hatte und obwohl seit den 1990er Jahren ein Nachholbedarf an vergleichender Forschung festgestellt wird und Überlegungen hinsichtlich einer „sozialpädagogischen Komparatistik" angestellt werden (Treptow, 1996, 2005; Homfeldt & Brandhorst, 2004; Homfeldt & Walser, 2004; Schnurr, 2005)?

Ein erster Grund mag darin liegen, dass *Sozial*pädagogik ein theoretischer Zugang zu den „gesellschaftlichen Bedingungen von Bildung und den Bildungsbedingungen von Gesellschaft" (Natorp, 1899) ist, der aus einer spezifisch deutschen wissenschaftsgeschichtlichen und wohlfahrtsstaatlichen Konstellation Mitte des 19. Jahrhundert resultiert. Ein weiterer Grund liegt in der unterschiedlichen Institutionalisierung der Sozialen Arbeit (und insbesondere der Jugend*hilfe*) als Handlungsfeld, auf das sich Sozialpädagogik bezieht, und das längst nicht in allen modernen Gesellschaften als pädagogische Praxis institutionalisiert und professionalisiert worden ist (vgl. Payne, 2005). Während Soziale Arbeit in Deutschland an der Schnittstelle zwischen Bildungssystem und Wohlfahrtsstaat verortet ist, ist sie in anderen Ländern ausschließlich den Sozialen Diensten zugeordnet. Ein dritter

Grund ist schließlich, dass die Etablierung und Professionalisierung Sozialer Arbeit stark an die Konsolidierung nationalstaatlicher Wohlfahrtsstaaten geknüpft war. Theorie und Forschung wurden primär in ihrer Funktion für die Qualifizierung sozialer Dienstleistungsfachkräfte im Kontext gegebener institutioneller Strukturen gesehen und gefördert (Lorenz, 2006). Eine reflexive Vergewisserung über den internationalen Austausch und Kooperation blieb in ihrer Geschichte auf wenige Phasen beschränkt, in denen das Bildungssystem und vor allem der Wohlfahrtsstaat als nationalstaatliche Rahmenbedingungen in Bewegung gerieten, etwa in den 1920er – oder seit den 1990er Jahren (vgl. Treptow, 1996). Kurz: die Ausdifferenzierung einer vergleichenden sozialpädagogischen Forschungsperspektive ist bislang an der Uneindeutigkeit und Unübersichtlichkeit ihres Gegenstandes gescheitert, der sich auch aus deutscher Sicht nur in doppelter Hinsicht fassen lässt: zum einen als Fokus erziehungswissenschaftlicher Forschung und Theorie auf das Wechselverhältnis zwischen Bildung und sozialer Integration, zum anderen als wissenschaftliche Analyse und theoretische Bestimmung des Handlungsfeldes Sozialer Arbeit und besonders der Kinder- und Jugendhilfe, das explizit mit diesem Wechselverhältnis befasst ist.

Die Frage nach den Ursachen der begrenzten Entwicklung sozialpädagogischer Vergleichsforschung soll im vorliegenden Beitrag nicht weiterverfolgt werden. Im Mittelpunkt steht vielmehr ein Vorschlag für einen systematisierenden Bezugsrahmen für den sozialpädagogischen Vergleich mittels einer lebenslauftheoretischen Perspektive. Im Folgenden werden vor dem Hintergrund des Forschungsstandes zum Vergleich in der deutschen Sozialpädagogik drei Desiderata festgestellt: die Klärung der Funktion, des Gegenstands und des analytischen Ertrags sozialpädagogischer Vergleichsforschung. Danach wird ein Modell vorgeschlagen, anhand dessen sich Unterschiede (oder Gemeinsamkeiten) zwischen unterschiedlichen Konfigurationen Sozialer Arbeit nicht nur beschreiben, sondern durch ihre Einbindung in unterschiedliche Lebenslaufregimes auch erklären und verstehen lassen.

2. Bestandsaufnahme zur vergleichenden Forschung in der deutschen Sozialpädagogik

In ihrem Überblick über jüngere sozialpädagogische Veröffentlichungen kommen Schweppe und Hirschler (2007, S. 123) zum Ergebnis, „dass sich die Soziale Arbeit in Deutschland das Thema Internationalität zu Eigen gemacht hat. Eine systematische Bearbeitung ist allerdings noch nicht zu erkennen." Diese Schlussfolgerung kann dahingehend zugespitzt werden, dass zwar zunehmend internationale Themen bearbeitet werden, nach wie vor aber wenig Themen auch international vergleichend analysiert werden (Schnurr, 2005). So liegen bisher insgesamt wenig vergleichende Studien vor, die meisten davon sind wiederum primär deskriptiv, ohne die festgestellten Unterschiede oder Gemeinsamkeiten zu erklären und zu verstehen und ohne vergleichende Befunde auf den theoretischen sozialpädagogischen Diskurs zu beziehen.

In den letzten Jahren wird allerdings zunehmend auf die Internationalität Sozialer Arbeit (Treptow, 1996; Homfeldt & Brandhorst, 2004), auf Auswirkungen von Globalisierung und transnationale Herausforderungen verwiesen (Homfeldt et al., 2008). Diese Diagnosen teilen die Relativierung einer nationalen Perspektive und den Verweis auf die Notwendigkeit des Vergleichs, verbinden damit jedoch offensichtlich unterschiedliche Erwartungen. Ein *erstes Desiderat* der Systematisierung sozialpädagogischer Vergleichsforschung ist deshalb die Klärung ihrer Funktion: *Wozu vergleichen*? Folgt man Hörners (1999) Unterscheidung der Funktionen internationalen Vergleichs für die Erziehungswissenschaft entlang individualisierender versus generalisierender und theoriebezogener versus praxisbezogener Erkenntnisinteressen, lassen sich vier Idealtypen vergleichender sozialpädagogischer Forschung ableiten:

- *Idiographie* ist die Beschreibung des Fremden in seiner Besonderheit quasi als Selbstzweck oder im Sinne einer „Erweiterung des menschlichen Diskursuniversums" (Geertz, 1987), z. B. die explorative Beschreibung des Zustandekommens und Ablaufs von Hilfen zur Erziehung in sieben europäischen Ländern in der Studie von Mamier et al. (2003).
- *Quasi-experimentell* ist ein Vergleich der durchgeführt wird, um allgemeine Strukturen eines Gegenstands von kontextspezifischen Ausprägungen zu unterscheiden, indem der Vergleich die Kontrolle unabhängiger Variablen erlaubt (Durkheim, 1980). So analysiert etwa Züchner (2006) die Ausdifferenzierung Sozialer Arbeit in Abhängigkeit von der Institutionalisierung des modernen Wohlfahrtsstaats mittels eines Vergleichs zwischen Deutschland, Spanien und den USA.
- *Evolutionistisch* ist ein Vergleich von Prozessen sozialen Wandels hinsichtlich der Konvergenz oder Divergenz nationalstaatlicher Strukturen; ein Erkenntnisinteresse, das – etwa in Bezug auf die Institutionalisierung von Bildungsprozessen in früher Kindheit – im Zuge von Globalisierungsprozessen neue Nahrung erhält (Oberhuemer & Ulich, 1997).
- *Melioristisch* ist ein Vergleich, der v.a. dem Interesse einer Weiterentwicklung bzw. Verbesserung von Praxis folgt, sei es im Sinne des Lernens von „best practice", der Übertragung erfolgreicher Praxisansätze oder zur Unterfütterung sozial- und bildungspolitischer Argumentationen (z. B. zu Ganztagsbildung: Otto & Coelen, 2005 oder zur Benachteiligtenförderung im Übergang in die Arbeit: Pohl & Walther, 2006).

In der Regel orientieren sich Vergleichsuntersuchungen nicht nur an einer dieser Funktionen, sondern stellen komplexe, häufig intransparente Mischungsverhältnisse dar, zumal in Handlungswissenschaften wie der Sozialen Arbeit theoriegeleitete

Vergleiche selten vollständig von Anwendungsinteressen zu trennen sind. Darüber hinaus sind internationale Leistungsvergleiche, die globale Governance Ziele als allgemein(gültig)e Trends vorgeben, Nationalstaaten daraufhin vergleichen und diesen Zielen auf diese Weise melioristisch-evolutionistisch zur Durchsetzung verhelfen – wie etwa die PISA-Studien – in sozialpädagogisch relevanten Bereichen eher nicht zu erwarten, wenn man von der frühen Kindheit einmal absieht (z. B. OECD, 2003; vgl. Amos, 2005; Parreira do Amaral, 2007, 2011).

Gegenüber einer unterschiedlich motivierten Feststellung des Nachholbedarfs an international vergleichender sozialpädagogischer Forschung wird häufig auf die Schwierigkeit verwiesen, dass Soziale Arbeit nicht einheitlich institutionell verortet, disziplinär angebunden und professionell konstituiert ist.

Zweites Desiderat für die Systematisierung des sozialpädagogischen Vergleichs ist deshalb die Gegenstandsbestimmung bzw. die Frage nach dem tertium comparationis: *Was vergleichen?* Angesichts des Fehlens explizit vergleichbarer Handlungsfelder und Disziplinen ist dieser über die Frage nach der funktionalen Äquivalenz zu bestimmen (Przeworski & Teune, 1970). Die Vergleichbarkeit Sozialer Arbeit ergibt sich also aus der Frage nach ihren gesellschaftlichen Funktionen, die sich mit Böhnisch et al. (2005, S. 122) als „Hilfe bei der Bewältigung des Lebenslaufs" fassen lässt. Ein Vergleich entlang der „Organisation von Lebenslauf und Biographie" ist laut Schefold (1996, S. 97) geeignet, kontextabhängige institutionelle und disziplinäre Engführungen zu vermeiden. Dieses „tertium comparationis auf der Metaebene" ist in konkreten Vergleichsstudien in Bezug auf einzelne Handlungsfelder, Tätigkeitsformen, Theoriediskurse, Zielgruppen, Zuschreibungs- oder Zuweisungsmechanismen oder Modernisierungsprozesse zu konkretisieren (vgl. Lorenz, 2004; Meeuwissen & Swärd, 2007). Die Vergleichslinie Lebenslauf/Biographie umfasst dabei erstens sowohl die Hilfe bei biographischer Bildung und Bewältigung als auch die Kontrollfunktion Sozialer Arbeit als Gate-Keeper im Lebenslauf (vgl. Böhnisch, 2001; Schefold, 2001; Hanses & Homfeldt, 2008). Der Lebenslaufbezug erlaubt zweitens sowohl die vergleichende Analyse von Prävention (z. B. Jugendarbeit) als auch von Intervention (z. B. Hilfen zur Erziehung). Drittens beschreibt das Konstrukt Lebenslauf umfassende Kontexte der gesellschaftlichen Herstellung von Normalität – einer mit Böhnisch gesprochen „latent operativen Dimension" Sozialer Arbeit (Böhnisch, 1984, S. 108; vgl. Link, 2006). Viertens operationalisiert das Verhältnis von Lebenslauf und Biographie das Wechselspiel von Struktur und Handeln quer zur Mikroebene subjektiver Lebensbewältigung und bildungs- bzw. hilfebezogener Interaktionen, zur Mesoebene der Organisation Sozialer Arbeit sowie zur Makroebene gesamtgesellschaftlicher sozioökonomischer, institutioneller und kultureller Strukturen (Treptow, 2005; vgl. Giddens, 1988).

Die Frage nach dem *Wie vergleichen?*, d. h. nach den Methoden des internationalen Vergleichs ist Gegenstand einiger Vorarbeiten zu einer „sozialpädagogische Komparatistik" (Homfeldt & Walser, 2004; Schnurr, 2005; Treptow, 2005). So haben etwa Homfeldt und Walser (2004) das Stufenverfahren des sozialwissenschaftlichen Vergleichs in der Vergleichenden Erziehungswissenschaft – Deskription, Interpretation, Juxtaposition, vergleichende Analyse – (Hilker, 1962; Bereday, 1964; vgl. Allemann-Ghionda, 2004) für die Sozialpädagogik zugänglich gemacht. Beim vierten Schritt der vergleichenden Analyse stoßen die meisten bestehenden sozialpädagogischen Vergleichsstudien jedoch an ihre Grenzen und bleiben bei der Beschreibung unterschiedlicher Muster stehen, ob es nun um die Frage der Unterbringung von Kindern in Heimen oder Pflegefamilien (Trede, 2004) oder um die idealtypische Initiierung von Hilfeprozessen geht (Mamier et al., 2003).

Damit kommen wir zum *dritten Desiderat*: der Erklärung bzw. dem Verstehen von Unterschieden und Gemeinsamkeiten durch das Einbeziehen gesellschaftlicher Kontexte Sozialer Arbeit in den Vergleich. Versteht man sozialwissenschaftlichen Vergleich als „Relationierung von Relationen" (Schriewer, 2000, S. 500 ff.) und Soziale Arbeit als gesellschaftliche Relation, muss ihre vergleichende Analyse (Relationierung) notwendigerweise auch ihre jeweilige Einbindung in institutionelle, sozioökonomische und kulturelle Kontexte einschließen. Damit sind Fragen danach impliziert, welche Funktionen die Soziale Arbeit erfüllt, aber auch welche Deutungsmuster und Normen der jeweiligen Praxis und ihren Organisationen zu Grunde liegen. Oder anders: Versteht man Soziale Arbeit als Mechanismus sekundärer Normalisierung (Böhnisch & Schefold, 1985), kann sie nicht unabhängig von ihrer (nachrangigen) Ausrichtung an primären Normalisierungsmechanismen wie regulären Bildungs- und Erwerbsverläufen verglichen werden. Ein Schlüssel für den Vergleich in der Sozialpädagogik ist deshalb die Frage, wie sich gesellschaftliche Normalitätsannahmen und Normalisierungsweisen in jeweils unterschiedlichen Konstruktionen von Hilfebedarf niederschlagen, aus denen sich wiederum unterschiedliche Zugänge zu, Formen und Ziele von Unterstützung ableiten lassen.

3. Lebenslaufregimes als heuristischer Bezugsrahmen für sozialpädagogisches Vergleichen

Ausgehend davon, dass das Verhältnis von Lebenslauf und Biographie einen sinnvollen Zugang zur gesellschaftlichen Einbindung und Einbettung Sozialer Arbeit darstellt, soll im Folgenden ein Vergleichsmodell von Lebenslaufregimen entwickelt werden, d.h. idealtypische Konfigurationen der Normalitätsproduktion im Wechselverhältnis zwischen Institutionen (Wohlfahrtsstaat, Bildung), sozioökonomischen Strukturen (Arbeitsmarkt, soziale Ungleichheit) und kulturellen Werten, Deutungsmustern und Praktiken.

3.1 Wohlfahrtsregimes

Als erster Baustein eines Vergleichsmodells von Lebenslaufstrukturen bietet sich die vergleichende Wohlfahrtsforschung an: zum einen, weil aufgrund der gleichzeitigen Anreizfunktion des Wohlfahrtsstaats zur Beteiligung an Erwerbsarbeit, von der sich Ansprüche auf soziale Sicherung ableiten, und seiner Absicherungsfunktion gegen Risiken des Verlusts von Erwerbseinkommen, von einer „wohlfahrtsstaatlichen Totalkonditionierung der Lebensführung" gesprochen werden kann (Lessenich, 1995, S. 52); zum anderen, weil in Bezug auf den Wohlfahrtsstaat schon Einiges an vergleichender Forschung vorliegt. Das Modell der Wohlfahrtsregimes von Esping-Andersen (1990) vergleicht Wohlfahrtsstaaten nach dem Zugang zu und dem Niveau von sozialer Sicherung und welche Rolle jeweils Markt, Staat und Familie spielen. Es unterscheidet drei Modelle: ein sozialdemokratisches, ein liberales und ein konservatives bzw. korporatistisches (siehe Tabelle 1).

Tabelle 1: Wohlfahrtsregimes nach Esping-Andersen (1990, kursiv: Gallie & Paugam, 2000)

	Zugang	Sicherungsniveau	Länder
Sozialdemokratisch *Universalistisch*	Bürgerstatus	Hoch	Skandinavische Länder
Liberal	Bürgerstatus	Niedrig	Angelsächsische Länder
Konservativ *Erwerbsarbeitszentriert*	Erwerbs-/Familienstatus	Variabel	Kontinentaleuropäische Länder
Unterinstitutionalisiert	*Partiell nach Erwerbs-/Familienstatus*	*Niedrig bzw. variabel*	*Südeuropäische Länder*

Dieses Modell ist kritisiert und erweitert worden, was die Differenzierung nach Geschlecht oder Zuwanderung (Sainsbury, 1999, 2006) betrifft. Das Fehlen eines Zugangs zu sozialer Sicherung für weite Teile der Bevölkerung in Südeuropa hat zur Bildung eines vierten mediterranen, familiaristischen oder unter-institutionalisierten Regimetypus geführt (Gallie & Paugam, 2000), ein Schritt, der für die mittel- und osteuropäischen Wohlfahrtsstaaten noch aussteht. Die Gleichzeitigkeit des gemeinsamen sozialistischen Erbes und der in Richtung und Dynamik unterschiedlichen Transformationsprozesse erlaubt weder die Zuordnung zu bestehenden noch die Bildung eines fünften post-kommunistischen Typs (Manning, 2004).

So gut wie gar nicht wird allerdings der Regimebegriff thematisiert, geschweige denn definiert. Dies ist deshalb problematisch, weil er in anderen Kontexten mit spezifischen Bedeutungen oder Konnotationen belegt ist. Zum einen verweist er in Analogie zu machttheoretischen Begriffen wie Hegemonie (Gramsci) und Diskurs (Foucault) auf das Wechselverhältnis zwischen Herrschaft und Vergesellschaftung. Zum anderen bezeichnet er in der Theorie internationaler Beziehungen

Regulierungsmechanismen jenseits nationalstaatlicher Institutionen – „governance without government" (Mayer et al., 1993, S. 391f.) – auf der Basis von Prinzipien, Normen, Regeln und Verfahren (vgl. Müller, 1993; Parreira do Amaral, 2007, 2011).

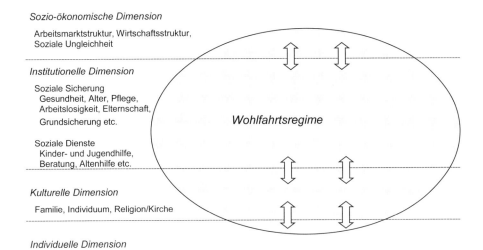

Abbildung 1: *Dimensionen von Wohlfahrtsregimes. Quelle: Eigene Darstellung*

Abbildung 1 verdeutlicht, warum der Regimebegriff auch für den Vergleich von Vergesellschaftungsstrukturen sinnvoll ist. Er beschreibt die Interdependenz unterschiedlicher Strukturen, die über öffentliche Institutionen hinaus auch sozioökonomische und kulturelle Faktoren umfassen, bis in die Lebensplanung und -führung der Subjekte hineinreichen und dadurch eine umfassende Wirkungsmacht entfalten. Institutionelle Interdependenzen sind Resultat historischer Entwicklungsprozesse und deshalb vergleichsweise veränderungsresistent, was mit dem Begriff der „Pfadabhängigkeit" umschrieben wird (North, 1990; vgl. Schmid, 2002, S. 82ff.). Daraus ergibt sich zum einen, dass Vergleich – zumal in der Sozialpädagogik mit ihrem Rekurs auf Normalität und Normalisierung – nicht nur System-, sondern auch Kulturvergleich bedeutet – unterschiedliche Strukturen müssen nicht nur funktionalistisch erklärt, sondern gleichzeitig auch in ihren unterschiedlichen Bedeutungen hermeneutisch verstanden werden (Treptow, 1996; Schweppe, 2005). Zum anderen impliziert internationaler Vergleich immer auch eine historische Perspektive, um aktuelle Unterschiede als entlang unterschiedlicher Entwicklungspfade gewordene rekonstruieren zu können (Liegle, 1988). Eine solche Perspektive geht über die meisten Wohlfahrtsstaatsvergleiche hinaus, die vor allem auf der Analyse von statistischen Daten zu Sozialausgaben, Deckungsgraden sozialer Sicherung oder der Rekonstruktion historischer Akteurskonstellationen beruhen. Nur selten werden auch kulturelle Faktoren oder Verhältnisse zwischen nationaler und lokaler Ebene oder zwischen sozialer Sicherung und sozialen Diensten berücksichtigt (Opielka, 2004; Pfau-Effinger, 2005).

Das Modell der Wohlfahrtsregimes dient in erster Linie heuristischen Zwecken, weil es weniger wohlfahrtsstaatliche Strukturdetails als ähnliche Logiken der Vergesellschaftung entsprechend ihrer „Gestalt" zu Typen zusammenfasst (Kaufmann, 2003, S. 51).

3.2 Regimes des Übergangs zwischen Jugend und Erwachsensein

Ein Ansatzpunkt für eine Erweiterung des Modells der Wohlfahrtsregimes in Richtung Lebenslauf und Biographie ergibt sich aus vorliegenden Forschungsbefunden zur Gestaltung der Übergänge zwischen Jugend und Erwachsensein im Allgemeinen und zwischen Schule und Arbeit im Besonderen. Für die Entwicklung einer sozialpädagogischen Vergleichsperspektive sind diese Befunde deshalb interessant, weil sie auch die Unterstützung derjenigen Jugendlichen und jungen Erwachsenen einschließt, deren Übergänge durch Strukturen der Benachteiligung und Ausgrenzungsrisiken geprägt sind.

Die Forschungsbefunde, auf die im Folgenden Bezug genommen wird, entstammen EU-finanzierten Vergleichsstudien des EGRIS-Netzwerkes (European Group for Integrated Social Research) zur Entstandardisierung von Übergängen junger Frauen und Männer in Europa unter dem Gesichtspunkt der Interaktion zwischen institutionellen und biographischen Perspektiven im Sinne des Wechselspiels zwischen Struktur und Handeln (EGRIS, 2001).[1]

---

1 Wichtige Projekte waren *Misleading Trajectories*, eine vergleichende Sekundäranalyse zu institutionellen Ausgrenzungsrisiken im Übergang in die Arbeit (Walther et al., 2002); *Integration through Training*? Ein Vergleich von Maßnahmen gegen Jugendarbeitslosigkeit im Zuge der Implementierung der Europäischen Beschäftigungsstrategie mittels Programmanalysen und Experteninterviews (Furlong & McNeish, 2001; Walther, 2002); *Families and Transitions in Europe (FATE)* untersuchte mittels eines Surveys und qualitativer Interviews die Rolle und die Strukturen familiärer Unterstützung bei der Bewältigung von Übergängen in Arbeit (Bendit et al., 2004; Stauber & du Bois-Reymond, 2006); *Youth Policy and Participation (YOYO)* untersuchte Zusammenhänge zwischen Partizipationsmöglichkeiten und Motivation benachteiligter Jugendlicher im Übergang anhand von biographischen Interviews und Projektfallstudien (Walther et al., 2006; Stauber et al., 2007); die *Thematic Study on Policy Measures for Disadvantaged Youth* basiert auf Sekundäranalysen zu Konstellationen von Benachteiligung und Maßnahmen gegen Jugendarbeitslosigkeit und Bildungsbenachteiligung (Walther & Pohl, 2005; Pohl & Walther, 2006); das Projekt Youth – Actor of Social Change (UP2YOUTH) untersucht das Verhältnis zwischen Struktur und Handeln anhand der Themen Übergänge in Elternschaft, Übergänge von Jugendlichen mit Migrationshintergrund in Arbeit sowie Partizipation Jugendlicher. Alle Projekte wurden von der EU finanziert. Insgesamt waren über die verschiedenen Projekte Partner aus Bulgarien, Dänemark,

Für eine vergleichende Analyse wurde die wohlfahrtsstaatliche Dimension des Zugangs zu sozialer Sicherung in Bezug auf Jugendliche konkretisiert und um weitere übergangsrelevante Dimensionen erweitert: erstens um institutionelle Strukturen – von Bildung und Ausbildung zwischen Selektivität und Standardisierung (Allmendinger, 1989), von Arbeitsmarktzugängen (Shavit & Müller, 1998), von Jugendpolitik (IARD 2001), von Programmen für arbeitslose bzw. benachteiligte Jugendliche sowie von öffentlichen Ausgaben für Bildung, Familien und Kinder (Walther, 2002; Walther & Pohl, 2005); zweitens um kulturelle Deutungsmuster in Bezug auf Benachteiligung oder Jugend (Walther, 2002, 2006); drittens um die biographische Sicht junger Frauen und Männer. Ein internationaler Vergleich von Biographien ist zwar dadurch begrenzt, dass biographische Konstruktion nicht nationalstaatlichen Ordnungen folgt, doch enthalten biographische Narrationen mehr oder weniger explizite Spuren nationalstaatlicher Strukturen, mit denen sich Subjekte in ihrer Lebensbewältigung und Lebensführung auseinandersetzen müssen (Walther et al., 2006; Walther, 2009).

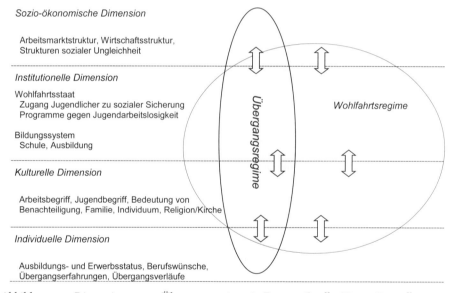

Abbildung 2: Dimensionen von Übergangsregimes in Europa. Quelle: Eigene Darstellung

Der internationale Vergleich setzt deshalb an der strukturellen Seite an. Über die verschiedenen EGRIS-Projekte hinweg wurden statistische Daten, Programme und institutionelle Strukturen analysiert, Experteninterviews, Projektfallstudien und Fragebogenerhebungen sowie biographische Interviews mit jungen Frauen und

---

Deutschland, Frankreich, Finnland, Griechenland, Großbritannien, Irland, Italien, Niederlande, Österreich, Polen, Portugal, Rumänien, Slowakei, Slowenien und Spanien beteiligt; siehe auch www.iris-egris.de/projekte).

Männern durchgeführt. Zusammen mit der Rezeption anderer Studien lagen so für immer mehr Dimensionen des Modells Daten vor. Dieses überschneidet sich also mit den Wohlfahrtsregimes, weist aber gleichzeitig über sie hinaus und steht selbst mit jedem neuen Vergleichsprojekt wieder auf dem Prüfstand.

Die in Tabelle 2 abgebildete Matrix stellt als vorläufiges Zwischenergebnis eines solchen Vergleichs eine mittels Typenbildung verdichtete Vergleichsanalyse nationaler Übergangsstrukturen, hier auf institutionelle und kulturelle Aspekte reduziert, dar. Sie unterscheidet vier Regimetypen, die aus Platzgründen lediglich kurz entlang der jeweils vorherrschenden Bedeutung von Jugend skizziert werden sollen. Diese Kategorie wurde zum einen aus dem Vergleich der verschiedenen institutionellen Dimensionen, der Definition von Zielgruppen und der Analyse relevanter Jugendgesetzgebung abgeleitet, zum anderen aber auch aus Experteninterviews gewonnen. Dabei zeigte sich, dass sich die unterschiedlichen institutionellen Strukturen zugrunde liegenden kulturellen Normalitätsannahmen in erster Linie mittels scheinbar einfacher Fragen erschließen, welche die Interviewpartner dazu zwingen, selbstverständliche Grundlagen institutioneller Strukturen oder Praxis zu explizieren, wie etwa die Frage: „Wodurch sollten sich Programme für jugendliche Arbeitslose von solchen für Erwachsene unterscheiden" (Furlong & McNeish, 2001, S. 120; vgl. Walther, 2006)?

Danach heißt Jugend im *universalistischen* Regime der skandinavischen Länder zuerst Persönlichkeitsentwicklung, die als Aspekt des Bürgerstatus unterstützt und abgesichert wird.

- Im *liberalen* Regime in den angelsächsischen Ländern ist Jugend vor allem durch die Erwartung bzw. den Druck früher ökonomischer Selbständigkeit gekennzeichnet.
- Im *erwerbsarbeitszentrierten* Regimetyp der kontinentaleuropäischen Länder (z. B. Deutschland) bedeutet Jugend primär Sozialisation und Allokation zu bestimmten beruflichen und darüber dann gesellschaftlichen Positionen. Daraus leitet sich die Zentralität von beruflicher Bildung sowie – im Falle „benachteiligter Jugendlicher" – Berufsvorbereitung ab.
- Im *unterinstitutionalisierten* Regimetyp in Südeuropa ist Jugend aufgrund des Strukturdefizits im Übergangssystem und die lange Abhängigkeit von der Herkunftsfamilie und informellen Arbeitsverhältnissen durch ein Statusvakuum gekennzeichnet.

Bildung und Bewältigung in unterschiedlichen Lebenslaufregimen

Tabelle 2: Übergangsregimes in Europa

Regimetypen und Länder	Schule	Ausbildung	Soziale Sicherung	Arbeits-regime	Frauen-erwerbs-tätigkeit	Ziele von Übergangs-politiken	Jugendpolitik	Benachteiligungs-begriff	Jugendbegriff	Öffentliche Ausgaben (% des BIP) 2006		Bildung	Familie Kinder
Universalistisch: Dänemark, Finnland, Schweden	Durchlässig	Flexible Standards (v.a. Schule)	Staat	Offen, geringe Risiken	Hoch	(Allgemein-) Bildung	universalistisch	Individualisiert und struktur-bezogen	Individuelle Entwicklung (Ressource)	DK: S: FIN:		8,0 6,8 6,1	3,7 3,0 2,9
Erwerbsarbeits-zentriert: Deutschland, Frankreich, Niederlande, Österreich	Selektiv	Standardisiert (v.a. Betrieb, außer F)	Staat / Familie	Geschlossen, geringe Risiken	Mittel	Berufsbildung	protektionistisch	Individualisiert	Zuweisung zu sozialen Positionen (Problem/ Ressource)	D: F: NL: A:		4,4 5,6 5,5 5,4	2,9 2,5 1,5 2,9
Liberal: Irland, Großbritannien	Durchlässig	Flexibel, niedrige Standards (teils Schule, teils Betrieb)	Staat / Familie	Offen, hohe Risiken	Hoch	Erwerbsarbeit Employability	Gemeinwesen-basiert	Individualisiert	Frühe Unabhängigkeit (Problem)	IRL: GB:		4,7 5,5	2,5 1,5
Unter-institutionalisiert Griechenland, Italien, Portugal, Spanien	Durchlässig	Niedrige Standards und Relevanz (v.a. Schule)	Familie	Geschlossen, hohe Risiken	Niedrig	‚Irgendein' Status	zentralistisch	Strukturbezogen	Jugend ohne klaren Status (Problem/ Ressource)	GR: I: PT: ES:		k.A 4,7 5,2 4,3	1,5 1,2 1,2 1,2
Postkommunisti-sche Staaten Bulgarien, Polen, Rumänien, Slowakei, Slowenien	Durchlässig	Neustrukturierung, time lag (teils Schule, teils Betrieb)	Familie / Staat	Geschlossen, hohe Risiken	Niedrig Mittel	Trend zu (Aus)Bildung und Erwerbsarbeit	Keine Angaben	Strukturbezogen und Individualisiert	Jugendstatus im Übergang (Problem/ Ressource)	PL: SK: SL: BG: RO:		5,3 3,8 5,7 4,2 k.A	0,8 1,6 1,9 1,1 1,8

Quellen: Datenbanken von Eurostat (www.ec.europa.eu/eurostat) und OECD (www.oecd.org) sowie Furlong & McNeish, 2001; Walther, 2002; Walther & Pohl, 2005; Walther et al., 2006

Das Bild, das eine solche Typologie abwirft, ist nicht nur (auf Europa) begrenzt, sondern auch statisch, da es sozialen Wandel nicht abzubilden scheint. Allerdings zeigen vergleichende Analysen zur Umsetzung des globalen arbeitsmarktpolitischen Prinzips der Aktivierung, an dem sich im Zuge der europäischen Beschäftigungsstrategie alle EU-Mitgliedsstaaten orientieren müssen, dass sich Mechanismen der Pfadabhängigkeit in unterschiedlichen Interpretationen von Aktivierung und dementsprechend unterschiedlichen Maßnahmen niederschlagen (Pohl & Walther, 2006, 2007). Auch hier gilt: Jede neue vergleichende Untersuchung muss das Modell hinterfragen und gegebenenfalls differenzieren.

3.3 Lebenslaufregimes

Das Modell der Übergangsregimes erlaubt die Erklärung von Unterschieden in der Regulierung der Übergänge Jugendlicher und insofern damit auch Unterschiede zwischen den jeweiligen Unterstützungsmaßnahmen für sogenannte „benachteiligte" Jugendliche betroffen sind, eine sozialpädagogische, auf das Handlungsfeld der Jugendsozialarbeit bezogene Fragestellung. Für andere sozialpädagogische Fragen und Handlungsfelder trifft dies nicht oder nur bedingt zu; sei es, weil sie andere Lebensalter betreffen, sei es, weil sie – wie offene Jugendarbeit oder Hilfen zur Erziehung – stärker durch kommunale Strukturen bestimmt sind (vgl. Bahle, 2003) oder weil sie zusätzlich von anderen Faktoren bestimmt sind, wie im Fall von Jugendlichen mit Migrationshintergrund von der Einwanderungspolitik (Pohl, 2011). Deshalb bedarf es im Sinne eines allgemeineren Bezugsrahmen der Erweiterung von Wohlfahrts- und Übergangsregimes hin zu einem Vergleichsmodell von Lebenslaufregimes, das die generelle Strukturierung individueller Lebensläufe im Sinne durch Bildung und Wohlfahrtsstaat institutionalisierter Lebensaltersphasen und Übergänge umfasst (siehe Abbildung 3; vgl. Lessenich, 1995; Mayer, 1997; Blossfeld et al., 2005).

Ein solches Modell ist noch nicht so weit ausbuchstabiert, dass es einen verlässlichen Bezugsrahmen für die vergleichende Sozialpädagogik abgeben könnte; zumindest nicht in Bezug auf alle Lebensalter und auf die zunehmenden Übergänge innerhalb und zwischen den jeweiligen Lebensphasen; und auch nicht in Bezug auf Verhältnisse zwischen nationalstaatlicher Regelung und lokaler Erbringung. Hier besteht also Forschungsbedarf.

Wie könnte ein diesbezüglicher Beitrag sozialpädagogischer Vergleichsforschung aussehen? Eine zentrale sozialpädagogische Fragestellung wäre, wie Personen bzw. soziale Gruppen Jugendliche zu Adressatinnen und Adressaten öffentlicher Unterstützungsleistungen (etwa der Kinder- und Jugendhilfe) werden? D.h. ganz grundlegend, welche Strukturen und Formen von Unterstützung in unterschiedlichen gesellschaftlichen Kontexten bestehen, wer zentrale Akteure sind, welche normativen, rechtlichen und institutionellen Rahmenbedingungen

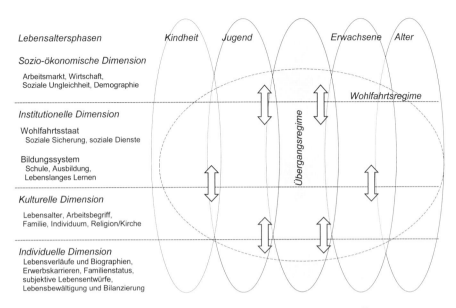

Abbildung 3: Dimensionen von Lebenslaufregimes. Quelle: Eigene Darstellung

gelten, welches fachliche Profil und welche Methoden dominieren, nicht zuletzt wie sie theoretisch begründet werden und in welcher Disziplin die Ausbildung der Fachkräfte verortet ist (Schefold, 1996; Zierer, 2006)? Das Konzept der Lebenslaufregimes bietet dabei zuallererst eine Begründung für die Auswahl von Vergleichsländern oder -regionen, die jedoch auch vom Erkenntnisinteresse und der jeweiligen Funktion des Vergleichs abhängt. Geht es eher um das Erkennen allgemeiner, kontextunabhängiger Strukturen der Unterstützung von Kindern und Jugendlichen, müssten möglichst unterschiedliche Kontexte verglichen werden, das Sampling also quer zu den Regimetypen (oder darüber hinaus) erfolgen. Stehen anwendungsbezogene Interessen im Vordergrund, ist zu berücksichtigen, dass die Realisierungschancen von Übertragungsprozessen im Sinne eines Lernens „von den Anderen" höher sind, wenn die Vergleichskontexte ähnlich sind (vgl. Schmid, 2002, S. 441 ff.). Im Prozess der Datenerhebung kann das Modell der Lebenslaufregimes relevante Kontextinformationen liefern, aber auch Hinweise für die Auswahl relevanter Indikatoren und thematischer Dimensionen zum Gegenstand von Hilfen für Kinder- und Jugendliche liefern, z. B. zentrale Akteure, Zuständigkeiten, rechtliche Regelungen, Lebenslagen von Kindern und Jugendlichen, die historische Entwicklung von Kinder- und Jugendhilfe sowie dominante Diskurse. Für den nächsten Schritt der kontextimmanenten Interpretation kann das Regimemodell aufgrund seines heuristischen Charakters und seiner Konzentration auf die „Gestalt" von Vergesellschaftungslogiken Anregungen für die Deutung der konkreten Befunde in Bezug auf die – funktionale und kulturelle – gesellschaftliche Einbindung von Unterstützungsstrukturen geben. In der Juxtaposition geht es dann jedoch strikt darum, induktiv erhobene Befunde nebeneinander zu stellen und nach Gemeinsamkeiten und Unterschieden zu gruppieren, d. h. der Versuchung zu widerstehen, Befunde direkt in die Regimetypologie einzusortieren und diese zu reproduzieren anstatt sie empirisch zu überprüfen. Das Ergebnis der Juxtaposition kann dann im Schritt der vergleichenden Analyse mit dem Regimemodell verglichen werden. Im Falle einer Übereinstimmung der Cluster lassen sich die Logiken der jeweiligen Regimetypen als Erklärungsmuster für Unterschiede in den jeweiligen Hilfeformen heranziehen. Im Falle der Nicht-Übereinstimmung können induktiv aus dem Material gewonnene Erklärungen zu einer Differenzierung des Modells beitragen – oder zum Hinterfragen der angenommenen Beziehungen zwischen Hilfeformen und Lebenslaufstrukturen. Das Modell ersetzt also nicht vergleichende Forschung an sich, sondern informiert in erster Linie ihre Organisation, ihr Design und die Interpretation der Befunde.

4. Ertrag eines lebenslaufbezogenen Vergleichs für die Sozialpädagogik

Der Weiterentwicklungsbedarf international vergleichender sozialpädagogischer Forschung wurde eingangs anhand dreier Desiderata formuliert: Klärung des Gegenstands, der Funktion und der analytischen Reichweite vergleichender sozialpädagogischer Forschung. Die resümierende Frage nach dem Ertrag des oben entwickelten heuristischen Modells von Lebenslaufregimes für die vergleichende Sozialpädagogik ist deshalb, inwieweit es zur Klärung beiträgt.

Es setzt *erstens* an einer funktional äquivalenten Bestimmung des Gegenstands sozialpädagogischer Vergleichs als Hilfe zur Bewältigung des Lebenslaufs an, das heißt daran, wie und in welchem Ausmaß in unterschiedlichen Gesellschaften Hilfe im Spannungsverhältnis zwischen Lebenslauf und Biographie institutionalisiert ist. Lebenslaufregimes als unterschiedliche Konfigurationen der Vergesellschaftung durch Lebenslaufstrukturen stellen Kontexte der Konstruktion von Hilfebedarf dar und bieten sich somit als *tertium comparationis* zweiter Ordnung für den sozialpädagogischen Vergleich an.

Dies ist *zweitens* verknüpft mit der Frage nach der analytischen Reichweite bzw. der Erweiterung bestehender eher deskriptiver Vergleichsforschung um die Erklärung unterschiedlicher Bedeutungen, Formen und Zugangsregelungen von Unterstützung im Lebenslauf. Das Lebenslaufregimemodell enthält keine Beschreibung unterschiedlicher institutioneller Strukturdetails, sondern bietet durch seine analytische, typologisierende Verdichtung Zugänge zur Erklärung unterschiedlicher gesellschaftlicher Kontexte von Unterstützung. Es erlaubt eine Begründung der Auswahl von Vergleichsregionen oder ländern im Sinne eher unterschiedlicher oder eher ähnlicher Kontexte, es enthält Hinweise für die Operationalisierung sozialpädagogischer Fragestellungen und für relevante Dimensionen, was die Datenerhebung betrifft, und durch die Kontextualisierung konkreter Praxis in strukturfunktionale und kulturelle gesellschaftliche Zusammenhänge hilft es, Unterschiede und Gemeinsamkeiten zu erklären.

Drittens erlaubt das Modell eine reflexive Auseinandersetzung mit unterschiedlichen Funktionen des internationalen Vergleichs in der Sozialpädagogik. In Bezug auf theoriebezogene Forschungsinteressen trägt eine kontextualisierte, lebenslaufbezogene Forschung zu einer Differenzierung allgemeiner Aussagen zu Struktur, Funktion und Wandel Sozialer Arbeit bei. Sie erlaubt es allgemeine, überall vorfindbare Strukturen von solchen zu unterscheiden, die an bestimmte Lebenslaufstrukturen, bestimmte Konfigurationen von Normalität gebunden sind. Dies ist auch im Kontext von Globalisierung und Transnationalisierung Sozialer Arbeit keinesfalls obsolet. Transnationalisierung ersetzt keinesfalls die Kategorie des Nationalstaats, sondern steht eher in einem dialektischen Verhältnis zu ihr:

> „Das Verhältnis von Nationalität und Transnationalität lässt sich also nur in der Dialektik von faktischer Gegebenheit („die deutsche Jugendhilfe") und allgemeinmenschlichen („Hilfe") oder allgemeingesellschaftlichen („Kontrolle") Kategorien genauer beschreiben … Erst die international vergleichende Forschung kann das in einem bestimmten Land bestehende soziale und kognitive System der Sozialen Arbeit als Ganzes verständlich machen. […] Fragen, die auf die Erkenntnis von Transnationalität abzielen, implizieren deshalb immer das internationale Vergleichen als epistemologische Grundlage." (Hamburger, 2008, S. 264)

Theoriebezogene sozialpädagogische Fragen, die zum Teil auch international diskutiert werden, ohne jedoch unterschiedliche Ausgangssituationen, Traditionen und Interpretationen vergleichend zu reflektieren, sind, ohne Anspruch auf Vollständigkeit, etwa Fragen nach

- Handlungsmöglichkeiten Sozialer Arbeit im Zuge der Ökonomisierung Sozialer Dienste – angesichts unterschiedlicher Finanzierungsstrukturen, Zuständigkeitsregelungen sowie wohlfahrtsstaatlicher Anspruchsregulierung (z. B. Otto & Schnurr, 2000; Lorenz, 2006);
- *Wirkungsorientierung* der Sozialen Arbeit, wobei davon auszugehen ist, dass Erfolg und Wirkung von Unterstützung in unterschiedlichen Kontexten Unterschiedliches bedeuten (z. B. Heiner et al., 2007; Otto et al., 2009);
- dem Zusammenhang von *Bildung, Erziehung und Hilfe*, der für die Theorietradition der Sozial*pädagogik* konstitutiv, für die Sozial*arbeit* dagegen nicht überall selbstverständlich ist; Anlass hierzu gibt die aktuelle Frage nach dem Verhältnis zwischen formaler und nonformaler Bildung bzw. zwischen Bildung und sozialer Unterstützung wie sie in Deutschland als Verhältnis zwischen Jugendhilfe und Schule (BMFSFJ, 2006; Winkler, 2006) oder international im Zuge des Capability-Ansatzes gestellt wird (z. B. Otto & Ziegler, 2008).

In Bezug auf die Praxis bzw. deren politische Gestaltung bietet ein lebenslaufbezogener Vergleich die Möglichkeit, Voraussetzungen und v.a. Grenzen der Übertragung von fremden Praxisansätzen auszuloten. So lassen sich Ansätze eher zwischen ähnlichen als zwischen sehr unterschiedlichen Kontexten übertragen und auch dann nur unter der Voraussetzung einer umfassenden Analyse der Kontextbedingungen und der Suche nach funktionalen Äquivalenten (Schmid, 2002, S. 435 ff.). Der Zugang zu anderer Praxis und anderen Deutungsmustern ermöglicht jedoch, die selbstverständliche Normalität der eigenen Praxis bzw. deren Rahmenbedingungen zu dekonstruieren und kritisch zu reflektieren. Dies stärkt im Sinne eines „Lesens der Verhältnisse" (Negt & Kluge, 1992, S. 219 f.) gleichzeitig eine kritische Perspektive in der Sozialen Arbeit durch das Wissen über andere mögliche „Welten im Kapitalismus".

Literatur

Allmendinger, J. (1989). Educational Systems and Labour Market Outcomes'. *European Sociological Review*, 5(3), 231–250.

Amos, S. K. (2005). Die USA als Argument: Anmerkungen anlässlich der Debatte um Bildungsstandards. *Tertium Comparationis*, 11(2), 209–228.

Bahle, T. (2003). The changing institutionalisation of social services in England and Wales, France and Germany: is the welfare state on the retreat. *Journal of European Social Policy*, 13(1), 5–20.

Bendit, R., Hein, K. & Biggart, A. (2004). Delayed and negotiated autonomy: Domestic Emancipation of young Europeans. *DISKURS 3*, 76–85.

Bereday, G. Z. F. (1964). *Comparative method in education*. New York: Holt, Reinhart and Winston.

Blossfeld, H.-P., Klijzing, E., Mills, M. & Kurz, K. (Hrsg.) (2005). *Globalization, Uncertainty and Youth in Society*. London: Routledge.

BMFSFJ (Bundesministerium für Familie, Senioren, Frauen und Jugend) (2006). *12. Jugendbericht – Bildung, Betreuung und Erziehung vor und neben der Schule*. Berlin: BMFSFJ.

Böhnisch, L. (1982). *Der Sozialstaat und seine Pädagogik*. Neuwied/Kriftel: Luchterhand

Böhnisch, L. (1984). Normalität – Ein Schlüssel zum Verständnis der gegenwärtigen Situation der Sozialarbeit. *Neue Praxis*, 14(2), 108–113.

Böhnisch, L. (2001). *Sozialpädagogik der Lebensalter. Eine Einführung*. 2. Aufl. Weinheim/München: Juventa.

Böhnisch, L. & Schefold, W. (1985). *Lebensbewältigung. Soziale und pädagogische Verständigungen an den Grenzen der Wohlfahrtsgesellschaft*. Weinheim/München: Juventa.

Böhnisch, L., Schröer, W. & Thiersch, H. (2005). *Sozialpädagogisches Denken. Wege zu einer Neubestimmung*. Weinheim/München: Juventa.

Borrmann, S., Klassen, M. & Spatschek, C. (Hrsg.) (2007). *International social work: social problems, cultural issues and social work education*. Opladen: Verlag Barbara Budrich.

Durkheim, É. (1980). *Die Regeln der soziologischen Methode*. (Hrsg. u. eingel. von René König). 6. Aufl., Darmstadt u. a.: Luchterhand.

EGRIS (European Group for Integrated Social Research) (2001). Misleading Trajectories: Transition Dilemmas of Young Adults in Europe. *Journal of Youth Studies*, 4(1), 101–119.

Esping-Andersen, G. (1990). *The Three Worlds of Welfare Capitalism*. Cambridge: Polity Press.

Furlong, A. & McNeish, W. (Hrsg.) (2001). *Integration through Training? Comparing the effectiveness of strategies to promote the integration of unemployed young people in the aftermath of the 1997 Luxembourg Summit on Employment. Projektbericht an die Europäische Kommission*. Glasgow: Universität Glasgow.

Gallie, D. & Paugam, S. (Hrsg.) (2000). *Welfare regimes and the experience of unemployment in Europe*. Oxford: Oxford University Press.

Geertz, C. (1987): *Dichte Beschreibung. Beiträge zum Verstehen kultureller Systeme*. Frankfurt/M.: Suhrkamp.

Giddens, A. (1988). *Die Konstitution der Gesellschaft. Towards a theory of structuration*. Cambridge: Polity Press.

Hamburger, F. (2008). Transnationalität als Forschungskonzept in der Sozialen Arbeit. In Homfeldt, H.-G., Schröer, W. & Schweppe, C. (Hrsg.), *Soziale Arbeit und Transnationalität* (S. 259–279). Weinheim/München: Juventa.

Hanses, A. & Homfeldt, H. G. (Hrsg.) (2008). *Lebensalter und Soziale Arbeit. Eine Einführung*. Baltmannsweiler: Schneider Verlag Hohengehren.

Heiner, M., Bolay, E. & Walther, A. (2007). Zur Forschungsbasierung (fach)politischer Entscheidungen. In P. Sommerfeld & M. Hüttemann (Hrsg.), *Evidenzbasierte Soziale Arbeit. Nutzung von Forschung in der Praxis* (S. 172–188). Baltmannsweiler: Schneider Verlag Hohengehren.

Hilker, F. (1962). *Vergleichende Pädagogik. Eine Einführung in ihre Geschichte, Theorie und Praxis*. München: Hueber.

Homfeldt, H.-G. & Brandhorst, K. (Hrsg.) (2004). *International vergleichende Soziale Arbeit*. Baltmannsweiler: Schneider Verlag Hohengehren.

Homfeldt, H.-G., Schröer, W. & Schweppe, C. (Hrsg.) (2008). *Soziale Arbeit und Transnationalität*. Weinheim/München: Juventa.

Homfeldt, H.-G. & Walser, V. (2004). Vergleichen – Facetten einer sozialpädagogischen Komparatisitk. In H.-G. Homfeldt & K. Brandhorst (Hrsg.), *International vergleichende Soziale Arbeit* (S. 196–219). Baltmannsweiler: Schneider Verlag Hohengehren.

Hörner, W. (1999). Historische und gegenwartsbezogene Vergleichsstudien – konzeptionelle Probleme und politische Nutzen angesichts einer Internationalisierung der Erziehungswissenschaft. *Tertium Comparationis*, 5(2), 107–117.

IARD (Hrsg.) (2001). *Study on the state of young people and youth policy in Europe*. Milano: IARD.

Kaufmann, F.-X. (2003). *Varianten des Wohlfahrtsstaats. Der deutsche Sozialstaat im internationalen Vergleich*. Frankfurt/M.: Suhrkamp.

Lessenich, S. (1995). Wohlfahrtsstaatliche Regulierung und die Strukturierung von Lebensläufen. Zur Selektivität sozialpolitischer Institutionen. *Soziale Welt*, 46(1), 51–69.

Liegle, L. (1988). Culture and socialization: forgotten traditions and new dimensions in comparative education. In J. Schriewer & B. Holmes (Hrsg.), *Theories and methods of comparative education* (S. 225–262). Frankfurt/M.: Lang.

Link, J. (2006). *Versuch über den Normalismus. Wie Normalität produziert wird*. 3. überarb. Aufl.. Göttingen: Vandenhoeck & Ruprecht.

Lorenz, W. (2004). Soziale Arbeit und der Umgang mit Grenzen – Globalisierung als Herausforderung für sozialpolitisch bewusstes Handeln. In H.-G. Homfeldt & K. Brandhorst (Hrsg.), *International vergleichende Soziale Arbeit* (S. 40–52). Baltmannsweiler: Schneider Verlag Hohengehren.

Lorenz, W. (2006). *Perspectives on European Social Work. From the birth of the nation state to the impact of globalisation.* Opladen & Farmington Hills: Barbara Budrich Publishers.

Mamier, J., Pluto, L., van Santen, E., Seckinger, M. & Zink, G. (2003). *Hilfen zur Erziehung im europäischen Vergleich. Eine vergleichende Auswertung sozialstaatlicher Reaktionen auf zwei Fallbeispiele aus der Kinder- und Jugendhilfe.* München: Deutsches Jugendinstitut.

Manning, N. (2004). Diversity and change in pre-accession Central and Eastern Europe since 1989. *Journal of European Social Policy*, 14(3), 211–232.

Mayer, K.-U. (1997). Notes on a comparative political economy of life courses. *Comparative Social Research*, 16, 203–226.

Mayer, P., Rittberger, V. & Zürn, M. (1993). Regime Theory. State of the Art and Perspectives. In Rittberger, V. (Hrsg.), *Regime Theory and International Relations* (S. 391–430). Oxford: Clarendon Press.

Meeuwissen, A. & Swärd, H. (2007). Cross-national comparisons of social work – a question of initial assumptions and level of analysis. *European Journal of Social Work*, 10(4), 481–496.

Müller, H. (1993). *Die Chance der Kooperation. Regime in den internationalen Beziehungen.* Darmstadt: Wissenschaftliche Buchgesellschaft.

Natorp, P. (1899). *Sozialpädagogik: Theorie der Willenserziehung auf der Grundlage der Gemeinschaft.* Stuttgart: Frommann.

Negt, O. & Kluge, A. (1992). *Maßverhältnisse des Politischen. 15 Vorschläge zum Unterscheidungsvermögen.* Frankfurt/M.: S. Fischer.

North, D. C. (1990). *Institutions, Institutional Change, and Economic Performance.* Cambridge: Cambridge University Press.

Oberhuemer, P. & Ulich, M. (1997). *Kinderbetreuung in Europa: Tageseinrichtungen undpädagogisches Personal. Eine Bestandsaufnahme in den Ländern der Europäischen Union.* Basel/Weunheim: Beltz.

OECD (2003). *Babies and Bosses. Reconciling Work and Family Life.* Paris: OECD.

Opielka, M. (2004). *Sozialpolitik. Grundlagen und vergleichende Perspektiven.* Reinbek: Rowohlt.

Otto, H.-U. & Coelen, T. (Hrsg.) (2005). *Ganztägige Bildungssysteme. Innovation durch Vergleich.* Münster u. a.: Waxmann.

Otto, H.-U., Polutta, A. & Ziegler, H. (Hrsg.) (2009). *Evidence-based Practice. Modernising the Knowledge Base of Social Work?* Opladen: Barbara Budrich Publishing.

Otto, H.-U. & Schnurr, S. (Hrsg.) (2000). *Privatisierung und Wettbewerb in der Jugendhilfe: marktorientierte Modernisierungsstrategien in internationaler Perspektive.* Neuwied: Luchterhand.

Otto, H.-U. & Ziegler, H. (Hrsg.) (2008). *Capabilities – Handlungsbefähigung und Verwirklichungschancen in der Erziehungswissenschaft.* Wiesbaden: VS Verlag.

Parreira do Amaral, M. (2007). Regimeansatz – Annäherungen an ein weltweites Bildungsregime. *Tertium Comparationis*, 13(2), 157–182.

Parreira do Amaral, M. (2011). *Emergenz eines Internationalen Bildungsregimes? International Educational Governance und Regimetheorie*. New Frontiers in Comparative Education, Band 1. Münster u. a.: Waxmann Verlag.

Payne, M. (2005). *Modern Social Work Theory*. 3. Aufl. Basingstoke: Palgrave Macmillan.

Pfau-Effinger, B. (2005). Culture and Welfare State Policies: Reflections on a Complex Interrelation. *Journal of Social Policy, 34*(1), 1–18.

Pohl, A. (2011). *Konstruktionen von „Ethnizität" und „Benachteiligung" im internationalen Vergleich*. Vortrag bei der Tagung „Übergänge junger Menschen: Bildung und Bewältigung". HBS-Nachwuchsforschungsgruppe „Durchlässigkeit und Chancengleichheit in der Bildungspolitik". Tübingen.

Pohl, A. & Walther, A. (2006). Benachteiligte Jugendliche in Europa. *Aus Politik und Zeitgeschichte*, B 47/2006, 26–36.

Pohl, A. & Walther, A. (2007). Activating the disadvantaged. Variations in addressing youth transitions across Europe. *International Journal for Lifelong Education*, Vol. 26(5), 533–553.

Przeworski, A. & Teune, H. (1970). *The logic of comparative social inquiry*. New York u. a.: Wiley-Interscience.

Sainsbury, D. (1999). *Gender and Welfare State Regimes*. Oxford: Oxford University Press.

Sainsbury, D. (2006). Immigrants' social rights in comparative perspective: welfare regimes, forms in immigration and immigration policy regimes. *Journal of European Social Policy, 16*(3), 229–244.

Schefold, W. (1996). Sozialwissenschaftliche Aspekte international vergleichender Forschung in der Sozialpädagogik. In R. Treptow (Hrsg.), *Internationaler Vergleich und Soziale Arbeit* (S. 89–106). Rheinfelden, Berlin: Schäuble.

Schefold, W. (2001). Lebenslauf. In H.-U. Otto & H. Thiersch (Hrsg.), *Handbuch Sozialarbeit/Sozialpädagogik* (S. 1122–1136). Neuwied: Luchterhand.

Schmid, J. (2002). *Wohlfahrtsstaaten im Vergleich. Soziale Sicherung in Europa: Organisation, Finanzierung, Leistungen und Probleme*. Opladen: Leske+Budrich.

Schnurr, S. (2005). Internationale und international vergleichende Forschung. Überlegungen zur Internationalisierung der Sozialen Arbeit und Internationalisierung der Forschung. In C. Schweppe & W. Thole (Hrsg.), *Sozialpädagogik als forschende Disziplin* (S. –160). Weinheim/München: Juventa.

Schriewer, J. (2000). Stichwort: Internationaler Vergleich in der Erziehungswissenschaft. *Zeitschrift für Erziehungswissenschaft*, 3. Jg. Heft 4/2000, 495–515.

Schweppe, C. (2005). Internationalität als Erkenntnispotenzial in der Sozialen Arbeit. *Neue Praxis*, 6/2005, 575–587.

Schweppe, C. & Hirschler, S. (2007). Internationalität und Soziale Arbeit – eine Bilanz. *Sozialwissenschaftliche Literaturrundschau*, 2007(55), 113–127.

Shavit, Y. & Müller, W. (1998). *From School to Work: A Comparative Study of Educational Qualifications and Occupational Destinations*. Oxford: Oxford University Press.

Stauber, B. & du Bois-Reymond, M. (2006). Familienbeziehungen im Kontext verlängerter Übergänge. Eine intergenerative Studie aus neun europäischen Ländern. *ZSE – Zeitschrift für Soziologie der Erziehung und Sozialisation*, 26(2), 206–221

Stauber, B., Pohl, A. & Walther, A. (Hrsg.) (2007). *Subjektorientierte Übergangsforschung*, Weinheim/München: Juventa.

Trede, W. (2004). Heimerziehung in europäischen Ländern unter besonderer Berücksichtigung des Spannungsfeldes Hilfe – Schutz – Kontrolle. In H.-G. Homfeldt & K. Brand-

horst (Hrsg.), *International vergleichende Soziale Arbeit* (S. 106–121). Baltmannsweiler: Schneider Verlag Hohengehren.
Treptow, R. (Hrsg.) (1996). *Internationaler Vergleich und Soziale Arbeit*. Rheinfelden, Berlin: Schäuble.
Treptow, R. (2005). International Vergleichende Sozialpädagogik. In W. Thole (Hrsg.), *Grundriss Soziale Arbeit* (S. 897–910). 2. Aufl. Opladen: Leske & Budrich.
Walther, A. (2002). ‚Benachteiligte Jugendliche': Widersprüche eines sozialpolitischen Deutungsmusters. Anmerkungen aus einer europäisch-vergleichenden Perspektive. *Soziale Welt, 53*(1), 87–107.
Walther, A. (2006). Regimes of Youth Transitions. Choice, flexibility and security in young people's experiences across different European contexts. *YOUNG, 14*(1), 119–141.
Walther, A. (2009). „It was not my choice, you know?" Young people's subjective views and decision making processes in biographical transitions. In I. Schoon & R. K. Silbereisen (Hrsg.), *Transitions from School to Work: Globalisation, Individualisation, and Patterns of Diversity* (S. 121–145). Cambridge: Cambridge University Press.
Walther, A. (2011). *Regimes der Unterstützung im Lebenslauf. Ein Beitrag zum internationalen Vergleich in der Sozialpädagogik*. Opladen: Barbara Budrich.
Walther, A. & du Bois-Reymond, M. & Biggart, A. (Hrsg.) (2006). *Participation in Transition. Motivation of young adults in Europe for learning and working*. Frankfurt/M. u. a.: Lang.
Walther, A. & Pohl, A. (2005). *Thematic Study on Policy Measures for Disadvantaged Youth. Final Report*. Online unter: http://www.ec.europa.eu/employment_social/social_inclusion/docs/youth_study_annex_en.pdf [zuletzt September 2014].
Walther, A., Stauber, B., Biggart, A., du Bois-Reymond, M., Furlong, A., López Blasco, A., Mørch, S., Pais, J. M.. (Hrsg.) (2002). *Misleading Trajectories – integration policies for young adults in Europe?* Opladen: Leske & Budrich.
Winkler, M. (2006). Bildung mag zwar die Antwort sein – das Problem aber ist die Erziehung. Drei Thesen. *Zeitschrift für Sozialpädagogik, 4*(2), 182–201.
Zierer, B. (2006). International vergleichende Soziale Arbeit. Das Beispiel Frauenhandel. *Sozialmagazin, 31*(10), 12–21
Züchner, I. (2006). *Aufstieg im Schatten des Wohlfahrtsstaates. Expansion und aktuelle Lage der Sozialen Arbeit im internationalen Vergleich*. Weinheim/München: Juventa.

Alexandra Ioannidou

Steuerung im transnationalen Bildungsraum

Lebenslanges Lernen an der Schnittstelle zwischen vergleichender Bildungsforschung und vergleichender Politikforschung

1. Das Projekt des Lebenslangen Lernens

Seit Mitte der 1990er Jahre wird mit wachsender Intensität über Lebenslanges Lernen in verschiedenen Kontexten – bildungspolitisch, gesellschaftspolitisch, bildungsökonomisch, erziehungswissenschaftlich – und aus verschiedenen Perspektiven – biographisch, pädagogisch, lernpsychologisch, historisch, vergleichend – diskutiert. Gleichwohl offenbart die Sichtung der relevanten Literatur einerseits eindeutige thematische Gewichtungen und Präferenzen und andererseits auch blinde Flecken auf der wissenschaftlichen Landkarte.

Ein Großteil der Studien beschäftigt sich mit der Entwicklungsgeschichte des Konzepts Lebenslanges Lernen (vgl. exemplarisch Gerlach, 2000; Kraus, 2001) oder mit dessen bildungspolitischer Programmatik auf nationaler und internationaler Ebene (vgl. hierzu Dohmen, 1996; Knoll, 1998; Papadopoulos, 2002; Dewe & Weber, 2007; Hake, 2008). Während in den letzten Jahren zunehmend biographischen (vgl. hierzu Alheit & Dausien, 2002, 2009; Gieseke, 2007) und lernpsychologischen (vgl. exemplarisch Baltes, 2001; Spitzer 2009) Aspekten des Lernens Aufmerksamkeit geschenkt wurde, fand die Untersuchung Lebenslangen Lernens als empirisches Konzept innerhalb der empirischen Bildungsforschung im Allgemeinen und in der Erwachsenenbildung im Besonderen kaum Beachtung. Gleichwohl prägen die systematische Erfassung, Analyse und Veröffentlichung von Daten über Lernen im Lebenslauf nicht nur die öffentliche Wahrnehmung, sondern weisen seit einiger Zeit eine hohe bildungspolitische Brisanz auf, indem sie die Grundlage für eine neue Steuerungsphilosophie im Bildungsbereich bilden: die evidenzbasierte Steuerung. Zudem wirft diese Thematik Fragen nach der gegenwärtig nachdrücklich diskutierten Europäisierung im Bildungsbereich und der Etablierung einer neuen supranationalen Ebene von Bildungspolitik auf. Da die nationale Bildungspolitik als Ausdruck der Souveränität des Nationalstaats zunehmend in den Einflussbereich inter-, supra- bzw. transnationaler Akteure gerät, erscheint die Auseinandersetzung mit Steuerungsformen und -instrumenten, die jenseits des Nationalstaats ansetzen, als besonders wichtig.

Infolge dieser Überlegungen schien die Auseinandersetzung mit Fragen der Steuerung im transnationalen Bildungsraum am Beispiel der Rezeption des Konzepts des Lebenslangen Lernens von der Bildungspolitik auf nationaler Ebene und seiner Implementierung in Modelle des Bildungsmonitoring und der Bildungsberichterstattung eine sinnvolle Aufgabe zu sein. Zum Zwecke der Erforschung dieses Themas wurde im Juni 2004 am Lehrstuhl für Erwachsenenbildung/Weiterbildung des Instituts für Erziehungswissenschaft der Eberhard-Karls-Universität Tübingen ein international-vergleichendes Forschungsprojekt akquiriert, das zum Teil von der Hans-Böckler-Stiftung finanziert wurde. Das Projekt zielte darauf ab, das Konzept des Lebenslangen Lernens in bildungspolitischer und empirischer Hinsicht zu rekonstruieren, indem es seine Rezeption in der Bildungspolitik auf nationaler Ebene aufzeigt und seine Implementierung in nationale und internationale Modelle des Bildungsmonitoring und der Bildungsberichterstattung erforscht (vgl. Abb. 1). Den bildungspolitischen Hintergrund der Untersuchung bilden drei Phänomene: die globale Diffusion der bildungspolitischen Leitidee des Lebenslangen Lernens, die Emergenz eines transnationalen Bildungsraums jenseits des Nationalstaats und das Aufkommen neuer Steuerungsmechanismen und -praxen im Bildungsbereich, die sich treffender unter dem Begriff „Governance"[1] subsumieren lassen.

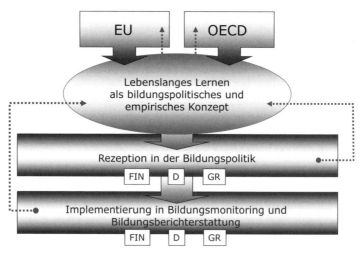

Abbildung 1:   Das Forschungsfeld

Vor diesem bildungspolitischen Hintergrund werden in diesem Kapitel Erklärungen für zwei Entwicklungen gesucht: a) für die Durchsetzung der globalen Leitidee des Lebenslangen Lernens im bildungspolitischen Diskurs auf nationaler Ebene und b) für die empirische Übersetzung des bildungspolitischen Konzepts des Le-

---

1   Der Begriff „Steuerung" wird hier als Oberbegriff verwendet und ist mit nationalstaatlicher Steuerung nicht gleichzusetzen. Die Verwendung des Begriffs „Governance" hingegen unterstreicht das Aufkommen neuer Akteure jenseits des Nationalstaats, neuer Instrumente und Praxen und impliziert eine vorsichtige Beurteilung der Möglichkeiten gezielter Intervention (vgl. Benz, 2004a, Mayntz, 2004).

benslangen Lernens in Modelle des Bildungsmonitoring und der Bildungsberichterstattung.

Die internationale Anerkennung und Verbreitung, die das Konzept des Lebenslangen Lernens genießt, stellt ein geeignetes Beispiel dar, um Fragen nach der Rezeption einer internationalen bildungspolitischen Idee auf nationaler Ebene zu untersuchen. Am Beispiel der Rezeption des Konzepts des Lebenslangen Lernens in der Bildungspolitik und seiner Implementierung in Modelle des Bildungsmonitoring und der Bildungsberichterstattung lässt sich die emergente Internationalisierung bzw. Europäisierung im Bildungsbereich erforschen. Gleichzeitig werden in diesem Kontext Fragen nach der Steuerungskapazität, den Steuerungsinstrumenten sowie den Steuerungswirkungen supra- und internationaler Organisationen (Europäische Union (EU) und Organisation for Economic Cooperation and Development (OECD)) bei der Implementierung ihrer (bildungs-)politischen Ansätze untersucht. Insbesondere werden die im Zuge eines neuen Steuerungsmodells („outputorientierte Steuerung") aufkommenden „Steuerungsinstrumente" wie beispielsweise das Bildungsmonitoring und die Bildungsberichterstattung über Lebenslanges Lernen und deren Auswirkungen auf die Evaluierung und Steuerung von Bildungssystemen in den Fokus genommen.

Für die Erforschung dieser Phänomene wurden drei europäische Länder (Deutschland, Finnland und Griechenland) und zwei supra- bzw. internationale Organisationen (EU und OECD) ausgewählt. Die Auswahl der Länder erfolgte nach dem Prinzip der maximalen Variation auf Grundlage ausgewählter struktureller Merkmale (u. a. Strukturierung des Weiterbildungssektors, Governance-Form im Bildungsbereich) und quantitativer Indikatoren (u. a. Beteiligung an Weiterbildung bzw. Lebenslangem Lernen), während die Auswahl der Organisationen anhand ihrer Steuerungswirkung erfolgte.

Bezüglich der Rezeption des Konzepts des Lebenslangen Lernens im nationalen bildungspolitischen Diskurs wurden folgende Fragen gestellt: Welche Auswirkungen zeigt die intensive Propagierung des Konzepts des Lebenslangen Lernens seitens der EU und der OECD seit Mitte der 1990er Jahre auf nationaler Ebene in ausgewählten europäischen Ländern? Wie wird dieses Konzept auf der Ebene der Politikformulierung im jeweiligen nationalen Kontext rezipiert? Gibt es diesbezüglich länderspezifische Akzentsetzungen und Interpretationen?

Darüber hinaus ging es um Fragen nach der Implementierung des bildungspolitischen Konzepts des Lebenslangen Lernens in die Empirie: Wie wird das bildungspolitische Konzept des Lebenslangen Lernens empirisch erfasst? Welche Rolle wird dem Bildungsmonitoring und der Bildungsberichterstattung über Lebenslanges Lernen zugeschrieben? Welche zukünftigen Entwicklungen sind in diesem sich rasch entwickelnden Feld zu erwarten?

Schließlich zielte das Projekt darauf ab, den Prozess der Europäisierung bzw. Internationalisierung im Bildungsbereich zu untersuchen und Fragen der Steuerungsfähigkeit und der Steuerungswirkung individueller und kollektiver Akteure in diesem Feld nachzugehen. Dies erfordert die Identifizierung einflussreicher Akteure und Akteurskonstellationen im Forschungsfeld, die Analyse ihrer Handlungsorientierungen, Handlungsressourcen und Interaktionsformen sowie das Aufzeigen der Ergebnisse ihrer Handlungen. Zu diesem Zweck galt es, folgenden Fragen nachzugehen: Wer sind die zentralen Akteure in diesem Bereich? In welchen Konstellationen kommen sie zusammen, mit welchen Handlungsorientierungen treten sie auf, und auf der Grundlage welcher Ressourcen nehmen sie Einfluss? Sind die Steuerungsaussichten gleichermaßen erfolgversprechend in unterschiedlich strukturierten Systemen?

Im Folgenden soll zunächst das präferierte theoretische Erklärungsmodell präsentiert werden, zweitens wird das empirische Forschungsdesign expliziert und drittens werden ausgewählte Befunde präsentiert und vor dem Hintergrund des theoretischen Erklärungsmodells reflektiert. Das Kapitel wird mit einer Bemerkung im Hinblick auf die Tragweite der aufgestellten Theorien abgeschlossen.

2. Das theoretische Erklärungsmodell: Transnationale Akteure treffen auf nationale Pfadabhängigkeiten

Es ist offensichtlich, dass die oben gestellten Fragen an der Schnittstelle zwischen Vergleichender Bildungsforschung und Vergleichender Politikforschung liegen. Das Projekt sucht nach Erklärungen für Phänomene, die sich im Bildungsbereich abspielen und alle drei Dimensionen des Politikbegriffs einschließen: die institutionelle (*polity*), die inhaltliche (*policy*) und die prozessuale Dimension (*politics*). Zur Untersuchung dieser Art von Phänomenen ist die Rekurrierung auf pädagogische oder soziologische Ansätze weniger geeignet; vielversprechender erscheinen theoretische Modelle, die sich in der (Vergleichenden) Politikforschung als ertragreich erwiesen haben.

Das Forschungsfeld wird als eine Policy-Arena konzipiert, auf die zwei Kräfte entscheidend einwirken: Auf der einen Seite sind es die Akteure mit ihren Handlungen und auf der anderen Seite die Systemstrukturen mit ihren Entwicklungspfaden. In dieser Policy-Arena interagiert eine Vielzahl von Akteuren auf verschiedenen Ebenen miteinander in der Absicht, Politikformulierungen zu beeinflussen und strategisch auf das Feld einzuwirken. Gleichzeitig weist das Feld Eigenschaften und Strukturen auf, die die Handlungen der Akteure und ihre Steuerungsabsichten indirekt beeinflussen oder sich diesen sogar entgegensetzen.

Die theoretischen Grundlagen des Projekts bildeten die politikwissenschaftlichen Ansätze der pfadabhängigen Entwicklung und des akteurzentrierten Institutionalismus. In Anlehnung an Scharpf (2006, S. 17) können die untersuchten Phänomene als „das Produkt von Interaktionen zwischen intentional handelnden – individuellen, kollektiven oder korporativen – Akteuren" betrachtet und erklärt werden. Gleichwohl darf in diesem handlungstheoretischen Kontext die Eigendynamik institutioneller Strukturen und pfadabhängiger Entwicklungsverläufe nicht ausgeblendet werden. Nach dem Theorem der Pfadabhängigkeit haben Entscheidungen der Vergangenheit Einfluss auf zukünftige Entwicklungen nicht nur im Sinne einer historischen Kausalität, sondern vielmehr im Sinne einer Verengung möglicher Optionen (vgl. Bassanini & Dosi, 1999).

Auf Grundlage der theoretischen Annahmen wird das Forschungsfeld als Handlungsfeld komplexer und individueller Akteure konzipiert, die intentional und strategisch handeln. Die Identifizierung der zentralen Akteure, ihrer Handlungsorientierungen, Handlungsressourcen und Interaktionsformen ist in diesem Kontext von zentraler Bedeutung. Es wurde vermutet, dass in diesem Forschungsfeld sowohl Individuen als auch kollektive Akteure aktiv werden. Sowohl die EU als auch die OECD gehören zu den komplexen Akteuren,[2] von denen angenommen wird, dass sie intentional und strategisch handeln, um ihr Ziel zu erreichen. Ihre Fähigkeit zum strategischen Handeln hängt zum einen von der Konvergenz oder Divergenz der Handlungsorientierungen zwischen den einzelnen Mitgliedern der EU und der OECD und zum anderen von den institutionellen Bedingungen ab, die eine interne Konfliktlösung erleichtern oder erschweren (vgl. Scharpf, 2006, S. 108). Entsprechend des Ansatzes des akteurzentrierten Institutionalismus wurde angenommen, dass der institutionelle Kontext politische Entscheidungen begünstigt, die eher im Modus der Verhandlungen oder durch Mehrheitsentscheidung stattfinden und weniger durch einseitiges Handeln oder durch hierarchische Steuerung bestimmt werden.

Gleichwohl zeichnet sich das Forschungsfeld durch bestimmte strukturelle Eigenschaften aus (Transnationalität, Mehrebenenstruktur, Pfadabhängigkeit), welche nicht auf der Akteurs-, sondern auf der System- und Strukturebene anzutreffen sind und die Rezeption und Implementierung des bildungspolitischen Konzepts des Lebenslangen Lernens auf nationaler Ebene beeinflussen (vgl. Abb. 2).

---

2   Scharpf unterscheidet darüber hinaus zwischen „kollektiven" und „korporativen" Akteuren. Danach weist die OECD die Merkmale eines „Clubs" auf und wird somit zu den kollektiven Akteuren gezählt, die von den Präferenzen ihrer Mitglieder abhängig sind. Die EU hingegen kombiniert die Struktur eines intergouvernementalen Clubs (Ministerrat) mit den Fähigkeiten eines korporativen Akteurs (Europäische Kommission), da letztere über ein hohes Maß an Unabhängigkeit von den Präferenzen ihrer Mitglieder und über einen eigenen Administrationsapparat verfügt (vgl. Scharpf, 2006, S. 101 ff.). Beide werden als „komplexe" Akteure bezeichnet.

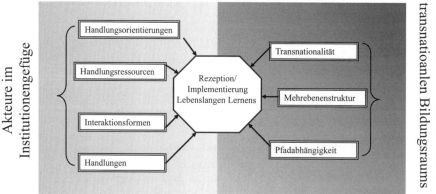

Abbildung 2:   Theoretischer Erklärungsansatz

Zum einen sprengt das bildungspolitische Konzept des Lebenslangen Lernens die engen nationalen und geographischen Grenzen; zum anderen werden bildungspolitische Steuerungsabsichten auf der Grundlage von Beobachtung und Evaluation heute nicht allein vom Nationalstaat artikuliert. Inter- und supranationale Organisationen sowie transnationale Nicht-Regierungsorganisationen beobachten und beeinflussen sich gegenseitig und spielen eine gewichtige Rolle sowohl auf der Ebene der Politikformulierung als auch auf der operativen Ebene der Beobachtung und Evaluation. Aus diesem Grund erscheint es plausibel, diese Organisationen als einflussreiche Akteure in den Fokus zu nehmen und ihren Einfluss auf Bildungssysteme zu untersuchen.

Außerdem weist der transnationale Bildungsraum Charakteristika einer Mehrebenenstruktur mit einer Vielzahl von Akteuren aus verschiedenen Ebenen auf (supranational, national, regional), die Veränderungen anstoßen bzw. mittragen (müssen). Es wird unterstellt, dass in dieser Mehrebenenstruktur die verschiedenen Akteure in einer wechselseitigen Abhängigkeitsbeziehung zueinander stehen und hohe Koordinationsleistungen aufbringen müssen, um Entscheidungen durchzusetzen.

Schließlich existieren auf Länderebene nationale Pfadabhängigkeiten, die den Entwicklungsverlauf mitbestimmen und Veränderungsimpulse von der internationalen Ebene an die nationalen Gegebenheiten anpassen. Demnach ist zu erwarten, dass externe Einflüsse nur dann eine Durchsetzungschance haben, wenn sie pfadkonform transformiert werden.

Erklärt werden sollen also Makrophänomene, die zum einen aus Makrofaktoren (Systemstrukturen und -eigenschaften) und zum anderen aus Mikrofaktoren (aus dem Handeln der relevanten Akteure) hergeleitet werden.

2.1 Anmerkungen zum Forschungsdesign

Die oben kurz umrissenen Phänomene wurden mit einer Methodenkombination untersucht. Um die Ziele, Interessen, Handlungsorientierungen und -ressourcen sowie die Handlungen und Interaktionen wichtiger Akteure zu erkunden und ihr Wissen zu erschließen, wurden Experteninterviews mit Schlüsselakteuren aus der Bildungsadministration und Bildungsforschung bzw. Bildungsstatistik durchgeführt.

Die auf dem Ansatz des akteurzentrierten Institutionalismus basierende Annahme von Existenz und Steuerungspotenzialen einflussreicher Schlüsselakteure im Feld des Bildungsmonitoring und der Bildungsberichterstattung drängte geradezu dazu, auf die Befragung dieser Schlüsselakteure und die Rekonstruktion und Analyse ihres technischen Wissens, Prozess- und Deutungswissens zu fokussieren (vgl. Bogner & Menz, 2005, S. 43 ff.). Die befragten Experten galten als Schlüsselakteure in ihrem Handlungsfeld und verfügten über Wissensbestände hinsichtlich der Rezeption Lebenslangen Lernens in der Bildungspolitik sowie seine Implementierung in Modelle des Bildungsmonitoring und der Bildungsberichterstattung. Darüber hinaus konnten sie in ihren Interviews Auskunft über institutionelle Regelungen, über organisationsinterne Abläufe und nicht zuletzt über ihre Handlungsorientierungen und Handlungsressourcen geben. Vergleiche und Kontrastierungen in den Argumentationslinien und den Wahrnehmungen der Experten erlauben im Idealfall eine Theoriegenierung über die interpretative Generalisierung einer Typologie (vgl. Bogner & Menz, 2005, S. 38).

Die befragten Expertinnen und Experten gehörten zu den Funktionseliten ihrer Organisationen. Ein Teil von ihnen ist in beratender oder leitender Funktion in der Administration nationaler Bildungsministerien für die Bereiche Erwachsenenbildung, Lebenslanges Lernen oder Bildungsberichterstattung tätig oder in den politischen Abteilungen der Bildungsdirektorate der EU und der OECD dafür zuständig. Andere wiederum sind Bildungsforscher in universitären und außeruniversitären Institutionen mit langjähriger Erfahrung im Feld des Bildungsmonitorings und der Bildungsberichterstattung. Andere schließlich arbeiten als Statistiker oder Bildungsforscher in den nationalen statistischen Ämtern bzw. in den Forschungsabteilungen der Bildungsdirektorate der EU und der OECD. Alle Experten fungieren als Repräsentanten ihres Landes bzw. ihrer Organisation in Netzwerken und Arbeitsgruppen und bilden eine spezielle transnationale Elite.

Befragt wurden 18 Expertinnen und Experten überwiegend in Einzelinterviews im Zeitraum zwischen Juli 2004 und November 2006. Die Datenerhebung erfolgte mittels leitfadengestützter Interviews. Die Analyse der Daten erfolgte in Anlehnung an die Auswertungsstrategie von Meuser & Nagel (2005), die ein interpretatives Auswertungsmodell für leitfadengestützte Experteninterviews vorschlagen, das flexibel an die jeweiligen Forschungsbedingungen angepasst werden kann (vgl. ebd., S. 81). Die Experteninterviews sind vollständig nach den Transkriptionsregeln von Kallmeyer und Schütze transkribiert und wurden mittels computergestützter Datenanalyse ausgewertet (vgl. Kelle, 2000; Kuckartz, 2005). Die qualitative Textanalyse wurde mithilfe des Computerprogramms MAXQDA durchgeführt.

Komplementär im Sinne einer Kontextualisierung und Validierung der Expertenaussagen sowie um institutionelle Strukturen zu beschreiben und pfadabhängige Entwicklungsverläufe zu identifizieren, wurden bildungspolitische Dokumente und Akten im Zeitraum zwischen 1996 und 2008 analysiert. Darunter zu verstehen sind standardisierte Artefakte, die in Form von programmatischen Texten, politischen Mitteilungen, Memoranden, Leitlinien, Empfehlungen, Arbeitsberichten, Konferenzpapieren sowie Gesetzesakten auftreten. Sie sind insofern wichtig, weil sie je nach Textart Informationen über institutionelle Strukturen (z. B. Gesetze) liefern, die Themen der politischen Agenda (Mitteilungen, Empfehlungen, Leitlinien) explizieren, Anhaltspunkte für den Ablauf von Entscheidungsprozessen (Berichte von Arbeitsgruppen) bieten und den Diskurs (Konferenzpapiere) manifestieren.

Schließlich wurde eine Meta-Analyse von Monitoringinstrumenten zum Lebenslangen Lernen eingesetzt, um die empirische Vorgehensweise zur Erfassung Lebenslangen Lernens zu analysieren und Prozesse seiner Implementierung in die Empirie nachzuvollziehen. Der Schwerpunkt dieser Analyse lag in der „empirischen Übersetzung" (Operationalisierung) des bildungspolitischen Konzepts in die Empirie.

Empirischer Gegenstand der Untersuchung waren Konzepte und -instrumente ausgewählter Erhebungen und Studien zu Weiterbildung und Lebenslangem Lernen. Darüber hinaus sind Background-Dokumente (Konzept-, Strategie- und Arbeitspapiere zur Messung Lebenslangen Lernens, methodologische Texte sowie Machbarkeitsstudien und Pilottests) in die Analyse einbezogen worden, da sie wichtige Informationsquellen in Bezug auf zentrale Akteure, Interessen, Ressourcen und Prozesse von kollektiver Wissenserzeugung abbilden können.

Warum aber bedarf es einer international-vergleichenden Untersuchung? Die Frage nach der Rezeption einer globalen Leitidee, wie sie heute das Konzept des Lebenslangen Lernens darstellt, nach dessen Implementierung in Modelle des Bildungsmonitorings und der Bildungsberichterstattung sowie nach den möglichen Auswirkungen auf die Evaluierung und Steuerung von Bildungssystemen kann nur in einem synchronen vergleichenden Zusammenhang sinnvoll beantwortet werden. In einer vergleichenden Untersuchung, so die Annahme, kann das Wechselspiel zwischen internationaler und nationaler Bildungspolitik, zwischen Pfadabhängigkeit und gezielter Intervention besser illustriert werden. Darüber hinaus erlaubt die synchrone systemübergreifende Betrachtung von Rezeptions- und Implementierungsprozessen in unterschiedlich strukturierten nationalen Kontexten, historisch begründete Eigenwege und Entwicklungspfade auszuleuchten und somit eine mögliche „Nicht-Linearität und Kontingenz von Globalisierungsprozessen" (Schriewer, 1994, S. 447) zu untersuchen.

Das vergleichende Forschungsdesign erforderte im vorliegenden Fall die parallele Beobachtung der Entwicklungen in drei europäischen Ländern sowie in zwei internationalen Organisationen in einem sich in permanenter Entwicklung befindenden Feld. Darüber hinaus zeigte sich eine Reihe von Schwierigkeiten, die allen vergleichenden Untersuchungen immanent ist:[3]

- Das Problem der Sprache und der dadurch transportierten Begriffe wird in der international-vergleichenden Forschung besonders evident. Bestimmte Begriffe, wie beispielsweise „Erwachsenenbildung", „adult education" und „δια βίου μάθηση", sind kulturell und historisch bedingt und lassen sich daher nur schwer in einen anderen kulturellen Kontext übersetzen.
- Das Problem des kulturellen Bias schränkt die Möglichkeiten der Beobachtung, Wahrnehmung und adäquaten Einschätzung von Phänomenen und Prozessen in einem fremden Land weiter ein. Erklärungen und Bewertungen hängen hochgradig von dem normativen Standpunkt, den konzeptionellen Prämissen und dem gewählten methodischen Zugang der Forschenden ab.
- International-vergleichende Untersuchungen sind zudem relativ teuer, da sie idealerweise den Aufenthalt vor Ort beinhalten und oft der Rezeption fremdsprachiger Literatur bedürfen, die nur unter großem Aufwand zu erhalten ist.
- Darüber hinaus erfordert die Bearbeitung vergleichender Fragestellungen einen sehr hohen Zeit- und Arbeitsaufwand, der in Kombination mit dem schnellen Aktualitätsverfall zu einer unverhältnismäßigen Relation von Aufwand und Ertrag führen kann.

Verortet man diese Untersuchung im Kontext der international-vergleichenden Weiterbildungsforschung, ergeben sich je nach Ordnungsgesichtspunkt verschiedene Möglichkeiten (vgl. Tab. 1).

Tabelle 1: Verortung der Untersuchung innerhalb der international-vergleichenden Bildungsforschung

Forschungs-methodik	Zeitdimension	Analytischer Fokus	Funktion des Vergleichs
Empirisch – analytisch	Synchroner Vergleich	Makro-phänomene	Vergleich als quasi-natürliches Experiment zur Überprüfung von Theorien

Die Untersuchung von Rezeptions- und Implementationsphänomenen im Quervergleich konzentriert sich auf die synchrone Beobachtung der genannten Phänomene in der Gegenwart. Mit Blick auf das Erklärungsparadigma folgt diese Arbeit

---

3 Vgl. hierzu Jütte, 1999; Reischmann, 2000; Allemann-Ghionda, 2004; Bray, /Adamson & /Mason, 2007; Bron, 2008.

dem empirisch-analytischen Paradigma, da sie ihre Fragestellung anhand von Experteninterviews und Dokumentenanalysen empirisch untersucht. Durch die Fokussierung auf Rezeptions- und Implementationsphänomene auf Systemebene wird der Vergleich auf Makrophänomene bestimmt. Die gezielte Auswahl der Fallländer ist erforderlich, um dem Vergleich die Funktion eines „quasi-natürlichen" Experiments zu verleihen, das die Aufstellung von theoretischen Annahmen und deren Überprüfung an den ausgewählten Ländern erlaubt.

Vergleichende Studien untersuchen zwei oder mehrere Fälle, um die Unterschiede zwischen ihnen für die Aufklärung von Zusammenhängen und Wirkungsmechanismen auszunutzen. Die Variation zwischen den Fällen ermöglicht die Ermittlung von Zusammenhängen und erlaubt auf dieser Grundlage Rückschlüsse auf Ursache-Wirkungs-Mechanismen und deren Geltungsbereich. Eine adäquate Fallauswahl stellt daher eine unverzichtbare Bedingung dar, wenn der Vergleich als „natürliches" Experiment dienen und das Erklärungspotenzial der aufgestellten Hypothesen überprüft werden soll. Mindestens so wichtig ist die Fallauswahl aber auch dann, wenn es darum geht, anhand einer beschränkten Anzahl von Fällen die Geltungsreichweite der gewonnenen Ergebnisse zu bestimmen.

In den vergleichenden Disziplinen (z. B. Vergleichende Erziehungswissenschaft, Vergleichende Politikforschung, Vergleichende Arbeitsmarktforschung) wird oft die Funktion als Vergleichskriterium herangezogen, da die Herstellung funktionaler Äquivalente die Gegenüberstellung und damit die Vergleichbarkeit höchst unterschiedlicher Strukturen erlaubt (vgl. Hörner, 1996, S. 13; zu Vergleichender Politikforschung vgl. Schmid, 2002, S. 31). Auf die Vergleichbarkeit von (Weiter-)Bildungssystemen übertragen, steht somit die Frage des Erkenntnisinteresses und des Vergleichskriteriums, nicht jedoch die der strukturellen Ähnlichkeit im Vordergrund.

Drei europäische Länder sind als geeignete Fälle identifiziert worden: Deutschland, Finnland und Griechenland. Die Fallauswahl bedingte sich durch zwei Prinzipien: Konvergenz hinsichtlich des politisches Rahmens, der die beobachteten Phänomene evoziert und Divergenz im Hinblick auf die Strukturen, in denen die untersuchten Phänomene rezipiert und implementiert werden. Finnland, Deutschland und Griechenland wurden einerseits aufgrund ihrer Verortung im europäischen geographischen und kulturellen Gebiet ausgesucht und zum anderen aufgrund ihrer Mitgliedschaft in den zwei politischen Organisationen, deren Steuerungswirkung es zu untersuchen gilt. Es handelt sich um drei europäische Länder, die als Mitglieder der EU und der OECD dem unmittelbaren Einfluss der beiden Organisationen unterliegen. Durch ihre Mitgliedschaft im europäischen Mehrebenensystem weisen sie einen gemeinsamen politischen Rahmen auf, der bestimmte Entwicklungen auf nationaler Ebene begünstigt und andere wiederum erschwert. Die Mitgliedschaft in der OECD begünstigt ebenfalls konvergente Entwicklungen in den untersuchten Ländern, obwohl in diesem Fall die realen Handlungsoptionen der Länder größer sind. Der Grad der historischen Einbindung der ausgewählten Länder in die zwei Organisationen variiert stark.

Gleichzeitig weisen die ausgewählten Länder „maximale Variation" in Hinblick auf bestimmte strukturbildende Merkmale auf und können daher als kontrastierende Fälle dienen, um Rezeptions- und Implementationsphänomene in den unterschiedlich strukturierten Kontexten aufzuzeigen, mögliche Zusammenhänge und Wirkungsmechanismen zu identifizieren und die Tragfähigkeit der aufgestellten Theorien zu überprüfen. Deutschland, Finnland und Griechenland verfügen über unterschiedlich organisierte (Aus-)Bildungs- und Weiterbildungssysteme, die historisch verwurzelt sind, und weisen eine große Heterogenität in der Strukturierung des Weiterbildungssektors auf. Ihre Weiterbildungssysteme verfügen über unterschiedliche gesetzliche Regelungen und Finanzierungsmodalitäten, die aus ihrer jeweiligen Verlaufsgeschichte und den speziellen Problemlagen resultieren. Zudem variiert die tatsächliche Bedeutung von Weiterbildung und Lebenslangem Lernen in den ausgewählten Ländern stark, wie die Heranziehung quantitativer Indikatoren verdeutlicht. Viele dieser Entwicklungen sind freilich das Ergebnis kritischer Entscheidungen und institutioneller Weichenstellungen, die zu unterschiedlichen historischen Zeitpunkten in den jeweiligen Ländern getroffen und vorgenommen wurden.

3. Die empirischen Befunde

3.1 Befunde bezüglich der Rezeption Lebenslangen Lernens seitens der Bildungspolitik und seine Implementierung in Bildungsmonitorings

Die Dokumentenanalyse sowie die Auswertung der Interviews zeigten, dass im Hinblick auf den Begriff des „Lebenslangen Lernens" zumindest auf der Oberfläche weitgehend Konsens herrscht: Die bildungspolitischen Akteure sowohl auf der internationalen als auch auf der nationalen Handlungsebene assoziieren mit diesem Begriff Lernen in verschiedenen Kontexten während der gesamten Lebensspanne. Als konsensfähig erweisen sich die zwei Dimensionen des Lebenslangen Lernens, nämlich die Zeitdimension („lebenslang") und die Kontextdimension („formale, nonformale, informelle Lernkontexte").

Die bildungspolitischen Akteure auf der nationalen Handlungsebene haben die von der EU und der OECD vorgeschlagenen Begriffe größtenteils adaptiert und in ihren gesetzlichen Regelungen aufgenommen. Die breite Akzeptanz der theoretischen Begrifflichkeit trügt jedoch. Auf der Implementierungsebene des Konzepts des Lebenslangen Lernens in die jeweilige länderspezifische Realität lassen sich Differenzen feststellen, die sich aus den jeweiligen kulturellen und historischen Traditionen ableiten lassen. Die landesspezifische Akzentuierung des Konzepts des

Lebenslangen Lernens deutet auf Re-Kontextualisierungen und Uminterpretationen innerhalb pfadabhängiger Diskurstraditionen hin.

So weisen die finnischen bildungspolitischen Expertinnen und Experten auf eine nordische Dimension des Konzepts mit Schwerpunktsetzung auf die soziale Kohäsion und die persönliche Entwicklung hin. Die griechischen bildungspolitischen Akteure wiederum betonen, dass das Konzept des Lebenslangen Lernens die Verwirrung in einer Gesellschaft, die Bildung nur mit dem formalen Bildungssystem assoziiert, weiter vergrößert hat. Die fehlende Tradition in der institutionalisierten Erwachsenenbildung und das mangelnde Bewusstsein für Lernprozesse außerhalb von Bildungseinrichtungen führen dazu, dass Lebenslanges Lernen faktisch mit institutionalisierter Erwachsenenbildung/Weiterbildung gleichgesetzt wird. Für die deutschen bildungspolitischen Akteure steht das neue Verständnis vom Lernen im Widerspruch zu traditionellen Unterscheidungslinien, wie die der Erstausbildung und Weiterbildung oder die der allgemeinen und beruflichen Weiterbildung, auf deren Grundlage das deutsche Bildungs-, Aus- und Weiterbildungssystem beruht. Trotz konzeptioneller Vorbehalte wird Lebenslanges Lernen vornehmlich mit (beruflicher) Weiterbildung assoziiert.

Darüber hinaus zeigen die Befunde, dass die Anstrengungen seitens der Europäischen Kommission und des Bildungsdirektorats der OECD, ihre Konzepte, Begriffe, Definitionen und Klassifikationen durch eine öffentlich zugängliche Datenbasis zu verbreiten und somit eine Harmonisierung auf der konzeptionellen Ebene herbeizuführen, Erfolge aufweisen. Ohne Ausnahme greifen die Vertreterinnen und Vertreter aus den nationalen Statistischen Ämtern auf diese Konzepte zurück und implementieren sie in nationale Erhebungen. Die empirischen Befunde verdeutlichen allerdings, dass die Harmonisierungsbemühungen hinsichtlich der Konzepte und Erfassungssysteme nur auf den ersten Blick erfolgreich sind. Zum einen erfolgt die Übersetzung der Begriffe in die jeweilige Sprache nicht als lexikalische Übertragung von Wörtern, sondern passt sich den national und kulturell geprägten Begriffswelten an. Nur so kann nämlich eine adäquate Abbildung bzw. Reproduktion der jeweiligen „Wirklichkeit" sowie ihre Kontinuität gesichert werden. Zum anderen zerfällt auf der operativen Ebene die Illusion der ex ante so mühselig harmonisierten Konzepte: Bei der direkten Befragung von Personen werden die nationalen Begriffs- und Bildungstraditionen dominant und bestimmen das Antwortverhalten der Befragten und höhlen so die mühsam erzielte „Vergleichbarkeit" aus.

3.2 Befunde hinsichtlich des Steuerungspotenzials und der Steuerungswirkung der EU und OECD

Die vergleichende Betrachtung der Expertenaussagen verdeutlicht sowohl Gemeinsamkeiten als auch Unterschiede in der Wahrnehmung der Expertinnen und Experten hinsichtlich der Steuerungswirkung der EU und OECD auf nationale

Bildungspolitik. Fast übereinstimmend messen die befragten Expertinnen und Experten den beiden Organisationen Einflusspotenzial bei. Allerdings liegen sie in ihren Einschätzungen über den Grad des Einflusses weit auseinander. Zunächst lassen sich länderspezifische Differenzen feststellen: Während die Befragten aus Griechenland eine große Einflussnahme seitens der EU konstatieren und ihr aufgrund ihrer supranationalen Macht und Finanzierungsmöglichkeiten eine eindeutige Steuerungsfunktion für die nationale Bildungspolitik zuschreiben, äußern sich die Befragten aus Deutschland diesbezüglich skeptisch. Die finnischen Befragten wiederum sehen ein hohes Einflusspotenzial der EU auf die nationale Bildungspolitik und weisen der Kommission mit Verweis auf ihre supranationale Natur Steuerungsfunktionen zu.

Bezogen auf den Einfluss der OECD machen sich länderspezifische Unterschiede ebenfalls bemerkbar. Die größte Anerkennung genießt die OECD in Finnland; ihre Steuerungswirkung stehe der der EU in nichts nach. Für die Befragten aus Griechenland wiederum spielt die OECD zwar weiterhin eine wichtige Rolle, ihr Einfluss wird jedoch im Vergleich zu dem Einfluss der EU als bescheiden gewertet. Die deutschen Befragten erscheinen hinsichtlich ihrer Einschätzung des OECD-Einflusses gespalten. Während die Vertreterinnen und Vertreter der Bildungsadministration auf Bundes- und Länderebene die Frage nach der Einflussnahme der OECD auf die nationale Bildungspolitik zögerlich bejahen, gleichzeitig jedoch diesen Einfluss mit Verweis auf den „günstigen Moment" und die „Koinzidenz" nationaler Prioritätensetzung und internationaler Empfehlungen relativieren, ist für die Expertinnen und Experten aus der deutschen Bildungsforschung und Bildungsstatistik die Einflussnahme der Organisation seit der Veröffentlichung der PISA-Ergebnisse unumstritten.

Beim Vergleich der Instrumente der Einflussnahme der beiden Organisationen erkennen die interviewten Expertinnen und Experten sowohl Gemeinsamkeiten als auch deutliche Differenzen. Als wichtigstes Unterscheidungsmerkmal gilt unter den Experten die unterschiedliche Organisationsstruktur der beiden Organisationen. Die EU als supranationale Macht gründet auf völkerrechtlichen Verträgen, deren Entscheidungen und Regelungen für die einzelnen Mitglieder übergeordnet und verbindlich sind. Diese Organisationsstruktur erlaubt es, bestimmte Entscheidungen mithilfe des EU-Rechts bindend voranzutreiben und durchzusetzen. Die OECD hingegen basiert als internationale Organisation zwar ebenfalls auf völkerrechtlichen Verträgen, die ihr erlauben, politische, wirtschaftliche oder soziale Aufgaben zu erfüllen, allerdings kann sie die Souveränität der Mitgliedsstaaten nicht beeinträchtigen. Bezüglich der Instrumente der Einflussnahme sind sich die Experten einig: Die EU arbeitet überwiegend mit Programmförderung und da, wo es möglich ist, mit gesetzlichen Regelungen, also mit „harten" Instrumenten (Geld, Macht). Seit der Einführung der Methode der Offenen Koordinierung im Bildungsbereich im Jahr 2000 arbeitet sie außerdem zunehmend mit Verfahren wie Peer-Review oder Monitoring und Evaluation. Die OECD wiederum arbeitet überwiegend mit Empfehlungen, Evaluationen, groß-angelegten Studien und Peer-Reviews, mit anderen Worten, mit Instrumenten, die als „weich" bezeichnet werden und die eher auf Wissen und Expertise basieren.

Bei der Identifizierung zentraler Akteure fiel das Urteil der befragten Expertinnen und Experten erstaunlich einheitlich aus. Die EU und die OECD werden von den Befragten einstimmig als einflussreiche kollektive Akteure identifiziert. Als gewichtige individuelle Akteure wurden politische Funktionäre auf europäischer und nationaler Ebene, ferner Berater, Experten und Forscher benannt, die in verschiedenen Kommissionen und Arbeitsgruppen auf nationaler und internationaler Ebene zusammenarbeiten und mit ihren Entscheidungen auf das Feld einwirken.

Die Handlungen der identifizierten Akteure werden sowohl durch institutionelle Ressourcen als auch durch persönliche Merkmale begünstigt. Zu den institutionellen Ressourcen gehören materielle Ressourcen und institutionelle Regeln, die je nachdem, ob es sich um kollektive, korporative oder individuelle Akteure handelt, unterschiedlich ausfallen können. So kann die OECD beispielsweise mithilfe ihres Apparats ihre Erhebungen und Berichte, die einen Vorbildcharakter für ihre Mitglieder haben, als Good Practice in diesem Feld verbreiten. Die Europäische Kommission kann zudem als supranationale Organisation Erhebungen durchsetzen und mithilfe der Methode der Offenen Koordinierung ein regelmäßiges Bildungsmonitoring und Bildungsberichte von ihren Mitgliedsstaaten verlangen.

Die Befunde zeigen zudem sehr deutlich, dass über die institutionellen Ressourcen hinaus das Handeln der Akteure von deren persönlichen Handlungsressourcen abhängt. Erfahrung, Wissen, kommunikative Kompetenzen und Aufgeschlossenheit sind Eigenschaften, von denen das Einflusspotenzial der Akteure maßgeblich abhängt. Die von den Befragten identifizierten Akteure bewegen sich in relativ stabilen Akteurskonstellationen innerhalb eines bestimmten institutionellen Kontextes. Die Befunde zeigen, dass es dieselben Akteure sind, die sich in Arbeitsgruppen oder in Netzwerken wiederfinden und eine Art geschlossenen Zirkel bilden (vgl. auch Lawn & Lingard, 2002). Der jeweilige institutionelle Kontext übt ebenfalls Einfluss auf die Interaktionsform und Entscheidungsfindungsprozesse aus.

4. Theoretische Reflexionen

Es wurde angenommen, dass das theoretische Erklärungsmodell, das auf den theoretischen Ansätzen des akteurzentrierten Institutionalismus und der pfadabhängigen Entwicklung basiert, über ausreichende Erklärungskraft verfügt, um die untersuchten Phänomene nicht nur zu beschreiben, sondern auch zu analysieren und schließlich auch eventuelle Zusammenhänge und Wirkungen aufzuzeigen. Es ist evident, dass Untersuchungen, die deduktiv vorgehen und sich an bereits formulierte theoretische Ansätze anlehnen, über die Erforschung der spezifischen Fragestellungen hinaus auf die Überprüfung der Theorien abzielen, die zur Erklärung der untersuchten Phänomene herangezogen wurden. Das vergleichende Design der hiesigen Untersuchung ermöglichte zudem die Erforschung der Frage nach dem Geltungsbereich dieser Theorien.

Auf der Grundlage des theoretischen Modells werden Makrophänomene (Rezeption und Implementierung Lebenslangen Lernens in Bildungsmonitoring) zum einen aus Makrofaktoren (Systemstrukturen und -eigenschaften) und zum anderen aus Mikrofaktoren (aus dem Handeln der relevanten Akteure) hergeleitet. Die Befunde zeigen deutlich, dass Systemstrukturen Eigenschaften aufweisen, die die Handlungen der Akteure und ihre Steuerungsabsichten indirekt beeinflussen bzw. sie einschränken. So zeigt sich, dass in einem transnationalen Bildungsraum Lebenslanges Lernen als zukunftsfähige bildungspolitische Vision seitens der Bildungspolitik in allen drei Ländern anerkannt wird. Darauf hin deutet zudem die Einführung der neuen Steuerungsphilosophie der evidenzbasierten Steuerung, wenngleich dies in den untersuchten Ländern in unterschiedlichem Maße und in verschieden schnellem Tempo geschieht.

Der transnationale Bildungsraum weist zudem eine Mehrebenenstruktur auf. Der Gebietsbezug der Rezeption des internationalen Konzepts Lebenslanges Lernen seitens der nationalen Bildungspolitik und dessen Implementierung in das Bildungsmonitoring und in die Bildungsberichterstattung erstreckt sich über mehrere Ebenen (supranational, national, regional). Das Konzept des Lebenslangen Lernens wurde zunächst auf internationaler Ebene entworfen und von internationalen Organisationen formuliert (Europarat, UNESCO, OECD, EU). Seine Aufnahme in den bildungspolitischen Diskurs auf nationaler Ebene erfolgte in den drei untersuchten Ländern anfangs auf einer proklamatorischen Ebene seitens der zentralen Bildungspolitik, bevor es je nach Governance-Form im Bildungsbereich (zentralistisch für Griechenland, regional für Deutschland, lokal für Finnland) auf die regionale und lokale Ebene heruntergebrochen wurde. Ähnlich verhält es sich mit der Implementierung des Konzepts Lebenslanges Lernen in Modelle des Bildungsmonitoring und der Bildungsberichterstattung. Die Initiative, das Lebenslange Lernen empirisch zu erfassen und auf der Grundlage eines regelmäßigen Monitoring Steuerungswissen für diesen Bereich zu generieren, geht von der internationalen Ebene aus (EU und OECD). Die Regierungen auf nationaler Ebene wurden aufgefordert, Erhebungen auf nationaler Ebene zu implementieren, die auf eine regelmäßige und systematische Beobachtung des Feldes abzielten. Dadurch wurden jedoch bereits existierende Erhebungen auf nationaler, regionaler oder lokaler Ebene modifizierungsbedürftig oder gar obsolet.

Schließlich zeigte sich, dass die bildungspolitische Rezeption des Konzepts des Lebenslangen Lernens in den drei untersuchten Ländern in erheblichem Maße pfadabhängig verläuft, d.h. durch die nationalen Traditionen und die kulturellen Verständnishorizonte des jeweiligen Landes bedingt wird. Dem globalen Konzept des Lebenslangen Lernens stehen auf Seiten der rezipierenden Gesellschaften spezifische Uminterpretationsleistungen gegenüber, die in den Befunden deutlich wurden. Zudem weist der Implementierungsprozess Lebenslangen Lernens in Modelle des Bildungsmonitoring und der Bildungsberichterstattung Merkmale von pfadabhängigen Entwicklungsverläufen auf: Er wird durch die historischen Entstehungsbedingungen und die institutionellen Strukturen so beeinflusst, dass Veränderungen außerhalb des eingeschlagenen Pfades hohe Transaktionskosten verursachen würden.

Transnationalität und Mehrebenenstruktur als Eigenschaften des Forschungsfeldes bestimmen das Hervortreten bestimmter Akteure und wirken auf ihr Handeln teils förderlich und teils restringierend. Es ist evident, dass in einem transnationalen Mehrebenensystem die verschiedenen Akteure sich mit Akteuren aus anderen Ebenen und anderen Ländern konfrontiert sehen, welche auf die eine oder andere Weise fördernd oder erschwerend auf das Handlungsziel einwirken. Allerdings erzeugt die Erstreckung des Gebietsbezugs über nationale Grenzen und mehrere Ebenen hinaus Verflechtungen unter den Akteuren aus verschiedenen Ebenen, die Veränderungen anstoßen bzw. mittragen. Die Befunde veranschaulichen wie Steuerung in Mehrebenen Policy-Kontexten hohe Koordinationsleistungen der Akteure erfordert, um Entscheidungen zu finden und diese durchzusetzen. Allerdings entstehen aus einem Mehrebenensystem auch besondere Möglichkeiten des strategischen Umgangs mit Akteuren verschiedener Ebenen (windows of opportunities), zumal Mehrebenensysteme nicht mit einer hierarchischen Ordnung gleichzusetzen sind (vgl. Benz, 2004b, S. 125 ff.).

Bestätigt hat sich außerdem die Annahme, dass im Forschungsfeld eine Reihe von individuellen und kollektiven Akteuren mit Steuerungsabsichten tätig sind und auf die untersuchten Phänomene zielgerichtet einwirken. Die Befunde aus den Experteninterviews zeigen, dass die EU und die OECD als sehr wichtige bildungspolitische Akteure im transnationalen Bildungsraum wahrgenommen werden, deren Steuerungspotenzial in unterschiedlichem Maße anerkannt wird. Ihre Fähigkeit zum strategischen Handeln hängt zum einen von der Konvergenz oder Divergenz der Handlungsorientierungen zwischen den einzelnen Mitgliedern der EU und der OECD ab und zum anderen von den institutionellen Bedingungen, die eine interne Konfliktlösung erleichtern beziehungsweise erschweren (vgl. Scharpf, 2006, S. 108).

Über den Einfluss kollektiver Akteure hinaus werden durch die Befunde auch individuelle Akteure identifiziert, die zwar immer in institutionellen Kontexten agieren, die sich auf ihre Handlungen und Entscheidungen fördernd oder hemmend auswirken, deren Handeln aber durch diese Kontexte nicht determiniert wird (vgl. ebd., S. 112 f.). Diesen individuellen Akteuren werden Einflussmöglichkeiten aufgrund von persönlichen Merkmalen zugesprochen.

Die befragten Expertinnen und Experten zeigen Konvergenzen in ihren kognitiven, normativen und evaluativen Orientierungen, die aus ihrer spezifischen Rolle innerhalb eines institutionellen (bildungspolitischen) Kontextes resultieren. So wird beispielsweise systematisches und empirisch fundiertes Wissen als unabdingbar für rationale Entscheidungsfindung. Diese gemeinsam geteilten Werte und

Normen erleichtern die Entscheidungsfindung und erhöhen die Fähigkeit zu strategischem Handeln in nichthierarchischen Kontexten.

Die relevanten Akteure sind außerdem mit bestimmten institutionellen und personellen Handlungsressourcen ausgestattet. Zu den institutionellen Ressourcen gehören sowohl materielle Ressourcen (Geld, Technologien, privilegierter Informationszugang) als auch institutionelle Regeln (Regeln, durch die die Beziehungen der Akteure untereinander geregelt werden, wie beispielsweise Verfahren kollektiven Entscheidens, Ge- und Verbote). Betrachtet man diese Handlungsressourcen, die handlungsfähigen Akteuren zur Verfügung stehen, als Instrumente gezielter Intervention steuerungsfähiger Akteure, kann man von Steuerungsinstrumenten sprechen. Schließt man an die von Willke vorgeschlagene Unterscheidung von Medien der Steuerung an, lassen sich die oben dargestellten Handlungsressourcen in drei Kategorien zusammenfassen: Geld, Macht und Wissen (vgl. Willke, 2001).

Auf Grundlage der Befunde lässt sich feststellen, dass die im Forschungsfeld identifizierten Akteure alle drei Steuerungsmedien – wenngleich in unterschiedlichem Maße – als Handlungsressourcen einsetzen, um auf das Forschungsfeld einzuwirken (vgl. Tab. 2). Es ist evident, dass nicht alle identifizierten Akteure gleichermaßen Zugriff auf die gleichen Handlungsressourcen haben. Die Steuerungsmedien Geld, Macht und Wissen sind ungleich verteilt, was Abhängigkeiten und Interdependenzen zwischen den Akteuren schafft (vgl. Ioannidou, 2007, 2010).

Tabelle 2:   Handlungsressourcen der Akteure und ihre Zuordnung

Steuerungsmedien			
Akteure	**Geld**	**Macht**	**Wissen**
EU	Finanzierung (Programmförderung, ESF)	Rechtliche Regelung	Bildungsmonitoring und Evaluation im Rahmen der MOK
OECD	—	—	Empfehlungen, Evaluationen, groß angelegte Studien, Bildungsberichte
Individuelle Akteure	—	—	Expertise, Erfahrung, kommunikative Fähigkeiten

Den individuellen Akteuren stehen – auch das zeigen die Befunde – weder Macht noch Geld als Handlungsressourcen zur Verfügung. Ihr Handeln wird über institutionell verankerte Ressourcen hinaus lediglich von ihren persönlichen Handlungsressourcen begünstigt bzw. erschwert. Es zeigt sich, dass Erfahrung, Wissen, kommunikative Kompetenzen und Aufgeschlossenheit intellektuelle Ressourcen darstellen, über die die relevanten Akteure in unterschiedlichem Maße verfügen und von denen ihr Einflusspotenzial je nach institutionellem Kontext entscheidend abhängt.

Die Befunde bestätigen zudem die Annahme, dass der institutionelle Kontext im angesprochenen Policy-Bereich Entscheidungen begünstigt, die eher durch Verhandlungen oder Mehrheitsentscheidungen stattfinden und weniger durch einseitiges Handeln oder hierarchische Steuerung. So zeigt sich, dass die Arbeit in Expertennetzwerken und Arbeitsgruppen Entscheidungen begünstigt, die auf der Grundlage von Verhandlungen stattfinden. Im EU-Kontext erfolgt die Handlungskoordination im Untersuchungsfeld meistens in Form von Verhandlungen oder als Mehrheitsentscheidung. So sind beispielsweise die verabschiedeten Indikatoren und Benchmarks für den Bildungsbereich das Produkt von Verhandlungen. Gleichwohl können einseitiges Handeln und hierarchische Steuerung aufgrund der bürokratischen Organisationsstruktur der EU nicht ausgeschlossen werden. Im OECD-Kontext erfolgt die Handlungskoordination aufgrund ihrer verbandsähnlichen Struktur und ihrem Dienstleistungscharakter im Modus der Verhandlung, manchmal auch als Mehrheitsentscheidung, aber nie in der Form hierarchischer Steuerung.

Als weitreichende Auswirkung der Handlungen der EU und der OECD im Forschungsfeld lässt sich die Favorisierung eines bestimmten Forschungsparadigmas beobachten. Die von beiden Organisationen bevorzugten groß angelegten quantitativen sowie indikatorenbasierten Studien und Bildungsberichte prägen zunehmend die bildungspolitische und öffentliche Wahrnehmung in den einzelnen Ländern.

Mit der Durchsetzung dieses Forschungsparadigmas geht eine weitere Wirkung einher: OECD und EU fördern die Entstehung einer neuen Form von Wissen und Expertise, die mit dem Erscheinen einer speziellen transnationalen Elite verbunden ist (vgl. Lawn & Lingard, 2002).

Auf diese neue Wissensform rekurriert die neue Steuerungsphilosophie, die die EU und OECD forcieren und die sich mittlerweile, zumindest in den deutschsprachigen Ländern, durchgesetzt zu haben scheint (vgl. Specht, 2008; DIPF, 2007; Storm, 2007). Die Befunde deuten darauf hin, dass ein Perspektivenwechsel in der Bildungspolitik – mit länderspezifischen Variationen – stattgefunden hat. Der Output, das Ergebnis der Lernbemühungen, rückt in den Vordergrund, während Input- und Prozessaspekte, die traditionell als Referenzgrößen gedient hatten, an Bedeutung und öffentlicher Aufmerksamkeit verlieren (vgl. Döbert, 2008). Der Perspektivenwechsel von der input- zur outputorientierten Steuerung erfordert die Generierung entsprechenden Wissens, um Steuerungshandeln zu ermöglichen, so dass die neue Wissensform und die neue Steuerungsphilosophie sich in einer Art zirkulärer Argumentation gegenseitig unterstützen und verstärken: Die evidenzbasierte bildungspolitische Steuerung benötigt Wissen, das quantifizierbar, explizierbar und in die bildungspolitische Handlungslogik übersetzbar ist.

In dem aufgespannten theoretischen Rahmen resultieren die oben beschriebenen Wirkungen aus Mikrofaktoren, d.h. aus den Handlungen bestimmter Akteurskonstellationen, die von bestimmten institutionellen Kontexten und Interaktionsformen begünstigt werden. Diese Wirkungen können allerdings aufgrund der aufgezeichneten Makrofaktoren (Transnationalität, Mehrebenenstruktur, nationale Pfadabhängigkeit) relativiert oder auch potenziert werden.

So ermöglicht und beschleunigt Transnationalität die Durchsetzung globaler, bildungspolitischer Ideen, wie das Konzept des Lebenslangen Lernens oder die Einführung einer neuen Steuerungsphilosophie für den Bildungsbereich in unterschiedlichen nationalen Kontexten. Gleichzeitig beeinflussen nationale Pfadabhängigkeiten die Rezeption und Implementierung dieser Konzepte in die jeweilige landesspezifische Realität und relativieren somit die Wirkungen aus den Handlungen steuerungsmächtiger Akteure. Die Befunde deuten darauf hin, dass länderspezifische Uminterpretationen des Konzepts des Lebenslangen Lernens bestehen und bestätigen somit Ergebnisse der international-vergleichenden erziehungswissenschaftlichen Forschung. Begriffe wie Lebenslanges Lernen, Wissensökonomie, Lerngesellschaft sind diskursive und ideologische Produkte, die innerhalb eines gegebenen, historischen und soziokulturellen Kontextes ihre eigene Bedeutung kreieren (vgl. Robertson, 2008; Robertson & Dale, 2009).

Anhand der vorangegangenen Analyse konnte gezeigt werden, dass sich das vorgeschlagene theoretische Erklärungsmodell, das Akteure und Systemstrukturen fokussiert, als adäquat erwiesen hat, um Steuerungsprozesse im transnationalen Bildungsraum zu erklären. Es zeigte sich, dass die untersuchten Makrophänomene der Rezeption des Konzepts des Lebenslangen Lernens in der Bildungspolitik auf nationaler Ebene sowie dessen Implementierung in Modelle des Bildungsmonitoring und der Bildungsberichterstattung durch die Kombination von Makro- und Mikrofaktoren gut erklären lassen. Die Analyse von Systemstrukturen mit ihren Eigenschaften und pfadabhängigen Entwicklungsverläufen sowie der Handlungsorientierungen, -ressourcen und Interaktionsformen der handelnden Akteure erlaubte, über die Beschreibung von Entwicklungen hinaus, das Aufzeigen von Zusammenhangs- und Wirkungsmechanismen.

5. Schlussbemerkung

Für die vergleichende Betrachtung von Rezeptions- und Implementierungsphänomenen in drei europäischen Ländern wurde ein international-vergleichendes Forschungsdesign vorgezogen. Die Analyse der aus Expertenaussagen und Dokumentenanalysen generierten Daten folgte dem empirisch-analytischen Forschungsparadigma, während die gezielte Auswahl der Fallländer mit der Hoffnung verbunden war, dem Vergleich die Funktion eines „natürlichen Experiments" zu verleihen.

Es stellte sich heraus, dass, obwohl sich Deutschland, Finnland und Griechenland in wichtigen Strukturmerkmalen sowie hinsichtlich der tatsächlichen Bedeutung der Weiterbildung bzw. des Lebenslangen Lernens unterscheiden, eine große Variation zwischen den drei untersuchten Ländern nicht festgestellt werden konnte. Die erkannten Unterschiede sind eher gradueller und nicht prinzipieller Natur. In allen drei Ländern ist der Einfluss der EU und der OECD gut erkennbar wie auch die Auswirkungen aus deren Initiativen im Forschungsfeld. Alle drei untersuchten Länder rezipieren das von der EU und der OECD propagierte Konzept des Lebenslangen Lernens. Sie bemühen sich – teilweise als Reaktion auf europäische Vorgaben – Lebenslanges Lernen in empirische Erhebungen zu implementieren. In ihren Bildungsverwaltungen ist zunehmend die Rede von neuen Steuerungsmodellen und outputorientierter Steuerung – auch wenn sich dies in unterschiedlicher Ausprägung zeigt.

Wie *Bildungspolitik und Bildungsverwaltung* in den einzelnen Ländern das Konzept des Lebenslangen Lernens rezipieren, hängt von einer Reihe von Faktoren ab, wie beispielsweise der tatsächlichen Bedeutung der Weiterbildung bzw. des Lebenslangen Lernens in den Fallländern, vom gesellschaftlichen Klima, das dem Lernen gegenüber mehr oder weniger förderlich sein kann, von der Entstehungsgeschichte und dem Institutionalisierungsgrad der Erwachsenenbildung in dem jeweiligen Land und insbesondere von nationalen Bildungstraditionen und den daraus resultierenden kulturellen Verständnishorizonten.

Wie *Lebenslanges Lernen in Modelle des Bildungsmonitoring* und der Bildungsberichterstattung implementiert wird, hängt ebenfalls von einer Reihe von Faktoren ab, wie beispielsweise dem Vorhandensein solcher Modelle in den untersuchten Ländern, der vorherrschenden Steuerungsphilosophie, der Governance-Form und den diesbezüglichen öffentlichen Diskussionen sowie der Existenz besonders aktiver und entscheidungsfreudiger Akteure im Feld.

Literatur

Alheit, P. & Dausien, B. (2002). Bildungsprozesse über die Lebensspanne und lebenslanges Lernen. In H. Tippelt (Hrsg.), *Handbuch Bildungsforschung* (S. 565–585). Opladen: Leske+Budrich.
Alheit, R. & Dausien, B. (2009). Bildungsprozesse über die Lebensspanne: Zur Politik und Theorie lebenslangen Lernens. In R. Tippelt & B. Schmidt (Hrsg.), *Handbuch Bildungsforschung*. 2. über. und erw. Auf. (S. 713–734). Wiesbaden: VS Verlag.
Allemann-Ghionda, C. (2004). *Einführung in die Vergleichende Erziehungswissenschaft*. Weinheim/Basel: Beltz.
Baltes, P. (2001). Das Zeitalter des permanent unfertigen Menschen. Lebenslanges Lernen nonstop? *Aus Politik und Zeitgeschichte*, B 36, 24–32.
Bassanini, A. & Dosi, G. (1999). When and how Chance and Human Will Can Twist the Arms of Clio. First Draft. In *Laboratory of Economics and Management. Sant'Anna School of Advanced Studies* (S. 1–33). LEM Working Papers 5.
Benz, A. (Hrsg.) (2004). *Governance – Regieren in komplexen Regelsystemen. Eine Einführung*. Wiesbaden: VS Verlag.
Benz, A. (2004a). Einleitung: Governance – Modebegriff oder nützliches sozialwissenschaftliches Konzept? In A. Benz (Hrsg.), *Governance – Regieren in komplexen Regelsystemen. Eine Einführung* (S. 12–28). Wiesbaden: VS Verlag.

Benz, A. (2004b). Multilevel Governance – Governance in Mehrebenensystemen. In A. Benz (Hrsg.), *Governance – Regieren in komplexen Regelsystemen. Eine Einführung* (S. 125–146). Wiesbaden: VS Verlag.

Bogner, A. & Menz, W. (2005). Das theoriegenerierende Experteninterview. Erkenntnisinteresse, Wissensformen, Interaktion. In A. Bogner, B. Littig & W. Menz (Hrsg.), *Das Experteninterview. Theorie, Methode, Anwendung* (S. 33–70). Wiesbaden: VS Verlag.

Bray, M., Adamson, B. & Mason, M. (Hrsg.) (2007). *Comparative Education Research. Approaches and Methods*. Comparative Education Research Centre, University of Hong Kong.

Bron, M. Jr. (2008). Obstacles and Pittfalls. Inherent and Self-styled Dangers in Comparative Studies. In J. Reischmann & M. Jr. Bron (Hrsg.), *Comparative Adult Education. Experiences and Examples* (S. 65–80). Frankfurt/M.: Lang.

Deutsches Institut für Internationale Pädagogische Forschung (DIPF) (Hrsg.) (2007). *Wissen für Handeln – Forschungsstrategien für eine evidenzbasierte Bildungspolitik*. EU-Konferenz im Rahmen der Deutschen Präsidentschaft. Berlin/Frankfurt/M.: DIPF. URL: http://interkoop.dipf.de/index.php?option=com_content&task=view&id=48&Itemid=64 [zuletzt September 2014].

Dewe, B. & Weber, P. J. (2007). *Wissensgesellschaft und Lebenslanges Lernen. Eine Einführung in bildungspolitische Konzeptionen der EU*. Bad Heilbrunn: Klinkhardt.

Döbert, H. (2008). Die Bildungsberichterstattung in Deutschland – Oder: Wie können Indikatoren zu Innovationen im Bildungswesen beitragen? – In Landesinstitut für Schule und Medien Berlin-Brandenburg (Deutschland), Bundesministerium für Unterricht, Kunst und Kultur (Österreich) & Schweizerische Konferenz der kantonalen Erziehungsdirektoren (Schweiz) (Hrsg.), *Bildungsmonitoring, Vergleichsstudien und Innovationen. Von evidenzbasierter Steuerung zur Praxis. OECD/CERI Regionalseminar für die deutschsprachigen Länder in Potsdam vom 25.-28. September 2007* (S. 71–91). Berlin: BWV Berliner Wissenschafts-Verlag.

Dohmen, G. (1996). *Das lebenslange Lernen. Leitlinien einer modernen Bildungspolitik*. Bonn: BMBFT.

Gerlach, C. (2000). *Lebenslanges Lernen. Konzepte und Entwicklungen 1972 bis 1997*. Köln u. a.: Böhlau.

Gieseke, W. (2007). *Lebenslanges Lernen und Emotionen: Wirkungen von Emotionen auf Bildungsprozesse aus beziehungstheoretischer Perspektive*. Bielefeld: Bertelsmann.

Hake, B. (2008). Comparative Policy Analysis and Lifelong Learning Narratives: The „Employability Agenda" from a Life-Course Perspective. In J. Reischmann & M. Jr. Bron (Hrsg.), *Comparative Adult Education. Experiences and Examples* (S. 167–178). Frankfurt/M.: Lang.

Hörner, W. (1996). Einführung: Bildungssysteme in Europa – Überlegungen zu einer vergleichenden Betrachtung. In O. Anweiler, U. Boos-Nünning, G. Brinkmann, D. Glowka, D. Goetze, W. Hörner, F. Kuebart & H.-P Schäfer. *Bildungssysteme in Europa: Entwicklung und Struktur des Bildungswesens in zehn Ländern* (S. 13–29). 4. völlig überarb. und erw. Aufl. Weinheim, Basel: Beltz.

Ioannidou, A. (2007). Comparative Analysis of New Governance Instruments in Transnational Educational Space – A Shift to Knowledge-based Instruments? *European Educational Research Journal*, 6, 336–347.

Ioannidou, A. (2010). *Steuerung im transnationalen Bildungsraum. Internationales Bildungsmonitoring zum Lebenslangen Lernen*. Bielefeld: W. Bertelsmann Verlag.

Jütte, W. (1999). Translation Difficulties and the Importance of Terminology Work in Comparative Adult Education. In J. Reischmann, & M. Jr. Bron (Hrsg.), *Comparative Adult Education. Experiences and Examples* (S. 261–272). Frankfurt/M. u. a.: Lang.

Kallmeyer, W. & Schütze, F. (1976). Konversationsanalyse. *Studium Linguistik, 1*, 1–28.

Kelle, U. (2000). Computergestützte Analyse qualitativer Daten. In U. Flick, E.v. Kardorff & I. Steinke (Hrsg.), *Qualitative Forschung. Ein Handbuch* (S. 485–502). Reinbek: Rowohlt.

Knoll, J. H. (1998). Lebenslanges Lernen und internationale Bildungspolitik – Zur Genese eines.Begriffs und dessen nationale Operationalisierungen. In R. Brödel (Hrsg.), *Lebenslanges Lernen – lebensbegleitende Bildung* (S. 35–50). Neuwied u. a.: Lüchterhand.

Kraus, K. (2001). *Lebenslanges Lernen – Karriere einer Leitidee*. Bielefeld: Bertelsmann.

Kuckartz, U. (2005). *Einführung in die computergestützte Analyse qualitativer Daten*. Wiesbaden: VS Verlag.

Lawn, M. & Lingard, B. (2002): Constructing a European Policy Space in Education Governnance: the role of transnational policy actors. *European Educational Research Journal, 1*(2), 290–307.

Mayntz, R. (2004). Governance im modernen Staat. In Benz, A. (Hrsg.), *Governance – Regieren in komplexen Regelsystemen. Eine Einführung* (S. 65–76). Wiesbaden: VS Verlag.

Meuser, M. & Nagel, U. (2005). „Experteninterviews – vielfach erprobt, wenig bedacht. Ein Beitrag zur qualitativen Methodendiskussion". In A. Bogner, B. Littig & W. Menz (Hrsg.), *Das Experteninterview. Theorie, Methode, Anwendung* (S. 71–93). Wiesbaden: VS Verlag.

Papadopoulos, G. S. (2002). *Policies for Lifelong Learning: An Overview of International Trends. Learning throughout Life: Challenges for the twenty-first century* (S. 37–62). Paris: UNESCO.

Reischmann, J. (2000). Internationale und Vergleichende Erwachsenenbildung: Beginn einer Konsolidierung. In P. Faulstich, G. Wiesner & J. Wittpoth (Hrsg.), *Internationalität der Erwachsenenbildung. Analysen, Erfahrungen und Perspektiven. Dokumentation der Jahrestagung 1999 der Sektion Erwachsenenbildung der Deutschen Gesellschaft für Erziehungswissenschaft*. Beiheft zum Report (S. 39–50). Bielefeld: Bertelsmann.

Robertson, S. L. (2008). „Producing" the Global Knowledge Economy: The World Bank, the KAM, Education and Development. In M. Simons, M. Olssen & M. Peters (Hrsg.), *Re-reading Education Policies: Studying the Policy Agenda of the 21st Century* (S. 235–256). Rotterdam u. a.: Sense Publishers.

Robertson, S. L. & Dale, R. (Hrsg.) (2009). *Globalisation and Europeanisation in Education*. Oxford: Symposium Books.

Scharpf, F. W. (2006). *Interaktionsformen. Akteurzentrierter Institutionalismus in der Politikforschung*. Wiesbaden: VS Verlag.

Schmid, J. (2002). *Wohlfahrtsstaaten im Vergleich. Soziale Sicherung in Europa: Organisation, Finanzierung, Leistungen und Probleme*. 2. völlig überarb. Aufl. Opladen: Leske+Budrich.

Schriewer, J. (1994). Internationalisierung der Pädagogik und Vergleichende Erziehungswissenschaft. In D. K. Müller (Hrsg.), *Pädagogik, Erziehungswissenschaft, Bildung. Eine Einführung in das Studium* (S. 427–462). Köln u. a.: Böhlau.

Specht, W. (2008). Innovation durch Evaluation? Entstehung und Umsetzung von Innovationen im Bildungssystem als Konsequenz aus Bildungsmonitoring, Bildungsberichterstattung und vergleichenden Schulleistungsstudien – Möglichkeiten und Grenzen aus österreichischer Sicht. In Landesinstitut für Schule und Medien Berlin-Brandenburg (Deutschland), Bundesministerium für Unterricht, Kunst und Kultur (Österreich) & Schweizerische Konferenz der kantonalen Erziehungsdirektoren (Schweiz) (Hrsg.), *Bildungsmonitoring, Vergleichsstudien und Innovationen. Von evidenzbasierter Steuerung zur Praxis. OECD/CERI Regionalseminar für die deutschsprachigen Länder in Potsdam vom 25.-28. September 2007* (S. 41–52). Berlin: BWV Berliner Wissenschafts-Verlag.

Spitzer, M. (2009). *Lernen – Gehirnforschung und die Schule des Lebens*. Heidelberg: Spectrum Akademischer Verlag.

Storm, A. (2007). Wissen für Handeln: Die politische Herausforderung: Eröffnungsrede anlässlich der BMBF-Fachveranstaltung im Rahmen der Deutschen EU-Präsidentschaft zum Thema „Wissen für Handeln – Forschungsstrategien für eine evidenzbasierte Bildungspolitik". In Deutsches Institut für Internationale Pädagogische Forschung (DIPF) (Hrsg.), *Wissen für Handeln – Forschungsstrategien für eine evidenzbasierte Bildungspolitik. EU-Konferenz im Rahmen der Deutschen Präsidentschaft* (S. 5–9). Berlin/Frankfurt/M.: DIPF. URL: http://interkoop.dipf.de/index.php?option=com_content&task=view&id=48&Itemid=64 [zuletzt September 2014].

Willke, H. (2001). *Systemtheorie III, Steuerungstheorie*. Stuttgart: UTB Lucius & Lucius.

Silvina Gvirtz und Gustavo Dufour

Die Rolle von Governance in den Bildungsreformen in Lateinamerika

Eine vergleichende Studie zu Argentinien, Kolumbien, Chile und Peru

1. Einleitung[1]

Während der letzten Dekaden des 20. Jahrhunderts wurden die Erziehungssysteme vieler Länder Lateinamerikas tiefgehend umstrukturiert. Dies betraf sowohl ihre Organisation und Finanzierung als auch ihre Verwaltung (Braslavsky, Filmus & Tiramonti, 1995; Gajardo, 1999). Diese Veränderungen betrafen mithin auch die Rolle der an der „Bildungsgovernance" beteiligten Akteure und zwar unabhängig davon, ob diese Akteure staatlich oder nichtstaatlich sind, ob sie national oder subnational verortet werden. Die Tragweite der Transformationen lässt sich ermessen, wenn man traditionell den Nationalstaaten zufallenden Funktionen der Bereitstellung, Finanzierung und Regulierung von Bildung und Erziehung mit denen vergleicht, welche die intermediären Instanzen[2] – seien sie auf der Ebene der Regionen, Provinzen oder Kommunen angesiedelt[3] – nach den Reformen übernommen haben.

---

1 Aus dem Spanischen übertragen von Marcelo Parreira do Amaral, lektoriert von Karin Amos. Das vorliegende Kapitel basiert auf Ergebnissen des Forschungsprojekts „Die Rolle intermediärer Politikebenen in der Bildungsgovernance: Ihre Wirkung auf Gleichheit" („El Rol de los niveles intermedios en el gobierno de las escuelas: su incidencia en el logro de la equidad"), finanziert von der Ford Foundation. Das Projekt hat Fallstudien in Argentinien, Chile, Kolumbien und Peru untersucht. Teilnehmer des Projekts waren Gvirtz, S.; Dufour, G., Román, M.; Turbay, C.; Valdivia, N.; Díaz, H.; Bacca, A. und Lajo, R. Die in diesem Kontext entstandenen Bücher und Artikel werden im Literaturverzeichnis aufgelistet.
2 Die vorhandenen intermediären Instanzen unterscheiden sich je nach politisch-institutionellen Merkmalen einzelner Länder, aber auch hinsichtlich der Reichweite der Dezentralisierungsprozesse (bzw. der Übertragung von Verantwortlichkeiten) während der vergangenen Reformjahre.
3 Laut OECD (1998, 2000) erfuhr die Bildungsfinanzierung in den meisten Ländern eine verstärkte Dezentralisierung während des letzten Jahrzehnts des 20. Jahrhunderts, wodurch eine Verstärkung der Beteiligung der subnationalen Ebenen in der Finanzierung von Bildungssystemen zu verzeichnen ist. Im gleichen Zeitraum erfuhren die Bildungssysteme bedeutsame Veränderungen ihrer Regulierungsformen, da neben der Regulierung von Prozessen auch die Regulierung von Ergebnissen in den Blick geraten sind (Dale, 1999). Auf der Ebene der Bereitstellung von Bildung schufen diese Veränderungen – sowohl der Regulierung als auch der Finanzierung – die Bedingung für

Diese länderübergreifende strukturelle Gemeinsamkeit scheint auf gewisse Homogenitätsmuster in der Region hinzuweisen; doch bei näherer Betrachtung und gründlicherer Analyse der Reformprozesse zeigen sich signifikante Unterschiede zwischen den diversen nationalen Kontexten. Der Prozess der Neuverteilung von Verantwortlichkeiten zwischen den verschiedenen subnationalen Politikebenen, der in der wissenschaftlichen Literatur als Dezentralisierungs- oder Transferprozess (auch „devolvement") bezeichnet wird, lässt sich in den untersuchten Ländern nicht nur hinsichtlich unterschiedlicher Implementierungsphasen oder -stadien nachweisen; vielmehr wurden die Umstrukturierungen auch mit verschiedenen Verfahren und in variationsreichen Sequenzen durchgeführt (Falleti, 2006). Ferner sind das Ausmaß ihrer Implementation (die „Tiefe"), die politischen und ökonomischen Kontexte, in denen sie stattfand, (Carciofi, Cetrángolo & Larrañaga, 1996) sowie ihre Zielsetzungen alles anders als einheitlich (Senén González, 1997; Filmus, 1998).

In einigen Fällen führte dieses neue Schema der Verantwortungsverteilung im Bildungsbereich zur Entstehung einer neuen Bildungslandschaft; in anderen hingegen ist die endgültige Gestalt noch nicht ersichtlich, da die Einführung und Implementierung der Reformen noch nicht abgeschlossen ist. In einigen Ländern hat sich die Übertragung der Verantwortung für Bildungsfragen auf die subnationalen Ebenen erst nach der Anerkennung der politischen Autonomie derselben vollziehen können. Teilweise vollzog sich die Implementierung der Reformen parallel zu einer tiefgehenden Veränderung der territorialen Verteilung politischer Macht, die durch einen Zugewinn an politischer und fiskalischer Autonomie seitens der subnationalen Politikebenen gekennzeichnet war, wobei in einigen Fällen die Übertragung von Verantwortlichkeiten auf die subnationale Ebene ohne damit einhergehende Ausstattung mit politischer Autonomie vonstattengegangen ist. Schließlich implizierte die neue Bildungslandschaft in einigen Fällen die Übertragung von Verantwortung an Behörden der Provinzen oder der Regionen, in anderen implizierte sie die Übertragung (einiger) Verantwortlichkeiten auf die kommunalen Instanzen (vor allem was die Verwaltungskompetenzen angeht).

Ein weiterer Aspekt, der die Singularität der Prozesse in jedem einzelnen der hier betrachteten Fälle verdeutlicht, ist die Tatsache, dass dieses neue Schema oder Muster von Verantwortlichkeiten in einigen Ländern von undemokratischen politischen Regimen implementiert wurde (Chile, und in einer ersten Phase, Argentinien), während diese Reformen in anderen Ländern unter demokratischen Regierungen – die in bestimmten Fällen durch wirtschaftliche, soziale und politische Krisen unterschiedlicher Intensität beeinflusst waren – vollzogen wurden (Argentinien in einer zweiten Phase, Peru und Kolumbien). Zudem ist anzumerken, dass in einigen Ländern – Chile ist vielleicht eines der deutlichsten Beispiele in dieser Hinsicht –

---

die Entstehung neuer (subnationaler) und in einigen Ländern auch nichtstaatlicher Akteure – als Anbieter von Bildungsdienstleitungen (OECD, 2000).

der Prozess der Übertragung von Verantwortlichkeiten durch eine signifikante Veränderung der Bereitstellung und Finanzierung von Bildungsdienstleistungen begünstigt wurde. Dies führte von einem Modell, in dem die Bereitstellung von Bildung und Erziehung durch einen starken öffentlich-staatlichen Sektor vollzogen wurde, hin zu einem Modell, in dem der private Sektor immer mehr an Bedeutung zu gewinnen begann und in dem sich der Staat seine regulatorische Funktionen konzentrierte. Schließlich wurden diese Veränderungen in einigen Ländern (z. B. Argentinien) mit der Implementation von Bildungspolitiken artikuliert, welche nicht nur die Struktur und die interne Organisation des Systems, sondern auch dezidiert pädagogische Aspekte wesentlich verändert haben. In anderen Ländern waren es primär fiskalische und ökonomische Motivationen, die zu einer Redistribution der Verantwortlichkeiten und Funktionen im Bildungswesen führten.

Vor dem Hintergrund der hier skizzierten Veränderungen und ihrer Kontexte verwundert es nicht, dass der Analyse der Prozesse sowie der politischen Allianzen und Koalitionen der beteiligten Akteure eine besondere Bedeutung zukam. In der Literatur lassen sich zwei Ansätze, die verschiedenen Disziplinen und theoretischen Richtungen zuzurechnen sind, erkennen: a) ein erster, erziehungswissenschaftlich orientierter Ansatz findet sich in Studien, welche die Aufmerksamkeit auf die Beschreibung des Prozesses (Art und Umfang) und auf die Analyse der Motivationen der beteiligten Akteure richten; und b) ein zweiter, politikwissenschaftlich orientierter Ansatz liegt denjenigen Studien zugrunde, die sich mit der Erklärung der Eigenschaften des Prozesses befassen; dies impliziert die Einbeziehung von politisch-institutionellen Variablen, wie beispielsweise der rechtliche Rahmenbedingungen, in welchen (rationale) Akteure ihre Politiken definieren und Umsetzungsstrategien auswählen.[4] Parallel dazu – und im Lichte der Ergebnisse der Bildungsreformen – entstand eine umfangreiche Literatur zu Evaluation durch quantitative und qualitative Indikatoren und der Folgen der Reformen, mit Blick auf die Qualität der Bildungsdienstleistungen ebenso wie auf die Wirkungen, vor allem der (Un-)Gleichheitseffekte (Espínola, 1995; Carciofi, 1996; Winkler, 2002).

Sowohl in der Literatur zu den Prozessen als auch in jener zur Evaluation der Wirkungen finden sich nach wie vor zwei Positionen, die im Mittelpunkt der Debatte um die Vor- und Nachteile von Dezentralisierung stehen. Als Vorteil wird die (obwohl sie nicht immer bewiesen ist) erhöhte Kapazität von dezentralen Systemen hervorgehoben Dienstleistungen anzubieten, die besser auf die Bedürfnisse der Bürgerinnen und Bürger angepasst sind, indem sie stärker die Vielfalt der Anforderungen und Kontexte ihrer Nutzerinnen und Nutzer berücksichtigen können.

---

4   Für eine Analyse der politisch-institutionellen Logik, welche die politische Machbarkeit der Reformen im Bildungswesen in Argentinien in den 1990er Jahre untersucht, siehe Gibson & Calvo (2001). Für eine vergleichende Analyse der Sequenzen der Dezentralisierungsprozesse in vier lateinamerikanischen Ländern (Argentinien, Brasilien, Kolumbien und Mexiko), siehe Falleti (2006).

Genannt wird auch die Öffnung von Institutionen für Bürgerinnen und Bürger, welche (angeblich) eine stärkere Beteiligung und ein erhöhtes Engagement für die Steuerung von Erziehungssystemen fördern und somit mehr und bessere Werkzeuge für die Governance generierten; schließlich wird auch die höhere Effizienz (Beziehung zwischen Kosten und Effektivität) zu den Vorteilen gezählt, die ein dezentrales System im Einsatz der öffentlichen Mittel erlaubt. Als Nachteile werden die mögliche Fragmentierung der Bereitstellung der Dienstleistungen aufgrund von Koordinierungsproblemen und der mangelnden Zusammenarbeit zwischen den beteiligten Akteuren genannt. Des Weiteren wird auch auf die Bevorteilung von Gruppen mit mehr Ressourcen und Kompetenzen gegenüber denjenigen verwiesen, die am meisten auf den Dienst angewiesen sind. Schließlich werden die potentiellen Gefahren genannt, die durch ein dezentrales System entstehen können, sowohl in Hinblick auf die Zunahme von sozialen Ungleichheiten (bezogen auf Dimensionen wie sozioökonomische, ethnische oder geschlechtsspezifische Merkmale), als auch auf die unterschiedliche Qualität der verteilten Dienstleistungen.

2. Zentralisierung/Dezentralisierungsdebatte in der Analyse von Bildungsreformen

Bei der Frage nach den strukturierenden Achsen der Reformen im Bildungsbereich erscheint die Achse Zentralisierung-Dezentralisierung als eine der wichtigsten in den einschlägigen Debatten. Dies ist kein Zufall. Auf der einen Seite spiegelt dies den in den 1980er und 1990er Jahren vorherrschenden Diskurs wider, der zur Analyse der Krise der lateinamerikanischen Staaten geführt wurde. Die frühen Diagnosen schienen zu „beweisen", dass die Ursachen der Krise dieser Staaten, und insbesondere ihrer Bildungssysteme und politiken, mit den Problemen der Erschöpfung eines staatszentrierten Projekts (Cavarozzi, 1994) zusammenhingen. In Anlehnung an diese Diagnose fokussierte ein bedeutender Teil der wissenschaftlichen Analysen die mit der Zentralisierung verbundenen negativen Folgen und schlug gleichzeitig die Dezentralisierung als Instrument zur Bearbeitung des umfangreichen Problemkatalogs vor.

Mehr als 20 Jahre nach dem Beginn dieser Debatte hat dieses Deutungsmuster inzwischen viel von der Erklärungskraft verloren, mit der die komplexen und manchmal widersprüchlichen Erfahrungen analysiert werden müssten. Die Gründe für diesen Verlust an erklärender Relevanz lagern sich grundsätzlich an zwei Argumente an: a) die diesen Konzepten inhärente normative Auflading und b) die Erkenntnis und Anerkennung der zunehmenden Bedeutung der Beziehungen zwischen den Regierungsebenen und der Multilevel-Governance bei der Erzeugung und dem Management von öffentlichen Angeboten sowie bei der Verwaltung von Gütern- und Dienstleistungen. Das erste Argument bezieht sich auf die Normativität, die sich aus der politischen und ideologischen Nutzung ergibt. Diese konzeptuelle „Verunreinigung" entstand im Rahmen der Hegemonie eines Diskurses, der als Krisenüberwindungsstrategie eine drastische Reduzierung und Neudefinition der nationalstaatlichen Verantwortlichkeiten vorsah. So überrascht es nicht, dass Zentralisierung mit Wirkungslosigkeit, Ineffizienz, Bürokratie (im negativen Sinne), minderer Qualität, Mangel an Gleichheit und paradoxerweise mit einer Beliebigkeit der Verwaltung, in Verbindung gebracht wurde.[5] Zentralisierung wird damit zur unabhängigen Variablen, zur Erklärung für fast alles „Übel", die zur Krise der Nationalstaaten geführt hat. Das prägnanteste diskursive Beispiel hierfür ist die Stigmatisierung einer jeden den Zentralismus verteidigenden Position als „politisch unkorrekt". Umgekehrt gilt entsprechend, dass Dezentralisierung mehrheitlich als adäquate Antwort auf die Überwindung der durch Zentralisierung „verursachten" Probleme galt.[6] Obwohl der Dezentralisierungsdiskurs in den vergangenen Jahren weniger euphorisch geführt und öfters auf die aus Dezentralisierung potentiell

---

5   Paradoxerweise deswegen, weil in der brillanten Darstellung des bürokratischen Phänomens von Weber (1992) kein Spielraum für Kontigenzen war, sondern nur noch für den Gehorsam.

6   Die theoretischen Annahmen zur Legitimierung der Übernahme und Umsetzung von Dezentralisierung korrespondiert hauptsächlich mit zwei sehr unterschiedlichen analytischen Rahmen, wodurch die Polysemie unterstrichen wurde. Auf der einen Seite wird Dezentralisierung mit der Suche nach mehr Effektivität und Effizienz bei der Umsetzung von staatlichen Politiken assoziiert (ökonomische Perspektive), dies betrifft insbesondere die Bereitstellung von öffentlichen Gütern und Dienstleistungen (Tiebout, 1956; Oates, 1977). Die Annahme ist, dass Dezentralisierung und Verlagerung der Befugnisse für die Erhebung von Steuern und Ausgabe von öffentlichen Mitteln auf die subnationalen Ebenen nicht nur die Produktion und Bereitstellung von lokalen öffentlichen Gütern fördert, sondern auch – als Ergebnis dieses Wettbewerbs – den am besten geeigneten Mechanismus bietet, um den Bedarf und die Präferenzen der Bürgerinnen und Bürger richtig zu erfassen (Wolman, 1990). Die Grundidee dieses Modells ist, dass die Kombination eines dezentralen Steuersystems mit der dezentralen Bereitstellung von öffentlichen Dienstleistungen die Wahlmöglichkeiten der Bürgerinnen und Bürger steigert (Smith, 1985, S. 31). Auf der anderen Seite sieht ein anderer (politisch-administrativer) Ansatz Dezentralisierung als das am besten geeignete Instrument zur Förderung der Demokratisierung von politischen, sozialen sowie Verwaltungs- oder Managementsaufgaben. Befürworter dieses Ansatzes behaupten, dass Dezentralisierung die Schaffung neuer Räume für die Beteiligung der Bürgerinnen und Bürger fördert, indem Entscheidungsfindung und Bereitstellung von öffentlichen Gütern und Dienstleistungen näher an die Realität der Bürgerinnen und Bürger verlagert werden (Palma & Ruffian, 1989, Borja, 1987). Als direkte Folge des oben genannten Ansatzes ermöglicht Dezentralisierung, dass die Bürgerinnen und Bürger über das Management von öffentlichen Angelegenheiten und Ressourcen besser informiert sind – und zu einem größeren Maß bereit sind, sich zu engagieren. So werden sie optimal in die Lage versetzt, Kontrolle nicht nur über die *policymakers,* sondern auch über diejenigen zu übernehmen, welche die öffentlichen Güter und Dienstleistungen verwalten (Pírez, 1996).

entstehenden Probleme hingewiesen wird – ja sogar langsam und schrittweise die positive und notwendige Rolle von Zentralisierung für bestimmte Bereiche wiederentdeckt wird – scheinen die aus diesen Erfahrungen gewonnenen Lehren noch nicht vollständig begriffen worden zu sein.

Das zweite Argument bezieht sich auf die begrenzte Erklärungskraft dieser beiden Konzepte für die Etablierung der komplexen und vielfältigen Beziehungen zwischen den verschiedenen Regierungsebenen der analysierten Länder. Dieser Hinweis erweist sich als besonders wichtig für das Verständnis der charakteristischen Komplexität der Gestalt der neuen Bildungssysteme in der Region. Im Allgemeinen führt eine schlichte Zuordnung der Bildungssysteme zu dem einen oder anderen Pol auf der Achse Zentralisierung-Dezentralisierung zu absurden Vereinfachungen der komplexen Strukturen. Dies betrifft vor allem die in den Analysen übliche Privilegierung der Frage der Bereitstellung von Bildungsdienstleistungen; dabei werden die Bedeutung der Dimensionen der Regulierung und Finanzierung des Systems vernachlässigt. Auf diese Weise zeigen die bereits vollzogenen – oder die derzeit in den einzelnen Ländern der Region noch stattfindenden Veränderungen –, dass parallel zum Prozess der Verteilung von Macht und Zuständigkeiten zwischen den verschiedenen Regierungsebenen zunehmend Gebiete oder Bereiche geteilter Macht entstehen. Es ist daher nicht sinnvoll, weiterhin die Beziehungen zwischen den Regierungsebenen in Bezug auf Hierarchie oder Autonomie zu denken. Vielmehr wird es zunehmend unerlässlich sein, sie in Bezug auf ein Modell der geteilten oder überlagerten Macht zu analysieren, in dem Verhandlung, Konflikt und Kooperation zwischen den verschiedenen Ebenen der Regierung ein wesentliches Merkmal bilden (Wright, 1997). In diesem Modell werden sowohl die nationale als auch die subnationale Regierung aktiv bei der Definition der inhaltlichen Dimension der öffentlichen Politik beteiligt; wobei die subnationalen Ebenen – schon durch ihre Organisationsstrukturen – über größere (obwohl nicht immer ausschließliche) Verantwortlichkeiten für die operative Dimension der Politiken verfügen, zumindest der Tendenz nach. In diesem neuen Kontext wird es daher unerlässlich, über *Multilevel-Governance* nachzudenken (Gomá & Subirats, 1998).

Der Vorzug des Konzepts der *Multilevel-Governance* liegt in seiner Fähigkeit, Probleme und die innewohnenden Komplexitäten der Beziehungen zwischen den Regierungsebenen in den Mittelpunkt der Diskussion und der Analyse zu stellen. Drei charakteristische Merkmale des Regierens auf verschiedenen Ebenen lassen sich wie folgt benennen: a) die relevanten Bereiche auf der operationalen Ebene schließen zugleich Einheiten – oder individuelle Akteure – der verschiedenen Ebenen der Regierung (nationale, regionale und lokale) ein; b) die Autonomie- oder Unabhängigkeitsspielräume einer einzigen Jurisdiktion/Organisation sind – formal – relativ eingeschränkt; und c) die Macht und Einfluss der Kompetenzebenen, offiziellen Organisationen oder individuellen Akteuren sind deutlich begrenzt und hängen von den vorhandenen wirtschaftlichen, sozialen und politischen Ressourcen ab.

In diesem von Multilevel-Governance geprägten Kontext scheint es unerlässlich, zwischen den verschiedenen Arten der getroffenen Entscheidungen innerhalb des Bildungssystems zu unterscheiden, d.h. zwischen den rein administrativen Entscheidungen und denjenigen, die auf finanzielle oder pädagogische Aspekte verweisen. Der Zweck dieser Unterscheidung ist die Identifizierung der Art der getroffenen Entscheidungen der verschiedenen Akteure in ihren jeweiligen Zuständigkeitsbereichen – sowohl der für Entscheidungsprozesse formal zuständigen Behörden, als auch der mit dem Implementierungsprozess befassten Akteure.

Das oben Dargestellte weist auf die Schwierigkeit des Versuchs hin, Bildungssysteme auf der Basis einer perfekten und statischen Trennung von Verantwortlichkeiten und Aufgaben zwischen den auf verschiedenen territorialen Ebenen operierenden Akteuren zu klassifizieren. Stellt man in Rechnung, dass die meisten Bildungssysteme durch ein überlagertes Autoritätsmuster gekennzeichnet sind, erweist sich die Annahme – für die Erfassung dieser Komplexität – als wesentlich, dass die auf unterschiedlichen territorialen Ebenen operierenden und über unterschiedliche formelle Befugnisse verfügenden Akteure mittels komplexer Mechanismen handeln können, die durch Verhandlungen und Konflikte über die Inhalte der Maßnahmen charakterisiert sind.

3. Die Akteure der intermediären Ebene als Schlüsselakteure im Bildungsbereich

Die Analyse und Bewertung der verschiedenen Formen der Organisation von Bildungspolitik scheinen die Bedeutung der mit der Implementierung der sektoralen Politiken befassten Akteure der intermediären Ebene für die Leistungsfähigkeit des Bildungssystems – unabhängig des Grades seiner Zentralisierung bzw. Dezentralisierung – zu vernachlässigen. Diese Akteure haben die Verantwortung für die schwierige Aufgabe der Umsetzung von Politiken und Programmen, die auf einer anderen Ebene oder Kompetenzbereich entworfen wurden. Diese müssen sie nun für eine bestimmte Anzahl von Schulen und innerhalb eines territorialen Raums verwirklichen. Die Relevanz der Analyse der Charakteristika und der Rolle der Akteure der intermediären Ebene erklärt sich hauptsächlich aus zwei Arten der Betrachtung. Die *erste* bezieht sich auf das Fehlen von Studien, welche ihre Aufmerksamkeit auf die Akteure der intermediären Ebene des Bildungssystems fokussieren. In der Regel neigen viele Analysen dazu, die Handlungskapazität dieser Akteure zu unterschätzen und zu vernachlässigen; dadurch geraten beispielsweise die Muster ihrer Organisation und Artikulation außer Acht, aber auch ihre Rollen innerhalb des Systems und die Kompetenzen, die sie haben (oder entwickeln), um auf die Inhalte und Ergebnisse zu wirken oder sie zu beeinflussen. Diese „Vernachlässigung" scheint durch folgende Annahme begründet: Die Implementierung sei ein rein technischer – nicht politischer – Prozess, so dass diejenigen, die an dieser Phase der

Politik beteiligt sind, als bloße „Transmissionsriemen" betrachtet werden, welche *sine ira et studio* die in einem anderen Bereich beschlossenen Politiken ausführen und umgekehrt die Bedürfnisse der Schulen (Mikroebene) an die Entscheidungsebene übermitteln. Daraus wird ihre Unfähigkeit abgeleitet, Ergebnisse und das Funktionieren des Systems zu beeinflussen.

Die *zweite* Betrachtung geht mit der wichtigen Rolle einher, die, unserer Meinung nach, Akteure der intermediären Ebene innerhalb des Bildungssystems spielen. Zwar genießen diese Akteure keine volle Autonomie, um die in den Entscheidungsräumen und Schulen entstandenen Politiken bzw. Anforderungen zu verändern, es kann aber nicht geleugnet werden, dass die Implementierung selbst einen Prozess politischer Natur konstituiert, in dem diese Akteure eine wesentliche Funktion bei der „Durchführung" derselben Politiken und Anforderungen erfüllen. In der Tat haben diese Akteure ihre eigenen (individuellen und organisationalen) Interessen, Vorlieben und Ziele, so dass sie Autonomie-Spielräume nutzen können, um einige Aspekte der Maßnahmen oder Forderungen zu verändern. Im Übrigen sind die Wirkungen ihrer Handlungen (unabhängig von ihrer Beurteilung oder Bewertung) durch den territorialen Kontext des Handlungsraums beschränkt, selbst wenn sie innerhalb dieses Raums über genügend Kapazität verfügen, um die Ergebnisse der von den *policymakers* entworfenen Politiken zu beeinflussen. Dies erklärt zum Beispiel, warum die gleiche Politik oder das gleiche öffentliche Programm in den verschiedenen Kompetenzbereichen unterschiedlich durchgeführt werden, in Abhängigkeit der in der Implementierung beteiligten Akteure, der zur Verfügung stehenden Ressourcen und Kapazitäten sowie der organisationalen Interessen und Ziele. Daraus folgt, dass sich die Akteure der intermediären Ebene des Bildungssystems im Rahmen ihrer Zuständigkeiten als privilegierte Akteure konstituieren können um über die Ergebnisse der Politiken Einfluss zu nehmen.

3.1 Einige konzeptionelle Präzisierungen

Die Entwicklung einer theoretischen Perspektive für die Analyse der Rolle der intermediären Akteure in der Steuerung des Bildungssystems erfordert bestimmte begriffliche Definitionen. Zwei Fragen sollen im Folgenden konzeptionell präzisiert werden: 1) Was wird unter „Steuerung" des Bildungssystems verstanden? Und 2) worauf – oder auf wen – bezieht sich das Konzept der Akteure der intermediären Ebene des Systems?

Die „Steuerung" des Bildungssystems[7]

Wie bei vielen anderen Konzepten ist der Begriff „Steuerung" durch seine Polysemie gekennzeichnet. Eine umfassende Auseinandersetzung mit dieser Debatte kann jedoch im Rahmen dieses Kapitels nicht geleistet werden.[8] Unseres Erachtens bezieht sich das Konzept der Steuerung auf Entscheidungsfindung und -implementation, welche sich durch die verbindliche Einhaltung seitens aller Organisationen und Einzelpersonen im System auszeichnen. Diese Funktionen (die Findung und Umsetzung von Entscheidungen) werden an bestimmte Personen delegiert und müssen nach zuvor festgelegten Verfahren (die je nach geltender Rechtsordnung variieren) entwickelt werden. Auf diese Weise verstehen wir unter Steuerung des Bildungssystems die Gesamtheit der Institutionen und Akteure, welche die (verbindliche) Entscheidungsfindung strukturieren und in den Prozess ihrer Umsetzung intervenieren.

Die Institutionen beziehen sich auf die Gesamtheit der Regeln, die das Handeln der Akteure strukturieren und grundlegend zwei Elemente spezifizieren. Zuerst definieren sie, auf welche Weise die Mitglieder des Systems sowohl am Prozess der Entscheidungsfindung als auch an ihrer Umsetzung sich beteiligen können, indem sie die Verfahren dieser Entscheidungsfindung und -umsetzung regulieren oder bedingen. Zweitens schreiben sie auch die Art der Ernennung oder Einstellung solcher Personen vor, die zum Fällen und Umsetzen der getroffenen Entscheidungen berechtigt sind. Ihrer Natur nach können Institutionen formal oder informell sein (Morlino, 1985). Formale Institutionen sind solche, die durch positives Recht oder durch Regulierungen definiert sind, während sich informellen Institutionen auf ein „geteiltes Verständnis dessen, wie etwas geregelt wird, wenn es nicht durch formale Regeln abgedeckt ist oder diesen sogar widerspricht" (CLESE, 2005, S. 17), beziehen. Die Bedeutung der informellen Institutionen liegt vor allem darin, dass diese in vielen Fällen bessere Prädiktoren für das Verhalten der Akteure als die formalen Regeln bereitstellen.[9]

Die Kompetenzstrukturen unterscheiden sich ihrerseits formal danach, ob es sich um Entscheidungsstrukturen oder Implementationsstrukturen handelt. In beiden

---

7 Anmerkung des Übersetzers: „gobierno" wird hier als „Steuerung" übersetzt, da die Dimension von Regulierung im Vordergrund steht.

8 Für einen Überblick über die Literatur zum Phänomen der „Steuerung" (gobierno), der über die verschiedene Bedeutungen des Konzepts berichtet, siehe Orlandi & Zelaznik (1996).

9 Die Erklärung von Prozessen und Verhaltensweisen erfordert „das Verstehen der Art und Weise, wie Institutionen oder Anreize die Akteure beeinflussen. Aus der gleichen institutionellen Struktur können, abhängig von den anderen Anreizen (Institutionen oder Spiele), in denen gleichzeitig ein Akteur mit seinen Interessen, Ressourcen und Ideologien einbezogen sein könnte, unterschiedliche Verhaltensweisen resultieren" (CLESE, 2005, S. 17).

Fällen sind die Normen – die formalen Regeln (Verfassung, Gesetze, Verordnungen usw.) – diejenigen, die Strukturen der Kompetenz bestimmen und gleichzeitig regulieren, zu welchem Zuständigkeitsbereich diese gehören, welche Personen diese übernehmen dürfen, mit welchen Verfahren dies geschieht, und welche die ihnen entsprechenden Funktionen sind. Dies impliziert jedoch nicht die Annahme, dass die Regeln perfekte Prädiktoren für das Verhalten dieser Instanzen sind, da es – wie oben erwähnt – oft die informellen Regeln sind, die von den Inhalten der formalen Normen abweichen und einen wichtigen Einfluss auf ihr Verhalten ausüben, sowohl auf solche, die mit dem Prozess der Entscheidungsfindung betraut sind, als auch auf die mit der Implementierung „beauftragten" Akteure.

Schließlich erfordert das Konzept der „Steuerung" die Identifizierung der Akteure, die sowohl am Entscheidungsfindungsprozess von öffentlichen Politiken als auch an ihrer Implementation beteiligt sind. Dem Entwurf Repettos (1998) folgend sind es fünf Attribute, welche einem bestimmten Individuum oder einer bestimmten Organisation ermöglichen, sich als Akteur (sowohl individuell als auch kollektiv) zu konstituieren.[10] Erstens ist die *Verhandlungsfähigkeit* zu nennen, die sich auf die Möglichkeit der Einflussnahme in realen Instanzen der Formulierung bzw. des Umsetzung von öffentlichen Politiken bezieht. Zweitens lässt sich die *Fähigkeit den Kontext zu entschlüsseln* anführen, mit der auf die Möglichkeit eines umfassenden quantitativen und qualitativen Zugriffs auf Informationen hingewiesen wird. Drittens ist die *Fähigkeit der Repräsentation* bedeutsam, die sich im Falle von gesellschaftlichen Akteuren auf die Führungskompetenz bezieht, um legitim die eigene Basis zu vertreten; während sie sich im Falle von staatlichen Akteuren auf die Möglichkeit der Legitimierung der eigenen Handlung durch rechtliche Begründungen bezieht. Viertens ist die *Fähigkeit zur sozialen Mobilisierung* zu nennen, bei welcher auf die Möglichkeit hingewiesen wird, Druck auf andere beteiligte Akteure zu bestimmten Zeiten und Orten auszuüben. Fünftens, die *Fähigkeit des kollektiven Handelns*, dies bezieht sich auf die Möglichkeit der Einbeziehung/Aktivierung einzelner Akteure. Schließlich führt der Autor eine sich als grundlegend erweisende Unterscheidung ein; er unterscheidet zwischen gesellschaftlichen und staatlichen Akteuren. Diese Unterscheidung wird dadurch begründet, dass letztere in der Lage sind, eine Ressource zu mobilisieren, welche gesellschaftlichen Akteure nicht besitzen: die *Fähigkeit der Autorität*, die sich auf die Möglichkeit der staatlichen Akteure die öffentliche Macht auszuüben bezieht, da öffentliche Politiken letzten Endes vom Staat festgelegt und umgesetzt werden.[11]

---

10 Dies setzt die Annahme voraus, dass nicht alle betroffenen Individuen oder Gruppen durch einen Beschluss der Steuerung des Bildungssystems als Akteure konstituiert sind.

11 Die politischen Vertreterinnen und Vetreter, Entscheidungsträger und öffentlichen Führungskräfte haben eine Schlüsselposition im Prozess der Gestaltung, Entscheidung und Umsetzung von Bildungspolitiken. Dennoch intervenieren in diesen Prozessen andere gesellschaftliche Akteure. In der Regel sind letztere Organisationen, welche Kategorien

Zwar sind die an der Steuerung des Bildungssystems beteiligten Akteure nicht auf die staatliche Ebene beschränkt, dennoch liegt in diesem Kapitel auf denjenigen ein besonderes Augenmerk, die auf der intermediären Ebene der Steuerung des Bildungssystems operieren. Bevor auf die Fallanalyse eingegangen werden kann, soll das Verständnis von der „intermediären Ebene" der Steuerung des Bildungssystems dargestellt werden, um dadurch die auf dieser Ebene tätigen Akteure identifizieren zu können.

Die Akteure der intermediären Ebene der Steuerung des Bildungssystems

In Bezug auf das Konzept der intermediären Ebene muss hier auf ihre unterschiedlichen „Verwendungsweisen" in der akademischen Literatur hingewiesen werden. Ebenso wie viele andere Konzepte in den Sozialwissenschaften wurde dieser Begriff in unterschiedlichen Kontexten gebraucht und hat unterschiedliche Bedeutungen. Grundlegend werden hier zwei Zusammenhänge unterschieden, in denen dieser Terminus häufig verwendet wird. Der *erste* Sinngehalt verweist auf seine Verwendung als Zwischenstufe von Regierung, in Anspielung auf die formale Existenz einer Ebene der Steuerung, die sich zwischen der nationalen und der lokalen Regierung befindet. Wie man bemerkt, verweist dieser Gebrauch des Terminus auf einen streng territorialen Sinn von Governance; diese Verwendungsweise hat sich aufgrund der Dezentralisierungsprozesse der politischen Macht und der Gründung von intermediären Ebenen der Regierung in vielen lateinamerikanischen Länder in den letzten Jahrzehnten verbreitet. Die *zweite* Bedeutung bezieht sich im Gegensatz dazu auf jene Akteure, die sich zwischen den Instanzen der Formulierung von öffentlichen Politiken (Makroebene) und – in unserem speziellen Fall – den Schulen (Mikroebene) befinden, welche Empfänger dieser Politiken sind und den Raum darstellen, auf welchen diese Politiken wirken. Daher ist in diesem zweiten Sinne die territoriale Zuständigkeit, in dem diese Akteure der intermediären Ebene operieren, nicht unentbehrlich für die Definition – wenngleich dies für den Zweck des Vergleichs zwischen den verschiedenen nationalen Fällen zutrifft. Dies lässt sich auf die Gleichsetzung der Akteure der intermediären Ebene mit jenen organisationalen – oder individuellen, sozialen oder staatlichen – Akteuren zurückführen, welche am Prozess der Umsetzung von öffentlichen Politiken beteiligt sind (Pressman & Wildavsky, 1984; Berman, 1996; Elmore, 1996, 1997; Meyers & Vorsanger, 2002). Es ist in diesem letzteren Sinne, in welchem hier das Konzept der intermediären Ebenen gebraucht wird: mit der Absicht, die Aufmerksamkeit auf jene politischen Akteure, die der schulischen Realität am nächsten stehen, zu lenken.

---

von Individuen in Bezug auf ihre Rolle innerhalb des Bildungssystems (Lehrpersonen, Eltern, Studierende, Mitarbeiterinnen und Mitarbeiter usw.) repräsentieren.

Bildungsgleichheit

Ein weiterer Schlüsselbegriff für die Zwecke dieses Kapitels ist der Begriff der „Gleichheit". In der Tat, das Interesse gilt hier nicht nur der (Wieder-)Entdeckung von Personen (Akteure) und Funktionen der Akteure der intermediären Ebene der Governance des Bildungssystems, sondern auch der Frage nach den Kompetenzen dieser Akteure sowie ihren Handlungsstrategien, welche diese – nach eigenen Angaben – entwickeln, um sich des Problems der Bildungsgleichheit anzunehmen bzw. darauf Antworten zu geben.

Wodurch ist die Analyse der Rolle der Akteure der intermediären Ebene mit besonderem Interesse an der Problematik der Bildungsgleichheit begründet? Die Antwort scheint einfach zu sein – doch nicht unbedingt die Lösung des Problems: Gleichheit wurde seit dem letzten Jahrzehnt des vergangenen Jahrhunderts zu einem der wichtigsten Themen der Bildungsagenden in den lateinamerikanischen Ländern (Braslavsky & Gvirtz, 2000) – zusammen mit dem der Qualität. Und dies ist nicht zufällig so, sondern erklärt sich vor dem Hintergrund der tiefgreifenden Ungleichheiten – seien diese sozioökonomisch, ethnisch, geschlechtsbezogenen usw., welche die Gesellschaften dieser Region und damit auch ihre Bildungssysteme durchziehen und welche sich im Rhythmus der durchgeführten Reformen in jenem Jahrzehnt verstärkt vertieften (Rivas, 2004).[12]

Wie und in welchem Kontext wird nun der Begriff der Gleichheit in den regionalen Bildungsagenden aufgenommen? Die Antwort auf diese Frage bedarf zunächst des Hinweises, dass der Stellenwert dieses Problems relativ neueren Datums ist. Lange Zeit blieb dieses Konzept hinter einem anderen versteckt, das die von den Nationalstaaten implementierten Politiken zu erklären und ihnen Sinn zu verleihen schien. „Chancengleichheit" war das andere Konzept, mit dem nicht nur die Chancen des Zugangs zum System – für alle – gefordert, sondern auch der Versuch unternommen wurde, die gleiche Dienstleistung – in ihren Merkmalen und ihrer Qualität – für alle Bürgerinnen und Bürger anzubieten.

Doch Mitte der 1970er Jahre entstanden die ersten empirischen und theoretischen Studien, die darauf hinwiesen, dass das Streben nach gleicher Bildung für alle (mit gleichem Inhalt, mit gleichen Methoden) keine höhere Demokratisierung des Systems garantiert, sondern der Reproduktion bestehender Ungleichheiten dient (Bourdieu & Passeron, 1977; Bourdieu, 1979).[13] Diese Studien zeigten, dass

---

12 Der Trend der Indikatoren der internen Effizienz des Systems sowie der Schulleistung deuten auf eine klare Evidenz der Verschlechterung in den untersuchten Bildungssystemen. Ebenso zeigen die von den verschiedenen Ländern durchgeführten Leistungsevaluationen die bestehenden durchgängigen und sich vertiefenden interterritorialen Ungleichheiten.

13 Bourdieu & Passeron (1977) beschreiben den Prozess, bei dem Bildung aus einer kulturellen oder symbolischen Perspektive eine Schlüsselrolle in der gesellschaftlichen Reproduktion spielt. Nach Bourdieu (1979) setzte sich der Begriff des kulturellen Kapitals

Chancengleichheit eine Illusion ist, und dass, selbst wenn ein erheblicher Anteil der schulpflichtigen Bevölkerung Zugang zum System hat, nicht alle dies in gleicher Weise nutzen können und – schlimmer noch – ihnen nicht immer die gleiche Dienstleitung angeboten wird.

Mitte der 1980er Jahre begannen diese Analysen immer zahlreicher zu werden und zu zeigen, dass die lateinamerikanischen Bildungssysteme nicht nur nach der sozioökonomischen Zugehörigkeit diskriminierten, sondern auch nach Rasse, Ethnie, Religion oder Geschlecht. Sie verstärkten damit die Ansicht, dass in zunehmend komplexen und differenzierten Gesellschaften Politiken nach dem Motto „gleiche Bildung für alle" nicht immer sinnvoll sind, weil sie einander widersprechende Ergebnisse produzieren können. Folglich begann man zu erkennen, dass die Demokratisierung des Bildungssystems nicht notwendigerweise auf das Anbieten von gleicher Bildung für alle beruht; und der Respekt von Vielfalt, von kulturellen bzw. Geschlechtsunterschieden wird als ein wesentlicher Bestandteil des demokratisierenden Prozesses anerkannt. Auf diese Weise besteht seit den 1990er Jahren die neue große Herausforderung von Bildung und Erziehung in der Anerkennung und Aufwertung dieser Unterschiede (Braslavsky & Gvirtz, 2000). In diesem Kontext beginnt ein neues Konzept die Bildungsdebatte zu bestimmen: das Konzept der Gleichheit. Aber wie wird dieses Konzept definiert? Es wird hier die Definition von Hopenhayn & Ottone (1999a, 1999b) übernommen, welche Gleichheit im Bildungswesen als einen Prozess verstehen, der simultan zwei Dimensionen beinhaltet und artikuliert: 1) die Chancengleichheit und 2) die Berücksichtigung bzw. Kompensierung – je nach Fall – der Unterschiede. Es geht also darum, der Heterogenität der Nachfrage entsprechend differenzierte Angebote zu machen; nicht aber mit der Absicht, Ungleichheiten zu reproduzieren, sondern vielmehr gleichwertige Möglichkeiten – und nicht nur den Zugang betreffend – für alle Bürgerinnen und Bürger zu gewährleisten.

4. Die Rolle der Akteure der intermediären Ebene in den analysierten Bildungssystemen

In den folgenden Abschnitten werden die vier einzelnen Fälle diskutiert, bevor sie einer vergleichenden Analyse unterzogen werden.

---

durch – als Hypothese zur Erklärung von Ungleichheit der schulischen Leistungen der verschiedenen sozialen Klassen, bei dem schulischer Erfolg mit der Verteilung von kulturellem Kapital zwischen den Klassen und Klassenfraktionen in Verbindung gebracht wird.

Silvina Gvirtz und Gustavo Dufour

4.1 Die Akteure der intermediären Ebene im chilenischen Bildungssystem

Derzeit wird das chilenische Bildungssystem durch ein gemischtes System reguliert: eine führende Rolle übernimmt zentral der Nationalstaat (vor allem in Bezug auf pädagogische Fragen); die Bereitstellung von öffentlichen Bildungsangeboten wird dezentral organisiert, dabei gibt es eine stets wachsende Versorgung durch den privaten Sektor (Román, 2007).

Entsprechend dem konzeptionellen Rahmen, nach dem die Akteure der intermediären Ebene als jene Akteure oder Organisationen des Bildungssystems definiert werden, welche zwischen den über die Politiken entscheidenden institutionellen Räumen (Makroebene) und den Schulen (Mikroebene) – dessen Funktionen und Verantwortlichkeiten von strategischer Bedeutung für die Dynamik, Prozesse und schulische Praxis sind – vermitteln, können im chilenischen Fall die *Provinzdirektionen und die Gemeinde* als die wichtigsten institutionellen Akteure in dieser intermediären Ebene identifiziert werden. Es sind diese beiden öffentlichen (staatlichen) Institutionen (und deren Mitglieder), die den Schulen am nächsten stehen.

Abbildung 1 zeigt die „doppelte" Abhängigkeit, mit der sich staatlich finanzierte Schulen konfrontiert sehen; genau hier lassen sich die Akteure der intermediären Ebene im Bildungssystem identifizieren. Die enorme Heterogenität der Gemeinden in Chile (u. a. Größe, Bevölkerung, geografische Lage, Ressourcen und Budget) bestimmt auch die verschiedene Typen von Akteuren der intermediären Ebene, so dass die Analyse von Möglichkeiten und Grenzen der Regelungen und Vorschriften, welche die Rollen und Funktionen der in den unterschiedlichen territorialen Räumen operierenden Akteure rahmen und definieren, noch komplexer wird.

Die Analyse der Regulierung des chilenischen Bildungssystems zeigt deutlich, wie die Reform zwei parallelen Linien folgte, die eine tatsächliche Dezentralisierung des Bildungssystems verhindert und das System selbst in eine fast permanente Quelle von Konflikten und Spannungen zwischen den verschiedenen Akteuren verwandelt haben. Während die Funktionen der Bildungsplanung und -inspektion unter der Verantwortung des Bildungsministeriums stehen, liegt die Verantwortung für die Bildungsverwaltung rechtlich bei den Gemeinden. Diese Situation bedeutete eine Fragmentierung des öffentlichen Bildungssystems, indem die didaktisch-pädagogischen und die administrativ-finanziellen Aspekten voneinander getrennt – und in verschiedenen Zuständigkeitsbereichen – geführt werden. Es gibt daher bestimmte rechtliche Einschränkungen für das Treffen von pädagogischen Entscheidungen in den einzelnen Gemeinden. Obwohl diese die Verantwortung und Kontrolle über die finanziellen Mittel und über die Organisation, Auswahl, Einstellung und Entlassung von Lehrpersonen und der Schulleitung inne haben, werden sie in den meisten Fällen bei der Kontrolle, Aufsicht und Entscheidungsfindung im pädagogischen Bereich marginalisiert oder ausgeschlossen.

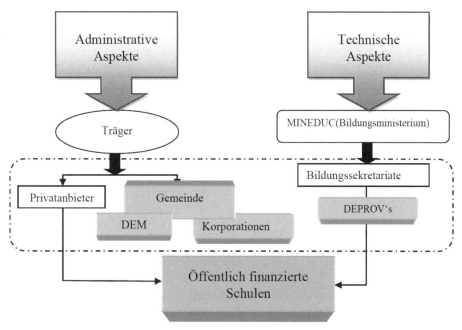

Abbildung 1: *Die intermediäre Ebene des Bildungssystems in Chile. Quelle: Román, 2007, S. 60*

Im Gegensatz dazu sind die Provinzdirektorate diejenigen, die über rechtliche Befugnisse für die Beaufsichtigung und für didaktisch-pädagogische Beratung an Schulen auf der Provinzebene verfügen; dabei haben sie aber keine Möglichkeit und Zuständigkeit für Personal und die materiellen Ressourcen, um die Gewährleistung einer besseren Bildungsversorgung in allen Einrichtungen in ihrem Kompetenzbereich zu ermöglichen. Ihre Rolle im administrativen und finanziellen Bereich beschränkt sich auf eine Inspektionsfunktion für die Überprüfung der in jeder Schule benötigten Lehrstellen und für das Kontrollieren der Anmeldungszahlen um so den Bildungseinrichtungen die Zahlung von Fördermitteln zukommen lassen.

Es ist interessant zu konstatieren, dass viele der Politiken zur Förderung von Bildungsgleichheit auf der zentralen Ebene konzipiert werden. Hervorzuheben ist, dass viele der angebotenen Programme positiven Diskriminierungspolitiken entsprechen. Diese wiederum förderten und begünstigten die Fort- und Weiterbildung von Lehrpersonen in öffentlichen Schulen durch die Vergabe von Stipendien für ihre Verwirklichung sowie durch die Verbesserung der Gehälter derjenigen, die diese Fortbildungen abschlossen. Es ist ebenso wichtig die Rolle der gesetzlich vorgesehenen Sonderbezüge für Lehrende, die unter schwierigen Verhältnissen arbeiten, hervorzuheben; dies trägt zweifellos zur Verbesserung der Qualität der Bildung für Kinder an diesen Schulen bei. Die Gesetzgebung bezieht außerdem gewisse Normen ein, die verhindern, dass Schülerinnen und Schüler aufgrund ihrer wirtschaftlichen Lage oder schlechten akademischen Leistungen aus der Schule verwiesen werden können. Eine weitere Maßnahme zur Förderung von Chancengleichheit im chilenischen Bildungswesen ist eine spezielle Subvention für Einrichtungen, die Kinder mit Behinderungen betreuen, damit diese in den Prozess der Schulbildung angemessen integriert werden können. Erwähnenswert in diesem Zusammenhang ist auch die Gesetzvorlage für Stipendien an Schülerinnen und Schüler mit höheren sozialen Risiken um sie im Bildungssystem (Programm „Schule für alle") zu halten.

Schließlich kann die Flexibilität der zentralen Lehrpläne als Beitrag zur Gleichheit verstanden werden, vorausgesetzt sie werden den besonderen und spezifischen Bedürfnissen der Schülerschaft angepasst. Da allerdings die Zuständigkeit für Regulierung und Beaufsichtigung nicht an die Kommunen delegiert werden, bleiben die Umsetzung dieser Maßnahme sowie ihre – positive oder negative – Wirkungen an den Willen der schulischen Akteure gebunden und folglich kann sich diese nicht in einer Verbesserung der Bildungsqualität niederschlagen. In der Tat lässt sich mit Bezug auf unsere Befunde beobachten, dass trotz einer großen Flexibilität der Lehrplanung die meisten Schulen mit den vom Bildungsministerium angebotenen optionalen Lehrplänen arbeiten.

4.2 Die Akteure der intermediären Ebene im Bildungssystem in Kolumbien

Seit Beginn der in den 1980er Jahren begonnenen Reformen in Kolumbien, welche in den folgenden zwei Jahrzehnten unter den Rahmenbedingungen der im Jahr 1991 genehmigten neuen Verfassung vertieft wurden, entstehen und konsolidieren sich drei verschiedene Modelle der Bildungsgovernance in Kolumbien (siehe Tabelle 1).

Tabelle 1: Modelle der Bildungsgovernance in Kolumbien

Modell 1	Politisch-institutionelles System	National – Departement – Nichtzertifizierte Kommune
	Bildungssystem	MEN* – Bildungssekretariat des Departements – Rathaus – Bildungsinstitution
Modell 2	Politisch-institutionelles System	National – Zertifizierte Kommune
	Bildungssystem	MEN – Kommunales Bildungssekretariat – Bildungsinstitution
Modell 3	Politisch-institutionelles System	National – Distrikt
	Bildungssystem	MEN – Bildungssekretariat des Distrikts – Bildungsinstitution

* MEN = Ministério de Educación Nacional (Bundesbildungsministerium)

Die wichtigste Änderung für die Konfiguration dieser Modelle steht in Zusammenhang mit der Einführung eines Zertifizierungsmechanismus[14] und beinhaltet, dass die territorialen Behörden nachweisen müssen, bestimmte Anforderungen zur adäquaten Verwaltung der Ressourcen der Nation als Bedingung für den direkten Erhalt von Transfers seitens des Nationalstaats erfüllen zu können. Die Zertifizierung war anfangs zwingend für Departements und Distrikte, und gilt seit 2002 für alle Kommunen mit mehr als 100.000 Einwohnern. Derzeit gibt es 78 zertifizierte territoriale Einheiten: die Gesamtzahl der Departements (32) und Distrikte (4) sowie 42 Kommunen, von denen eine große Anzahl Hauptstädte von Departements sind.

Im ersten Modell erhalten die Kommunen nur ein kleines Budget – da sie nicht zertifiziert sind und daher keine Autonomie in der Verwaltung von Bildungsdienstleistungen und Ressourcen haben. Mit dem Budget sollen sie in Qualität investieren; sie verwalten nicht das Gros der Mittel (für Personal- und Sachausgaben), da diese in den Händen der Departements bleiben. Auf dieser Weise hängen die Bildungseinrichtungen sowohl von den nächstgelegenen als auch von weiter vom Alltag der Schule entfernten territorialen Behörden ab: zum einen von der jeweilige Kommune, in der sie sich befinden, zum anderen von den Bildungssekretariaten der Departements.

Im zweiten und dritten Modell verwalten sowohl die zertifizierten Kommunen (Modell 2) als auch die Distrikte (Modell 3) die Gesamtheit der Mittel (Personal-, Sach- und Finanzmittel) und sind die einzige Vermittlungsinstanz zwischen den Bildungseinrichtungen und der zentralen Ebene (d. h. den *policymakers*) ohne die Vermittlung der Departements (und ihrer Bildungssekretariate). Hier muss darauf hingewiesen werden, dass dieser jüngste Reformprozess durch regelmäßige Schwankungen charakterisiert ist. Dieses Pendeln zwischen Reform und Gegenreform, das die Ausgestaltung der Bildungsgovernance geprägt hat, war das Ergebnis von Spannungen zwischen konkurrierenden Interessen für und gegen Zentralismus; Spannungen, welche im Endeffekt die zentralistischen Positionen verstärkt haben. In der Tat ist in erster Linie das Bundesbildungsministerium (Ministerio de Educación Nacional) – zusammen mit anderen institutionellen Akteuren im Umkreis der zentralen Ebene – die verantwortliche Instanz für die meisten der wesentlichen inhaltlichen Entscheidungen, sowohl im Hinblick auf den administrativen Bereich, als auch auf den pädagogischen Lehrplan. In diesem Kontext geringer Entscheidungsautonomie seitens der subnationalen Ebenen führten die Reformen nur zu einer langsamen Dekonzentrierung bestimmter operative Aufgaben in Richtung subnationaler Akteure, während es in einigen wenigen Fällen eine moderate oder „mittlere" Dezentralisierung gab. Dies betraf vor allem diejenigen, die den Entscheidungszentren am nächsten waren und über eigene Ressourcen verfügten. Ungeachtet dessen gibt es gewisse variable Autonomiegrade für die Redefinition von inhaltlichen und operativen Aspekten der Bildungspolitiken, da aber die Leistungs-

---

14 Definiert in erster Linie im Gesetz Nr. 60 und dann im Gesetz Nr. 715.

fähigkeiten der in subnationalen Räumen operierenden Akteure der intermediären Ebene nicht homogen sind (als Folge der bestehenden Segmentierung), erzielen sie oft sehr unterschiedliche Ergebnisse, so dass diese manchmal die ursprünglichen Ungleichheiten vertiefen.

Durch die Segmentierung der nationalen Entwicklung und das Fehlen eines homogenen, einheitlichen Modells der Bildungsgovernance lassen sich die effektiven Ergebnisse der im subnationalen Raum operierenden Akteure der intermediären Ebene – angesichts der aus den Reformen resultierenden gesetzlichen und materiellen Beschränkungen – eher durch die individuellen Fähigkeiten derselben erklären. Dies lässt sich auch über die Aktivitäten dieser Akteure mit Blick auf Inklusion und Bildungsgleichheit sagen. In diesem Sinne bezieht sich der effektive Beitrag dieser Akteure mehr auf die eigene Agenda sowie auf individuelle und organisationale Kompetenzen als auf die Reformprozesse. In Bezug auf die Finanzierung sind die Mittel für die Förderung von Bildungsgleichheit wirklich unzureichend, um zufriedenstellende Ergebnisse zu erzielen. Hinzu kommen regulatorische Beschränkungen der subnationalen Regierungen, da sie erstens über keine Autonomie verfügen, um Budgets und Ziele von Politiken festzulegen, da die Entscheidungsbefugnis auf zentraler Ebene liegt; zweitens aufgrund des Globalbudgets um knappe Ressourcen konkurrieren müssen; drittens mit begrenzten Haushaltsmitteln rechnen, um die Gewährleistung von Bildungsgleichheit abzudecken; und viertens sich durch eine gewisse Instabilität kennzeichnen, die sich aus der Änderung der Kriterien für die Zuweisung des Budgets ergeben.

Es ist daher offensichtlich, dass die Frage der Gleichheit – verstanden als universelle Garantie des Rechts auf qualitativ-hochwertige Bildung – keine ausreichende politische Unterstützung erhielt, um sich als strategische Schlüsselachse der umgesetzten Reformen zu konstituieren. Eine wichtige Überlegung dabei ist, dass trotz des Vorhandenseins von Vorschriften in beiden Bereichen (administrativ-materiell und pädagogisch-curricular) die Befunde – Reimers (2002) Analysenkategorien für Lateinamerika aufgreifend – die Behauptung zulassen, dass in Kolumbien die managerialistische Reformen überwogen. Diese Reformen orientierten sich an der Verbesserung der Verwaltung – besonders der fiskalischen Verwaltung – und der wirtschaftlichen Effizienz des Sektors. Seltener waren solche Reformen, die für die Verbesserung von Bildung für die Wissensgesellschaft, für die Verbesserung der Qualität und der Relevanz der Bildungssysteme sowie für den Aufbau einer fairen und inkludierenderen Gesellschaft eintraten. Sowohl die Untersuchung der Regelungen als auch die Analyse der Ergebnisse von durchgeführten Fallstudien offenbaren eine dominante Betonung von ökonomistischen gegenüber pädagogisch-curricularen Aspekten der Reformen. Wesentliche Dimensionen der Wissensgesellschaften wie Qualität, Eignung und Relevanz der Bildung sowie das Streben nach Bildungsgleichheit nahmen einen zweitrangigen Platz ein. In diesem Rahmen richtete sich die Rolle der Akteure der intermediären Ebene nach ihren spezifischen Fähigkeiten und ihrer Agenda, sei es um bildungspolitische Maßnahmen des nationalen Bildungsministeriums zu vermitteln – d.h. sie ohne Veränderungen zu übertragen – sei es um darüber hinaus zu gehen – d.h. die Politiken an ihre territorialen Gegebenheiten anzupassen.

Auf der anderen Seite implizierten die pädagogisch-curricularen Reformen eine Übertragung einiger wenigen Befugnisse auf die Bildungseinrichtungen (Formulierung eines institutionellen Bildungsprojekts („*Proyecto Educativo Institucional*") und Definition der Curricula); in diesem Bereich ist die Rolle der territorialen Akteure viel weniger relevant als im Bereich des Managements, da diese im Wesentlichen auf die Beratung von Bildungseinrichtungen und auf die Durchführung von Inspektionen und Überwachung zur Sicherstellung der Einhaltung der nationalen Vorschriften beschränkt ist. Allerdings ist die Ausstattung von Inspektoren und regionalen Leitungsbeamten (*directores de núcleo*) nur unzureichend; was auch durch das normative Vakuum ihrer Tätigkeit verstärkt wird. Außerdem überfordern die zu erfüllenden Verwaltungs- und Kontrollaufgaben oft diese Akteure aufgrund der höheren Belastung und Komplexität, so dass die Möglichkeit, in der Praxis einen Beitrag zur pädagogisch-curricularen Entwicklung der Institutionen zu leisten, gering oder gar nichtig ist.

Schließlich bleibt zu bemerken, dass Qualität und Gleichheit wenig berücksichtigte Dimensionen der Reformen waren; hierzu trugen nicht nur die eingeschränkten Sichtweisen, sondern auch die knappen zugewiesenen Ressourcen bei: die Delegierung der Verantwortung für die Herstellung von besseren Ergebnissen an die Bildungseinrichtungen ohne den notwendigen Transfer von Kompetenzen und Ressourcen. Nach vielem hin und her wurde der Begriff der Qualität in der aktuellen Bildungspolitik überwiegend auf curriculare Standards, nationale Leistungsprüfungen und Verbesserungspläne reduziert. Dies ist offensichtlich eine sehr enge Sichtweise von Qualität, die zur Schwächung der nationalen Lernleistungen führte.

Obwohl den Akteuren der intermediären Ebene in der Tat eine zentrale Rolle zukommt, da sie den Schulen und der Schülerschaft am nächsten sind, lässt sich mit Blick auf die Frage nach ihrer Rolle bei der Förderung von Bildungsgleichheit leider nur sagen, dass die Reformen der letzten drei Jahrzehnte in Kolumbien nicht an der Erreichung von Gleichheit orientiert waren, sondern als primären Zweck die Erhöhung der Effizienz des Steuerungssystems verfolgten. Somit ist die effektive Rolle der Akteure der intermediären Ebene für die Gestaltung eines gerechteren und qualitativ besseren Bildungssystems im hohen Maße durch normative Einschränkungen der zentralen Ebene beschränkt; sie haben weder dazu beigetragen, die Sorge für Gleichheit an die subnationalen Regierungen zu übertragen, noch wurden sie mit den rechtlichen Befugnissen und erforderlichen Ressourcen für diesen Zweck ausgestattet.

4.3 Die Akteure der intermediären Ebene im Bildungssystem Perus

In Peru gibt es vier verschiedene territoriale Ebenen, in denen das Management von Bildungsdienstleistungen durchgeführt wird (siehe Abbildung 2 unten):

- die zentrale oder nationale Ebene, die dem Bildungsministerium entspricht;
- die regionale Ebene, auf der sich die regionalen Bildungsdirektionen („*Dirección Regional de Educación*", kurz: DRE) befinden;
- die lokale Ebene, auf der die lokalen – von der DRE abhängigen Einheiten des Bildungsmanagements („*Unidades de Gestión Educativa local*", kurz: UGEL) operieren und auf der sich die lokalen Regierungen befinden (d. h. die Provinzverwaltungen[15] und, in kleinerem Maßstab, die Distriktverwaltungen) sowie
- schließlich die Ebene der Bildungseinrichtungen.

Regierungsebenen	Bildungsbereich
Zentrale Regierung	Bildungsministerium
Regionale Regierung	Regionale Bildungsdirektion (26)
Lokale Regierung der Provinz (194)	Lokale Einheit Bildungsmanagement (206)
Lokale Regierung des Distrikts (1,828)	Bildungsinstitutionen (64,455 CE/18,966 PNE)

Bei der Übertragung von Verantwortung an die regionale und lokale Regierung besteht ein Akkreditierungssystem, das das Vorhandensein von effektiven Management-Fähigkeiten für die Übernahme der Kompetenzen, Funktionen, Befugnisse und Ressourcen überprüft.

Abbildung 2: Ebenen der Bildungsgovernance in Peru. Quelle: Eigene Ausarbeitung

Das Hauptmerkmal des peruanischen Bildungssystems ist sein Zentralismus, wenn auch mit signifikanten Trends zur Dezentralisierung. Doch während bestimmte Funktionen delegiert wurden, bleibt die Entscheidungsgewalt noch auf der zentralen Ebene konzentriert.

---

15 Anmerkung des Übersetzers: Die *Municipalidades Provinciales* sind in Peru Regionalverwaltungen bzw. die oberste Verwaltungsbehörde einer Provinz.

Die Regionalorgane sind nur Agenten der zentralen staatlichen Gewalt, die ein wenig von der Aufsichts- und der Personalverwaltungsfunktion teilen. Die regionale Ebene wiederum hat wenig Kompetenz bei der Auswahl von Direktoren der Bildungsbehörden der Provinzen. Die Akteure der intermediären Ebene im peruanischen Bildungssystem sind grundsätzlich zwei: die regionalen Bildungsdirektionen und die UGELs. Diese wurden schon immer als Behörde der Übertragung, Bearbeitung und/oder Implementation und Kontrolle der von der zentralen Ebene getroffenen Entscheidungen begriffen. Die von ihnen erlassenen Regeln sind – in den meisten Fällen – ein Teilprodukt dessen, was vorher vom Bildungsministerium auf nationaler Ebene definiert wurde – außer bei jenen Entscheidungen über die Zuweisung von Haushaltsmitteln, bei welchen die Hauptrolle das Wirtschafts- und Finanzministerium hat. Die regionalen Bildungsdirektionen sind administrativ von der regionalen Regierung abhängig und erfüllen im Wesentlichen eine aktive Rolle in der Förderung, Koordination und Planung von bestimmten Aktivitäten in der von ihnen verwalteten Jurisdiktion; sie verwalten aber nicht direkt die Bildungseinrichtungen. Nach dem Organischen Gesetz der Regionalregierungen („*Ley Orgánica de Gobiernos Regionales*") werden unter den Funktionen der regionalen Bildungsdirektion die Bereitstellung von Bildungsdienstleitungen in Abstimmung mit dem UGEL zu fördern, regulieren, voranzubringen und zu überwachen genannt. Ferner legt dieses Gesetz Nachdruck auf einige Funktionen, die direkt mit der Frage nach Bildungsgleichheit zusammenhängen und es legt fest, dass die regionale Direktion Inklusion, eine Kultur der Menschenrechte, des Friedens und Chancengleichheit fördern soll; auch soll sie Alphabetisierungsprogramme umsetzen und evaluieren sowie für die interkulturelle Bildung und Verwendung von einheimischen Sprachen in der Region zuträglich sein. Die regionale Bildungsdirektion ist auch für die Orientierung einer Diversifizierung des Lehrplans und für die Nutzbarmachung der neuen Technologien in Bildungsprozessen verantwortlich; in regelmäßigen Abständen evaluiert sie die Lernergebnisse in ihrem Zuständigkeitsbereich. Sie kooperiert mit dem Bildungsministerium in den Bereichen Evaluation, Akkreditierung und Zertifizierung von Bildungsqualität. Zur Befugnis der Regionalen Bildungsdirektionen gehören auch Förderung und Teilnahme an Forschungsprojekten für Innovationen im Bildungsbereich, die zur regionalen Entwicklung und zur Verbesserung der Qualität von Bildungsdienstleistungen beitragen. Des Weiteren soll sie – in Abstimmung mit dem Bildungsministerium, mit den UGEL und der regionalen Regierung – die Einstellungsverfahren von Lehrpersonal durch öffentliche Ausschreibungen und die Erlassung von Richtlinien für die Förderung und Evaluation der Ausübung der Lehrertätigkeit in der Region verwalten.

Die Lokale Einheit Bildungsmanagement (UGEL) ist funktional von der regionalen Bildungsdirektion abhängig. Ihr Anwendungsbereich wird nach den Kriterien der Governance und in Übereinstimmung mit den Richtlinien der Bildungspolitik territorial bestimmt. Für die Ausübung seiner Aufgaben hat die UGEL verschiedene administrative und pädagogische Funktionseinheiten („*Orgános*"); bei den sogenannten „*Orgános de Línea*" gibt es drei differenzierte Arbeitsbereiche: Verwaltung, pädagogisches und institutionelles Management. Die wichtigste Funktion der UGEL ist die Bereitstellung von didaktisch-pädagogischer und administrativer Unterstützung in Bildungsinstitutionen und -programmen in ihrem Zuständigkeitsbereich, um damit eine hochwertige Bildungsdienstleistung zu gewährleisten, die Leistungsgleichheit garantiert. Um dies zu leisten verwalten und implementieren sie die vom Bildungsministerium und von der regionalen Regierungen erlassenen Regeln und Vorschriften, identifizieren Bedarfe und bilden das Personal fort; sie födern Aus- und Fortbildung und das Funktionieren von Netzwerken[16] für Bildung als eine Kooperationsform zwischen Institutionen und Bildungsprogramme der Region. Die administrativen Funktionen, für welche die UGEL verantwortlich ist, sind weitaus relevanter als ihre pädagogischen Funktionen. Letztere sind eher beschränkt und werden in unbefriedigender Weise umgesetzt; sie sind geprägt durch den Mangel an vorhandenen ökonomischen Ressourcen, durch eine budgetorientierte Beratung und Aufsicht und durch die Knappheit an geeignetem Personal für die Umsetzung dieser Funktionen. Die geringe Anzahl von Fachexperten im pädagogischen Bereich verhindert in der Tat die Durchführung von regelmäßiger Supervision und Beratung in allen Bildungseinrichtungen. Und wenn die Supervision erfolgt, dann konzentriert sich diese eher auf formale Aspekte (wie das Senden und Empfangen von Dokumenten) anstatt auf wesentliche inhaltliche Fragen der Beratung und der pädagogischen Unterstützung. Deshalb nehmen die Bildungseinrichtungen die regionale Verwaltung („*tecnocracia regional*") als wenig flexibel in der Umsetzung von Organisationsschemen und -formen wahr. Im Rahmen von besonderen Projekten wagen einige diese Regeln zu brechen, jedoch mit dem Risiko von den Regulierungsbehörden sanktioniert zu werden. So entsteht das Gefühl, dass das Management den Erfolg – die akademische Leistung – nicht belohnt, sondern ihn vielmehr bestraft.

In dieser Diagnose ist ein wichtiges Element zu betrachten; dieses bezieht sich auf den rechtlichen Rahmen, in welchem die Funktionen der intermediären Akteure festgelegt werden. Die Gesetze, Vorschriften und gesetzlichen Verordnungen, die das Funktionieren letzterer regulieren, entsprechen keiner mittelfristig kohärenten Strategie, die zu konsistenten Bildungspolitiken führen könnte. In der Tat: Im normativen und rechtlichen Rahmen lassen sich Lücken und Widersprüche zwischen den Normen und die geltenden gesetzlichen Verordnungen erkennen, die häufig zu Überlagerungen von Funktionen zwischen den verschiedenen Institutionen sowie zu Ausführung von „parallelen" Befugnissen führen. Der Fokus auf die UGEL zeigt die Struktur und Logik einer öffentlichen bürokratischen Behörde, die (sehr) wenig Raum für Initiative und Effizienz in der Verwaltung lässt. Die Fähigkeit zur Initiative wird durch Regeln mit strafendem Charakter reguliert und nicht durch die Sorge

---

16 Diese Netzwerke sind jedoch erst in jüngsten Zeiten – insbesondere von Verbänden und NGOs vorangetrieben, entstanden und sind vor allem in ländlichen Gebieten zu finden.

um die Qualität der Prozesse und der Bildungsergebnisse. Die Geltung eines oft widersprüchlichen oder verwirrenden Rechtsrahmens erzeugt unter den Beamten die Angst auf eigene Initiative zu handeln, da sie sich möglicherweise gesetzlichen Repressalien – aufgrund von Rechtsverstößen gegen die eine oder die andere gesetzliche Vorschrift – ausgesetzt sehen könnten. Schließlich gibt es im Hinblick auf die Aktivitäten der Akteure der intermediären Ebene für die Förderung von Gleichheit auf der institutionellen Ebene der UGEL keine auf das Erreichen der Bildungsgleichheit orientierte Politik. Die isoliert durchgeführten Initiativen sind Ergebnis des Ermessens bestimmter Beamter, die sich an unterschiedlichen Kriterien orientieren, wenn es um die Entscheidung über die Verteilung der knappen Ressourcen für öffentliche Schulen geht. Manchmal orientieren sie sich an der Maßgabe eines „für alle gleich", manchmal an der Idee, denen zu geben, die es „am meisten brauchen", und manchmal handeln sie nach dem Kriterium, diejenigen zu unterstützen, die „es verdient haben", weil sie hart arbeiten und es, ihrer Meinung nach, Anzeichen für erhebliche Fortschritte gibt. Auch bei der Planung der Verteilung der Betreuungsstunden und Bildungsberatung sind die Beamten von erheblichen finanziellen Beschränkungen beeinflusst, welche dazu führen, dass diejenigen in weiter entfernten Schulen – welche oft diejenigen mit den größten Mängeln und Bedürfnissen sind – übergangen werden.

4.4 Die Akteure der intermediären Ebene im Bildungssystem Argentiniens

Die Akteure der intermediären Ebene in Argentinien sind befasst mit der Bereitstellung von Unterstützung und Aufsicht für die Schulen; diese Akteure vermitteln zwischen den Schulen und jenen institutionellen Räumen, die – zumindest formal – für die Ausarbeitung von sektoralen Politiken verantwortlich sind. Es sollte jedoch angemerkt werden, dass diese Funktion nie die einzige und auch nicht eine einfache oder klare Aufgabe war/ist, welche die Gesellschaft und vor allem das Bildungssystem diesen Akteuren der intermediären Ebene abforderte. Die ihnen zugewiesenen Funktionen können analytisch – obwohl nicht immer in der Praxis – in zwei Dimensionen unterteilt werden: a) eine pädagogische Dimension, und b) eine administrative Dimension. Obwohl wir nicht den Wert und die Wirkung bestimmter Aufgaben oder administrativer Funktionen für das Ergebnis von Bildungsprozessen unterschätzen sollten, sind es letztendlich die pädagogischen Kompetenzen, welche eine kritischere Rolle zu spielen scheinen, da sie die Fähigkeit dieser Akteure der intermediären Ebene für die Verbesserung von Qualität und Gerechtigkeit bei der Bereitstellung von Bildungsdienstleistungen definieren.

Die Organisationsform dieser Akteure lässt wichtige Unterschiede beim Vergleich der verschiedenen Bildungssysteme der Provinzen innerhalb des argentinischen Bildungssystems erkennen. Da die Form der Governance der einzelnen

Bildungssysteme der Provinzen einige unterschiedliche Merkmale beinhaltet, legen wir unsere Aufmerksamkeit auf zwei Fälle, die aufgrund ihrer Größe und Komplexität sehr relevant sind. Auf der einen Seite das Bildungssystem der Provinz Buenos Aires mit den Inspektionsbüros (*„Sedes de Inspección"*) und die Schulräte (*„Consejos Escolares"*); und auf der anderen Seite das Bildungssystem der Stadt Buenos Aires, im letzteren stellen fast ausschließlich die Supervisoren (vor allem die Monitoring Teams des Distrikts) die Akteure der intermediären Ebene dar.

In der Provinz Buenos Aires sind derzeit Inspektorinnen und Inspektoren, wie in den Verordnungen vorgesehen, die Verantwortlichen für die Beratung und Aufsicht der pädagogischen Angelegenheiten der Schulen in ihrer Region oder Gemeinde. Die Inspektoren berichten direkt an die Generalinspektionsdirektion (*„Dirección de Inspección General"*), die wiederum von dem Sub-Sekretariat für Bildung (*„Subsecretaría de Educación"*) der Provinz Buenos Aires abhängen. Allerdings sind die Inspektoren nicht mehr nur mit Aufsichtsaufgaben in pädagogischen Prozessen befasst, sondern werden nunmehr auch als pädagogische Berater und Sachverständiger und als Verantwortliche für die Erbringung von Bildungsdienstleistungen unter ihrer Aufsicht angesehen. Zur Erfüllung dieser Funktionen übertragen die neuen Vorschriften den Inspektoren bestimmte Befugnisse für Entscheidungen „vor Ort" – sei es die Region, der Distrikt oder die Schule; parallel dazu wird der Aufbau einer engen Verbindung – jedoch nicht hierarchisch – mit der Schulleitung und Lehrerinnen und Lehrern der Bildungseinrichtungen gefördert. Ein zentrales Ziel der Umstrukturierung des Bildungssystems der Provinz im Jahr 2004 war die Stärkung der beratenden Funktionen von Inspektoren; aber auch die Förderung ihrer Funktion als pädagogisches Verbindungsglied zwischen den Schulen – oder dem betroffenen Bildungssystem oder des Distrikts – und den politischen Verantwortlichen für die Steuerung des Bildungssystems der Provinz. Obwohl die Ausübung der traditionellen Aufgabe der Supervision, die Aufsicht über die Bildungsprozesse, immer noch wichtig für das Funktionieren des Systems ist, wird diese Aufgabe nun durch die Wahrnehmung von Beratungs- und Vermittlungsfunktionen der Inspektoren überschattet.

Die Schulräte sind nach den Vorschriften verantwortlich für die Beratung und die Beaufsichtigung der mit administrativen Aspekten zusammenhängenden Fragen, die den pädagogischen Prozess umfassen, vorgesehen – beispielsweise Infrastruktur, Wartung, Schulspeisung und Transport. Nach der organischen Struktur hängen diese funktional von der Schulrätedirektion (*„Dirección de Consejos Escolares"*) unter der Provinzdirektion von Sozial- und Bildungspolitik (*„Dirección Provincial de Política Socio Educativa"*) ab, diese wiederum berichtet direkt an die Generaldirektion für Kultur und Bildung (*„Dirección General de Cultura y Educación"*). In den neunziger Jahren hat sich die Situation der Schulräte wesentlich verändert, und ihre Befugnisse und Autonomie wurden stark beschnitten. Paradoxerweise werden ihre Vertreterinnen und Vertreter direkt von der Bezirksbürgerschaft gewählt und genießen somit eine Wahllegitimation. Daher bringen die in den 1990er Jahren implementierten Reformen erneut die funktionale Schwäche dieser Organe innerhalb des Systems zum Ausdruck, sie zeigen aber auch deutlich die Situation stetiger Instabilität, der sie seit 1987 bis zur Gegenwart ausgesetzt waren. Mit den neuen Verwaltungsvorschriften der Provinz wurden die Schulräte auf die Prüfungsaufgabe (Kontrolle) und auf administrative Beratung degradiert, jedoch mit sehr wenig Autonomie (und Kapazitäten) ausgestattet, um direkt auf die Anforderungen der Bildungseinrichtungen reagieren zu können.

Hinsichtlich des Bildungssystems der Stadt Buenos Aires, ist darauf hinzuweisen, dass es eine Verordnung des Jahres 1980 (Verordnung 38.426) gab, die auf dem Gebiet der Stadt Bezirksschulräte eingeführt hat, obwohl diese nie in Kraft getreten ist. Artikel 5 dieser Verordnung erklärte als primäre Verantwortung der Bezirksschulräte die Prüfungs- und Beratungsaufgabe von Bildungseinrichtungen in rein administrativen Bereichen, während pädagogische Fragen in den Händen anderer Akteure des Systems (Leitungsbehörde und Aufsichtsbeauftragten) blieben. Da jedoch diese Verordnung nie in Kraft getreten ist, blieben alle administrativen Verantwortlichkeiten bei den Inspektionsakteuren. Deshalb ist die Verantwortung der Schulinspektion „die Orientierung, Koordinierung, Stimulus, Evaluation sowie technische und administrative Verbesserung der pädagogischen Funktion im Kontext der Schule zu gewährleisten." (Verordnung 38.426 der Stadt Buenos Aires)

Auf der Basis der genannten Aufgaben lässt sich darauf hinweisen, dass die Rolle der Schulinspektion nicht nur die Ausführung einer Monitoring- und Kontrollfunktion über pädagogische Aspekte der Bildungseinrichtungen in ihrem Zuständigkeitsbereich verlangt, sondern auch die Leistung einer wichtigen beratenden Funktion im schulischen Kontext – für Führungskräfte und Lehrpersonal – sowohl in fachpädagogischen als auch in administrativen Fragen. Darüber hinaus erkennen die Vorschriften die Schulinspektion als einen (pädagogischen) Verbindungsagenten zwischen Schulen und Systembehörden. Aufgrund der Arbeitsüberlastung der Oberinspektoren wurde die Position des Assistenten geschaffen, um die administrativen Aufgaben auf sie zu übertragen und die Kompetenzen der schulischen Oberinspektoren auf engere pädagogische Fragen zu konzentrieren. Schließlich ist es notwendig einen Aspekt hervorzuheben, der als ein beinahe strukturell zu nennendes Merkmal in den zwei ausgewählten Schulsystemen auftritt. Während der Entwicklung der analysierten Bildungssysteme – gekennzeichnet durch ein hohes Maß an politisch-institutioneller Instabilität – hat sich eine willkürliche Verbreitung von Normen und kleinen Änderungen derselben ergeben (viele von ihnen wurden bald nach ihrem Inkrafttreten wieder aufgehoben); dieser Umstand erschwert es uns, im Bildungsbereich die Existenz eines realen normativen „Systems" zu erkennen. Diese Missverhältnisse scheinen noch ausgeprägter im Bereich des Bildungssystems der Stadt Buenos Aires zu sein, da dort immer noch einige der während der letzten Militärdiktatur erlassenen Normen in Kraft sind – oder zumindest teilweise – was auf die langsame Entwicklung des Governance-Systems hinweist.

5. Schlussbemerkungen

Die Fallstudien berichten über die Relevanz der Akteure der intermediären Ebene bei der Implementation und Neudefinition jeglicher Bildungspolitik. Die Ergebnisse in den verschiedenen analysierten Fällen erlauben die Schlussfolgerung, dass die Akteure der intermediären Ebene nicht nur operative Aufgaben – verbunden mit einer neutralen Umsetzung der auf der zentralen Ebene entschiedenen Politiken – ausführen, sondern dass diese auch die Fähigkeit haben – wenn auch in unterschiedlichem Grad je nach Fall und Akteur –, bestimmte Entscheidungen zu treffen, die wesentliche Aspekte der Politik und somit ihre Ergebnisse und Erfolge beeinflussen.

Gleichzeitig ist darauf hinzuweisen, dass die faktische Relevanz der Akteure der intermediären Ebene keineswegs mit ihrer randständigen oder ganz fehlenden Rolle in den Agenden lateinamerikanischer Bildungspolitik und Forschung zusammenpasst. Dies liegt daran, dass diese Akteure – vor allem von den *policymakers* – immer noch lediglich als Implementationsagenten der Politik – d. h. als neutrale Kanäle der Umsetzung der auf der Makroebene konzipierten Politiken und ihre mehr oder weniger aktive Rolle in bestimmten Kontexten für die Neudefinition von Politiken ignorierend – konzipiert werden.

Die hier präsentierten Ergebnisse zeigen, dass Entscheidungsprozesse – unabhängig von der zwischen den verschiedenen nationalen Fällen herrschenden Vielfalt – äußerst komplex sind und nicht nur die Analyse der formalen Aspekten eines Prozesses erfordern, sondern auch die Analyse der informellen institutionellen Räume (und des Verhaltens der Akteure darin), in denen Entscheidungen oft verändert oder an die Realität ihres Implementierungskontextes angepasst werden.

Diese Prozesse erweisen sich – in der Regel – als dynamischer und komplexer (wer entscheidet, was entschieden wird und wie wird es entschieden) in den Bildungssystemen der erforschten Hauptstädte – mit Ausnahme von Argentinien, welches von den analysierten Fällen, in der Provinz Buenos Aires (und nicht der Hauptstadt Buenos Aires) die höchste Dynamik und Komplexität im Bildungssystem aufweist.

Darüber hinaus lässt die Analyse des Organisationsmodus und des Funktionierens der Akteure der intermediären Ebene je nach unterschiedlichem Bildungssystem – mit Ausnahme von Chile – darauf hinweisen, dass institutionelle Strukturen, innerhalb welcher diese Akteure tätig sein können, nicht existieren – oder immer noch extrem schwach sind. Es handelt sich oftmals nur um einzelne Akteure, die ihre Funktionen in territorial abgegrenzten Jurisdiktionsbereichen erfüllen, die aber nicht auf Bezirks- oder lokaler Ebene in institutionalisierten Governance-Strukturen eingebettet sind, wie jene Strukturen, welche die Bildungssysteme einiger angelsächsische Länder kennzeichnen.

In Bezug auf die Rolle der Akteure der intermediären Ebene lassen die Ergebnisse der Fallstudien den Schluss zu, dass in den meisten dieser Länder und Regionen eine erhebliche Überschneidung von – oft widersprüchlichen – Vorschriften vorliegt, die nicht erlauben, genau zu definieren, welche Rolle die Akteure der intermediären Ebene spielen. Im spezifischen Fall der Akteure mit Aufsichts- und Kontrollfunktionen zeigen die Ergebnisse, dass diese nicht nur operative Aufgaben – also Verwaltungsaufgaben – erfüllen, sondern eine große Fähigkeit besitzen, Entscheidungen über wesentliche Fragen der Politik – welche eine Neudefinierung/Anpassung der Ziele impliziert – in ihrem Einflussbereich zu treffen. Dennoch: aufgrund der Überbelastung an Aufgaben sehen sich diese gezwungen, zunächst die administrativen oder „Notfälle" zu behandeln.

Es ist jedoch wichtig darauf zu hinweisen, dass je größer der Abstand zwischen den Instanzen der Formulierung von Politiken und den Akteuren der intermediären Ebene ist, desto größer sind auch die (zentralen) Steuerungsprobleme.

Die Fähigkeit der Akteure der intermediären Ebene das Problem der Gleichheit im Bildungssystem zu behandeln, hängt scheinbar (mit Ausnahme von Chile) mehr von der eigenen Wahrnehmung und vom Engagement dieser Akteure (sowie ihrer Definition des Problems) ab, als von den systematischen Bemühungen, die in den (nationalen oder jurisdiktionalen) Instanzen für die Ausarbeitung von entsprechenden Politiken gemacht worden sind. Die hier präsentierten Ergebnisse unterstützen die Schlussfolgerung, dass die auf die Organisation dieser Akteure bezogenen Aspekte einen erheblichen Einfluss auf die Handlungsmöglichkeiten zugunsten der Bildungsgleichheit haben. Im Falle der Akteure mit Supervisions- und Inspektionsaufgaben zeigt die Erfahrung, dass die am meisten ermutigenden Ergebnissen sich dann zeigen, wenn die Organisation des Supervisions- bzw. Inspektionsteams die Organisationskriterien nach Bereich (pädagogische Aspekte, Verwaltung) oder nach Bildungslevel (primär, sekundär etc.) unter territorialen Kriterien subsumieren. Dies ermöglicht ihnen, in „ihren Territorien" einen umfassenden Einblick über das Bildungsproblem zu entwickeln und nach Gleichheit im Bildungssystem zu streben. Deshalb könnte es interessant sein, einen Prozess der Institutionalisierung der Rollen und Funktionen der Akteure der intermediären Ebene zu initiieren, der dem Kriterium der territorialen Organisation Priorität einräumt.

Aus der Analyse der vier Fallbeispiele lässt sich beobachten, dass die Akteure der intermediären Ebene nicht nur Funktionen der Top-down-Vermittlung der wichtigsten makropolitischen Leitlinien und der hierarchischen Kontrolle der Aufgaben von Schulleitungen und Lehrpersonen erfüllen, sondern dass in jüngerer Zeit diese auch die Rolle der pädagogischen Beratung von Schulen unter seine Funktionen zu fallen begann. Als Ergebnis nehmen die Schulen diese Akteure zunehmend nicht mehr als nur als „Überwacher" wahr, und beginnen diese als diejenigen anzusehen, die sie während des gesamten Bildungsprozesses unterstützen und begleiten.

Allerdings gibt es zwei Funktionen, die noch zu wenig entwickelt zu sein scheinen, sowohl auf der normierenden Ebene als auch auf der Praxisebene. Eine von ihnen bezieht sich auf die Bottom-up-Kommunikationsfunktion: die Anforderungen der Schulen bis zu den politischen Behörden zu übermitteln. Die zweite von den Akteuren der intermediären Ebene zu erfüllende Funktion bezieht sich auf Herstellung von Bildungsgerechtigkeit. Obwohl alle interviewten Akteure der intermediären Ebene sich im Klaren über die Notwendigkeit der Förderung einer gerechteren und angemessenen Ausbildung sind, sehen sie sich mit – normativen sowie operativen – Schwierigkeiten und Einschränkungen konfrontiert, die dazu führen, die Verantwortlichkeiten für diese Aufgabe an die Akteure der zentralen Ebene zu übergeben. Ein Teil dieser Schwierigkeiten sind das Ergebnis der noch herrschenden Sichtweise auf die Akteure der intermediären Ebene als die „Stimme der *policymakers*" anstatt sie als institutionelle Akteure anzusehen, die in der Lage sind, bestimmte Praktiken zu regulieren, die der Territorialisierung von öffentlichen Politiken eigen sind.

Schließlich dem herrschenden Bild dieser Akteure entsprechend haben sie ein geringes Maß an Autonomie für das Management ihres Budgets. Zu dem akuten Mangel an finanziellen Ressourcen, den sie erleiden und der sie an der Umsetzung ihrer administrativen Arbeiten und pädagogischen Leitung hindert, kommt noch das Fehlen eines Rechtsrahmens dazu, welcher ihnen die notwendige Autorität und Legitimation verleihen und zur Verbesserung der Fähigkeiten der Akteure der intermediären Ebene führen könnte. Dies alles beweist das Fehlen von realen Dezentralisierungsprozessen. Im Gegenteil, vorherrschend ist die Dezentralisierung bestimmter Funktionen, was die Position dieser Akteure innerhalb des Systems nicht grundsätzlich verändert, da – nicht immer zurecht – vorausgesetzt wird, dass diese Akteure nicht vorbereitet sind für die Ausübung von Funktionen, die einen entscheidenden Einfluss auf das System haben.

Literatur

Borja, J. (1987). Descentralización: una cuestión de método. In J. Borja, J. Perdigó, M. Palomar Llovet, M. Botella & M. Castells, *Organización y Descentralización Municipal*. Buenos Aires: EUDEBA.

Braslavsky C., Filmus D. & G. Tiramonti (Hrsg.) (1995). *Las transformaciones de la educación*. Buenos Aires: Tesis Grupo Editorial Norma.

Braslavsky, C. & Gvirtz, S. (2000). *Desafíos, Agendas y Tensiones en la Política Educacional Latinoamericana de Fin de Siglo*. Buenos Aires: mimeo.

Berman, P. (1996). El estudio de la macro y micro implementación. In L. F. Aguilar Villanueva (Hrsg.), *La implementación de las políticas públicas*. Antologías de Política Pública, Toma IV. 2. Aufl. México: Miguel Ángel Porrúa.

Bourdieu, P. & Passeron, J. C. (1977). *La Reproducción: elementos para una teoría del sistema de enseñanza*. Barcelona: Laia.

Bourdieu, P. (1979). *La distinction, critique sociale du judgement*. Paris: Les éditions de Minuit.

Carciofi, R. (1996). *Evaluación del proceso de descentralización educativa en Argentina*. Santiago de Chile: CEPAL.

Carciofi, R., Cetrángolo, O. & Larrañaga, O. (1996). *Desafíos de la Descentralización*. Santiago de Chile: CEPAL.

Cavarozzi, M. (1994). Politics: A Key for the Long Term in South America. In W. Smith, C. Acuña, & E. Gamarra (Hrsg.), *Latin American political Economy in the Age of Neoliberal Reform. Theoretical and Comparative Perspectives for the 1990's*. New Brunswick: North-South Center/Transaction.

CLESE (2005). *Programa de evaluación de sistemas educativos*. Buenos Aires: Fundación Konrad Adenauer.

Dale, R. (1999). The State and the Governance of Education: An Analysis of the Restructuring of the State-Education Relationship. In A. H. Halsey, H. Lauder, P. Brown & A. Stuart Wells (Hrsg.), *Education: Culture, Economy and Society* (S. 273–282). Oxford: Oxford University Press.

Di Gropello, E. (1999). Los modelos de descentralización educativa en América Latina. *Revista de la CEPAL 68*, 153–170

Díaz, H., Valdivia, N. & Lago, R. (2008). *Descentralización, organismos intermedios y equidad educativa en Perú*. Buenos Aires: Editorial AIQUE.

Dufour, G. (2008). *El rol de los supervisores e inspectores en el gobierno del sistema educativo argentino*. Buenos Aires: Editorial AIQUE.

Elmore, R. (1996). Diseño retrospectivo: la investigación de la implementación y las decisiones políticas. In L. F. Aguilar Villanueva (Hrsg.), *La implementación de las políticas públicas*. Antologías de Política Pública, Toma IV. 2. Aufl. México: Miguel Ángel Porrúa.

Elmore, R. & Burney, D. (1997). *School Variation and systematic Instructional Improvement in Community School District Nº 2, New York City, High Performance Learning Communities Project*. Washington, DC.: Office of Educational Research and Improvement.

Espínola, V. (1995). *El impacto de la descentralización sobre la educación gratuita en Chile*. serie Gestión escolar, Nº 1. Santiago de Chile: Centro de Investigación y Desarrollo de la Educación (CIDE).

Falleti, T. (2006). Una teoría secuencial de la descentralización: Argentina y Colombia en perspectiva comparada. *Desarrollo Económico, 46*(183), 317–352.

Filmus, D. (1998). La descentralización educativa en el centro del debate. In D. Filmus & E. Isuani (Hrsg.), *La Argentina que viene*. Buenos Aires: UNICEF/FLACSO/Norma.

Gajardo, M. (1999). *Reformas educativas en América Latina. Balance de una década*. Santiago de Chile: PREAL.

Gibson, E. & Calvo, E. (2001). Federalismo y sobrerrepresentación: la dinámica territorial de la reforma económica en Argentina. In J. M. Abal Medina & E. Calvo (Hrsg.), *El federalismo electoral argentino*. Buenos Aires: INAP-EUDEBA

Gomá R. & Subirats, J. (1998). Políticas públicas: hacia la renovación del instrumental de análisis. In R. Gomá & J. Subirats (Hrsg.), *Políticas públicas en España: contenidos, redes de actores y niveles de gobierno*. Barcelona: Ariel.

Hopenhayn, M. & Ottone, E. (1999a). *Ciudadanía e igualdad social: la ecuación pendiente*, documento para la discusión. Santiago de Chile: Comisión Económica para América Latina y el Caribe (CEPAL).

Hopenhayn, M. & Ottone, E. (1999b). *El gran eslabón*. Buenos Aires: Fondo de Cultura Económica.

McGinn, N. & Welsh, T. (1999). *Decentralization of Education: Why, When, What and How*. Paris: UNESCO-IIEP.

Meyers, M. & Vorsanger, S. (2002). Street Level Bureaucrats and the Implementation of Public Policy. In B. G. Peters & J. Pierre (Hrsg.), *Handbook of Public Administration* (S. 245-257). Thousand Oaks: Sage.

Morlino, L. (1985). Cómo cambian los regímenes políticos. *Instrumentos de análisis*. Madrid: Centro de Estudios Constitucionales.

Oates, W. (1977). An Economist's Perspective on Fiscal Federalism. In W. Oates (Hrsg.), *The Political Economy of Fiscal Federalism* (S. 3-20). Toronto: Lexinton Books.

OECD (1998). *Education at a Glance*. Paris: OECD.

OECD (2000). *Education at a Glance*. Paris: OECD.

Orlandi, H. & Zelaznik, J. (1996). El Gobierno. In J. Pinto (Hrsg.), *Introducción a la Ciencia Política*. Buenos Aires: EUDEBA.

Palma, E. & Rufián, D. (1989). *Los procesos de descentralización y desconcentración de las políticas sociales en América Latina: Enfoque Institucional*. Santiago de Chile: ILPES.

Pírez, P. (1996). Descentralización y gestión de la ciudad de Buenos Aires. In H. Herzer (Hrsg.), *Ciudad de Buenos Aires. Gobiernos y descentralización*. Buenos Aires: Colección CEA/CBC.

Pressman, J. & Wildavsky, A. (1984). *Implementación*. México: Fondo de Cultura Económica.

Reimers, F. (2002). *Tres Paradojas Educativas en América Latina. Sobre la necesidad de ideas públicas para impulsar oportunidades educativas*. Documento preparado para el Diálogo Regional en Educación organizado por el Banco Interamericano de Desarrollo.

Repetto, F. (1998). Notas para el análisis de las políticas sociales: una propuesta desde el institucionalismo. *Perfiles Latinoamericanos*, N° 12, 53-84.

Rivas, A. (2004). *Gobernar la educación*. Buenos Aires: Granica.

Román, M. (2007). *Un sistema educativo con dos cabezas: ¿quién responde por las escuelas públicas en Chile?* Buenos Aires: Editorial AIQUE.

Senén González, S. (1997). La descentralización educativa. ¿Política educativa o política fiscal?. In O. Oszlak (Hrsg.), *Estado y sociedad: Las nuevas reglas del juego*. Vol. I Buenos Aires: Colección CEA-CBC.

Smith, B. C. (1985). *Decentralization. The Territorial Dimension of the State*. London: George Allen & Unwin Publishers.

Tiebout, Ch. (1956). A pure theory of local expenditure. *Journal of Political Economy*, 64, 416-424.

Weber, M. (1992). *Economía y Sociedad*. México: FCE.

Wolman, H. (1990). Decentralization: what it is and why we should care. In R. Bennett (Hrsg.), *Decentralization, Local Governments and Markets*. Oxford: Clarendon Press.

Wright, D. (1997). *Para entender las relaciones intergubernamentales*. México: Fondo de Cultura Económico.

Maria de Fátima Costa de Paula

Hochschulbildung, soziale Inklusion und Demokratisierung
Brasilien und Argentinien in vergleichender Perspektive[1]

1. Einleitung

Die Regionen Lateinamerika und Karibik weisen weltweit die schlechtesten Indizes der Einkommensverteilung auf; wenn man zudem Einkommensverteilung als zentrales Element von sozialer Gerechtigkeit definiert, haben sie auch eines der höchsten Niveaus sozialer Ungleichheit. Aktuelle Studien zeigen einen Zuwachs von Ungleichheit in den Ländern Lateinamerikas in vielen Bereichen, einschließlich der Bildung, und dies schlägt sich am deutlichsten in der Hochschulbildung nieder. Die Statistiken zeigen eine deutliche Zunahme von Studierenden aus Familien mit höherem Einkommen und aus den oberen sozialen Schichten und eine geringere Beteiligung von Arbeitnehmern und Studierenden aus niedrigeren Schichten in den öffentlichen Universitäten (Rama, 2006, S. 96 und 107; siehe auch: Aponte-Hernández et al., 2008). Im Allgemeinen lässt sich sagen, dass die sozioökonomische Herkunft – in Verbindung mit anderen Faktoren wie z. B. geografische und ethnische Herkunft sowie mit individuellen Faktoren wie körperliche Beeinträchtigungen – einen entscheidenden Einfluss auf das Ungleichheitsniveau mit Blick auf den Zugang und den Verbleib der Studierenden im Hochschulbereich darstellt.

Hauptursachen von Exklusion und Ungleichheit im Zugang zur Hochschulbildung sind die knappen Budgets der öffentlichen Institutionen und die mangelhafte Qualität der Grund- und Sekundarschulen. Diese Aspekte stehen in engem Zusammenhang mit der allgemeinen Knappheit öffentlicher Mittel, mit der weitgehenden Privatisierung und Kommerzialisierung der Hochschulbildung in der Region und schließlich mit den finanziellen Hürden für große Teile der Bevölkerung, die Hochschulbildung ihrer Kinder bezahlen zu können.

Allerdings ist auch zu beachten, dass es neben den externen auch interne Faktoren gibt, welche die Reproduktion der sozialen Ungleichheiten im Bildungsbereich beeinflussen. Diese Faktoren erschweren ebenfalls den Zugang zu und den Verbleib der Studierenden im Hochschulbereich und haben hohe Abbruchraten zur Folge. Wichtige Aspekte sind hierbei unter anderem die sehr selektiven Aufnahmeverfahren wie das „*Vestibular*" in Brasilien, Studienpläne, die wenig flexibel und weit entfernt sind von den lebensweltlichen Realitäten der Studierenden, aber auch die mangelnde Vorbereitung der Hochschullehrenden auf den Umgang mit Studieren-

---

1 Aus dem Portugiesischen übersetzt von Marcelo Parreira do Amaral, lektoriert von S. Karin Amos.

den, vor allem mit Blick auf die Studienanfänger, ein Mangel an Begleitung der Studierenden mit akademischen Schwierigkeiten und Schwächen sowie ungenügende finanzielle Unterstützungsmaßnahmen und das Fehlen positiver Diskriminierungs- (*affirmative action*) und anderer ausgleichender Programme.

Mit Blick auf einige zentrale Indikatoren – wie zum Beispiel das Pro-Kopf-Einkommen, den Gini-Koeffizientien[2], das Verhältnis des Einkommens des reichsten Segments im Vergleich zu dem des ärmsten Teils der Bevölkerung, sowie der prozentuelle Anteil der Bevölkerung unterhalb der Armutsgrenze[3] – weist Brasilien die niedrigsten Indizes innerhalb Lateinamerika und Karibik auf (Aponte-Hernández, 2008). Verglichen mit Argentinien hatte 2008 Brasilien in jeder Hinsicht die höchsten Ungleichheitsrate, um nur einige Daten zu nennen: Während sich das Pro-Kopf-Einkommen in Argentinien auf 8.060 US$ beläuft, verfügen Brasilianer nur über 3.468 US$ im Jahr; der Gini-Koeffizient ist in Argentinien 0.53 und in Brasilien 0.58; das Einkommen des reichsten Segments in Argentinien ist 16 Mal größer als das des ärmsten, in Brasilien ist es sogar 29 Mal größer; in Argentinien konzentrieren die reichsten 10 % der Bevölkerung 35 % des nationalen Einkommens, für Brasilien sind es 45 % des Nationaleinkommens; in Argentinien leben 26 % der Menschen unterhalb der Armutsgrenze und in Brasilien 36 % (ebd.).

Auch in Bezug auf Bildung hatte Argentinien bessere Indizes und Indikatoren als Brasilien. Während in Argentinien die Analphabetismusrate der über 15-Jährigen 2,5 % beträgt, beläuft sich diese in Brasilien auf ganze 10,4 % (Gazzola, 2008). In Argentinien ist die Bruttobildungsbeteiligungsquote der Gesamtbevölkerung 38,2 %, während diese in Brasilien nur 11,2 % beträgt. Die Bildungsbeteiligung der argentinischen erwachsenen Bevölkerung liegt bei 96,8 %, die der brasilianischen bei 85,8 %. Die Bildungsbeteiligung im Hochschulsektor weist ebenfalls eklatante Unterschiede auf. Sie liegt in Argentinien bei 48 %, in Brasilien dagegen bei nur 16,5 %. In beiden Ländern entscheidet die soziale Herkunft maßgeblich über den Hochschulzugang. In Argentinien befinden sich 41,7 % des reichsten Bevölkerungssegments in Hochschuleinrichtungen, aber nur 1,1 % des ärmsten Segments; in Brasilien ist dieser Unterschied noch größer, d. h., 56,6 % der Studierende gehören zu den wohlhabendsten gesellschaftlichen Schichten und nur 0,8 % stammen aus dem ärmsten Teil der Bevölkerung[4] (Aponte-Hernández, 2008).

---

2   Der Gini-Koeffizient stellt eine Möglichkeit dar, Ungleichheiten zwischen Bevölkerungsgruppen in den Ländern und deren Vergleich auszudrücken. Mit ihm lassen sich Einkommensunterschiede innerhalb der Gesellschaft einschätzen und zugleich auch Ungleichheit in der Verteilung anderer sozialer und wirtschaftlicher Variablen berücksichtigen.
3   Definiert als diejenigen, deren Einkommen weniger als die Kosten für einen Grundkorb Lebensmittel ist.
4   Siehe hierzu die Publikationen des CEPAL. CEPAL ist die Abkürzung von ‚*Comisión Económica para América Latina y el Caribe*' mit Sitz in Santiago de Chile, zu Deutsch: Wirtschaftskommission für Lateinamerika und die Karibik. Sie stellt eine der fünf re-

Obwohl Argentinien eines der Länder Lateinamerikas ist, das am wenigsten in den Hochschulbildungsbereich, in Wissenschaft und in Forschung – gemessen am Prozentsatz des Bruttoinlandsprodukts – investiert, zeigt das Land bessere Indizes hinsichtlich des Zugangs zur – vor allem öffentlichen – Hochschulbildung als andere Ländern mit niedrigeren Pro-Kopf-Einkommen wie Chile, Brasilien, Venezuela und Mexiko. Argentinien hat somit eine der besten Inklusionsraten im Hochschulbereich in Lateinamerika. Allerdings weist das Hochschulbildungssystem in Argentinien trotz seines weitgehend uneingeschränkten und kostenlosen Zugangs zu seinen Hochschulen hohe Abbruchraten im Studienverlauf auf. Des Weiteren zeigen Studien, dass die größten Nutznießer des gebührenfreien öffentlichen Hochschulsystems in Argentinien die Kinder der Reichen und der Mittelschicht sind, und das System somit eine negative distributive Wirkung für die ärmere Bevölkerung erzielt (Delfino, in Rama, 2006, S. 129 f.).

Die politischen Maßnahmen der letzten Jahrzehnte erwiesen sich weitgehend als ineffektiv für die soziale Entwicklung Lateinamerikas und der Karibik mit Blick auf die angestrebte Verbesserung der sozialen Inklusion, Partizipation und Gerechtigkeit. Die öffentliche, durch soziale Ungleichheit herausgeforderte Politik darf sich nicht ausschließlich am Wirtschaftswachstum orientieren; sie muss vielmehr diejenigen Grundsätze berücksichtigen, die auf den Abbau von Ungleichheiten und die Erhöhung der sozialen Gerechtigkeit, auf Teilhabe und effektiver Staatsbürgerschaft abzielen. In diesem Sinne spielen Bildung im Allgemeinen und Hochschulbildung im Besonderen eine zentrale Rolle.

Die politischen Maßnahmen zur Inklusion sowie zur Verringerung der sozialen Ungleichheiten können nicht darauf verzichten, dem Zugang zu Bildung und zu den kulturellen Gütern insgesamt Priorität einzuräumen. Dies gilt insbesondere für den Zugang und den Verbleib in der Hochschulbildung. Hier sind auch die Hochschulen selbst angesprochen, die ihrer sozialen Verantwortung gerecht werden sollten. Ein abgeschlossenes Hochschulstudium ist eine wichtige Bedingung für bessere Lebenschancen und höhere Einkommen, und erweist sich somit als entscheidend für die Konsolidierung einer demokratischen und entwickelten Nation. In diesem Sinne ist die Demokratisierung und bessere Inklusion begabter junger Menschen aus sozialen Randgruppen entscheidend für den Aufbau von gerechteren und egalitären Wissensgesellschaften in Lateinamerika.

Das vorliegende Kapitel zielt auf eine vergleichende Perspektive der Hochschulbildung in Brasilien und Argentinien, so dass die aktuelle Landschaft der Hochschulbildung in beiden Ländern sichtbar wird; ein besonderer Fokus wird auf die Frage des Zugangs und Verbleibs im Hochschulsystem als Mittel zur sozialen Integration gelegt. Dabei werden Aspekte wie die unterschiedlichen Profile der Hochschulen, die institutionelle Diversifizierung von Hochschulbildung, die Ungleichheiten beim

---

gionalen Kommissionen der UNO für die wirtschaftliche Entwicklung. Online unter: http://www.eclac.org/default.asp?idioma=IN [zuletzt September 2014].

Zugang zu höherer Bildung sowie ihre Demokratisierung berücksichtigt. Die Analyse zielt darauf ab, Ähnlichkeiten und Unterschiede zwischen den Hochschulen in Brasilien und Argentinien zu markieren; dies geschieht vor dem Hintergrund des lateinamerikanischen Kontexts und im Licht der historischen, wirtschaftlichen, politischen, sozialen und bildungspolitischen Aspekte, die Einfluss auf die Inklusion/Exklusion von Studierenden im Hochschulsektor ausüben. Die Demokratisierung der Hochschulen wird als Grundvoraussetzung für die Überwindung von Ungleichheit und für eine nachhaltige menschliche Entwicklung mit Gleichheit und sozialer Gerechtigkeit in einer Region mit der größten Ungleichheit der Welt, angesehen.

2. Hochschulen in Brasilien und Argentinien – die aktuelle Bildungslandschaft

Im Folgenden werden zunächst Daten und Indikatoren über das Hochschulsystem Brasiliens präsentiert und knapp diskutiert (Abschnitt 2.1). Im Abschnitt 2.2 folgt eine knappe Darstellung des argentinischen Systems. Die Daten sind aus den offiziellen statistischen Publikationen beider Länder entnommen. Für Argentinien werden Daten aus dem „Anuario de Estadísticas Universitarias – Argentina 2011" (Jahrbuch für Hochschulstatistik Argentinien 2011, im Folgenden zitiert als AEUA, 2011) entnommen; für Brasilien sind die Daten aus dem „Censo da Educação Superior de 2011" (Census für Hochschulbildung Brasilien 2011. Im Folgenden zitiert als INEP, 2013).

2.1 Hochschulbildung in Brasilien

Das Hochschulsystem in Brasilien ist vielfältig, mit Institutionen, die sich in Qualität und Prestige, pädagogischem Auftrag und Zielsetzungen, vor allem aber hinsichtlich ihrer Verortung im öffentlichen oder privaten Sektor, deutlich voneinander unterscheiden. Nach Angaben des Census der Hochschulbildung 2010, das vom Instituto Nacional de Estudos e Pesquisas Educacionais Anísio Teixeira (Nationales Institut für pädagogische Studien und Forschung) und dem nationalen Ministerium für Bildung (INEP/MEC) durchgeführt wird, gab es 2011 insgesamt 2.365 Hochschulinstitutionen (sowohl vor Ort, als auch Fernstudienangebote), davon waren 284 öffentliche (des Bundes, der Bundesstaaten und der Kommunen) und 2081 private Einrichtungen. Das heißt, dass sich insgesamt ca. 88 % der Institutionen in privater und nur 12 % in öffentlicher Hand befanden. Die Verteilung der öffentlichen Institutionen auf die verschiedenen Verwaltungsebenen stellt sich folgendermaßen dar: 4,3 % sind Institutionen des Bundes, 4,7 % sind bundesstaatliche und 3,0 % kommunale Einrichtungen (INEP, 2013, S. 32).

In Brasilien können Hochschulinstitutionen Universitäten, Universitäre Zentren (Centros Universitários) oder Hochschulen (Faculdades) sein. „*Universidades*" sind komplexe Institutionen, die Lehre, Forschung sowie Entwicklungsarbeit („extensão universitária")[5] im Grund- und Aufbaustudium anbieten. Volluniversitäten bieten in der Regel Studiengänge in einem breiten Wissenschaftsspektrum an; es sind aber auch Universitäten zugelassen, die sich in einem bestimmten Bereich spezialisieren. „*Centros Universitários*" ihrerseits sind Institutionen mittleren Komplexität, mit dem Auftrag Spitzenleistungen in der Lehre zu erbringen, jedoch ohne Verpflichtung zur Forschung. Schließlich sind „*Faculdades*" eher kleinere Institutionen (ca. 70 % der Institutionen bieten weniger als 10 Studiengänge an) und schließen Hochschulen, Höhere Schulen, Institute, Integrierte Hochschulen, Föderale Zentren für technische Ausbildung (CEFETs) und Technologiehochschulen mit ein. In Bezug auf die Verteilung der Institutionen nach der Form ihrer akademischen Organisation machen Hochschulen rund 84,7 % (ca. 2.004 Institutionen) aus, während Universitäten 8 % und Universitäre Zentren 5,6 % der Gesamtzahl repräsentieren. Die große Mehrheit der Hochschulen (89,8 %) und der Universitären Zentren (94,6 %) sind im privaten Sektor verortet; Universitäten sind zu 53 % auf den öffentlichen und zu 47 % auf den privaten Sektor verteilt (vgl. Abbildung 1):

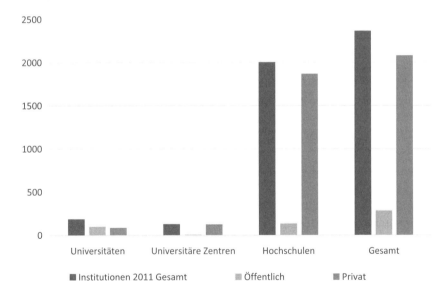

Abbildung 1: Institutionenzahlen in Brasilien 2011, Quelle: INEP, 2013, S. 32.

---

5 ‚Extensão universitária' bestehen aus Projekten der Hochschuldozenten an den jeweiligen Standorten der Institutionen; es zielt auf eine Brücke zu anderen Sektoren der Gesellschaft, indem Wissen/know-how und Dienstleistungen für die Gemeinschaft angeboten werden. Es sind beispielsweise kleine Projekte wissenschaftlicher Begleitung von sozialen Programmen, Aufbau von Netzwerken in bestimmten Bereichen etc.

Im privaten Sektor besteht die überwiegende Mehrheit der Hochschulen aus gewinnorientierten (for-profit) Institutionen, die sich ausschließlich der Lehre widmen und auf eine schnelle Qualifizierung der Studierenden abzielen. Ein kleiner Teil der privaten Hochschulen sind Non-profit-Institutionen. Hinsichtlich der Qualität der angebotenen Dienstleistungen lässt sich ein merklicher Unterschied zwischen den For-profit- und Non-profit-Institutionen ausmachen. Schätzungen zufolge sind von den 89 % der Einrichtungen im Privatsektor ca. 70 % gewinnorientiert und bieten mehr als 30.000 bezahlte Kurse an (vgl.: INEP, 2013; PROPHE, 2012).

Diese knappe Darstellung zeigt bereits, dass das brasilianische Hochschulsystem als eines der am meisten privatisierten Lateinamerikas und sogar der Welt ist und bereits viel von der Bedeutung öffentlicher Güter und Qualität in der Hochschulbildung verloren hat – Ausnahmen finden sich in Institutionen öffentlicher, gemeinschaftlicher und konfessioneller Natur.

Die Zunahme der Immatrikulationen im brasilianischen Hochschulsystem, vor allem im Privatsektor, begann 1996 unter der Regierung Fernando Henrique Cardoso auf der Grundlage eines neuen Gesetzes über die Richtlinien und Grundlagen für Volksbildung (*Lei de Diretrizes e Bases da Educação Nacional*). Im Jahr 2006 zählte das System mit 4.802.072 Studierenden die höchste Einschreibungsquote in Lateinamerika und der Karibik, gefolgt von Mexiko (2.709.255) und Argentinien (2.173.960). Etwa 60 % der Hochschulimmatrikulationen in der Region Lateinamerika und Karibik konzentrieren sich in diesen drei Ländern (Gazzola & Didrikson, 2008).

Den Daten von INEP (2013, S. 48) zufolge gab es 2011 6.739.689 Studierende im brasilianischen Hochschulsystem, von denen 73,7 % in privaten Institutionen und 26,3 % in öffentlichen Institutionen – davon 15,3 % in föderalen, 9,2 % in bundesstaatlichen und 1,8 % in kommunalen Institutionen – studierten. Die öffentlichen Institutionen bieten im Durchschnitt ca. 50 % der Tagesstudienplätze[6] an – wobei es zwischen den Verwaltungsebenen z. T. große Unterschiede gibt: 70,2 % entfallen auf die föderalen, 56,2 % auf die bundesstaatlichen und 23,8 % auf die kommunalen Hochschulen. Im privaten Sektor bieten die meisten Institutionen vor allem Abendkurse an (73,2 %).[7] Abbildung 2 zeigt die Matrikelzahlen für 2011.

Auch wenn sich die Zahl der Immatrikulationen in den vergangenen Jahren stetig vergrößert hat, zeigen sich immer noch große regionale Unterschiede innerhalb Brasiliens. Abbildung 3 zeigt die Studierendenzahlen verteilt auf die fünf großen Regionen Brasiliens.

---

6 In Brasilien gibt es in öffentlichen Hochschulinstitutionen ganztägige Studiengänge, während private Hochschulinstitutionen eine Mischung aus ganztägigen und Abend-Kursen anbieten.

7 Dies hängt mit dem Zielpublikum dieser Institutionen zusammen, vor allem ältere Arbeitstätige und/oder diejenige jungen Erwachsenen, die tagsüber für Ihre Unterhalt – und (Aus-)Bildung – einen Job nachgehen müssen.

Hochschulbildung, soziale Inklusion und Demokratisierung

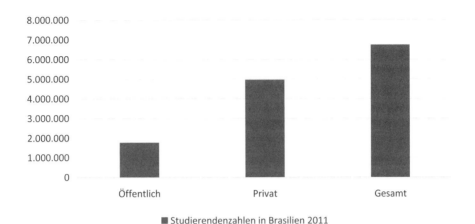

Abbildung 2: *Studierendenzahlen in Brasilien 2011, Quelle: INEP, 2013, S. 52.*

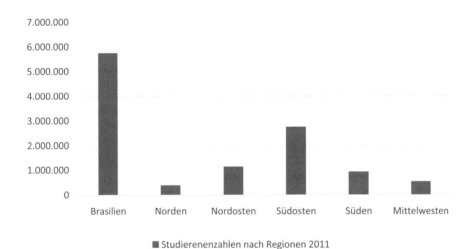

Abbildung 3: *Verteilung (%) Studierende in Brasilien nach Region 2011 (ohne Fernstudiengänge), Quelle: INEP, 2013, S. 48.*

Ein weiterer interessanter Aspekt vor dem Hintergrund der sozialen Ausgrenzung in der Hochschulbildung in Brasilien ist die Tatsache, dass in Brasilien nur 14,6 % der jungen Erwachsenen zwischen 18 und 24 Jahren an der Hochschulbildung (Netto-Beteiligungsquote) partizipieren. Die Brutto-Beteiligungsquote[8] an Hochschulen betrug 27,8 % (INEP, 2013, S. 50). Darüber hinaus lässt sich auch eine große Verschie-

---

8   Die Brutto-Beteiligungsquote ist der Anteil der Studienanfänger an der altersentsprechenden Bevölkerung. Die Netto-Beteiligungsquote identifiziert den Prozentsatz der Bevölkerung, die in der theoretisch adäquaten Altersgruppe für eine Bildungsebene eingeschrieben ist.

bung zwischen Alter und besuchtem Bildungsniveau nachweisen, wie die Daten aus der letzten Volkszählung 2010 (IBGE, 2010) zeigen. Beispielsweise befanden sich 2009 nur 48 % Prozent der 18- bis 24-Jährigen in Hochschulbildung; 33,8 % besuchten immer noch die Sekundarschule II (9.-11. Klasse); 8,3 % sogar noch die Primar- bzw. Sekundarschule (1.-8. Klasse); 8,8 % befanden sich in anderen Bildungsinstitutionen (IBGE, 2010, S. 50). Durchschnittlich haben die 18 bis 24 Jahre alten Brasilianerinnen und Brasilianer 9,4 Jahren Schulbildung; für einige Gruppen oder Regionen des Landes ist dieser Zahl sogar niedriger: in ländlichen Gegenden beläuft sie sich auf 7,5 %, in der Region Nordosten 8,5 %, unter den Afro-Brasilianern beträgt sie 8,7 % und den Weißen 10,2 %. In Hinblick auf die Genderverhältnisse wird deutlich, dass sowohl in Bezug auf die Matrikelzahlen als auch hinsichtlich der erworbenen Abschlüsse die Frauen vorne liegen: 56,9 % bzw. 61,1 % (INEP, 2013, S. 62).

Diese Daten deuten darauf hin, dass das brasilianische Hochschulsystem eines der elitärsten nicht nur Lateinamerikas, sondern weltweit ist. Die meisten Studierenden, die zu den brasilianischen Hochschulinstitutionen Zugang finden, tun dies durch private Institutionen von zweifelhafter Qualität, welche weder Forschung noch „extensão universitária" betreiben. Studierende, die arbeiten müssen sowie diejenigen aus sozial und wirtschaftlich benachteiligten Schichten finden nur wenige Möglichkeiten des Zugangs zu den öffentlichen Universitäten, in denen das Personal besser qualifiziert und die Hochschulqualität insgesamt höher ist. Da die Studienplätze in diesen Institutionen stark begrenzt sind, ist die Konkurrenz enorm groß; die Hürde der Aufnahmeprüfung („*Vestibular*") bewirkt, dass viele der Studierenden aus den öffentlichen Sekundarschulen – in denen qualitativ hochwertige Bildung nicht immer gegeben ist – schlichtweg keine Chancen haben. Aus diesem Grund wurden seit Jahren verschiedene Arten von Quoten und Maßnahmen der positiven Diskriminierung – Quoten für Absolventen der öffentlichen Schulen, für ethnische Gruppen wie Afro-Brasilianer usw. – eingerichtet, welche allerdings bisher nur sehr bescheidene Ergebnisse erzielt haben (vgl. Parreira do Amaral & Bruno, 2010). Im Gegensatz dazu sind Studierende aus den reichsten sozialen Schichten, die zumeist elitäre Privatschulen und Gymnasien besucht haben, im Vorteil beim Zugang zu den öffentlichen Universitäten, vor allem in die renommiertesten Studiengänge wie Medizin, Ingenieurswissenschaften, Recht und Zahnmedizin.

In diesem Sinne verstärkt die Differenzierung des Hochschulsystems[9] die Ungleichheiten des kapitalistischen Systems, weil für einkommensschwache Studierende nur die kurzen und „verdünnten" Studienangebote übrig bleiben. Dieselben Studiengänge wurden bereits in der Vergangenheit hinsichtlich ihrer Qualität in Frage gestellt und stark kritisiert. Sie erscheinen nun im neuen Gewand, wie

---

9 Seit Mitte der 1990er Jahre ist eines der Hauptziele internationaler Organisationen wie der Weltbank die Differenzierung der Hochschulsysteme als Mittel der Demokratisierung des Systems sowie als Lösung des Finanzierungsproblems durch demographischen Wandel und steigende Matrikelzahlen. Siehe zum Beispiel: Weltbank (1994).

z. B. die Studiengänge zur Ausbildung von „Technologen" (*cursos de formação de tecnólogos*"). Diese Initiativen bieten jedoch den „Kunden", die Hochschulbildung suchen, leichter zugängliche und kostengünstigere Alternativen (in Bezug auf Zeit, Geld und „intellektuelle" Investitionen). Neben der Verwässerung universitärer Bildung produziert diese Differenzierung der Hochschulbildung eine Teilung des Hochschulfeldes, zwischen Studierenden und „Kunden", die Hochschulbildung suchen: auf der einen Seite stehen die Institutionen der Exzellenz, die hochrangige Lehre und Forschung kombinieren und vor allem den herrschenden Eliten und Mittelschicht dienen; auf der anderen Seite befinden sich die Institutionen mit fragwürdiger Qualität, die keine Forschung betreiben und auf Studierende mit niedrigem ökonomischem, sozialem und kulturellen Kapital ausgerichtet sind.

Innerhalb einer und derselben Hochschulbildungsinstitution werden in der Regel die Studierenden mit niedrigem – sozialen und ökonomischen – Kapital in Richtung der kürzeren und weniger anspruchsvollen Studiengänge gelenkt, während die herrschenden Eliten und die Mittelschicht immer noch vor allem zu den Studiengängen kommen, die mit größerem sozialen Prestige verbunden sind und zu höherem beruflichen Status und folglich zu einer besseren Platzierung auf dem Arbeitsmarkt führen. Dies zeigt, dass diese institutionelle Differenzierung, anstatt einen Beitrag zur Demokratisierung der Hochschulen zu leisten, in der Tat die sozialen Ungleichheiten des kapitalistischen Systems reproduziert und verstärkt (vgl.: Bourdieu & Passeron, 1970). Im Folgenden sollen Daten zum argentinischen Hochschulsystem präsentiert und diskutiert werden.

2.2 Hochschulbildung in Argentinien

Das Hochschulbildungssystem in Argentinien besteht aus zwei Subsystemen: ein universitäres und ein außeruniversitäres. Seit den 1990er Jahren verstärken sich, so wie in Brasilien, die Diversifizierung und die Privatisierung der argentinischen Hochschulbildung. Zwischen 1990 und 1996 wurden 22 neue Privatuniversitäten und 12 nationale Universitäten (die meisten davon in Buenos Aires) – mehr als ein Drittel der derzeit bestehenden – und eine hohe Anzahl von außeruniversitären Institutionen, sowie neue berufliche Studiengänge mit sehr unterschiedlichen Titeln, geschaffen. Darüber hinaus wurden die postgradualen Studiengänge (Fernández Lamarra, 2007, S. 21) vervielfacht. Auf diese Weise wurden sehr heterogene Hochschulbildungsinstitutionen etabliert, in der universitäre und außeruniversitäre Institutionen, traditionelle und neue, öffentliche und private, katholische und säkulare, elitäre und solche für die Massen, berufsbildende und forschungsorientierte Universitäten mit sehr unterschiedlichen Qualitätsniveaus nebeneinanderstehen.

Nach Mollis erzeugte diese Diversifizierung, mit erheblichen Überlagerungen hinsichtlich der angebotenen Titeln und Diplomen und einer deutlichen Fragmentierung in dem gesamten System, zwei zergliederte Subsysteme. Diese Situation entstand aufgrund unterschiedlicher Interessen, politischer Projekte und Wirtschaftsmodelle für Bildung als Konsequenz fragmentierter und von verschiedenen Regierungen umgesetzter Bildungspolitik (Mollis, 2008, S. 514).

Das Hochschulgesetz 24.521 aus dem Jahr 1995, das zum ersten Mal versucht, die universitären und außeruniversitären Subsysteme zu regulieren und zu koordinieren, unterscheidet vier Arten von Institutionen der Hochschulbildung, die sich mit humanistischen, gesellschaftlichen, technischen und künstlerischen Aspekten befassen (Art. 1 und 5): Universitäten, Hochschulen, Fachkollegien und tertiäre Institute (letztere drei werden zusammenfassend als Hochschulinstitute bezeichnet). Die *Universitäten* nehmen ihre Aufgaben in einer Vielzahl von wissenschaftlichen Disziplinen wahr; die *Hochschulinstitute* beschränken ihr akademisches Angebot meist auf nur einen Bereich.

Das Subsystem der außeruniversitären Hochschulbildung besteht aus insgesamt 1955 Instituten, davon werden 1076 privat und 879 staatlich verwaltet; es besteht grundsätzlich aus höheren Instituten für Lehrerbildung und aus den Instituten für technische Bildung, die im späten 19. und frühen 20. Jahrhundert entstanden sind. Insbesondere die Anzahl von Instituten für Lehrerbildung für das mittlere und höhere Schulniveau erfuhr eine quantitative Entwicklung im argentinischen Bildungsbereich. Daher wird bis heute die Mehrheit der Lehrer in diesen außeruniversitären Instituten ausgebildet (Fernández Lamarra, 2005, S. 118).

Nach Angaben des Sekretariats für Hochschulpolitik des Ministeriums für Bildung, Wissenschaft und Technologie der Argentinischen Republik (*Secretaría de Políticas Universitarias do Ministerio de Educación, Ciencia y Tecnología da Republica Argentina*) ist das universitäre Subsystem aus insgesamt 114 Institutionen, davon 95 Universitäten und 19 Hochschulinstituten zusammengesetzt. Abbildung 4 unten zeigt ihre Verteilung im öffentlichen und privaten Sektor.

Abbildung 4: Universitäre Hochschulbildungsinstitutionen in Argentinien 2011, Quelle AEUE, 2011, S. 39.

Im Gegensatz zu Brasilien, wo die große Mehrheit der Institutionen (88 %) privat ist, besteht in Argentinien beinahe ein Gleichgewicht zwischen der Anzahl der öffentlichen und privaten, wobei der eigentliche Unterschied erst beim Betrachten der Studierendenzahlen deutlich wird. Hier lässt sich im Hinblick auf die Immatrikulationszahlen ein umgekehrtes Phänomen als in Brasilien beobachten: 79 % der Studierenden sind in öffentlichen Institutionen immatrikuliert und nur 21% in privaten (AEUA, 2011, S. 40); ein ähnliches Verhältnis findet sich auch im außeruniversitären Bereich (Mollis, 2008, S. 519). Insgesamt sind in Argentinien 1.808.415 Studierende im universitären System immatrikuliert. Wie schon für Brasilien festgestellt wurde, zeigt sich auch hier, dass die Mehrheit der Studierenden weiblichen Geschlechts (57,1 %) ist (vgl. Abbildung 5 unten):

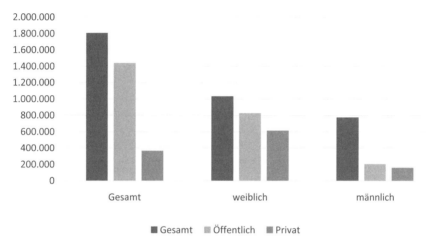

Abbildung 5: Studierendenzahlen in Argentinien 2011, nach Geschlecht. Quelle: AEUA, 2011, S. 40.

Auch hinsichtlich der Beteiligung der Bevölkerung zwischen 18 und 24 Jahren in der Hochschulbildung zeigt Argentinien höhere Quoten als Brasilien; die Brutto-Beteiligungsquote lag 2011 bei 52,6 %, die Netto-Beteiligungsquote dagegen bei 19,6 % (AEUA, 2011, S. 61).

Insgesamt zeigt sich in Argentinien eine Tendenz in Richtung mehr öffentlich finanzierter Hochschulbildung als eine Expansion des privaten Sektors. Dieser Aspekt des argentinischen Systems scheint sehr signifikant im Vergleich zu anderen Ländern, wie Brasilien und Mexiko, wo in den vergangenen Jahren eine Spaltung des Systems zwischen öffentlichen elitären Universitäten und privaten Hochschulen für die Massen stattgefunden hat.

Im Folgenden sollen Ungleichheiten in Bezug auf den Zugang zur Hochschulbildung beider Länder diskutiert werden.

3. Ungleichheiten im Zugang zur Hochschulbildung in Brasilien und Argentinien

Nicht nur in Lateinamerika zeigt sich eine permanente Korrelation zwischen Zugang zu Hochschulbildung und sozialem Hintergrund. Die Organisation des Hochschulbildungssystems (z. B. Zulassungsmodus), seine Finanzierung (z. B. öffentlich vs. privat) sowie die Unterstützungsmechanismen (z. B. Darlehen, positive Diskriminierung oder Quoten), können die nach gesellschaftlichen Gruppen bestehenden Ungleichheiten mildern oder verstärken. In diesem Abschnitt soll entlang dieser Kriterien für die Hochschulsysteme Brasiliens und Argentiniens geprüft werden, inwieweit sie dies leisten oder nicht.

In Brasilien gibt es große Ungleichheiten in Bezug auf den Zugang zur Hochschulbildung, sowohl hinsichtlich des sozioökonomischen und des sozialen Hintergrunds als auch der ethnischen Zugehörigkeit der Studierenden. Die in der brasilianischen Gesellschaft bestehenden sozialen Ungleichheiten werden im Kontext eines extrem privatisierten und elitären Hochschulbildungssystems verschärft. Zum einen besteht durch den Zulassungsmodus eine große Hürde beim Zugang zu den Hochschulen; die hochselektive Aufnahmeprüfung („*Vestibular*") wirkt sich besonders stark im öffentlichen Sektor aus. Diese Prüfungen müssen in allen Fachdisziplinen der Sekundarschule (Ensino Médio) abgelegt werden: Portugiesisch, Literatur, Mathematik, Biologie, Physik, Chemie, Geschichte, Geographie), eine moderne Fremdsprache (Englisch, Französisch, Spanisch oder Deutsch) sowie das Verfassen eines Aufsatzes. Einige Institutionen akzeptieren auch die Ergebnisse anderer nationaler Vergleichstests, wie z. B. der ENEM-Untersuchung, aber die große Mehrheit der Plätze wird durch den „*Vestibular*" vergeben. In den öffentlichen Institutionen ist die Konkurrenz sehr groß, denn von den 2.365 Institutionen sind nur ca. 12% öffentlich und somit kostenfrei. Daher ist der Zugang zu öffentlichen und studiengebührenfreien Universitäten mit höherer Bildungsqualität viel schwieriger als der zu den privaten Institutionen, deren Bildungsqualität, abgesehen von einigen konfessionellen und gemeinschaftlichen Universitäten, niedriger ist. In den ersten gibt es starke Konkurrenz um einen Studienplatz, vor allem in den Studiengängen mit höherem sozialen Prestige und einer kleineren Anzahl von freien Studienplätzen als in den privaten Institutionen. Die große Anzahl von freien Studienplätzen in den privaten Institutionen ergibt sich grundsätzlich aus ihrer großen Expansion und ihrer hohen Gebühren, die viele Studenten nicht zahlen können. Ihre Selektionskriterien und Aufnahmeprüfungen sind im Allgemeinen wenig anspruchsvoll und die Anzahl von Bewerberinnen und Bewerbern auf einen Platz in einem der Studiengänge klein. Dementsprechend liegt die große Selektivität im Zulassungsprozess des öffentlichen Hochschulbildungssektors an der Aufnahmeprüfung („*Vestibular*"), während im privaten Sektor die hohen Kosten der Hauptfaktor sind. Aus diesen Gründen bleibt eine große Anzahl der Bewerberinnen und Bewerber von einem Studienplatz im Hochschulbildungssystem ausgeschlossen.

Das brasilianische Bildungssystem ist auf allen Ebenen in Bezug auf sozioökonomische Faktoren stark segregierend. Daher sind die Unterschiede am Ende der Sekundarschule hinsichtlich der sozialen Klasse überwältigend: ein junger Mann im Alter zwischen 20 und 25 Jahren im 10. Dezil der Einkommensverteilung hat eine 36 mal höhere Wahrscheinlichkeit als einer im 1. Dezil, die Sekundarschule zu absolvieren. Brasilien ist eines der Länder in Lateinamerika mit der größten Ungleichheit in Bezug auf einen Sekundarschulabschluss (Sverdlick, Ferrari & Jaimovich, 2005, S. 39).

Im Rahmen der Hochschulbildung wird diese Ungleichheit, hinsichtlich eines klaren Zusammenhangs zwischen Haushaltseinkommen und den Zugangsmöglichkeiten zur Hochschulbildung festgeschrieben: Während die höchsten Quintile (IV und V) einen Anteil von fast 80 % der Partizipation in den öffentlichen Institutionen und von 90 % in den privaten haben, erreichen die unteren Quintile (I und II) einen Anteil von 7 % in den öffentlichen Institutionen und von 2,6 % in den privaten. Die soziale Selektivität ist größer als in den privaten Institutionen; in diesen ist die Konzentration von Studierenden aus dem 5. Einkommensquintil (74 %) größer als in den öffentlichen (59,2 %) (ebd., S. 41 f.).

Zu der sozialen Ungleichheit im Rahmen des Hochschulbildungszugangs in Brasilien kommt die Ungleichheit in Bezug auf ethnische Zugehörigkeit. Es gibt eine eindeutige Überrepräsentation von Weißen in den brasilianischen Institutionen für höhere Bildung im Vergleich zu anderen ethnischen Gruppen. Infolgedessen ist die Hautfarbe der brasilianischen Campi eine andere als die der Gesellschaft. Obwohl die Schwarzen nur 2 % der Studierenden repräsentieren, bilden sie 5,7 % der brasilianischen Bevölkerung, und die Dunkelhäutigen, die 12 % der Studierenden in den Hochschulinstitutionen bilden, repräsentieren 39,5 % aller Brasilianer. Das heißt, dass obwohl 45,2 % der brasilianischen Bevölkerung schwarz oder dunkelhäutig sind, nur etwa 14 % der brasilianischen Studierenden aus dieser Gruppe stammen. Im Gegensatz dazu machen die Weißen 53,8 % der Bevölkerung aus, repräsentieren aber fast 85 % der Matrikelanzahl in den Hochschulbindungsinstitutionen (Rama, 2006, S. 121 f.). Auch gibt es erhebliche Unterschiede zwischen dem öffentlichen und privaten Sektor in Bezug auf den ethnischen Ursprung der Studierenden. Laut den Evaluationstests, dem *„Exame Nacional de Cursos (Provão)"*, geben 4,4 % der Studierenden der föderalen Universitäten als Zugehörigkeit schwarz und 30 % braun an. In den privaten Institutionen wies die Statistik des *„Provão"* 3,1 % von Schwarzen bzw. 16,5 % von Dunkelhäutigen auf (Rama, 2006, S. 122). Nach Petrucelli (2004) ist der Anteil der Weißen in den privaten Hochschulinstitutionen größer als in den öffentlichen: in den ersten repräsentieren die Weißen 82,4 % der Gesamtzahl der Studierenden, während es in den öffentlichen 71 % sind. Hinsichtlich der dunkelhäutigen Bevölkerung kann ihre Anzahl mit 13,7 % in privaten Institutionen und mit 23,9 % in den öffentlichen angegeben werden. In diesem Sinne, sowie in Bezug auf den Faktor ethnische Zugehörigkeit, gibt es größere Ungleichheit in den privaten Institutionen als in den öffentlichen.

Abgesehen von den Problemen im Rahmen des Hochschulzugangs brechen viele brasilianische Studierende das Studium ab, die Studienabbruchquote wird auf 40 % geschätzt (Dias Sobrinho & Brito, 2008, S. 494). Dies wird durch externe Faktoren beeinflusst, wie die sozioökonomische Knappheit, welche ein Verweilen an den Hochschulen – auch in den öffentlichen Institutionen – unmöglich macht. Der Mangel an ausreichendem sozialen und kulturellen Kapital (auch wegen der niedrigen Bildungsqualität im Bereich der Grund- und Sekundarschule), sowie durch interne Faktoren der Institutionen für Hochschulbildung, wie z. B. wenig flexible Studienpläne, die weit entfernt von der Realität der Studierenden sind, und der mangelnden pädagogischen Qualifikation der Hochschullehrenden im Umgang vor allem mit den Studienanfängern. Dieses Bild verstärkt das Argument, dass die Demokratisierung der Hochschulbildung erst durch eine Politik erreichbar wird, welche auf erfolgreiche Studienabschlüsse ebenso zielt wie auf eine effektive Inklusion der marginalisierten Bevölkerungssegmente.

Anhand der vorgestellten Daten kann der Schluss gezogen werden, dass das brasilianische Hochschulbildungssystem zu elitär bleibt, trotz der enormen Expansion der Bildungsbeteiligung im Hochschulbereich in den letzten Jahrzehnten und der Aufnahme einer wachsenden Zahl von Studierenden aus sozial-ökonomisch benachteiligten Gruppen. Dementsprechend ist Brasilien eines der Länder Lateinamerikas mit dem höchsten Maß an Ungleichheit im Rahmen der Hochschulbildung und der Sekundarschule.

Etwas anders stellt sich die Situation in Argentinien dar. Das argentinische Hochschulsystem verzichtet auf eine einheitliche nationale Aufnahmeprüfung für die Studienanfänger, die Zulassung wird durch die Institutionen selbst geregelt, unabhängig davon, ob sie privat oder öffentlich sind. Die Auswahlformen unterscheiden sich sehr je nach dem Typ der Hochschulinstitution und je nach akademischer Disziplin. Das Hochschulbildungsgesetz von 1995 bestimmt einen erfolgreichen Schulabschluss in der Sekundarschul- oder Polimodalebene als Voraussetzung für den Zugang zu den Instituten für Hochschulbildung (Hochschulbildungsgesetz Nr. 24.521, 1995, Art. 7). In Ausnahmefällen dürfen Individuen zugelassen werden, die älter als 25 Jahre sind und keinen Schulabschluss haben, solang sie durch Prüfungen nachweisen, dass sie in der Lage sind, das geplante Studium durchzuführen. In den nationalen Universitäten mit mehr als 50.000 Studierenden legt das Gesetz fest, dass die Zulassungsmodalitäten innerhalb der einzelnen Fakultät oder akademischen Einheit bestimmt werden (Hochschulbildungsgesetzes Nr. 24.521, 1995, Art. 50).[10]

Nach Sigal können die verschiedenen Zugangsformen in Argentinien in drei große Gruppen kategorisiert werden: die zulassungsfreie Modalität, die Modalität mit Aufnahmeprüfung ohne Quoten und die mit Aufnahmeprüfung mit Quoten

---

10 Der Artikel 27 des Hochschulbildungsgesetzes Nr. 24.521 von 1995 bestimmt, dass die Universitäten Autonomie haben, um die Zulassungs-, Verbleib- und Förderungspolitiken hinsichtlich der Studierenden zu definieren.

(1995, in Fernández Lamarra, 2003, S. 75 f.). Die zulassungsfreie Modalität hat sich während der demokratischen Regierungsphasen in den Universitäten durchgesetzt. Diese Modalität wurde mit dem Peronismus im Jahr 1952 zum ersten Mail festgesetzt; dann mit den demokratischen Regierungen zwischen 1958 und 1966, den peronistischen Regierungen von 1973–1976 und dann erneut mit der Wiederherstellung der Demokratie im Jahr 1983. Während der militärischen Regierungszeiten (1955–1958, 1966–1973 und 1976–1983) wurden limitierende Zulassungsprüfungssysteme, manchmal mit Quoten, eingeführt. Insbesondere während der letzten Militärdiktatur spiegelte sich dies in der Reduzierung der universitären Immatrikulationen und in der Erhöhung der außeruniversitären, die keiner mit Quoten restringierten Zulassungsform unterworfen waren (Fernández Lamarra, 2003, S. 74). In einigen traditionellen Universitäten, wie der Universität Buenos Aires, der Nationalen Universität Córdoba und der Nationalen Universität La Plata, ist die Zulassung uneingeschränkt. Auf der anderen Seite hat die Zulassungsmodalität in den neuen nationalen Universitäten von Buenos Aires, wie die Universidad Nacional de General Sarmiento, die Universidad Nacional de General San Martín, die Universidad Nacional de Lanús und die Universidad Nacional de Tres de Febrero, einen selektiven Charakter ohne Quoten. Dies zeigt die Dominanz des uneingeschränkten Zulassungssystems an großen und traditionellen Universitäten – die mehr durch Studentenvereinigungen und die interne Politik beeinflusst werden – und der selektiven Zulassungsmodalität an neuen Universitäten von Buenos Aires, auf die die Studierende und andere politischen Akteure intern wenig Einfluss haben (ebd., S. 76).

Auch an den Privatuniversitäten sind die Zulassungskriterien unterschiedlich: diejenigen, die zu einer größeren Selektivität tendieren, wenden manchmal Quoten, Zulassungssysteme nach Studiengängen und/oder Aufnahmeprüfungen an. Andere verwenden nicht selektierende Adaptationskurse oder ermöglichen eine direkte Zulassung. An den außeruniversitären Institutionen ist die direkte Zulassung das vorherrschende Prinzip, außer wenn die Anzahl von Bewerberinnen und Bewerbern die Anzahl von Studienplätzen überschreitet, wie es in den Institutionen mit einem großen akademischen Prestige vorkommt (Fernández Lamarra, 2003, S. 78).

Obwohl die uneingeschränkte Zulassung ohne Quoten die Hauptzulassungsform in Argentinien ist, muss die Existenz von Selektionsformen innerhalb der Universitäten betont werden. Daher gibt es eine hohe Studienabbruchsquote – von 50 % im ersten Studienjahr – und geringe Abschlussquoten. Die Entwicklung der Hochschulabsolventenanzahl der nationalen Universitäten erweist sich in den letzten Jahren trotz der Erhöhung der Immatrikulationszahl vergleichsweise konstant. Im Gegensatz dazu ist das Verhältnis zwischen der Anzahl der Studierenden und der Zahl der Hochschulabsolventen viel höher an privaten Universitäten und daher gibt es hier eine höhere Studienabschlussquote (Fernández Lamarra, 2003, S. 117 f.).

Das Problem des Studienabbruchs und der geringen Hochschulabsolventenquoten in Argentinien steht in Beziehung zu internen und externen Faktoren des Hochschulsystems. Als externe Faktoren dominieren die sozioökonomischen Probleme, weil die meisten Studienabbrecher, wie in Brasilien, zu den sozial benachteiligten Klassen gehören. Viele dieser Studierenden sind in Bereichen arbeitstätig, die mit ihrem Studium in keinerlei Zusammenhang stehen. Das niedrige kulturelle Kapital der Schulabsolventen der Sekundarschule, die in den Universitäten zugelassen werden, muss noch hervorgehoben werden, da diese Zulassungsmodalität hauptsächlich uneingeschränkt und offen ist, und es einen Mangel an einer nachhaltigen Förderungspolitik für den Verbleib der Studierenden in den Hochschulinstitutionen gibt, die nur eine geringe Anzahl von Stipendien vergeben können. Die internen Faktoren der Hochschulen gelten in Argentinien in ähnlicher Weise wir für Brasilien. Altbach (2000) benutzt sogar den Ausdruck *„survival of the fittest"* in Bezug auf das Lehrmodell der Universität Buenos Aires (UBA), um den Prozess des Sozialdarwinismus innerhalb der Universität mit ihren hohen Studienabbruchsquoten zu beschreiben. In seinem Artikel betont der Autor die prekären Lehr- und Lernbedingungen unter den vielen Teilzeitdozenten (in den meisten Fakultäten arbeitet weniger als 20 % der Hochschullehrenden Vollzeit, während im Gegensatz dazu die Mehrheit in den öffentlichen Universitäten im Brasilien Vollzeit arbeiten); die niedrigen Löhne der Hochschullehrenden und den Mangel an Arbeitssicherheit; völlig ungeeignete Einrichtungen in Bezug auf Bibliotheken, Labors, Internetzugang etc. für Studierende, Dozentinnen und Dozenten; überfüllte Seminare im verbindlichen grundlegenden Studienzyklus mit einer Abbruchquote von 60 %. Auch nach Altbach gehören die erfolgreichen Studierenden tendenziell zu sozial privilegierten Familien und somit reproduziert die Universität die sozialen Ungleichheiten, obwohl sie eine egalitäre Ideologie hochhält. Schließlich weist der Autor darauf hin, dass die UBA wie ein „Parkplatzstrand" (*„praia de estacionamento"*) für Jugendliche fungiert, die Schwierigkeiten haben eine Stelle im argentinischen Arbeitsmarkt zu finden haben, welcher zugleich die Nachfrage absorbiert und potentielle soziale Unruhen neutralisiert (Altbach, 2000).

Auch in Argentinien kann ein Zusammenhang zwischen den Zugangschancen zur Hochschulbildung und dem sozioökonomischen Niveau der Studierenden beobachtet werden. Die Verteilung der universitären Immatrikulationszahl in Argentinien konzentriert sich hauptsächlich auf die Quintile IV und V der Einkommensverteilung. Dennoch hat Argentinien im Vergleich zu Brasilien eine stabilere Verteilung zwischen den verschiedenen Einkommensniveaus, insbesondere in den Quintilen III, IV und V, und zeigt relativ große Mittelsektoren und höhere soziale Mobilität (Sverdlick, Ferrari & Jaimovich, 2005, S. 30).

Dementsprechend haben Individuen aus der 10. Einkommensdezil in Argentinien eine 7 Mal höhere Chance die Sekundarschule abzuschließen als die im untersten Dezil. Dieser Unterschied ist einer der niedrigsten unter den Ländern Lateinamerikas, so dass das Sekundarbildungsniveau Argentiniens als eines der egalitärsten in Lateinamerika gilt (ebd., S. 29).

Bezüglich des Bildungssystems an der Sekundarschule stammen 58,2 % der Schülerinnen und Schüler öffentlichen und 41,7 % aus privaten Sekundarschulen. Von denjenigen aus öffentlichen Schulen gehen 62,7 % ins öffentliche universitäre Segment und 36,1 % ins private; und von denjenigen aus dem privaten Schulsektor gehen 63,9 % ins private universitäre Segment und 37,1 % ins öffentliche. In diesem Sinne gibt es eine Selbstrekrutierung sowohl in den öffentlichen als auch in den privaten Universitäten: die Mehrheit der Studierenden an öffentlichen Universitäten stammen aus öffentlichen Sekundarschulen, während die Mehrheit der Studierenden der privaten Universitäten zuvor auch Privatschulen besucht haben (ebd., S. 31). Die Diskussion dieser Daten zeigt im Allgemeinen eine größere Mobilität und Demokratisierung des argentinischen Bildungssystems im Vergleich zu dem brasilianischen, in dem ein umgekehrtes Phänomen zu beobachten ist. Die staatlichen Exzellenzuniversitäten, vor allem die sozial renommiertesten Studiengänge, besuchen hauptsächlich die Studierenden aus den privaten und elitären Sekundarschulen, während die Schülerinnen und Schüler aus den öffentlichen Sekundarschulen mit niedriger Bildungsqualität die privaten Institutionen nachfragen, vor allem die Studiengänge mit niedrigem Sozialprestige.

Die vergleichende Analyse der sozialen Zusammensetzung der Hochschulbildung sowie der Sekundarschulbildung in Lateinamerika verweist auf Argentinien als eines der egalitärsten Länder, d.h., dass dort die Hochschulzugangszahl zwischen den unterschiedlichen wirtschaftlichen Sektoren ausgeglichener ist, obwohl fast 60 % der immatrikulierten Studierenden des argentinischen Hochschulbildungssektors in den beiden obersten Quintilen zu finden sind.

4. Schlussbemerkung

Im Vergleich zwischen Brasilien und Argentinien erkennen wir, dass es wichtige Unterschiede und Ähnlichkeiten in Bezug auf den Hochschulbildungszugang und -verbleib in den Hochschulinstitutionen beider Länder gibt.

Das argentinische Hochschulbildungssystem ist egalitärer als das brasilianische und zeigt größere Deckung, insbesondere im öffentlichen Hochschulbereich, dessen Qualität höher ist, während in Brasilien die große Immatrikulationsanzahl im privaten Sektor liegt, dessen Qualität geringer ist. Dieser hohe Grad an Privatisierung und Elitenbildung des brasilianischen Hochschulbildungssystems schließt einen großen Anteil von Individuen aus sozial benachteiligten Schichten, sowie diejenigen afrobrasilianischer und indigener Herkunft, von den Hochschulinstitutionen aus. Daher unterscheidet sich die Farbe der Campi von der der Gesellschaft und es gibt eine Überrepräsentation von Weißen im brasilianischen Hochschulbildungssystem.

Trotz der Differenzen werden die sozialen Ungleichheiten in beiden Hochschulbildungssystemen reproduziert, da die Studierenden aus der herrschenden Klassen bessere Chancen auf einen Studienabschluss haben, insbesondere in Studiengängen mit höherem Sozialprestige, die bessere Möglichkeiten auf dem Arbeitsmarkt bieten. Während die Studierenden aus sozial und wirtschaftlich benachteiligten Klassen mehr Schwierigkeiten haben, die Barrieren vor dem Hochschulabschluss zu überwinden.

Im Brasilien ist die Selektion im Zulassungsprozess zur Hochschulbildung – im „*Vestibular*" – höher als innerhalb der Institutionen, auch wenn es eine hohe Abbruchquote in bestimmten Studiengängen und/oder Institutionen gibt. Andererseits ist in Argentinien die Selektion innerhalb des Systems größer, während der Hochschulzugang meistens uneingeschränkt und offen ist und es keine strenge Aufnahmeprüfung gibt. In diesem Sinne findet die größte Exklusion während der Studienzeit in den Universitäten statt, die eine hohe Studienabbruchsquote haben, vor allem in Studiengängen und Fakultäten mit hohen Studierendenzahlen.

Als Politik für die Demokratisierung des Zugangsprozesses zur Hochschulbildung in Brasilien herrschen im Rahmen der öffentlichen Universitäten „affirmative action" oder Quoten-Politiken und der Expansions- und Umstrukturierungsplan für die Föderalen Universitäten (REUNI) vor, der die Erhöhung der Anzahl von Studienplätzen in diesen Institutionen fordert. Im Rahmen der privaten Institutionen gibt es eine Politik der Stipendienvergabe für Studierende, wie das bekannte Programm „Universität für Alle" (PROUNI), durch das seit seiner Schaffung eine erhebliche Zahl an Stipendien für Studierende mit niedrigem Einkommen angeboten wird, die aus öffentlichen Mitteln finanziert werden.

Obwohl es verschiedene Programme und Projekte – viele davon sind jüngste Initiativen – zur Erleichterung des Hochschulzugangs und dem Verbleib der Studierenden mit niedrigem Einkommen und guter Studienleistung im Hochschulbildungssystem gibt, ist das Stipendium die vorherrschende Modalität, die an Studierende aus öffentlichen Institutionen vergeben werden, obwohl diese kostenlos sind, um während der Studienzeit den Lebensunterhalt der Studierenden zu unterstützen. Die Stipendiaten sind Studierende, deren Profile der Gruppe der Armen und der „neuen Armen" entsprechen. In diesem Fall sind die eigenen Merkmale des Nationalen Studienstipendienprogramms konträr zu der Aufnahme von Studierenden in struktureller Armutslage. Außerdem ist die Abdeckung sehr niedrig und es gibt eine große Disparität zwischen Nachfrage und Angebot von Stipendien (Chiroleu, 2008, S. 49 f.).

Obwohl das PROUNI eine erhebliche Anzahl von Studienstipendien in Brasilien bewilligt hat, wodurch die Deckung der Lebenshaltungskosten erhöht wird, kann diese Maßnahme zu einer Verstärkung der Privatisierung des Hochschulsystems führen, da es zu einem finanziellen Aufschwung von privaten Institutionen beiträgt, die als Gegenleistung für freie Studienplätzen an bedürftige Studierenden hohe Summen vom Staat erlassen bekommen (Steuerverzicht). Für diese Institutionen kann die Maßnahme im Hinblick auf die hohe Zahlungsunfähigkeits- und Studienabbruchsrate der Studierende eine erhebliche finanzielle Unterstützung bedeuten. Andererseits kann das PROUNI eine Scheinausbildung für Studierende bedeuten, da sie in die Hochschulen geschickt werden, die zum größten Teil keine Forschung betreiben und eine Bildung von fragwürdiger Qualität anbieten. Es ist unentbehrlich, die Demokratisierung des Zugangsprozesses und soziale Inklusion nicht mit Statistiken und sinnlosen Zahlen zu verwechseln, ohne die Bildungsqualität als Priorität zu setzen.

Obwohl diese Politik Fortschritte in Richtung einer Erhöhung der Hochschulzugangsanzahl in beiden Ländern (Brasilien und Argentinien) vorweisen kann, bleiben Restriktionen, die überwunden werden müssen. Eine von ihnen, und vielleicht die wichtigste, ist, dass der Zugang zur Hochschulbildung den Verbleib der Studierenden im Bildungssystem nicht sichert. Dies erfordert erhebliche Investitionen in Studienförderung, einschließlich erheblicher Erhöhung der Anzahl von Stipendien, um die Nachfrage nach Hochschulbildung, Lebenshaltungskosten u. a. abzudecken. Eine curriculare Umstrukturierung der Studiengänge; didaktisch geeignete Studierendenbetreuung; bessere pädagogische Lehrausbildung, unter anderen Maßnahmen, müssen in den Hochschulbildungsinstitutionen umgesetzt werden.

Es ist wichtig zu betonen, dass die Erhöhung der Zulassungszahlen im Hochschulbereich nicht notwendigerweise seine Demokratisierung oder die soziale Inklusion von marginalisierten Schichten bedeutet. Um die sozial marginalisierten Gruppen in die Hochschulbildungsinstitutionen, vor allem in den öffentlichen, zu inkludieren, müssten andere bildungspolitische Maßnahmen intensiviert werden: Zulassungsquoten im Rahmen von „affirmative action"; Expansion und Ausbau von Institutionen im Landesinneren (*„política de interiorização"*) sowie Qualitätsverbesserungsmaßnahmen im öffentlichen Hochschulsektor. Darüber hinaus muss die Hochschulbildungsreform mit einer qualitativen Umstrukturierung der öffentlichen Grundschul- und Sekundarschulbildung und mit tiefgreifenden sozialen Reformen einhergehen, die zu einer besseren Einkommensverteilung führen, damit die Kinder der Arbeiterklasse eine Universität erreichen und dort verweilen können. Nur durch die Suche nach mehr Egalität, im Sinne von Ergebnissen, können wir effektiv über eine Politik für die Demokratisierung der Hochschulbildung reden, sonst haben wir eine Scheindemokratisierung, die den Zugang erweitert, aber nicht für die Permanenz und die soziale Inklusion der marginalisierten Schichten garantiert.

Literatur

AEUA (2011). *Anuario Estadístico Universitario Argentina 2011.* Online unter: http://informacionpresupuestaria.siu.edu.ar/DocumentosSPU/Anuario%20de%20Estad%C3%ADsticas%20Universitarias%20-%20Argentina%202011.pdf [zuletzt September 2014].

Altbach, P. G. (2000). Editorial: La Supervivencia del más Apto: El Modelo de la Universidad de Buenos Aires para el Futuro de la Educación Superior. *Revista de Divulgación y Tecnológica de la Asociación „Ciencia Hoy", 10*(55). Online unter: http://www.cienciahoy.org.ar/ch/ln/hoy55/supervivencia.htm [zuletzt September 2014].

Aponte-Hernández, Eduardo (2008). Desigual, Inclusión y Equidad en la Educación Superior en América Latina y el Caribe: Tendencias y Escenario Alternativo en el Horizonte 2021. In A. L. Gazzola & A. Didrikson (Hrsg) (2008). *Panorama de la Educación Superior en América Latina y el Caribe* (S. 113-154). Cartagena de Indias: Unesco/Iesalc. Online unter: http://www.iesalc.unesco.org.ve [zuletzt September 2014].

Argentina, Ministerio de Educación, Secretaría de Políticas Universitarias (1995). *Ley de Educación Superior N. 24.521 de 1995.* Online unter: http://www.me.gob.ar/spu/legislacion [zuletzt September 2014].

Argentina, Ministerio de Educación, Secretaría de Políticas Universitarias (2007). *Anuario 2007 de Estadísticas Universitarias.* Online unter: http://www.me.gob.ar/spu/ [zuletzt September 2014].

Bourdieu, P. & Passeron, J. C. (1970*). La Reproduction: Eléments pour une Théorie du Système d' Enseignement.* Paris: Les Èditions de Minuit.

Chiroleu, A. (2008). La Inclusión en la Educación Superior como Política Pública. Sus Alcances en Argentina y Brasil. *Alternativas – Serie: Espacio Pedagógico, San Luis, Argentina, 13*(52), 39–52.

Delfino, José A. (2004). Educación Superior Gratuita y Equidad. *Revista de Economía y Estadística* Vol. XLII, 141–160.

Dias Sobrinho, J. & Brito, M. R. F. (2008). La Educación Superior En Brasil: Principales Tendencias Y Desafíos. *Avaliação, Revista da Avaliação da Educação Superior, 13*(2), 487–507.

Fernández Lamarra, N. (2003). *La Educación Superior Argentina en Debate. Situación, Problemas y Perspectivas.* Buenos Aires: Eudeba/Iesalc.

Fernández Lamarra, N. (2005). La Evaluación y ya Acreditación Universitaria en Argentina. In Mora, J. G. & Fernández Lamarra (Hrsg.), *Educación Superior – Convergencia entre América Latina y Europa. Procesos de Evaluación y Acreditación de la Calidad* (S. 117–134). Buenos Aires: Eduntref.

Fernández Lamarra, N. (2007). *Educación Superior y Calidad en América Latina y Argentina. Los Procesos de Evaluación y Acreditación.* Buenos Aires: Eduntref.

Gazzola, A. L. & Didrikson, A. (Hrsg.) (2008). *Panorama de la Educación Superior en América Latina y el Caribe.* Cartagena de Indias: Unesco/Iesalc. Online unter: http://www.iesalc.unesco.org.ve [zuletzt September 2014].

INEP (2013). *Resumo Técnico. Censo da Educação Superior 2011.* Online unter: http://www.inep.gov.br [zuletzt September 2014].

Mollis, M. (2008). *Las Reformas de la Educación Superior en Argentina para el Nuevo Milenio. Avaliação, Revista da Avaliação da Educação Superior, 13*(2), 509–532.

Petrucelli, J. L. (2004). *Mapa Da Cor No Ensino Superior Brasileiro*. Rio De Janeiro: Programa Políticas da Cor na Educação Brasileira. – Lpp: Uerj: Seppir, Série Ensaios & Pesquisas, Nr. 1. Online unter: http://www.lpp-buenosaires.net/olped/acoesafirmativas/documentos/Serie%20ensaios-Mapa_da_cor.pdf [zuletzt September 2014].

PROPHE (2012): *Latin America's Private and Public Higher Education Shares (2002–2007)*. Online unter: http://www.albany.edu/dept/eaps/prophe/international_databases.html [zuletzt September 2014].

Rama, C. (2006). *La Tercera Reforma de la Educación Superior en América Latina*. Buenos Aires: Fondo de Cultura Económica.

Sigal, V. (1995). *El Acesso a la Educación Superior*. Buenos Aires: Spu – Ministerio de Cultura y Educación.

Sverdlick, I., Ferrari, P. Y Jaimovich, A. (2005). *Desigualdade e Inclusão no Ensino Superior. Um Estudo Comparado em Cinco Países da América Latina*. Série Ensaios e Pesquisas, N. 10. Rio de Janeiro/Buenos Aires: Laboratório de Políticas Públicas: Olped: Ppcor.

Weltbank (1994). *Higher Education. The Lessons of Experience*. Washington, DC: Weltbank.

Pablo Christian Aparicio

Bildung, kulturelle Vielfalt und soziale Ungleichheit in Lateinamerika

Die Integration Jugendlicher jenseits sozialer Unterschiede und Ausgrenzungen

1. Einleitung

Jedes Modell gesellschaftlicher Entwicklung und sozialer Modernisierung schreibt „Bildung" einen zentralen Stellenwert zu. Die an Bildung adressierten Erwartungen sind sehr hoch: Vor allem wird dem mit Bildung verbundenen Innovations- und Transformationspotenzial die Hoffnung verknüpft, dass sie einen entscheidenden Beitrag zur Ermöglichung sozialer Integration und neuer Partizipationsstrukturen zu leisten vermag. Wenn diese Semantik für moderne Gesellschaften generell gilt, so soll im folgenden Beitrag ein besonderer Fokus auf Lateinamerika gerichtet werden. Lateinamerika ist eine Region voller Kontraste und Widersprüche. Sie ist kulturell vielfältig und befindet sich mitten in dynamischen sozialen Veränderungsprozessen. Diese Veränderungsprozesse haben einerseits dazu geführt, dass in der Region im Kontext des Wirtschaftswachstums einiger ihrer Länder und der Eingliederung der Region insgesamt in die globalisierte Ökonomie Wohlstands- und Qualitätsinseln entstanden sind, andererseits aber noch immer große Unterschiede und Ungleichheiten der Lebensbedingungen vorherrschen. So konnten einige soziale Milieus ihre bestehenden Privilegien festigen oder sogar weitere dazugewinnen, während für große Teile der Gesellschaft sozialer Ausschluss und Diskriminierung fortbestehen. Lateinamerika ist aus diesem Grunde immer noch die Region mit den weltweit höchsten Ungleichheitsindizes.

Durch den steigenden Einfluss kultureller und technologischer Globalisierungsprozesse, die Diversifizierung von Lebensformen, die Pluralisierung von Bildungs- und Erwerbsbiografien sowie durch die Vervielfältigung von Möglichkeiten, aber auch durch das Entstehen neuer Grenzen im sozialen und politischen Leben werden viele Fragen aufgeworfen. Konkret etwa im Hinblick darauf, wie sich mithilfe von Schule und einer auf Partizipation ausgerichteten Bildungspolitik Integrationsprozesse und soziale Teilhabe der heranwachsenden Generationen in Lateinamerika effektiver gestalten lassen. Mit Blick auf die Einheit der Region ist zu konstatieren, dass die weitgehende Ähnlichkeit und die Überschneidungen bestimmter struktureller Aspekte des politischen, ökonomischen, sozialen und kulturellen Lebens es ermöglichen, die an sich sehr heterogenen Länder Lateinamerikas als Teile dieser Einheit zu verstehen und die einzelnen Länder dann in vergleichenden Analysen ihrer historischen Entwicklungen und Transformationen zu erforschen. Im Folgenden liegt der Fokus der Betrachtung, das *tertium comparationis*, auf Prozessen der sozialen Inklusion und Exklusion im Bildungsbereich.

Trotz der wesentlichen sozialen, kulturellen und wirtschaftlichen Unterschiede zwischen den verschiedenen Ländern Lateinamerikas wird im vorliegenden Kapitel eine vergleichende Perspektive auf die regionale Ebene eingenommen, mit der sowohl Ähnlichkeiten als auch die spezifischen bildungspolitischen Muster in einem komplexen und dynamischen Kontext betrachtet werden können. Hierzu wird auch der Bezug zu internationalen Tendenzen und Globalisierungsprozessen berücksichtigt, die wiederum einen starken Einfluss auf die regionalen Entwicklungsprozesse ausüben (siehe Gvirtz & Beech, 2007; Beech, 2009; siehe auch Gvirtz & Dufour, in diesem Band).

Der Beitrag reißt erstens knapp die Rolle von Bildung in den gegenwärtigen gesellschaftlichen Transformationsprozessen in Lateinamerika an. Zweitens werden in international vergleichender Perspektive die gemeinsamen lateinamerikanischen Herausforderungen als soziale Ungleichheit und Integrationsprobleme für Jugendliche thematisiert, zu deren Lösungen Bildung und Bildungspolitik einen entscheidenden Beitrag zu leisten vermöchten. Dabei soll die Situation Jugendlicher und deren Zugang zu Teilhabemöglichkeiten in der Gesellschaft zur Sprache gebracht werden. In den beiden letzten Abschnitten werden einige Aspekte hervorgehoben, die als Orientierungspunkte für die Formulierung effektiver Bildungspolitiken in der Region dienen können. Ein Fazit rundet das Kapitel ab.

2. Bildung im Kontext gegenwärtiger gesellschaftlicher Veränderungen

Die Beziehung zwischen Bildung und sozialem Wandeln lässt sich in unterschiedlichen Weisen denken. Zum einen ist Bildung eine notwendige Bedingung sozialen Wandels, insofern als Anstrengungen für soziokulturelle Veränderungen auf dem in der Bevölkerung vorhandenen Bildungsstand aufbauen muss; zum anderen lässt sich Bildung als ein Ergebnis sozialer Wandel verstehen und als „Outcome" der Anstrengungen für soziale Veränderungen sehen; schließlich – und dies war und ist in der Hauptsache das Verständnis in Lateinamerika – kann Bildung ein Instrument sozialer Veränderungen sein. In diesem Verständnis wird Bildung die Aufgabe zugeschrieben, soziale Probleme zu bekämpfen und gesellschaftlichen Fortschritt voranzutreiben. Das Risiko in diesem letzten und in der Region hegemonialen Verständnis des Verhältnisses von Bildung und sozialer Veränderung liegt in der Vernachlässigung struktureller Spannungen und Probleme (siehe zur „Pädagogisierung gesellschaftlicher Probleme" Herrmann 1984; Proske, 2001). Bildung allein kann nicht die tiefgehenden Probleme in Lateinamerika lösen, sie ist vielmehr zugleich notwendige Bedingung, Instrument und Ergebnis gesellschaftlicher Veränderungsprozesse.

In Lateinamerika überlagert der Fortbestand von strukturellen Problemen wie Armut, sozioökonomischer Ungleichheit und Mangel an sozialer Kohäsion die erreichten Fortschritte der Regierungen im Wirtschafts- und Produktionsbereich, in der Stabilisierung der Fiskalpolitik, in der Öffnung zu internationalen und lokalen Märkten, in der Steigerung des wirtschaftlichen Wachstums sowie im Aufbau und der Stärkung von Sozialpolitiken. Die Nachhaltigkeit des aktuellen Wirtschaftswachstums und des ihm zugrunde liegenden Entwicklungsmodells ist allerdings fraglich, da gleichzeitig zu den positiven Tendenzen die niedrige Produktivität und unzureichenden Maßnahmen zur Abhilfe, die Verschlechterung der Arbeitsbedingungen, die Konzentration sozialer Leistungen und Einkommen bei den wohlhabenden Schichten, der Mangel an Berufsförderungs- und Weiterbildungsprogrammen zu verzeichnen sind (Gajardo, 2003).

Die in Lateinamerika in den 1990er Jahren erfolgten Bildungsreformen verfolgten als Hauptziele die Modernisierung und eine bessere Systematisierung der Bildungsangebote, die regionale und lokale Kontextualisierung des Curriculums, die Flexibilisierung der didaktischen Methoden und die Modernisierung theoretischer und methodologischer Lern-, Evaluations- und Planungsmodelle sowie die Förderung der technologischen und wissenschaftlichen Innovation und die Dezentralisierung der Verwaltung und Bürokratie (Aparicio, 2007).

Trotz des enormen finanziellen Aufwands der Reformen führte die Tatsache, dass keine parallele politische Strategie zur Bekämpfung struktureller gesellschaftlicher Probleme wie Armut, sozialem Ausschluss und sozialer Ungleichheit entwickelt und mit der Frage der Bildungsbeteiligung verknüpft wurde, dazu, dass die durchgeführten Reformmaßnahmen nur bedingt Wirkung entfalten konnten. Die Persistenz der noch immer ungerechten sozialen Struktur in der Region implizierte, dass die vorherrschenden Muster des sozialen Ausschlusses und der soziokulturellen Diskriminierung in Bildungssystem, Arbeitsmarkt und im politischen Leben fortbestanden. Neuere wissenschaftliche Erkenntnisse bestätigen, dass sich die Fortdauer ökonomischer Ungleichheiten in der gruppenspezifischen differenzierten Art der Teilhabe an sozialen und kulturellen Leistungen spiegelt und fortgeschrieben wird. Zudem werden diese Unterschiede über die Generationen hinweg akkumuliert und vererbt (UNESCO, 2007b; CEPAL/OEI, 2009).

Gegenwärtige Diskurse und Tendenzen der Pluralisierung von Identitäten, kulturellen Praktiken und Lebensstilen und der Individualisierung der Lebensläufe von jungen Menschen sollten nicht darüber hinweg täuschen, dass die augenscheinliche Zunahme sozialer Teilhabemöglichkeiten auf der formalen Ebenen die sozioökonomischen Ungleichheiten nicht mindert, sondern mehrt und die individuellen Integrationsmöglichkeiten beeinträchtigt. Auf der anderen Seite ziehen übergreifende Entwicklungen wie die Vertiefung sozioökonomischer Unterschiede, die Pluralisierung kultureller Nachfrage, die Pluralisierung des öffentlichen Raumes und die Fragmentierung institutioneller und politischer Arrangements für Bildung und Bildungspolitik bedeutsame Implikationen nach sich. In diesem Kontext wird deutlich, dass eine neue politische Orientierung vonnöten ist, welche die Dimension solcher Veränderungen versteht und nach neuen angemessen Bildungsstrategien sucht (CEPAL, 2010; UNESCO, 2010).

Die vergangenen Reformversuche zeichneten sich bei aller Vielfalt dadurch aus, dass ihre bevorzugte Strategie zumeist darin bestand, einen demokratischeren und gerechteren Zugang zu Bildung durch Anpassung der Bildungsangebote an universale Werte und Normen zu erreichen (vgl. Beech & Gvirtz, 2007). Dabei wurde oftmals die kulturelle Diversität – im weiten Sinne des Wortes, also viele soziale Differenzlinien betreffend – ausgeblendet. Die Suche nach einem standarisierten Curriculum führte zu einer Vernachlässigung der lokalen Kontexte, welche sich hinderlich auf die Anerkennung und Berücksichtigung der Vielfalt der Lebenswelten, Handlungen und Prozesse in ihrer Bedeutung für das Individuum und für die Gesellschaft erwiesen. Damit blieb nicht nur die curriculare Reform hinter ihren Möglichkeiten zurück; auch der Beitrag von Bildung zu einer umfassenden sozialen und gesellschaftlichen Entwicklung blieb fraglich.

3. Bildung und Jugend in Lateinamerika

Bei der transnationalen Prioritätensetzung im Kontext der Globalisierung spielt die Entwicklung von Wissen, Technologie und Wissenschaft eine entscheidende Rolle und nimmt eine bedeutende Stellung in der Agenda vieler politischer Akteure ein. Bildung als zentrales Element der Informations- und Wissensgesellschaft stellt dabei ein strategisches Werkzeug für das Erreichen der Ziele von Modernisierung, Wohlstand, nachhaltiger Entwicklung, sozialer Kohäsion und Konsolidierung von Demokratie dar. Wenn aber der Zugang zu Bildung – und sei es nur zu informellen Bildungsangeboten – ausbleibt, verschärft sich ein bedeutendes Risiko für soziale Integration als gesamtgesellschaftlichem Anliegen.

Die Integrationsbedingungen für die nachwachsenden Generationen haben sich, so das Argument dieses Kapitels, als Folge einer auf Homogenisierung getrimmten Bildungsstrategie verschlechtert, in jedem Falle, entgegen ihren Versprechungen, nicht verbessert. Im Folgenden sollen knapp die Probleme aufgelistet werden, auf welche die Reformen eine Antwort geben wollten. Dabei können sie, gradueller Unterschiede zum Trotz, als länderübergreifend für die gesamte Region Lateinamerika gelten. Unter den gemeinsamen Problemen lateinamerikanischer Länder sind: ungleicher Zugang zu guten Bildungsangeboten, Mangel an Innovations-, Leitungs- und Verbesserungsinstrumenten, vor allem mit Blick auf die Curricula, Mangel an informellen Bildungsangeboten, eine defizitäre Ausbildung der Lehrkräfte, Verschlechterung der Bildungsqualität, hohe Analphabetismus- und Schulabbruchsquoten, Mangel an systematischer Organisation und Vermittlung von Lerninhalten und nicht zuletzt segmentierter Zugang zu Bildung je nach sozioökonomischer

Herkunft, Geschlecht, Wohnort sowie ethnischer und kultureller Zugehörigkeit (UNESCO, 2007a; CEPAL, 2009; Santos Rego, Lorenzo Moledo & Aparicio, 2010).

In international vergleichender Perspektive lassen sich diese Herausforderungen als soziale Ungleichheit und Integrationsprobleme für Jugendliche allgemein verstehen, zu deren Lösungen Bildung und Bildungspolitik einen entscheidenden Beitrag zu leisten vermöchten. Um die soeben genannten Probleme einzudämmen, wurden unterschiedliche Reformen im Bildungsbereich durchgeführt, die allesamt die Entwicklung von adäquaten (Aus-)Bildungsangeboten, die Systematisierung von curricularen Programmen und die Universalisierung des Zugangs zur Sekundarstufe forderten. In der Mehrheit der Länder wurde die Schulpflicht in der Sekundarschule bis auf 12 oder 13 Jahre verlängert. Das bedeutet, dass zur Schulpflicht von Kindergarten und Grundschule auch der Besuch der ersten drei Jahre der Sekundarschule obligatorisch wurde (vgl. Beech & Gvirtz, 2007; Aparicio, 2007).

Abgesehen von den wenigen Erfolgen der Bemühungen einiger Regierungen in der Bildungspolitik – Erhöhung der Bildungsbeteiligungsraten, curriculare Modernisierung und institutionelle und Verwaltungsdezentralisierung – konnte aber keine signifikante Verbesserung im Bereich der durchschnittlichen Leistung der Schülerinnen und Schüler erreicht werden. Ebenfalls hinter den anvisierten Zielen zurück blieben die Erhöhung der finanziellen, technischen und technologischen Ressourcen bezogen auf die vielfältigen und sozial unterschiedlichen Bildungskontexte, die Optimierung von Arbeitsbedingungen im Bildungssystem (Löhne, Infrastruktur, Qualität des akademischen Profils des Personals, die Weiterbildungsmöglichkeiten, Evaluationsmechanismen, Forschung etc.), die Steigerung der Investitionen, die Demokratisierung politischer Entscheidungsstrukturen und die Systematisierung der gesamten Angebote und staatlichen Bildungsinstitutionen. Mit anderen Worten: Obwohl eine verbesserte Systematisierung curricularer Inhalte, eine ausreichende Durchführung von Evaluationsprogrammen, die Dezentralisierung der Verwaltung und anderer Behörden und Kooperationen zwischen staatlichen Bildungseinrichtungen mit dem Privatsektor und der Zivilgesellschaft (PPPs) erreicht wurden, erwies es sich als unmöglich, die Bildungsbeteiligung der unterschiedlichen Gruppen, welche auf Armut und soziale Ungleichheit zurück zu führen sind, zu beseitigen.

Vor dem Hintergrund der dargelegten Problematik ist die gesellschaftliche Exklusion der jugendlichen Bevölkerung aus armen Milieus vorprogrammiert. Deren früher Einstieg in den Arbeitsmarkt, bedingt durch die Bedürfnisse und den sozialen Druck ihrer Familien, hängt ja auch mit dem erschwerten Zugang nicht nur zu formaler Bildung, sondern auch zu alternativen Bildungsmöglichkeiten zusammen, anderen (nicht traditionellen) Berufsförderungsprogrammen oder gezielten sozialen Programmen, die dazu dienen könnten, diese vom Regelschulsystem ausgeschlossenen Gruppen zu unterstützen. Die Folge ist die Vertiefung der Segregation im Bildungsbereich sowie die Verbreitung sozialer Ungerechtigkeit (Gajardo & Gómez, 2003).

Die Investition in den Bildungsbereich stellt dabei ein weiteres wichtiges Element dar, mit dem das reale Interesse und Engagement der Staaten in Hinblick auf die Förderung der Entwicklung bewertet werden kann. Trotz nicht zu vernachlässigender Steigerung staatlicher Investitionen der lateinamerikanischen Regierungen im Bildungsbereich bestehen weiterhin Probleme, wie zum Beispiel die schlechte Verteilung der Ressourcen und das Ausbleiben einer politischen Agenda zur effektiven Prioritätensetzung. Es besteht also letztendlich immer noch das altbekannte Problem der mangelnden Transparenz und Effektivität des Staates.

Insofern könnte man festhalten, dass die Erhöhung der Bildungsinvestitionen sich nicht mit einer qualitativen Veränderung der strukturellen Bedingungen der Teilhabe an einem guten Bildungssystem gleichsetzen lässt. Im Gegenteil, ohne eine effiziente Distribution der staatlichen Investitionen kommt es zu einer Aufrechterhaltung und Verschärfung bestehender Ungleichheiten (Gentili, 2009).

In Lateinamerika hat die massive Erweiterung des Zugangs zur Bildung ohne Berücksichtigung der strukturellen Ungleichheiten und spezifischen Schwierigkeiten und Bedürfnisse der verschiedenen sozialen Gruppen dazu geführt, dass eher wohlhabende Menschen von den neuen zur Verfügung gestellten Bildungsmöglichkeiten profitieren. Obwohl vielleicht nicht beabsichtigt, hat dieser Effekt doch dazu beitragen, dass eine neue Konzentration und Akkumulation von bestimmtem sozialen und kulturellen Kapital entstanden ist, welches die Teilhabemöglichkeiten der eigentlichen Zielgruppen dieser Programme, Reformen und Arrangements behindert hat.

Abbildung 1 zeigt die Investition seitens der lateinamerikanischen Staaten im Sekundarbereich des Bildungssystems im Vergleich zu den industrialisierten Ländern bzw. Mitgliedern der OECD; die darin ersichtlichen Unterschiede sind sehr deutlich.

In Bezug auf die Evaluation der Bedarfsdeckung von weiterführenden, also Schulen der Sekundarstufe in den Bildungssystemen Lateinamerikas, konstatiert das CEPAL[1] (2008, S. 156), dass nur Argentinien und Brasilien mehr als 75 % der gesamten Immatrikulationsquote erreicht haben und dass Bolivien und Peru gerade auf dem Wege sind, dieselbe Prozentzahl zu erreichen. Im Gegensatz dazu können Kolumbien, Ecuador, El Salvador, Guatemala, Nicaragua und die Dominikanische Republik nur ca. 60 % der gesamten Bildungsnachfrage abdecken. Obgleich nur wenige Informationen zu den Abschlussraten in der Sekundarstufe vorliegen, ausgenommen Argentinien, Bolivien, Chile und Peru, wird sichtbar, dass nur etwa die Hälfte der an Sekundarschulen eingeschriebenen Jugendlichen diesen Zyklus erfolgreich abschließen. Ein Vergleich der Bevölkerungsgruppe der zwischen 20 und 24 Jahre alten jungen Menschen, die die Sekundarschule abgeschlossen haben, zeigt, dass Guatemala, Honduras und Nicaragua am meisten hinter der Expansionsentwicklung zurück bleiben, denn Dreiviertel oder mehr dieser Gruppe hat die Sekundarschule nicht abgeschlossen (ebd.).

---

1 CEPAL ist das spanische Akronym für die Wirtschaftskommission für Lateinamerika und die Karibik

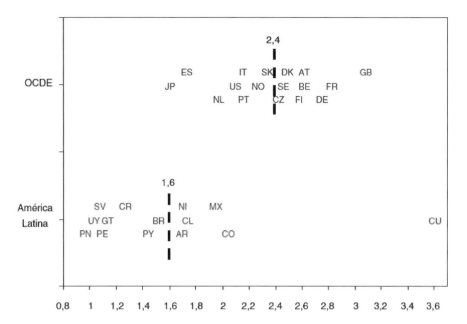

Abbildung 1: Ausgaben im Sekundarschulbereich. Durchschnitt nach Inlandsprodukt, Quelle: CEPAL (2008, S. 160)

Junge Menschen, die vom Bildungssystem ausgeschlossen bleiben, werden nur sehr selten angemessen im Arbeitsmarkt aufgenommen, und wenn ihnen dies gelingt, geschieht es überwiegend im informellen Sektor. Viele von diesen Jugendlichen sind auf prekäre Arbeitsplätze angewiesen, die allerdings durch Vernachlässigung der gesetzlichen Regelungen, durch Risiko und Mangel an sozialer Sicherung und gewerkschaftlicher Vertretung gekennzeichnet sind (Tokman, 2003; Aparicio, 2008a).

3.1 Jugendliche, kulturelle Diversität und soziale Ungleichheit

Gegenwärtig stellt Armut einen der wichtigsten Aspekte der Lebensbedingungen junger Generationen dar, welche mit wenigen Zugangsmöglichkeiten zu elementaren sozialen Dienstleistungen und einer nichtausreichenden Sicherstellung von sozialen Teilhabemöglichkeiten aufwachsen. Diese Situation führt außerdem dazu, dass sowohl die intergenerationale Reproduktion der Risikosituation (*vulnerability*) als auch die sozioökomische Ungleichheit sich weiterhin vertiefen (Weltbank, 2006).

In den vergangenen Jahrzehnten fanden besonders in Lateinamerika wichtige Reformen im Bildungsbereich statt, die zum großen Teil von enormen Investitionen in finanzieller, technologischer und professioneller Hinsicht begleitet wurden. Dennoch sind die Ergebnisse nicht zufriedenstellend, da diese zu wenig dazu beitrugen, eine Verbesserung des Zugangs zum Bildungssystem, eine bessere Gestaltung von Lernprogrammen und eine Verbesserung der Lebensbedingungen zu erzielen und auf diese Weise die Integration und Beschäftigungsmöglichkeiten der am meisten benachteiligten sozialen Gruppen effektiv zu fördern (Hopenhayn, 2007).

Die Verbesserung des Bildungszugangs in Lateinamerika geschieht in einem Kontext, in dem zugleich soziale Ungleichheiten sich verschärfen und dabei die Beteiligung an Bildung negativ beeinflusst. Insofern stellten diese Veränderungen nur vorübergehende und schwache Lösungen dar, um dem zunehmenden Prozess von Segregation und sozialer Fragmentierung entgegenzuwirken.

In diesem Zusammenhang weisen die Bildungssysteme in Lateinamerika große Schwierigkeiten bei der Entwicklung eines adäquaten curricularen Modells auf, das kulturelle Diversität einbezieht und die sozioökonomische Ungleichheit zu beseitigen hilft. Im Gegenteil, die genannten Defizite verursachen eine noch starke Segmentierung der Schulleistung und der persönlichen Entfaltung innerhalb des Bildungssystems. Beispielsweise ist in Ländern wie Bolivien, Brasilien, Ecuador und Uruguay die Wahrscheinlichkeit sehr groß, dass Jugendliche aus ethnisch-kulturellen Minderheiten und sozial benachteiligten Gruppen vom Bildungssystem ausgeschlossen bleiben. Und dies wiederum führt dazu, dass diese Gruppe später keine angemessene Arbeit und die Sicherung materialer und symbolischer Lebensqualität erreichen kann (CEPAL/UNESCO, 2005).

Die bestehende Spaltung zwischen der tatsächlichen kulturellen Pluralität und der im Bildungsbereich leitenden und standardisierten (Mainstream-)Kultur verhindert die Entstehung eines versöhnenden interkulturellen Dialogs, der zu einer Öffnung in Richtung kontextualisierter und effektiver Bildungspraktiken beitragen könnte. Der Mangel an Passung zwischen den uniformen und exogenen Zielsetzungen und den heterogenen Realitäten verhindert unmittelbar eine effektive Umsetzung in die Praxis der Prioritäten, Methoden und der curricularen Strategien bezüglich der neuen Bildungspolitik (nach der Reform) (Dussel & Finochio, 2003).

Die unzureichende Wahrnehmung der kulturellen Unterschiede auf der Basis einer entsprechenden politischen und curricularen Anerkennung der Menschen bringt mit sich eine Form der Segregation und der Negation des Andersseins und der Alterität. Im Grunde ein leidlicher Widerspruch, ist doch Lateinamerika eine Weltregion, die sich parallel zu ihrem Selbstbewusstsein einer großen ethnischen und kulturellen Diversität auch als ein großes Kollektiv versteht.

Der kulturelle Ausschluss der indigenen und afrikanischen Wurzeln wird durch eine Legimitierung des Credo in eine einheitliche, systemische und universelle Kultur befördert; was nicht nur die Anerkennung der kulturellen Diversität innerhalb des Bildungssystems überflüssig macht, sondern auch die Möglichkeit einer angemessenen Betrachtung und Förderung des interkulturellen Austausches in diesem Bereich verhindert. Die Verzerrung zwischen dem offiziellen Bildungsmodell und der pluralisierten Nachfrage sowie den soziokulturellen Rahmenbedingungen schafft durch Schulen – heute so wie in der Vergangenheit – mehr Ausgrenzung, denn dieser Widerspruch wirkt sich negativ auf Integrations- und Bildungsprozesse aus und beeinflusst so die Übergänge zum Arbeitsmarkt und zum Erwachsenenleben (Gallart, 2008).

Wie stark die Korrelation zwischen Armut und Variablen wie beispielsweise Wohnort, Geschlecht und ethnische Zugehörigkeit ist, zeigt Abbildung 2.

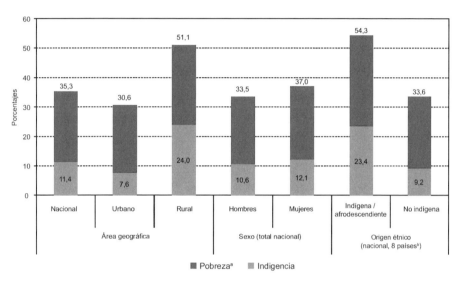

Abbildung 2: Armut und Bedürftigkeit unter Jugendlichen in Iberoamerika nach Wohnort, Geschlecht und ethnischer Zugehörigkeit (2006). Quelle: Hopenhayn, 2007, S. 44)

In einem aktuellen von der UNESCO et al. (2008) erstellten Bericht wurden große Verzögerungen in den Schulkarrieren Jugendlicher aus den niedrigsten sozialen Schichten festgestellt, die zugleich einer ethnisch-kulturellen Minderheit angehörten. In diesem Zusammenhang weisen 6 % der jungen Menschen zwischen 15 und 17 Jahren einen Rückstand auf, der im Durchschnitt vier Jahre hinter den für normal definierten Leistungen im entsprechenden Alter steht. In Lateinamerika haben mehr als 9 % der jungen Menschen die Grundschule nicht abgeschlossen, was sehr beunruhigend ist, wenn man bedenkt, dass die minimalen Bildungsanforderungen auf dem Arbeitsmarkt sich in den letzten Jahren deutlich erhöht haben. Die Wahrscheinlichkeit des Misserfolgs bei dem Abschluss der Grundschule ist in Mittelamerika vierzehnmal größer als in Ländern Südamerikas, besonders schwierig ist es in ländlichen Gebieten. Es sollte noch hinzugefügt werden, dass in Mittelamerika und der Karibik sich der größte Anteil der Bevölkerung aus indigener und afrikanischer Herkunft in Ländern wie Mexiko, Guatemala und Nicaragua befinden (Hopenhayn et al., 2006).

Wie Abbildung 3 zeigt, wird die Bildungsbeteiligung von der sozioökonomischen Lage der Menschen bedingt, und dadurch ergibt sich eine Art „Teufelskreis", in dem und aus dem soziale Ungleichheit entsprechend einer exkludierenden gesellschaftlichen Ordnung produziert wird. In dieser Abbildung lassen sich die bestehenden Unterschiede zwischen den Gruppen beobachten, die an Sekundarbildung teilnehmen und diese abschließen. So weist die ärmste Schicht (Quintil I) deutlich weniger Sekundarschulabschlüsse auf als die reichste Schichte (Quintil V). Dieser Effekt verstärkt sich zwischen der Sekundarstufe I (linke Spalte) und der Sekundarstufe II (rechte Spalte). Der ungleiche Zugang zur Sekundarschulbildung wird *a posteriori* noch potenziert durch einen ungleichen Zugang zu höheren Bildungsebenen, Ausbildungsgängen und zum Arbeitsmarkt allgemein.

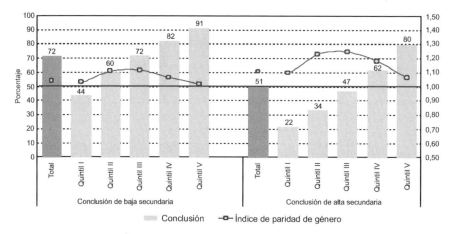

Abbildung 3: Sekundarschulabschluss (Sek. I und II) unter Jugendlichen (20–24 Jahre) in Iberoamerika, nach Alter und Genderparitätsindex (2006), Quelle: Hoppenhayn, 2007, S. 131)

Im Bildungsbereich wird der systematische Rückgang von Bildungsinstitutionen und -gängen sowie von Berufsförderungsprogrammen durch politisches Desinteresse und Ressourcenmangel auf staatlicher Seite verstärkt. Dies stellt eine Bedrohung für die soziale Integration der jungen Generationen dar, besonders für benachteiligte soziale Gruppen. Diese sehen sich wiederum gezwungen, defizitäre staatliche Bildungsdienstleistungen in Anspruch zu nehmen (Tedesco, 2004).

4. Orientierung und Grundlage für die Gestaltung eines effektiven Bildungsmodells

Die kritische Betrachtung von bestimmten Phänomenen und Charakteristika des Ausschlusses und der sozialen Segmentierung ist notwendig, um neue und effektivere politische Kriterien zu formulieren, die dem Einfluss von Benachteiligung im Bildungssystem und der Segregation auf dem Arbeitsmarkt entgegenwirken können. Insofern ist eine umfassende und vergleichende Perspektive notwendig, um die aktuellen sozialen Prozesse, Widersprüche und Spannungen im bildungspolitischen Bereich zu untersuchen. Dabei sollte auf gemeinsame Aspekte geachtet werden, welche sich in lokalen und globalen Prozessen, Entwicklungen und Szenarien identifizieren lassen (Gautié, 2003; Mollis & Bensimon, 1999).

Der zunehmende Einfluss von sozialen, kulturellen und wirtschaftlichen Ereignissen auf einer internationalen Ebene verändert die lokale Bildungspolitik. Damit wird deutlich, dass es eine globale Entwicklung in Bezug auf die Entstehung gemeinsamer Kontexte, Prozesse und Bildungsmodelle gibt, die die zukünftige Gestaltung der Gesellschaft und der Kultur mitzubestimmen scheinen. Veränderungsprozesse dieser Art bedürfen neuer Betrachtungsweisen, welche als Reflexionsinstrumente dienen und unter gewissen Bedingungen auch die Bildungspolitik orientieren können.

In Lateinamerika finden sich in den Lerninhalten in aller Regel die Interessen von Jugendlichen nicht wieder; dies ist eine der wichtigsten Ursachen für Schulabbruch und für die allgemein niedrige Beteiligung in der Sekundarstufe des Bildungssystems. Die Schulsysteme beziehen die Lebensbereiche, die persönlichen Interessen und Bedürfnisse der Schüler nicht ein. Dies stellt ein Hindernis dar, um ein qualitativ hochwertiges und aktuelles Bildungsangebot machen zu können, welches wiederum zum Abbau sozialer Ungleichheit beitragen könnte. Der Mangel an innovativen methodologischen und theoretischen Modellen, welche die Handlungsmöglichkeiten des Lehrpersonals im Unterricht orientieren und eine bessere Vorbereitung von Experten und der Schulleitung und nichtpädagogischem Personal unterstützen, wird noch dringlicher, wenn tiefgreifende gesellschaftliche Veränderungen sowohl die Funktion als auch den praktischen Beitrag der Schule in Frage stellen (Aparicio, 2009). Aus diesem Grund ist die an der Unterrichtsrealität und Lebenswelt ausgerichtete Aus- und Weiterbildung des Lehrpersonals – und ihre Passung zur Realität im Unterricht – eine der wichtigsten Prämissen des noch offenen Bildungsreformprozesses.

Mit angemessenen methodologischen, theoretischen und praxisorientierten Konzepten und Kompetenzen ließen sich kontextbezogene Curricula entwickeln, und zwar in Einklang mit den institutionellen, sozialen und kulturellen Rahmenbedingungen des jeweiligen Bildungswesens sowie mit den Profilen, der Nachfrage und den Anforderungen von Schülerinnen und Schülern. In diesem Zusammenhang ist eine Bildungsreform erforderlich, welche die Lebenssituation von Jugendlichen und die Ausweitung ihrer Teilhabe in allen Bereichen des sozialen Lebens berücksichtigt. Eine solche Reform sollte aber auch die folgenden Aspekte beachten:

- Das Bildungssystem sollte soziale Einrichtungen und Institutionen der Zivilgesellschaft miteinbeziehen, die sich mit der Förderung und Unterstützung der

Eingliederungs- und Beteiligungsprozesse junger Menschen im sozialen und politischen Bereiche sowie am Arbeitsmarkt beschäftigen. Das könnte zu einer besseren Koordinierung intersektoraler Aktivitäten und Projekte, zur Erweiterung der Bildungsbeteiligung, zur besseren Gestaltung der Lernangebote und zur Artikulation eigener Interessen führen (Weller, 2006; Aparicio, 2008b);
- Die Suche nach einer Verbindung zwischen den Initiativen seitens der staatlichen Bildungsinstitutionen auf der kommunalen und der regionalen Ebene im Bereich der Jugendarbeit (CEPAL/OIJ, 2004);
- Der Aufbau von Einrichtungen für Begegnung, Austausch und informellem Lernen parallel zur Schule (z. B. Jugend- und Bildungszentren oder Initiativen der Zivilgesellschaft), in denen junge Menschen in die Lage versetzt werden, selbstständig Probleme zu lösen sowie eigene Bedürfnisse und Perspektiven zu artikulieren. Die Aneignung von Kompetenzen im Bildungssystem hängt im Wesentlichen mit den Fähigkeiten der Jugendlichen zusammen, eigene Bildungs- und Beschäftigungsbiographien zu gestalten bzw. Zugang zu staatlichen Dienstleistungen zu erhalten (Rodríguez, 2010; Aparicio & Menoni, 2009). Für die Optimierung der bereits bestehenden Bildungsangebote sind technische und finanzielle Investitionen seitens des Staates notwendig;
- Die systematische Durchführung von Studien und Berichten über die psychosoziale und kulturelle Bildungslage junger Menschen sollte die Komplexität und soziokulturelle Heterogenität, die Eigenschaften der Bildungsinstitutionen, die Beteiligung der Familie an den Lernprozessen ihrer Kinder und die subjektiven und strukturellen Bedingungen der Bildungsprozesse berücksichtigen. Denn all dies beeinflusst die Bildungsnachfrage und die Erwartungen der Jugendlichen, die inzwischen mehr Anerkennung innerhalb formaler Bildungsinstitutionen einfordern (Aparicio, 2010);
- Die Ausweitung und Diversifizierung von Partizipationsmöglichkeiten im Bildungsbereich auf der Basis einer effektiven Entwicklung von Kompetenzen, Handlungsfähigkeiten und Kenntnissen, die wiederum erforderlich sind, um am gesellschaftlichen Leben teilzunehmen und in interkuturellen Kontexten agieren zu können (Hopenhayn, 2005);
- Die Entwicklung von pointierten Investitionsprogrammen unter Aufsicht von Staat, Familien und spezialisierten Institutionen im Bereich der Jugendpolitik, um etwa Schulabbrüche in benachteiligen Gruppen zu verhindern bzw. bessere Ergebnisse und höhere Abschlüsse zu erzielen. Denn viele Jugendliche aus prekären Verhältnissen müssen parallel zur Schule arbeiten und zum Familienhaushalt beitragen. In diesem Sinne sind inklusive und intersektorale Maßnahmen (in Verbindung mit Projekten im Bereich der Jugendpolitik) notwendig, um soziale Ungleichheiten in Bezug auf die Beteiligungsmöglichkeiten im Bildungssystem und auf dem Arbeitsmarkt zu beseitigen (Jacinto, 2004).

Aus dieser Perspektive ist es erforderlich, einen intersektoralen Dialog zwischen Schulen, Jugendlichen und Gesellschaft zu fördern, weil dies zur adäquaten Zusammenstellung methodologischer und curricularer Ansätze, zur Wirkungsoptimierung von Bildungsprogrammen mit Bezug auf die Veränderung von Lebensbedingungen von Jugendlichen und zur Beseitigung der vorherrschenden sozialen und kulturellen Segregation in den Schulen beitragen kann.

5. Schlussfolgerung: Die Integration von Jugendlichen jenseits sozialer Unterschiede und Ausgrenzung

Trotz jüngster Fortschritte im Bereich der Sozial-, Arbeitsmarkt- und Wirtschaftspolitik in Lateinamerika hat die Persistenz sozialer Probleme (z. B. soziale Ungleichheit, Ausbreitung des informellen Arbeitsmarktes, soziokulturelle Ausgrenzung, strukturelle Armut und schwache soziale Kohäsion) die Grenzen der Reforminitiativen deutlich gemacht.

Die Ausdifferenzierung der Jugend und der Lebenswelt von Jugendlichen steht in einigen Fällen für einen Euphemismus der zunehmenden Fragmentierung und Segmentierung innerhalb der lateinamerikanischen Gesellschaften, in welchen der Mangel an Konsens und die Mechanismen für die politische und soziale Kohäsion vielmehr zu Individualismus, Auslöschung kollektiver Verhaltensweisen, extremem Wettbewerb und permanentem Kampf um den individuellen Erfolg als einziger Formel des sozialen Aufstiegs und Wohlstand gelten.

Die Bedeutung der verschiedenen Herausforderungen im kulturellen und sozioökomischen Feld stellen heute die Handlungskompetenzen der Bildungsinstitutionen in Frage, die sich für die Inklusion und Teilhabe junger Generationen stark machen. Im gleichen Maße beeinflussen die oben genannten Veränderungen die funktionalen Prämissen des Bildungssystems, die Lern- und Lehr-Prozesse und die symbolischen und physischen Räume konzipieren und realisieren.

In der Tat, die Effektivität der bildungspolitischen Intervention des Staates ist mangelhaft, da durch die Implementation von kurzfristigen Maßnahmen und einseitigen Programmen Probleme – wie der ungleiche Zugang zum Bildungssystem, die segmentierte Distribution von nonformalen Bildungsmöglichkeiten, curriculare Fehlplanungen, Verschlechterung der Professionalisierung des Lehrpersonals, Mangel an technischen und didaktischen Ressourcen je nach Institution und Region – verschärft statt behoben wurden.

In dieser Perspektive stellt nach wie vor die Entwicklung einer neuen Bildungspolitik eine offene Aufgabe dar. Diese neue Politik sollte sich an den Jugendlichen orientieren, und zwar durch Förderung der Anerkennung individueller Unterschiede, der Berücksichtigung kultureller Pluralität und Empowerment der Teilhabe der Jugendlichen in allen Bereichen des sozialen Lebens. Die Zielsetzung „Ermöglichung der Integration junger Menschen jenseits sozialer Unterschiede und Ausgrenzungen" sollte – nach meiner Auffassung – ein Fundament für die Gestaltung zukünftiger Wege zur Partizipation an Bildung und Arbeit für Jugendliche sein, was wiederum zur Konsolidierung einer pluralisierten und integrierten Gesellschaft beiträgt. Nur so wird es möglich sein, dass aus der Diversität mehrere Möglichkeiten für eine soziale Integration geschaffen werden.

Literatur

Aparicio, P. Ch. (2007). Gioventù e giovani in America latina: Le sfide dell'educazione di fronte all'impronta della pluralizzazione e della segmentazione sociale. *Rivista Internazionale di Edaforum: Focus on Lifelong Lifewide Learning.* Anno 2, Nr. 8, 1–27. Online unter: http://rivista.edaforum.it/numero8/monografico_gioventu.html [zuletzt September 2014].

Aparicio, P. Ch. (2008a). El poder de la educación: entre dilemas, horizontes y urgencias. Pensando vías de integración para los jóvenes de América Latina. In D. Michelini (Hrsg.), *Poder, Ética y Sociedad. ERASMUS Revista para el Diálogo Intercultural.* Año X, N 2, 229–252.

Aparicio, P. Ch. (2008b). Jóvenes, educación y sociedad en América Latina: Los retos de la integración en un contexto de creciente pluralización cultural y segmentación socioeconómica. In P. Ch. Aparicio & D. de la Fontane (Hrsg.), *Diversidad cultural y desigualdad social en América latina y el Caribe: desafíos de la integración global* (S. 155–198). El Salvador: Ediciones Böll.

Aparicio, P. Ch. (2009). Educación y jóvenes en contextos de desigualdad socioeconómica. Tendencias y perspectivas en América Latina. Archivos Analíticos de Políticas *Educativas, 17*(12), online unter: http://epaa.asu.edu/epaa/v17n12/ [zuletzt September 2014].

Aparicio, P. Ch. (2010). Jóvenes, educación y el desafío de convivir con la diversidad cultural y la desigualdad socioeconómica en América Latina. Revista Antítesis, Vol. 3, n° 6, Juli-Dezember, Online unter: http://www.uel.br/revistas/uel/index.php/antiteses/issue/view/439 [zuletzt September 2014].

Aparicio, P. Ch. & Silva Menoni, M. (2009). Innovazione educativa e cooperazione universitaria in America Latina. Un esempio di inclusione digitale come strumento di trasformazione socio-educativa. *Rivista Internazionale di Edaforum: Focus on Lifelong Lifewide Learning.* Anno 5, Nr. 14, 6–14, Online unter: http://rivista.edaforum.it/numero14/buonepratiche_aparicio_menoni.html [zuletzt September 2014].

World Bank (2006). *World Development Report 2007, Development the next Generation.* Washington DC: World Bank.

Beech, J. (2009). Policy Spaces, Mobile Discourses, and the Definition of Educated Identities. *Comparative Education,* Vol. 45, Nr. 3, 347–364.

CEPAL (Comisión Económica para América Latina y el Caribe) (2008). *Panorama social de América Latina 2008.* Santiago de Chile: CEPAL.

CEPAL (Comisión Económica para América Latina y el Caribe) (2009). *Panorama social de América Latina 2009.* Santiago de Chile: CEPAL.

CEPAL (Comisión Económica para América Latina y el Caribe) (2010). *Panorama social de América Latina 2010.* Santiago de Chile: CEPAL.

CEPAL & OIJ (2004). La juventud en Iberoamérica. Tendencias y urgencias. Santiago de Chile: CEPAL.

CEPAL & OEI (2009). *Metas educativas 2021: estudio de costo.* Santigo de Chile: Comisión Económica para América Latina y el Caribe (CEPAL) y Organización de Estados Iberoamericanos py la Cultura (OEI).

CEPAL & UNESCO (2005). Invertir mejor para invertir más. Financiamiento y gestión de la educación en América Latina y el Caribe. Serie Seminarios y Conferencias, Nr. 43. Santiago de Chile: CEPAL.

Dussel, I. & Finochio, S. (Hrsg.) (2003). *Enseñar hoy. Una introducción a la educación en tiempos de crisis.* Buenos Aires: Fondo de Cultura Económica.

Gajardo, M. (2003). Reformas educativas en América Latina: balances de una década. In M. Gajardo & J. Puryear (Hrgs.*), Formas y reformas de educación en América Latina* (S. 33–102). Buenos Aires: LOM Ediciones & PREAL.

Gajardo, M. & Gomez, F. (2003). La liberalización de los servicios educativos: tendencias y desafíos para América Latina. Serie Brief *18. Latin American Trade Network (LATIN), Online unter: http://www.latn.org.ar/archivos/documentacion/PAPER_DOC18%20 Brief_Gajardo,%20Gomez_La%20liberalizacion%20de%20los%20servicios%20educativos.pdf [zuletzt September 2014].

Gallert, M. A. (2008). *Competencias, productividad y crecimiento del empleo: el caso de América Latina.* Montevideo: OIT/CINTERFOR.

Gauté, J. (2003). Transition et trajectoires sur le marché du travail. *Quatre Pages*, Nº 59, 23–28.

Gentili, P. (2009). Marchas y contramarchas. EL derecho a la educación y las dinámicas de exclusión incluyente en América Latina (a sesenta años de la Declaración Universal de los Derechos Humanos), *Revista Iberoamericana de Educación*, Nr. 49, 19–57.

Gvirtz, S. & Beech, J. (2007). The Internationalization of Education Policy in Latin America. In M. Hayden, J. Levy & J. Thompson (Hrsg.), *The SAGE Handbook of Research in International Education* (S. 462–475). Los Angeles u. a.: SAGE.

Hopenhayn, M. (2005). *América Latina: desigual y desconcentrada.* Buenos Aires: Grupo Editorial Norma.

Hopenhayn, M., Bello, A. & Miranda, F. (2006). *Los pueblos indígenas y afrodescendientes frente al nuevo milenio.* Santiago de Chile: CEPAL / GTZ.

Hopenhayn, M. (Hrsg.) (2007). *Cohesión social en Iberoamérica. Un modelo para armar.* Santiago de Chile: CEPAL.

Jacinto, C. (2004). Ante la polarización de oportunidades laborales de los jóvenes en América Latina. Un análisis de algunas propuestas recientes en la formación para el trabajo. In C. Jacinto (Hrsg.), *¿Educar para qué trabajo? Discutiendo rumbos en América Latina* (S. 187–200). Buenos Aires: La Crujía, Ministerio de Educación, Ciencia y Tecnología; Ministerio de Trabajo Empleo y Seguridad Social y RedEtis.

Mollis, M. & Bensimon, E. (1999). Crisis, Calidad y Evaluación de la Educación Superior desde una Perspectiva Comparada: Argentina y Estados Unidos. In H. Casanova & R. Rodriguez (Hrsg.), *Universidad Contemporánea. Política y Gobierno* (S. 493–527). México DF: Siglo XXI.

Rodriguez, E. (2010). Políticas públicas de juventud en América Latina. Avances concretados y desafíos a encarar en el marco del Año Internacional de la Juventud. Serie Debates SHS, N. 1: Ciencias Humanas y Sociales. Santiago de Chile: UNESCO Brasilia/UNESCO Santiago.

Santos Rego, M., Lorenzo Moledo, M. & Aparicio, P. CH. (2010). Changes at the university and the forecastingof a more intercultural training of young people. *Innovación Educativa*, *10*(50), 97–110.

Tedesco, J. C. (2004). Desafíos de la educación secundaria en América Latina. In Jacinto, C. (Hrsg.). *¿Educar para qué trabajo? Discutiendo rumbos en América Latina* (S. 325–334). Buenos Aires: La Crujía, Ministerio de Educación, Ciencia y Tecnología; Ministerio de Trabajo Empleo y Seguridad Social y RedEtis.

Tokman, V. (2003). *Desempleo Juvenil en el Cono Sur. Causas, consecuencias y políticas*. Serie Prosur, Ed. Friederich Ebert Stiftung, Online unter: http://www.fes.org.ar/PUBLICACIONES/serie_prosur/Prosur_Tokman.pdf [zuletzt September 2014].

UNESCO (2007a). *Educación de Calidad para Todos: un asunto de derechos humanos*. Santiago de Chile: OREALC/UNESCO.

UNESCO (2007b). *Informe regional. Situación Educativa de América Latina y el Caribe: garantizando la educación de calidad para todos*. Santiago de Chile: OREALC/UNESCO.

UNESCO (2010). *Reaching the marginalized. Education for all – Global Monitoring Report 2010*. England: Oxford Universty Press y UNESCO Publishing.

UNESCO, IIPE – UNESCO, OEI & SITEAL (2008). *La escuela y los adolescentes. Informe sobre tendencias sociales y educativas en América Latina 2008*. Buenos Aires: Talleres Trama S.A.

Weller, J. (2006). *Los jóvenes y el empleo en América Latina: desafíos y perspectivas ante el nuevo escenario laboral*. Bogotá: CEPAL/Mayol Ediciones.

Autorinnen und Autoren

Dr. Karin Amos ist Professorin für Erziehungswissenschaft mit dem Schwerpunkt Allgemeine Pädagogik unter besonderer Berücksichtigung international vergleichender Bildungsforschung und interkultureller Pädagogik. Ihre aktuellen Forschungsschwerpunkte konzentrieren sich vor allem auf die International Governance im Bildungsbereich, das Verhältnis zwischen den Konzepten Governance und Gouvernementalität sowie die grundsätzliche Frage nach dem Verhältnis von politischer und pädagogischer Ordnungsbildung.
E-Mail: karin.amos@uni-tuebingen.de

Dr. Pablo Christian Aparicio Castillo, geb. in Argentinien, studierte Erziehungswissenschaften in Salta, Argentinien und promovierte in Sozialwissenschaft an der Eberhard Karls Universität Tübingen in Deutschland. Ab 1998 arbeitete er in wissenschaftlichen Forschungsprojekten an den Staatlichen Universitäten Salta und Jujuy in Argentinien sowie an den Universitäten Salamanca und Santiago de Compostela in Spanien. Zurzeit arbeitet er als Dozent an der Universität Heidelberg, an der Baden-Wurttemberg Cooperative State University und an der Pädagogischen Hochschule Ludwigsburg.
E-Mail: pabloaparicio@usal.es

Dr. Audree M. Chase-Mayoral ist Associate Director des Office of Global Online Graduate Degrees am College of Education der Lehigh University, USA. Chase-Mayoral verfügt über langjährige Leitungserfahrung in verschiedenen Institutionen und Verbänden im Hochschulbereich. Sie studierte an der Lehigh University, Master of Education in Globalisierung und Educational Change sowie am Dickinson College, wo sie Russische/Sowjetische Studien mit dem Bachelor abschloss. Im Jahr 2001 erhielt Chase-Mayoral ein Fulbright-Stipendium nach Deutschland.
E-Mail: amc308@lehigh.edu

Dr. Bruce Collet ist Assistant Professor am College of Education and Human Development der Bowling Green State University (Ohio, USA). Seine Forschungsschwerpunkte umfassen neben Formen erzwungener Migration, Religiosität und Schulbildung in aufnehmenden Gesellschaften auch Fragen über Religion und Minderheitengruppen in säkularen Schulkontexten sowie internationale und vergleichende Bildungsforschung und Theorie. Collet hat Untersuchungen zu Bildungsfragen in Jordanien, Südkorea, Kanada und den Vereinigten Staaten durchgeführt.
E-Mail: colleba@bgsu.edu

Dr. Roger Dale ist emeritierter Professor of Education an der University of Bristol, UK. Seine Forschungsinteressen sind Globalisierung, Europäisierung und Educa-

tional Governance, Bildungssoziologie sowie Bildungspolitik in der Europäischen Union. Letzteres bildet zurzeit den Schwerpunkt seiner Arbeit. Die Publikationen von Roger Dale sind sehr zahlreich. Er ist Mitbegründer der Zeitschrift „*Globalisation, Societies and Education*".
E-Mail: R.Dale@bristol.ac.uk

Dr. Gustavo Dufour, Professor für Öffentliche Verwaltung an der Universidad Nacional Arturo Jaureche und assoziierter Professor an der Universidad de Buenos Aires. Seine Forschungsinteressen sind zurzeit unter anderem Transfer im Bildungsbereich und Dezentralisierung in vergleichender Perspektive. Er ist Mitherausgeber der Fachzeitschrift „*POSTDataRevista de Reflexión y Análisis Político*": http://www.revistapostdata.com.ar/.
E-Mail: gustavodufour@hotmail.com

Dr. Paul Fossum ist Associate Professor for Educational Foundations an der University of Michigan-Dearborn, USA, wo er den Studiengang Master of Arts in Teaching (MAT) koordiniert. Zusammen mit Patricia K. Kubow ist er Autor eines weitverbreiteten Lehrbuchs für International Vergleichende Erziehungswissenschaft „*Comparative education: Exploring issues in international perspective*". In seinen Lehr- und Forschungsaktivitäten hebt Fossum den Nutzen international und vergleichender Forschung für die Lehrerbildung sowie allgemein ihren Wert für das Studium zukünftiger Lehrpersonen hervor.
E-Mail: pfossum@umich.edu

Dr. Silvina Gvirtz ist Professorin für Erziehungswissenschaft an der Universidad de San Andrés in Buenos Aires, wo sie zwischen 1999 und 2008 Dekanin der Fakultät für Erziehungswissenschaft war. Dr. Gvirtz ist ebenfalls Forscherin des CONICET – Nationaler Rat für wissenschaftliche und technologische Forschung in Argentinien. Im Jahr 2003 wurde sie Mitglied der John Simon Guggenheim Foundation ernannt. Bis 2012 war sie Bildungsministerin der Provinz Buenos Aires.
E-Mail: sgvirtz@udesa.edu.ar

Dr. Patricia K. Kubow ist Direktorin des Center for International Education, Development and Research (CIEDR) und Professorin im Department of Educational Leadership and Policy Studies and Department of Curriculum and Instruction an der Indiana University-Bloomington. Bis 2013 war sie Professorin für Comparative and International Development Education an der Bowling Green State University (Ohio, USA.). Sie untersucht Fragen rund um Demokratie und Bildung im Rahmen der Lehrerausbildung und Bildungsreformpolitik weltweit sowie Kultur und Bildung in Nahost und Afrika südlich der Sahara. Ihre Arbeit wurde durch die U.S.

Agency for International Development, das Weiße Haus, die American Educational Research Association und die Association of Teacher Educators ausgezeichnet.
E-Mail: pkubow@indiana.edu

Dr. Alexandra Ioannidou ist Adjunct Lecturer im Masterprogramm *„Educational Studies"* an der Open University of Cyprus und Visiting Lecturer im Masterprogramm *„Educational Psychology"* an der Neapolis University of Paphos, Griechenland. Dort lehrt sie Lebenslanges Lernen und Berufliche Bildung und Weiterbildung. Ihre Forschungsschwerpunkte liegen in der International Vergleichenden Erwachsenenbildungsforschung, in Educational Governance und im Lebenslangen Lernen. Vom Dezember 2009 bis April 2012 arbeitete sie als Beraterin der Bildungsministerin am Griechischen Bildungsministerium.
E-Mail: alexandra.ioannidou@otenet.gr

Dr. Dr. h.c. Wolfgang Mitter (1927–2014) war Professor für Allgemeine und Vergleichende Erziehungswissenschaft am Deutschen Institut für Internationale Pädagogische Forschung (DIPF) und an der Goethe-Universität Frankfurt am Main. Zwischen 1981 und 1985 war er Präsident der Comparative Education Society in Europe (CESE) und zwischen 1991 und 1995 Präsident des World Council of Comparative Education Societies (WCCES). Seine langjährigen Tätigkeiten im Bereich der Vergleichenden Erziehungswissenschaft schlugen sich in zahlreichen Forschungsprojekten in Ost- und Zentraleuropäischen Ländern sowie in unzähligen Publikationen zu verschiedenen theoretischen, methodologischen sowie forschungspolitischen und -pragmatischen Themen der VE nieder.

Dr. Marcelo Parreira do Amaral ist Professor für Internationale und Vergleichende Erziehungswissenschaft an der Westfälischen Wilhelms-Universität Münster. Zwischen 2010 und 2013 war er Mitglied im Koordinationsteam des Projekts *GOETE – Governance of Educational Transitions in Europe. Access, Coping and Relevance of Education for Young People in European Knowledge Societies in Comparative Perspectives*. Des Weiteren ist er Mitglied im Vorstand der SIIVE – Sektion Interkulturelle und International Vergleichende Erziehungswissenschaft der Deutschen Gesellschaft für Erziehungswissenschaft (DGfE) und Mitglied des europäischen Netzwerks NESET – Networks of Experts on the Social Aspects of Education. Seine aktuellen Forschungsschwerpunkte sind International Educational Governance; International vergleichende Forschung zu Bildungspolitik (policy analysis/policy transfer analysis); theoretische und methodologische Implikationen von „Globalisierung" und „Internationalisierung" für die IVE sowie Fragen zum Übergang Schule-Beruf im internationalen Vergleich.
E-Mail: parreira@uni-muenster.de

Autorinnen und Autoren

Dr. Maria de Fátima Costa de Paula ist Professorin für Erziehungswissenschaft mit besonderer Berücksichtigung von Hochschulbildung an der Faculdade de Educação der Universidade Federal Fluminense (UFF) in Niterói, Rio de Janeiro, Brasilien. Sie ist Forscherin des Nationalen Rats für Wissenschaftliche und Technologische Entwicklung (Conselho Nacional de Desenvolvimento Científico e Tecnológico – CNPq) und Koordinatorin des Zentrums für Studien und Forschung im Bereich der Hochschulbildung der UFF *(Núcleo de Estudos e Pesquisas em Educação Superior)*.
E-Mail: mfatimadepaula@terra.com.br

Dr. Gita Steiner-Khamsi ist Professorin für Internationale und Vergleichende Erziehungswissenschaft am Teachers College der Columbia University, New York, USA. 2009/2010 war sie Präsidentin der Comparative and International Education Society (CIES) und seit 2004 ist sie Mitglied im College of Fellows (advisory board) des UNESCO International Bureau of Education, Genf. Steiner-Khamsis Veröffentlichungen umfassen zahlreiche Bücher und Fachartikel unter anderen zu „Politics and Economics of policy borrowing, „internationaler educational development" und „policy Studies" in international vergleichenden Kontexten.
E-Mail: gs174@columbia.edu

Dr. Andreas Walther ist Professor für Sozialpädagogik und Jugendhilfe an der Goethe Universität Frankfurt am Main, wo er seit 2010 die Sozialpädagogische Forschungsstelle „Bildung und Bewältigung im Lebenslauf" leitet. Seine Forschungsinteressen umfassen Themen der Jugendforschung, Kinder- und Jugendhilfe, Übergänge in Lebenslauf und Biographie sowie den internationalen Vergleich in Sozialpädagogik und Sozialer Arbeit. Dr. Walther hat zahlreiche europäische Forschungsprojekte zu den Übergängen Jugendlicher und junger Erwachsener koordiniert.
E-Mail: A.Walther@em.uni-frankfurt.de

Dr. Alexander W. Wiseman ist Professor für Comparative and International Education an der Lehigh University, USA. Er verfügt über eine langjährige Berufserfahrung in verschiedenen Positionen in Bildungsministerien, in Universitäten, in Lehrerbildungsprogrammen sowie als Klassenlehrer in den USA und Ostasien. Wisemans Lehr- und Forschungsaktivitäten umfassen Themen wie strategische Planung und Entwicklung von Bildungspolitik, Evaluation und Assessment Lehrerausbildung und berufliche (Weiter-)Entwicklung, Change Management, gerechter Zugang zu Bildung für Mädchen und Jungen, Übergang Schule-Arbeit und politische Bildung. Weitere Informationen unter: http://www.comparative-education.com/
E-Mail: wiseman@comparative-education.com